AF641577

Friedrich Claudius Doenecke

Die Aaanstalt

oder

Von der Anstalt zur Uni

Kindheit und Jugend
im Landeskrankenhaus Homburg

GeistkirchVerlag

≠

Erich Fried
(1921 – 1988)

Es ist nicht wahr
daß Geschichte
gefälscht wird
Sie hat sich großenteils
wirklich
falsch
zugetragen
Ich kann das selbst bezeugen:
Ich war dabei.

– Die Engel der Geschichte –

Inhalt

Inhalt

Grußwort

Dank der langjährigen Verbindung des Universitätsarchivs mit Dr. Friedrich Claudius Doenecke, dem ältesten Sohn des seit 1936 in Homburg tätigen langjährigen Leiters der Inneren Abteilung des Landeskrankenhauses und späteren Ordinarius und Gründungsdirektors der Medizinischen Universitätsklinik, Prof. Dr. Friedrich Doenecke, entstand im Vorfeld des 75-jährigen Jubiläums der Universität des Saarlandes die Idee, die von Friedrich Claudius Doenecke ursprünglich für den Familienkreis verfassten Erinnerungen an seine Kindheit, Jugend und frühen Studienjahre in Homburg in Auszügen zu publizieren. Ohnehin hatte Herr Doenecke bei frühen Jubiläumsfeiern der Medizinischen Fakultät anlässlich des Festakts – 60 Jahre Medizinische Fakultät und Universitätsklinikum in Homburg am 27. April 2007 über seine Homburger Jahre berichtet und für die in jenem Jahr im Universitätsarchiv entstandene Dokumentation „Unter der Ägide der Universität Nancy – Streiflichter zur Gründung des Homburger Hochschulinstituts" dankenswerterweise seine Erinnerungen an den legendären 8. März 1947, den Start auf dem langen Weg zur Gründung der Universität des Saarlandes, zur Verfügung gestellt.

Der chronologische Bogen der nun hier zur Publikation gelangenden Erinnerungen umfasst das zweite, von drei politischen Systemen geprägte Drittel des 20. Jahrhunderts: die nationalsozialistische Diktatur, die Ära des politisch teilautonomen und durch Wirtschafts- und Währungsunion mit der Französischen Republik verbundenen Saarlandes sowie die lange umstrittene und 1957/59 vollzogene „kleine Wiedervereinigung" mit dem Weg in die von Konrad Adenauer geprägte Bundesrepublik.

Im Zentrum der Doenecke-Memoiren steht vor allem das von ihm in seiner Kindheit als Idyll wahrgenommene Areal des topographisch und mental von Homburg getrennten Landeskrankenhauses, das aus der 1909 gegründeten III. Pfälzischen Heil- und Pflegeanstalt entstand. Die für das Landeskrankenhaus und das heutige Universitätsklinikum von der Bevölkerung noch sehr lange (teilweise bis heute) verwendete Bezeichnung „Anstalt“ ist daher bewusst als Titel dieses Bandes gewählt worden. Da die Überlieferung zur Geschichte und Entwicklung des Landeskrankenhauses – aus welchen Gründen auch immer – fragmentarisch ist, kommt den hier vorliegenden Aufzeichnungen eine herausragende Bedeutung zu. Mit schwungvoller Feder berichtet der Autor umfassend über die familiäre und allgemeine Lebenswelt, den Alltag, Begegnungen und prägende Erlebnisse im Landeskrankenhaus, als er beispielsweise am 21. März 1945 wahrnahm, „dass mit dem Einzug der Amerikaner alles anders werden würde und nichts mehr so blieb, wie es einmal gewesen war“. Aus der Perspektive des Jugendlichen skizziert er seine konservativ geprägte Schulzeit, die saarpolitischen Auseinandersetzungen, die frühe Entdeckung des Nachbarn Frankreich und dann eben auch die Anfänge der Universität, als die Studierenden „neues Leben“ in das Gelände des Landeskrankenhaus brachten und sein Vater als erster Prodekan und zweiter Dekan der Medizinischen Fakultät den universitären Aufbau maßgeblich mitgestaltete, wie die im Anhang des Bandes aus dem Familienarchiv erstmals publizierten Korrespondenzen dokumentieren.
In reizvollen Miniaturen porträtiert der Autor die erste Professoren-Generation und das gesellige Leben der Medizinischen und der bis 1950 auch in Homburg ansässigen Naturwissenschaftlichen Fakultät. Aufmerksam beobachtete er ebenfalls den politischen Zeitgeist und seine Wandlungen, und als Oberprimaner erlebte er den in die Volksabstimmung vom 23. Oktober 1955 mündenden leidenschaftlichen Abstimmungskampf um das Saarstatut und den folgenden politischen (und universitären) Umbruch an der Saar. Zum Sommersemester 1956 nahm er das damals noch am franzö-

sischen Modell orientierte Medizinstudium an der Universität des Saarlandes auf, das er dann in Freiburg, Frankfurt und Kiel weiterführte und im November 1961 in Freiburg abschloss. „Mit dem Eintritt ins Berufsleben fand mein unbekümmertes Dasein als jugendlicher Beobachter der Homburger Szene definitiv ein Ende."

Abschließend bleibt dem Autor für die facettenreiche Publikation ausdrücklich zu danken, zumal er damit auch seine Verbundenheit mit seiner Alma mater, der Universitas Saraviensis, bekundet. Wir wünschen dem Band einen weiten Leserkreis und freuen uns, dass nach der im November 2023 vom Autorenkreis der Arbeitsstelle für Universitätsgeschichte präsentierten, umfangreichen Festschrift „75 Jahre Universität des Saarlandes – Themen, Akteure, Orte ihrer Geschichte" diese nun ebenfalls im Geistkirch-Verlag erscheinenden Erinnerungen die universitätsgeschichtliche Literatur erweitern.

Univ.-Prof. Dr. Michael D. Menger
Dekan der Medizinischen Fakultät

Univ.-Prof. Dr. Manfred J. Schmitt
Universitätspräsident

Vorwort

Beim Stichwort 'Homburg' denkt der Saarländer sofort an die Medizinische Fakultät der Universität des Saarlandes mit ihren Instituten und Kliniken, die da südlich der Stadt auf einem Ausläufer des Westrich angesiedelt sind. Und mit diesen Universitätskliniken will man eigentlich nichts zu tun haben.

Wer von seinem Arzt dort hingeschickt wird, ist ernstlich erkrankt, wenn nicht – nach landläufiger Meinung – sogar todkrank. Dass dort aber wesentlich mehr Menschen Hilfe finden, dass sie die Kliniken zufrieden wieder verlassen und dankbar der zahlreichen Schwestern, Pfleger und Ärzte gedenken, die ihnen mit menschlicher Zuwendung und dank hervorragender Aus- und Weiterbildung, natürlich auch mit technisch-apparativer Unterstützung, wirksam geholfen, im günstigsten Fall sogar Heilung ihres Leidens verschafft haben, wird dem Gesunden nicht bewusst, weil er sich mit dem schwierigen Thema Krankheit und Tod nur ungern auseinandersetzt.

Das aus der 1922 zum Landeskrankenhaus (LKH) umgewandelten Pfälzischen Heil- und Pflegeanstalt (PHPA) Homburg hervorgegangene Universitätsklinikum des Saarlandes (UKS) ist heute – und das mag zu dem zwiespältigen Ruf mit beigetragen haben – ein Mammutbetrieb mit mehreren tausend Beschäftigten, die den Zivilisationskrankheiten Herzinfarkt und Krebs, Schlaganfall und Stoffwechselerkrankungen sowie zahlreichen anderen schweren Leiden an vorderster Front begegnen. Die Größe des Betriebes und die verwirrende Vielfalt der Kliniken und Institute, die systembedingte Anonymität sowohl der immer wieder wechselnden Mitarbeiter als auch der Patienten sind es, die allen Beteiligten zu schaffen machen.

Dass es dort einmal völlig anders aussah, dass in der Abgeschiedenheit der Pavillons auf dem Hügel südlich der Stadt eine beschauliche 'Insel der Seligen' lag, wo jeder jeden kannte, weiß heute kaum noch jemand. Nur die von den alten Homburgern noch gebrauchte und auf die Ursprünge hinweisende Bezeichnung 'die Aaanstalt' statt der bei den jüngeren üblichen 'Unni' erinnert noch an diese Zeit.

Weil es dort wirklich einmal diese Idylle gab, und weil ich dort meine Kindheit und Jugend verbracht und den sprichwörtlichen 'Himmel auf Erden' erlebt habe, möchte ich darüber berichten. Ich möchte daran erinnern, dass dort Menschen gelebt und gearbeitet haben, die sich zu ihrer Zeit vielleicht ebenso viele Verdienste um die Menschheit erworben haben wie die heute dort tätigen. Es soll vor allem auch der ganz normalen Menschen gedacht werden, die damals wie heute ihren Dienst 'nach bestem Wissen und Gewissen' geleistet haben, der sog. 'einfachen' Menschen, ohne deren treue Dienste auch das glanzvollste Unternehmen nicht funktionieren kann, denen man aber meistens keine Denkmäler setzt, obwohl sie sie verdient hätten. Dass es dort allerdings auch einige Ärzte gab, meine Kindheit fiel ja in die Zeit des 'Dritten Reichs', die sich unter – für uns heutige nicht mehr nachvollziehbarer – Missachtung aller ethischen Grundsätze zu menschenverachtenden, verbrecherischen Handlungen haben hinreißen lassen, darf selbstverständlich nicht verschwiegen werden.

Als ich bei der Vorbereitung auf diesen Bericht die Gelegenheit nutzte, einen Blick in das Geburtenregister der Stadt Homburg zu werfen und dabei unter dem 12. November 1936, meinem eigenen Geburtsdatum, auch die Daten eines am selben Tag geborenen Mädchens fand, das, dem Namen der Eltern nach zu urteilen, der Volksgruppe der Roma angehörte und bei dessen Eintrag unter „Sterbedatum“ die lapidare Mitteilung „gestorben ... 1944 in Auschwitz (Polen)“ stand, traf mich das wie ein Schlag. Jeder weiß, dass in Auschwitz und anderen Konzentrationslagern Millionen Juden und Hundertausende Zigeuner – wie man die Roma damals abwertend nannte – umgebracht worden sind, und man nimmt diese

Tatsache mit Schaudern zur Kenntnis. Wenn einem dann aber ein solches Einzelschicksal im unmittelbaren Zusammenhang mit der eigenen Lebensgeschichte begegnet, werden einem die entsetzlichen Gräueltaten des von manchen unverbesserlichen 'Nationalkonservativen' noch immer verherrlichten NS-Regimes und das dadurch ausgelöste unendliche Leid wieder voll bewusst, und man muss sich eingestehen, dass jede Verharmlosung dieser von Staats wegen begangenen Verbrechen selbst den Tatbestand eines Verbrechens erfüllt. Das soll mich jedoch nicht daran hindern, Pauschalverurteilungen ganzer Berufsgruppen seitens selbsternannter „Experten" zurückzuweisen, die anhand nüchterner Daten ganz bewusst undifferenzierte Unterstellungen in die Welt setzen und einem sensationslüsternen Publikum präsentieren, das sie ungeprüft übernimmt. Bei diesem Thema sollte sich jeder moralisierende 'Spätgeborene', der glaubt, sich sein abschließendes Urteil über die Zeit des Nationalsozialismus und die Verfehlungen der damals Tätigen bilden zu können, selbst fragen, ob sein eigenes Verhalten jederzeit den hohen Ansprüchen genügt, die er von anderen fordert.

Der folgende, das frühere Landeskrankenhaus Homburg bzw. den sich daraus entwickelnden Campus der Medizinischen Fakultät der Universität des Saarlandes schildernde Text ist nur ein Auszug aus meinen wesentlich umfangreicheren Kindheits- und Jugenderinnerungen. Wenn die eine oder andere Koryphäe dieser Zeit hier nicht in allen ihren Facetten – insbesondere den weniger rühmenswerten – beschrieben oder überhaupt nicht erwähnt wird, so ist dies nicht nur der Rücksichtnahme auf deren Nachkommen, sondern auch den einfachen Regeln des Anstands geschuldet.

Friedrich Claudius Doenecke, im April 2022

„Als Verlobte grüßen" ... Aletta Madelung und Fritz Doenecke 1

Die Doeneckes in Homburg

Geboren wurde ich also am 12. November 1936, knapp zwei Wochen, nachdem meine Mutter, Aletta Doenecke geb. Madelung, in das während des 'Dritten Reichs' im Gau Saarpfalz (später Gau Westmark) gelegene Homburg[1] übergesiedelt war, wo mein Vater, Dr. med. habil. Friedrich Otto August Doenecke[2], sechs Wochen zuvor die Leitung der Inneren Abteilung des Landeskrankenhauses (LKH) übernommen hatte. Er war aus Frankfurt/Main gekommen, wo er Oberarzt bei Franz Volhard[3] gewesen war, und hatte in Homburg die Nachfolge des an das Saarbrücker Bürgerhospital wechselnden Hans Dietlen[4] angetreten, der – wie inzwischen bekannt – ebenso wie sein früherer Homburger Kollege Oscar Orth[5] wegen der Teilnahme an den Zwangssterilisationen der Nazis posthum von dem hohen Sockel gestürzt ist, auf dem er bis zu seinem Tode offenbar allerbesten Gewissens gesessen hatte.

Die Umstände meiner Geburt wurden später wegen der stürmischen Nacht und der berufsbedingten Abwesenheit meines Vaters, der ausgerechnet an diesem Tag einen Termin als medizinischer Sachverständiger beim Landgericht Limburg/Lahn hatte, als hochdramatisch beschrieben. Sie sind aber nicht von allgemeinem Interesse. Bemerkenswert ist immerhin, dass meine Mutter nach Einsetzen der Wehen den Weg von unserer ersten Wohnung im Haus 13 (heute Geb. 68) zu der ca. 500 m entfernten Entbindungsstation mitten in dieser Novembernacht bei Sturm und Regen allein zu Fuß zurückgelegt hat. Die Entbindungen fanden damals unter ärztlicher Verantwortung eines Chirurgen in dem gegenüber der Krankenhausverwaltung gelegenen Bau 15 (heute Geb. 18) statt. Eine Klinik für Frauenheilkunde und Geburtshilfe gab es damals noch nicht, wohl aber eine Kinderklinik mit Neonatologie unter der Leitung von Dr. „Lutz" Schall im benachbarten Bau 17.
Während meine Schwester Brigitte (*1935) das Licht der Welt noch in Frankfurt erblickt hatte, wurden meine beiden Brüder Peter (*1939) und Detlef (*1942) ebenfalls in Homburg geboren, wobei der jüngste in der Chirurgischen Frauenstation Bau 26 b (heute Geb. 56) zur Welt kam, weil Bau 15 als Teil des Reservelazaretts Homburg inzwischen militärisch genutzt wurde.

---

[1] Homburg, Stadt, bayer. Regbez. Pfalz, an den Linien Neunkirchen-Worms u. H.-St. Ingbert der Pfälz. Ludwigsbahn, 233 m ü.M., Bezirksamt, Amtsgericht, Handelskammer, evangel. u. kathol. Pfarrkirche, Synagoge, Lateinschule; Thonwarenfabrikation, Pferdezucht; 3926 Ew. Von dem alten Bergschloß H. (Hohenburg) ist nichts mehr sichtbar; dasselbe fiel wiederholt den Franzosen in die Hände, welche 1679 die Stadt anlegten u. befestigten, die dann zum Herzogtum Pfalz-Zweibrücken, jedoch im Mitbesitz mit Nassau-Saarbrücken gehörte. Das nordöstl. v. H. v. Herzog Karl II. v. Zweibrücken mit fabelhafter Pracht 1780 erbaute Schloß Karlsberg zerstörten 1794 die Franzosen (Pierer's Konversations-Lexikon von 1890).

[2] Friedrich Doenecke (1901–1979)

[3] Franz Volhard (1872–1950)

[4] Hans Dietlen (1879–1955)

[5] Oscar Orth (1876–1958)

Haus 13 im Winter 1937/38 (heute Geb. 68) 2

Einer alten Familientradition folgend sollte ich den Vornamen *Friedrich* tragen, doch als erster und damit Rufname war *Klaus* geplant. Als mein glücklicher Vater am übernächsten Morgen zum Standesamt kam, um mich dort anzumelden und eine Geburtsurkunde ausstellen zu lassen, wurde ihm zu seiner Verblüffung vom Standesbeamten eröffnet, dass Klaus kein Name sei, sondern eine Abkürzung. Er werde deshalb als ersten Vornamen *Nikolaus* eintragen, mit welchem Kosenamen man das Kind dann später rufen werde, sei ihm gleich. Da sich meine Eltern nie mit der Frage befasst hatten, ob sie einen Nikolaus zum Sohn haben wollten, versuchte mein Vater verzweifelt, diesen behördlichen Gewaltakt als unrechtmäßige Bevormundung zurückzuweisen. Doch es half nichts, der Mann bestand auf seiner Namenswahl. Da erinnerte sich mein Vater des Ururgroßvaters seiner Frau, des Dichters Matthias

Claudius[6], auf den die Familie so stolz war, und entschied kurzer Hand, dass sein Sohn Friedrich *Claudius* heißen solle. Gegen diese beiden Namen hatte der Standesbeamte überhaupt nichts einzuwenden, und so blieb es dabei.

Damals wurden die Personalien in den Standesamtsbüchern noch komplett von Hand eingetragen, und da es der Beamte nicht jeden Tag mit einem habilitierten Doktor der Medizin zu tun hatte, bat er meinen Vater, die Daten auf einem Blatt vorzuschreiben, von dem er sie dann in sein Hauptbuch übertragen wollte. Wie schon bei meinem Namen war es nicht erlaubt, irgendwelche Abkürzungen zu gebrauchen (z. B. Dr. med. habil.), nein – es sollte alles vollständig ausgeschrieben werden. Dabei passierte es, dass bei der späteren Übertragung aus dem *Doctor medicinae habilitatus* ein *Doctor medicinal habilitaties* wurde, was mehr als 20 Jahre später noch zu ungeahnten Komplikationen führen sollte.

An die Jahre 1936–1938 habe ich selbstverständlich keine überprüfbaren Erinnerungen. Es gibt zwar Fotoalben aus dieser Zeit, die meine Eltern für uns Geschwister geführt haben, doch ist wahrscheinlich alles, was man als eigene Erinnerung an die ersten Lebensjahre zu besitzen glaubt, nichts anderes als das Ergebnis regelmäßiger Betrachtung solcher Schwarz-Weiß-Fotos. Auch die Geburt meines Bruders Peter im Juni 1939 habe ich sicher als allgemeines freudiges Ereignis miterlebt, aber natürlich nicht bewusst wahrgenommen und abgespeichert.

Doch *ein* Erlebnis ist fest in meinem Gedächtnis hängengeblieben: Irgendwann im August 1939, meine Eltern hatten sich 1937 einen Mercedes 170V geleistet, fuhren wir an einem Nachmittag mit dem Auto hinaus aufs Land. Die Fahrt begann für uns Kinder wie ein Sonntagsausflug; wir waren voll froher Erwartung, hatten aber keine bestimmte Vorstellung von dem, was da nun kommen sollte.

---

[6] Matthias Claudius (1740–1815)

Vielleicht waren wir auch schon etwas müde oder anderweitig abgelenkt, jedenfalls standen wir mit einem Mal vor einer wie aus dem Nichts aufgetauchten, endlos langen Militärkolonne mit Geländewagen, gepanzerten Fahrzeugen und Kanonen. Ich meine mich zu erinnern, dass auch Pferdegespanne dabei waren. Plötzlich stießen wir auf Onkel Hans, Dr. Hans Marder, den Ehemann von Tante Ellen und Schwager meiner Mutter, der da in Majors-Uniform wie auch seine Kameraden sehr aufgekratzt wirkte, ganz in seinem Element war und sich vor meinen Eltern auch ein wenig in Szene zu setzen suchte. Das Erlebnis hinterließ bei mir eigentlich nur unangenehme Gefühle, weil die Soldaten in meiner Erinnerung übertrieben laut schrien und lachten und eine Atmosphäre von angespannter Aufgeregtheit verbreiteten. Auf mich wirkte das Ganze eher beängstigend als interessant. Ich meine mich zu erinnern, dass der Tross am Rande einer schnurgeraden, baumbestandenen Landstraße lag, die ich später mit der Sickinger Höhe in Verbindung gebracht habe, irgendwo zwischen Käshofen und Mörsbach. Es kann aber auch ganz woanders gewesen sein. Fotografiert wurde übrigens nicht, es wäre wahrscheinlich auch verboten gewesen. Erst viel später wurde mir klar, dass dies das letzte Mal war, dass ich Onkel Hans gesehen und erlebt habe. Er ist seit der Silvesternacht 1941/42 an der Ostfront vermisst. Ob er bei der Wehrmacht wirklich das erfüllte Leben und die Herausforderungen gefunden hat, die er mit seiner Entscheidung, sich noch in Friedenszeiten reaktivieren zu lassen, gesucht haben mag, ist zu bezweifeln. Er war sicher ein begeisterter Soldat, aber kein überzeugter Nazi, vielmehr ein Mann, dem es in seinem Zivilberuf als promovierter Verwaltungsjurist wohl einfach zu langweilig war und der die hektische Betriebsamkeit des Soldatenlebens brauchte, um glücklich zu sein.

Die Freunde Peter und Claus im Herbst 1940 3

Ausbruch des Zweiten Weltkriegs

Am 1. September 1939 begann der Zweite Weltkrieg. Wir Kinder merkten davon nicht viel. Uniformierte gab es in meiner Erinnerung schon immer, und Militär sah man in Homburg mit seiner Hoefer-Kaserne und dem sog. Pi-Stab überall. Das Militär beherrschte das Straßenbild derart massiv, dass es für Jungen unseres Alters gar keine andere Vorstellung gab, als die, später selbst einmal dabei zu sein.

Doch zurück zum Kriegsgeschehen: Geschützlärm oder gar feindliche Flugzeuge, die uns hätten bedrohen können, gab es in Homburg weder in diesem noch im folgenden Jahr, und so änderte sich in unserem Tagesablauf nicht viel. Im Gegensatz zu den Saarbrückern oder Völklingern, für die Frankreich ja gleich hinter dem Gartenzaun begann, war bei uns von der Hektik der Evakuierungen nichts zu spüren. Allerdings war auch unser Vater eingezogen wor-

Sommer 1941 im Garten von Haus 13 (Geb. 68)

4

den und als beratender Internist beim Wehrbereichskommando in Wiesbaden stationiert, fehlte also zu Hause. Wegen der Frontnähe – Homburg liegt bekanntlich kaum 30 km von der französischen Grenze entfernt – und weil der Papa ohnehin nicht da war, hatte die Familie ihren Wohnsitz vorübergehend, d.h. bis zum Spätsommer 1940 zu den Großeltern nach Frankfurt verlegt. Die Fahrt dorthin erfolgte mit dem Mercedes, der in der Nähe des großelterlichen Hauses in der Garage einer Tankstelle mit Autowerkstatt untergestellt wurde. In die Zeit unserer 'Evakuierung' fiel auch eine Reise zu unserem Opa in Halle an der Saale, die wir im Juni 1940 unternahmen.

Im September 1940 folgte die Heimkehr nach Homburg, in die alte Wohnung im Haus 13. Familie Hertz mit unseren Spielkameraden Peter und Jan, die im Dachgeschoss des benachbarten Bau 16 wohnte (heute Geb. 69, Palliativmedizin, Kinder-Schmerztherapie), wurde wieder Bestandteil unseres täglichen Lebens.

„Onkel Hertz“ war damals der erste (und einzige) Oberarzt in der Klinik meines Vaters. Zum Zeitpunkt unserer Rückkehr nach Homburg war er allerdings bereits zur Wehrmacht eingezogen, so dass wir ihn während des Kriegs und auch später wegen seiner inzwischen erworbenen Tbc-Erkrankung nie richtig erlebt haben. In der Dachgeschosswohnung von Haus 13, also direkt über uns, wohnte das Ehepaar Schwitzgebel. Herr Schwitzgebel war Obersekretär und Kassenleiter des LKH. Er war ein sehr großer, hagerer Mann mit ausgemergeltem, blassem Gesicht und deutlich vorspringenden Backenknochen. Sein runder Buckel verstärkte noch den asthenischen Habitus, weil die viel zu weit wirkende schwarze Anzugsjacke um seinen mageren Körper herumzuflattern schien. Auch Frau Schwitzgebel trug immer schwarze Kleider, sogar wenn sie nachmittags in ihrem Gärtchen arbeitete, das auf der anderen Straßenseite lag. Jahre später erfuhren wir, dass beider Sohn, Hans Schwitzgebel, als ganz junger Kriegsfreiwilliger in den ersten Septembertagen 1939 beim Überfall auf Polen gefallen war. Er hatte im Sommer 1939, nur wenige Wochen vor seinem Tode, seinen Namen in großen Buchstaben in einen gleich gegenüber dem Elternhaus auf der anderen Straßenseite gelegenen Buntsandsteinfelsen gemeißelt, wo er nur vom Laub der dort stehenden jungen Buchen verdeckt wurde, im Herbst und Winter aber auch auf Distanz gut lesbar war. Diese Inschrift wurde später, als wir selbst lesen konnten, von uns immer mit leichtem Grauen als selbstverfasster Gedenkstein angesehen. Nach dem Krieg adoptierten Schwitzgebels ein Mädchen unseres Alters, mit dem wir aber wenig zu tun hatten, weil wir inzwischen umgezogen waren.

Bau 16 war damals für uns Kinder nicht nur wegen der Familie Hertz interessant, auch wenn diese enge nachbarliche Beziehung wegen meiner Freunde Peter und Jan natürlich sehr wichtig war. Doch Bau 16 war in erster Linie das Gebäude, in dem Papas und Onkel Heenes Privatstationen untergebracht waren. Das bedeutete, dass wir dort nicht die schwere Eingangstür zuknallen lassen durften und uns im Treppenhaus mucksmäuschenstill zu verhalten hatten, uns als Kinder der dort verantwortlichen Ärzte also immer ordentlich benehmen sollten. Zur Organisation des Pflegesystems im LKH muss man wissen, dass in der damaligen Zeit die Schwestern vom Heiligen Geist aus Koblenz mit den zuständigen Behörden einen Pflegevertrag abgeschlossen hatten, der erst zum 30. März 1964 auslief. Auch wenn sie schon damals nicht in der Lage waren, diesen Vertrag aus eigenen Mitgliedern, sprich in ihren strengen Habit gewandeten Nonnen in vollem Umfang zu erfüllen und sich deshalb genötigt sahen, sog. freie Schwestern einzustellen, so bestanden sie eisern darauf, wenigstens die – tariflich am besten dotierten – Stellen für Stationsleiterinnen zu besetzen. In der im Parterre von Bau 16 eingerichteten internistischen Privatstation war dies die allseits beliebte, sehr mütterliche und herzensgute Schwester Leocardia, die praktisch immer – ob am Tag oder in der Nacht – für ihre Schutzbefohlenen da war und trotzdem noch die Zeit fand, die Kinder des ‘Herrn Chefarzt’ zu verwöhnen. Bei ihr gab es immer etwas zu essen oder zu trinken. Oft winkte sie uns heimlich von der Rückseite des Gebäudes her in ihre Küche, wo es dann ein Glas Milch gab oder im Hochsommer leicht muffig schmeckende, harte Weihnachtsplätzchen und manchmal sogar köstliche, fetttriefende Bratkartoffeln.

Außer Schwester Leocardia gab es natürlich noch andere Nonnen im Gelände, an die wir sehr positive Erinnerungen haben, ob dies Schwester Gorgonia in der Chirurgie-Ambulanz, Schwester Aquilina in der Röntgenabteilung oder die Küchenschwester Cassilda in der Hauptküche waren. Sie alle hatten ein gutes, weites Herz und waren Menschen, denen es völlig egal war, ob ihr Gegenüber evangelisch oder katholisch war. Aber auch die meisten NSV-Schwestern mit ihren blauen oder braunen Borten an den Häubchen und den gleichfarbigen Kleidern unter der weißen Schürze waren alles andere als politisch indoktrinierte Apparatschiks, die sich in ihrem menschlichen Verhalten an politischen Vorgaben ihrer Verbandsoberen orientierten. Sie leisteten ebenso selbstverständliche humanitäre Hilfe wie die Ordensschwestern, ohne Ansehen der Person, und allein nach medizinischer Notwendigkeit. Eine von ihnen war Schwester Elisabeth, die Stationsschwester im Bau 10, der damals ebenfalls zur Inneren Abteilung, d.h. zum Zuständigkeitsbereich unseres Vaters gehörte. Sie war eine durch und durch anständige Frau, die ausschließlich ihrem Gewissen verpflichtet war, wegen ihrer Zugehörigkeit zur Nationalsozialistischen Volkswohlfahrt (NSV) aber nach Kriegsende ihre Stellung verlor und deswegen ihrer langjährigen Freundin, Frau Dr. Lieselotte Kruchten, als Sprechstundenhilfe in die damals gerade neu eröffnete Praxis in Blieskastel folgte.

Schwitzgebels in der Etage über uns, Familie Hertz in Bau 16 und Schwester Leocardia, das war im Wesentlichen unsere kleine Welt, mit der wir es damals zu tun hatten. Natürlich gab es auch noch andere vertraute Gesichter, insbesondere Handwerker, Schwestern und Pfleger anderer Stationen und schließlich die zahlreichen geistesgestörten Arbeitspatienten, denen wir täglich begegneten und die wir alle mit Namen kannten. Aber im Grunde genommen lag unser Haus so weit abseits vom Schuss, dass sich kaum Fremde zu uns verirrten. Das inzwischen im LKH eingerichtete Reservelazarett Homburg konzentrierte sich mehr auf die zentralen Abschnitte des Krankenhausgeländes. Deswegen sah man bei uns, also am südöstlichen Rand des ausgedehnten Areals kaum jemals ein Militärfahrzeug oder Wehrmachtsoffiziere. Auch für die genesenden verwundeten Soldaten mit ihren Krücken und Armschienen oder gar für Rollstuhlfahrer lag unser Bereich schon zu weit abseits.

Einer, der allerdings täglich mehrfach auftauchte, war der Herr Duppe (wie Duppé gesprochen) auf dem offenen, gummibereiften Pritschenwagen mit seinem geistesgestörten Gehilfen Ignatz, dem immer eine erloschene Zigarette im Mundwinkel klebte, und seinem Pferd Castor. Die drei machten nach jeder Mahlzeit die Runde durch das Gelände, um das nicht Verspeiste von den Stationen abzuholen und mit laut plätscherndem Geräusch in die auf dem Wagen stehenden, säuerlich stinkenden, weil mit alten Essensresten bekleckerten und verkrusteten Tonnen zu kippen. Die eingesammelten Speiseabfälle dienten einem guten Zweck, nämlich der Ernährung der etwa einhundert Schweine, die auf dem LKH-eigenen Gutshof ihr Dasein fristeten und nach Erreichen des Schlachtgewichts in der Nahrungskette des weitgehend autarken Selbstversorgungsbetriebs LKH landeten.

Neue Umgebung, neue Freunde

Im Herbst 1941 sind wir von Haus 13 (heute Geb. 68 Humangenetik), in dem wir seit 1936 gewohnt hatten, nach Haus 12 (heute Geb. 12, Dezernat II, Krankenhausbetrieb) umgezogen, das gegenüber der Verwaltung und der 'Orth'schen Villa', d.h. oben am Waldrand, ganz in der Nähe des damals 'Pforte' genannten Haupteingangstores zum LKH gelegen war. Der Umzug erfolgte mit einem – in meiner Erinnerung – riesigen Lastwagen der Homburger Spedition Friedrich Baus, an den noch ein Anhänger gekoppelt war, bei dem es sich möglicherweise um ein umgebautes Pferdefuhrwerk handelte. Denn über der Anhängerkupplung schwebte an der Vorderwand des Kastenaufbaus eine Art Kabine mit einer schmalen Sitzbank, die aussah, als wäre sie ursprünglich für einen Kutscher geschaffen worden. Und auf dieser Bank ließ der freundliche Herr Baus mit der „Schneppekapp" und der langen, blauen Schürze uns Kinder während der leider viel zu kurzen Fahrt von Haus 13 nach Haus 12 sitzen, für meine Schwester Brigitte und mich ein unvergessliches Erlebnis.

Die neue Wohnung war viel geräumiger als die alte. Zu ihr gehörte vor allem ein riesiger Garten, der von einem z. T. schon etwas altersschwachen Lattenzaun begrenzt wurde. Es gab zwei Gartentüren, eine von Westen, d.h. vom Krankenhausgelände her, und die andere gegenüber auf der östlichen Seite, durch die man direkt auf die kleine Stichstraße gelangte, die weiter zum Haus 14 führte, und jenseits davon lag unser eigentlicher Spielplatz, nämlich der bis zur Kirrberger Landstraße reichende, nur von kleinen Buchenbeständen unterbrochene Kiefernwald, der zu unserem Stichsträßchen hin von wenigen jungen Eichen und Linden gesäumt war.

In der neuen Umgebung erlebten wir natürlich einen völlig neuen Bekannten- und Freundeskreis. Während wir in unserem bisherigen Wohnbereich, ebenfalls am Waldrand gelegen, an der südlichsten Peripherie des Geländes, an die sich nur noch Wälder und Ackergelände anschlossen, ein sehr beschauliches Dasein gefristet und außer Peter und Jan Hertz keine anderen Spielkameraden gehabt hatten, war hier richtig was los.

Im Erdgeschoss unseres Hauses selbst wohnte Frau Behles mit ihrem halbwüchsigen, „Bübchen" genannten Sohn Hans-Otto, die Witwe des erst kürzlich verstorbenen Verwaltungsdirektors, zu der wir nur geringen Kontakt hatten. Viel wichtiger waren für uns Heenes, die in den Vorkriegsjahren noch die Parterre-Wohnung des Hauses 13 bewohnt hatten. Sie waren wieder unsere unmittelbaren Nachbarn und wohnten im Haus 14 (heute Geb. 2, Tagesklinik der Psychiatrie und Psychotherapie) am Ende der kleinen Straße, die dann in einen Waldweg überging, der zur Carl-Peters-Hütte[7] und weiter zum Stadion bis schließlich zum Karlsberg hin führte. Onkel Hanns Heene[8] war Chefarzt der Psychiatrie, der größten Abteilung im LKH, und trotz seiner liebenswürdigen Art für uns immer eine Respektsperson geblieben. Ich erinnere mich an sein graues, gelocktes Haar mit den schon weißen Strähnen, seine Brille mit dunkler Schildpatt-Fassung und das offene, freundlich lachende Gesicht, das in meiner Erinnerung immer auffallend gerötet war. Ich weiß nicht, ob er mich je angesprochen hat oder ich ihn.

---

[7] Carl Peters (1856–1918), deutscher Kolonialpolitiker, Begründer der Kolonie 'Deutsch-Ostafrika', der bei den Afrikanern den Spitznamen „Blutige Hand" trug. 1897 wurde er wegen seiner Grausamkeiten (u. a. wegen „willkürlicher Anwendung der Todesstrafe") unter Verlust der Pensionsansprüche unehrenhaft aus dem Staatsdienst entlassen. Von Hitler posthum rehabilitiert, wurde Carl Peters während der NS-Zeit als Kolonialheld gefeiert. Die nach ihm benannte hölzerne Waldhütte im Bereich der heutigen Homburger Helmholtzstraße war in der NS-Zeit Stützpunkt der Hitlerjugend.

[8] Hanns Heinrich Heene (1896–1948)

Hanns Heinrich Heene, Reinheim im Bliestal, Aquarell 1944

5

Wir hatten keine Angst vor ihm, aber eine besonders enge Beziehung bestand zwischen uns auch nicht. Hanns Heene war ein begeisterter Maler, dessen zahlreiche Bilder – meistens Landschaften – nicht nur die eigenen Wände schmückten, sondern auch die von Freunden und Bekannten, so u.a. auch bei uns zu Hause.
Während wir zu Onkel Hanns immer eine gewisse Distanz hielten, war der Kontakt zu Tante Hilde Heene viel enger. Dieter, der jüngste der drei Söhne, war unser Freund, während der fünf Jahre ältere Rainer mit uns nichts zu tun haben wollte und der in unseren Augen schon fast erwachsene Gerd unsere an Verehrung grenzende Bewunderung genoss, weil er perfekt zeichnen und malen und noch besser basteln konnte. Mit Dieter verband und verbindet mich noch heute eine enge Freundschaft, die trotz unserer ganz verschiedenen Lebenswege und manchmal mehrjähriger Intervalle, in denen wir uns gar nicht gesehen haben, keinen Schaden genommen hat.

In der vorderen Hälfte des Doppelhauses 14 wohnte das Ehepaar Jochim mit den beiden Töchtern Sissi (Franziska) und Annemarie. Herr Georg Jochim war als Beamter im „gehobenen Dienst" der Krankenhausverwaltung tätig. Er stammte ursprünglich aus Mulhouse im Elsass, was man auch an seinem Akzent hörte, während seine Frau Anna eine typische Pfälzerin war. Zum weiteren Einzugskreis, den wir uns nach und nach eroberten, gehörte natürlich auch 'die Pforte' mit dem „Tor", d.h. dem einzigen offiziellen Zugang zum Krankenhausgelände, dessen hölzerne, ehemals weiß lackierte Flügel immer geöffnet waren. Für Fußgänger gab es daneben einen eigenen, ebenfalls nie verschlossenen Durchgang. Außer dem Pförtner Leist, der eher die Funktion eines Telefonvermittlers und Postverteilers wahrnahm und sonntags in der Anstaltskirche die Orgel spielte, aber nicht im Hause selbst wohnte, lebten im Pförtnerhaus 'am Tor' zwei Parteien. Neben dem schon längst pensionierten alten Pförtner Feth mit der Vollglatze, der im ersten Weltkrieg ein Bein verloren hatte, wohl deswegen bei der Vergabe der Pförtnerstelle bevorzugt worden war und jetzt als Hobby-Meteorologe jeden Morgen, auf seinen Stock gestützt, mit knarrender Prothese zu seiner kleinen Wetterstation humpelte, gab es im Dachgeschoss des relativ kleinen Hauses die Familie Backes mit fünf Kindern, die alle unsere „Freunde" wurden. Herr Backes war offiziell Fahrer des Verwaltungsdirektors, der vor dem Kriege hin und wieder auch auswärtige Gäste vom Bahnhof abgeholt hatte. Er war mit der Tochter des alten, schon lange im Ruhestand lebenden Pflegers Heinrich Foltz verheiratet, der im ersten der beiden kleinen eingeschossigen 'Anstaltshäuser' unten 'an der Rennbahn' wohnte. Da es aber im Krieg kein entsprechendes Fahrzeug zur Beförderung des Direktors gab, war Herr Backes als Lastwagenfahrer und Automechaniker eingesetzt.

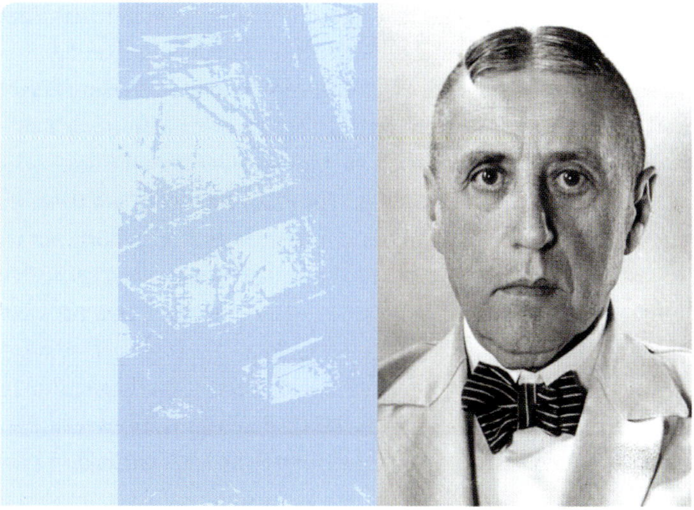

Prof. Dr. Oscar Orth

6

'Nach vorne raus' waren Orths unsere direkten Nachbarn. Prof. Dr. Oscar Orth war Chefarzt der Chirurgie und ärztlicher Direktor des LKH. Und als solcher bewohnte er mit seiner Ehefrau Frida, deren unverheirateter Schwester Olga und dem lebhaften Dalmatiner Zurr die hochherrschaftliche 2-etagige Direktorenvilla, die gleich neben dem Verwaltungsgebäude lag und von einem großen Garten umgeben war (heute Geb. 17, Dezernat II - Finanzen).
'Onkel' Orth war durch und durch Respektsperson und erwartete eine solche Respektbezeugung von jedermann, nicht zuletzt von uns Kindern, die wir immer die „richtige Hand" geben und einen „ordentlichen Diener" oder – wie Brigitte – einen „tiefen Knicks" machen mussten.

Oscar Orth war damals schon ein älterer Herr, relativ schlank, mit auffallend gerader Haltung und recht zügigem Schritt, der den Kopf stets leicht nach vorn geneigt trug und das Kinn gegen den Hals presste, wodurch sich ein kleines Doppelkinn bildete.

Den rechten Mundwinkel hatte er ein wenig herabgezogen, und wenn er lächelte, dann immer leicht süß-säuerlich, wobei sich nur der linke Mundwinkel hob. Sein charakteristischstes Merkmal aber war sein Kopfschmuck. Der kugelrunde Schädel war fast völlig kahlrasiert. Nur über der Stirn trug er ein kleines, nahezu quadratisches Frisürchen mit einem Mittelscheitel von 6-7 cm Länge und streichholzlangen, penibel nach links und rechts gestriegelten, glatten grauen Haaren. Seine Nase zierte gelegentlich ein goldener Zwicker mit einer langen, schwarzen Kordel, deren anderes Ende mit einer Schleife durch das Knopfloch im Revers seines weißen Arztkittels gezogen war. Eine Fliege trug er nur bei besonderer Gelegenheit. Entgegen anders lautenden Berichten zog er aber zu offiziellen Anlässen nicht ohne Stolz auch seine schmucke Offiziersuniform an, und dass er dem Naziregime so völlig ablehnend gegenüber stand, wie uns in der Vergangenheit so mancher gutmeinende Zeitzeuge[9] glauben machen wollte, stimmt wohl nicht ganz, denn laut Bundesarchiv war er ebenso NSDAP-Mitglied wie die meisten damals beamteten Ärzte auch. Bei der Begrüßung pflegte er uns meistens nur den Zeige- und Mittelfinger der sehr zartgliedrig wirkenden, schlaffen rechten Hand zu geben. Dabei blieben der Ringfinger und der kleine Finger gebeugt. Ob er eine Dupuytren'sche Kontraktur an dieser Hand hatte und deshalb nur die beiden Finger reichte, oder gar einen leichten Schlaganfall mit noch angedeuteter Halbseitenlähmung rechts, ist nicht überliefert. Für einen Chirurgen wäre eine solche Behinderung allerdings fast ein Berufsunfähigkeitsgrund gewesen.

---

[9] u. a. Hans Leyser, unser Musiklehrer am Knabenrealgymnasium Homburg, der im April 1944 wegen einer Kriegsverwundung Orths Patient gewesen ist und in seinen „Elmsfeuer" genannten Kriegstagebüchern Defizite in Orths Regimetreue gegenüber den Nazis zu erkennen glaubte.

Die Kirrberger

Zwischen unserem Haus und der Orth'schen Villa bzw. der Verwaltung verlief in der Verlängerung der Kirrberger Straße und des 'Anstaltsberges' eine Straße, die dann weiter am Waldrand entlang zur Kläranlage und zu dem stets verschlossenen 'hinteren Tor' führte. Auch die Straßenbeschaffenheit deutete darauf hin, dass es sich um einen alten Weg im Sinne einer direkten Verbindung zwischen Homburg und Kirrberg handelte, denn hier lag eigentlich nur festgestampfter Schotter, während die übrigen Straßen im Krankenhausgelände asphaltiert waren. Wahrscheinlich war dies die alte Kirrberger Straße, die vor dem Bau der Pfälzischen Heil- und Pflegeanstalt den Nachbarort mit Homburg verbunden hatte. Ganz sicher aber war dieser Weg für die Kirrberger die kürzeste Verbindung zur Stadt, ob sie nun zu Fuß oder mit dem Fahrrad den Weg nach Homburg und zurück nahmen. Eine Busverbindung gab es damals nicht. Deswegen waren die täglich dort vorbeiziehenden Kirrberger ein ganz vertrautes Bild für uns, und so kannten wir schon bald eine ganze Reihe von ihnen, die wir natürlich genauso höflich grüßten wie jeden anderen Vorbeikommenden. Neben den zum Homburger Bahnhof radelnden Bergleuten und Hüttenarbeitern waren es vor allem Frauen, die zum Einkaufen nach Homburg gingen und von dort wieder zurückkamen. Auch ein sehr kleiner Mann mit einem bartlosen, merkwürdig zerknitterten, blass-gelblichen Gesicht und relativ hoher Stimme war dabei, der stets ein Herrenfahrrad mit sich führte und die Hosenbeine seines grau gestreiften Anzugs mit blitzenden Klammern gesichert hatte. Für uns schien es immer wieder ein Wunder zu sein, dass dieser kleine Mann mit den kurzen Beinen überhaupt auf dem großen Herrenfahrrad sitzen und fahren konnte ohne herunterzufallen. In den Nachkriegsjahren hat man sich erzählt, dass dieser Mann kurz nach Kriegsende von den Amerikanern als kommissarischer Bürgermeister von Kirrberg eingesetzt worden sei, weil er als einziger Kirrberger politisch unbelastet war.

Unvergesslich werden mir die stets schwarzgekleideten und meistens mit einem dicken Knotenkropf ausgestatteten alten Kirrbergerinnen bleiben, die ihre schweren Einkaufstaschen auf dem Kopf balancierend, mit gravitätisch wiegendem Schritt nach Hause trugen und dabei mit starr nach vorn gerichtetem Blick – als trügen sie unsichtbare Scheuklappen – ganz konzentriert ihres Weges zogen, ja fast wie Schlafwandlerinnen dahinzuschweben schienen. Diese Frauen zu grüßen wäre uns niemals eingefallen, weil wir hätten befürchten müssen, sie aus ihrer Trance zu reißen, so dass ihnen am Ende noch die Taschen vom Kopf gefallen wären.

Und weil die Traglast auf dem Kopf die Frauen zu dieser würdevollen, aufrechten Haltung zwang, traten die von prallgefüllten Venen überzogenen Kröpfe nicht nur deutlicher hervor, man hatte sogar den Eindruck, als seien die mächtigen Knoten zum Abstützen des Kinns und des ganzen Kopfes geradezu zwingend erforderlich.

Aus diesem nahe gelegenen Kirrberg kamen übrigens zahlreiche Mitarbeiter des LKH, u.a. auch der Herr Duppe. Das inzwischen längst nach Homburg eingemeindete ehemalige Bauerndorf bot ein schier unerschöpfliches Reservoir an tüchtigen, allerdings nicht immer ganz fachkundigen Angestellten, die alle irgendwie 'uff de Aaanstalt' Unterschlupf und ihr berufliches Auskommen fanden. Neben angelernten Pflegehelfern auf den psychiatrischen Stationen und den zahllosen Küchenmädchen gehörten dazu auch die Heizer des LKH-Geländes, die täglich mindestens 3x ihre Runden machten, um in den Heizanlagen Koks nachzufüllen und die grauviolette, körnige Asche aus den Öfen zu schaufeln, die dann meistens als Belag für Gartenwege und dergleichen genutzt wurde.

Im LKH gab es eine ganze Reihe von Heizstationen im Keller verschiedener Häuser, die, zentral gelegen, jeweils 5-6 andere Bauten über unterirdisch verlegte, in knapp 150 cm hohen Gängen[10] verlaufende Rohre mit heißem Wasser versorgten. Die Wohnhäuser jedoch waren alle mit eigenen kleinen Heizanlagen ausgestattet. Als dieses sehr personalintensive und reparaturanfällige Heizsystem einige Jahre nach dem Krieg durch ein neu erbautes, hinter der später stillgelegten Kläranlage gelegenes, modernes Heizwerk mit mehr oder weniger automatisierten Betriebsabläufen ersetzt wurde, hat man die Heizer nicht etwa mangels Beschäftigungsmöglichkeit entlassen oder in den Ruhestand geschickt, sondern als Pförtner der neu erbauten und erweiterten Kliniken eingesetzt. So hat das LKH schon immer eine wichtige soziale Funktion in Homburg und in der angrenzenden Region wahrgenommen, weil es jederzeit Arbeitsplätze für mehr oder minder gut qualifiziertes Personal zur Verfügung stellen konnte. Dabei war es völlig gleich, ob diese Funktion notwendig oder gar wirtschaftlich sinnvoll war. Das Entscheidende war die Tatsache, dass dort Menschen Arbeit und Brot fanden, die anderswo als ungelernte Arbeitskräfte kaum eine Chance gehabt hätten und schon in einer Zeit erwerbslos gewesen wären, als Arbeitslosigkeit bei uns noch kein Thema war.

---

10 Dieses unterirdische Gangsystem war übrigens für uns Kinder nach dem Krieg für einige Jahre ein beliebter Spielplatz, in dem wir u.a. mit gespreizten Armen aufgespannten Jacken Fledermäuse fingen, aber auch in so manchen Gebäudekeller eindrangen, ohne dass die dort Tätigen etwas davon mitbekamen.

Ein „Reformarchitektur-, Heimat- und Jugendstil-Gesamtkunstwerk“

Der damals noch geschlossene Gesamtkomplex der 'Anstalt' mit seinem fast durchgehend einheitlichen Baustil hob sich in so eklatanter Weise von den Homburger Stadthäusern ab oder denen, die wir aus unserer Frankfurter Zeit kannten, dass auch uns Kindern auffiel, dass es sich da um etwas Besonderes handelte. Natürlich waren uns Begriffe wie Architektur oder Baukunst oder gar 'Jugendstil' völlig fremd, und wenn wir ans Bauen dachten, dann betraf das unsere Bretterbuden, die wir uns in den Gärten oder im nahen Wald einrichteten. Doch die Einheitlichkeit des Baustils der Kliniken und Wohnhäuser im Krankenhausgelände war uns durchaus bewusst. Denn jedes Haus besaß einen etwa 1 m hohen, aus heimischem Buntsandstein gemauerten Sockel, und alle Häuser trugen einen ganz typischen Verputz, der sich grundlegend von dem anderer Häuser unterschied. Charakteristisch war die sich aus abertausenden kirsch- bis kastaniengroßer, halbrunder Erhebungen zusammensetzende, gewellte Oberfläche, die in pastellfarbenen Tönen von nahezu weiß bis hellgrau über zartgelb bis blassrosa gestrichen war. Auch die Dächer waren mit Ausnahme zweier Gebäude einheitlich mit klassischen rotbraunen Tonziegeln gedeckt, sog. Biberschwänzen, wobei sich die Dachformen zwar von Haus zu Haus leicht unterschieden, insgesamt aber dennoch ein auffallend einheitliches Gesamtbild ergaben. Nur Bau 15, die gegenüber der Verwaltung gelegene Entbindungsstation, und Bau 16, das Gebäude der Privatstationen unseres Vaters und von Onkel Hanns Heene am südlichen Rand des Klinikgeländes, waren mit graubläulichem Schiefer gedeckt, der sich zwar deutlich

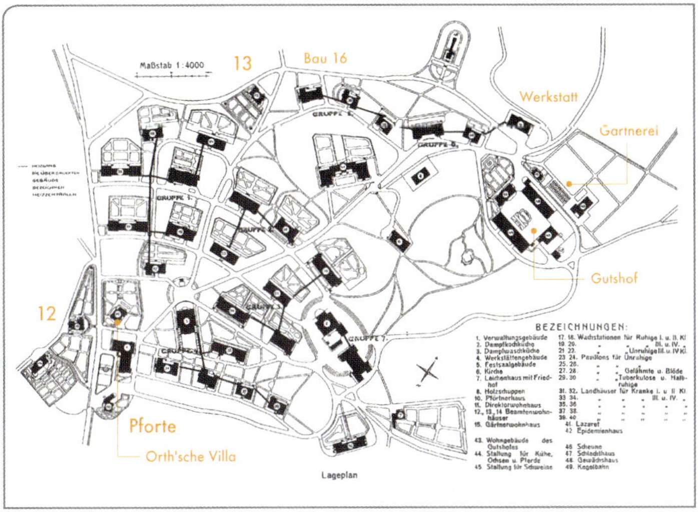

Plan der Pfälzischen Heil- und Pflegeanstalt (PHPA) Homburg

7

von den anderen Dächern abhob, das geschlossene Gesamtbild aber nicht beeinträchtigte; ganz im Gegenteil: Er verlieh diesen Häusern einen ganz eigenen Reiz. Hinzu kamen die Fensterteilungen und die mächtigen, mit kleinen Glasfenstern versehenen Eichentüren, die zwar von Haus zu Haus verschieden ausfielen, in ihren gewaltigen Ausmaßen und von den Beschlägen her aber wieder sehr ähnlich waren. Nicht zu vergessen auch die geschmiedeten Stahlgitter, die zahlreiche Kliniken an den Erdgeschoss-Fenstern zierten. Dass diese Gitter dazu dienten, die geistesgestörten Patienten an der Flucht zu hindern, war auch uns noch nicht schulpflichtigen Kindern völlig klar. Es war nicht zuletzt dieser einheitliche Baustil, der uns ein ganz eigenes Gefühl von 'zu Hause' und Geborgenheit vermittelte, das alle im Gelände lebenden, die da wohnenden und die dort arbeitenden Menschen, auch die Patienten, mit einschloss. Sie gehörten alle zu der großen 'Anstaltsfamilie', deren Mitglieder wir noch mit Namen kannten.

Verwaltungsgebäude und Pforte mit dem „Tor"　8

Der am Südwestrand des Krankenhausgeländes gelegene *Gutshof* war für uns natürlich eine der Hauptattraktionen. Da er in den ersten Jahren, als wir noch in Haus 13 wohnten, nicht zu unserem unmittelbaren Einzugsbereich gehörte, der sich einerseits nur bis zu dem kurz vor Bau 18 gelegenen 'Salzberg', einem ca. 2 - 3 m hohen Buntsandsteinfelsen und andererseits bis Bau 8 erstreckte, sind wir als Vierjährige ohne unsere Eltern nie bis dorthin gekommen. Später aber, als Fünfjährige und erst recht als Schulkinder haben wir uns natürlich das gesamte Klinikgelände einschließlich des Gutshofs, der Gärtnerei, der Werkstatt und der in einem kleinen Seitental im Schatten hoher Bäume gelegenen Kegelbahn erschlossen.

Bau 4, heute Pharmakologie und Toxikologie, im Jahre 1937. 9
Dahinter die Bauten 6 (heute Virologie), 10 und 12
(beide dem heutigen Gebäude 41, Neubau des Zentrums für Innere Medizin,
zum Opfer gefallen, sowie Bau 14 (ehem. Schwesternhaus,
heute Saarländische Krebszentrale - Tumorzentrum).

Um zum Gutshof zu gelangen, konnte man den offiziellen Weg nehmen, d.h. an der Chirurgie und bei Bau 22 sowie 24 vorbei gehen, was aber wenig Sinn machte. Viel interessanter war es, an der Kirche vorbei durch den Wald zu stromern, um dann nach Besteigen eines weiteren, zwischen Kirche und Gutshof gelegenen Buntsandsteinfelsens, von dessen Spitze aus man sogar bis zum Webersberg schauen konnte, quer durch den Wald zur Rückseite der Kuhställe zu gelangen. Dort konnte man schon einmal durch die meistens geöffneten Kippfenster einen Blick zu den schwarzbunten Rindern hinabwerfen, die alle einen Namen trugen, der neben Alter und Milchleistung mit Kreide auf einem schwarzen Holztäfelchen geschrieben stand. Unmittelbar neben dem Kuhstall lag der Pferdestall, in dem die kräftigen Zweibrücker Zugpferde standen, mit denen sämtliche Gespanne des Gutshofs ausgestattet waren.

Gutshof, vorne die Scheune, links Schweinestall mit Taubenschlag, hinten Pferde- und Kuhstall. 10

Interessanterweise gab es damals auf diesem relativ großen landwirtschaftlichen Betrieb mit seinen ausgedehnten Ländereien von ca. 100 ha bewirtschafteter Äcker und Wiesen, zu denen noch rund 220 ha Wald kamen, keinen einzigen Traktor, d.h. sämtliche Arbeiten auf dem Hof, die Menschenkraft überforderten, ob das nun Pflügen und Eggen, Mähen oder Transportieren von Futtergras und -klee oder das Einfahren der Getreideernte war, wurden von den stämmigen, aber dennoch sehr leichtfüßigen, braunen Rössern mit der schwarzen Mähne geleistet, von denen es gut und gerne zehn, wenn nicht sogar zwölf prächtige Exemplare gab. Sie waren der ganze Stolz des Herrn Diwo, der wohl mehr Zeit mit seinen Pferden als mit seiner Familie verbrachte, die in der Kirrberger Straße am Fuße des 'Aaanstaltsberges' wohnte, wie die Homburger das nur wenig über Stadtniveau gelegene Krankenhausgelände nannten.

Kuh- und Pferdestall nahmen die komplette nördliche Längsseite des rechteckig angelegten Gutshofs ein, während auf der Gegenseite die große Scheune mit Lagerräumen für Getreide lag, an die sich unter demselben Dach die Remise für die Pferdewagen oder Ackergeräte und -maschinen anschloss. Die Scheune war das Reich des Franz, eines kleinen, immer etwas gebeugt gehenden Mannes mit sehr wachem Blick und streng gescheiteltem Haar, der als sog. Arbeitspatient zur großen Schar der 'Verrückten' zählte, mit seiner verantwortungsvollen Aufgabe als Buchhalter aber durchaus als rechte Hand des Unterinspektors Klein gelten konnte. Natürlich hatte auch der Franz einen Familiennamen, aber den kannte keiner. Er wurde von allen 'der Franz' genannt, auch von uns Kindern, und er ließ es mit stoischer Ruhe freundlich lächelnd geschehen.
Er war sehr hilfsbereit und hat uns später, als wir selbst Hühner hatten, häufig mit einem Eimer voller Futtergetreide ausgeholfen.

Der Hof wurde auf der östlichen Schmalseite von dem repräsentativen Wohn- und Verwaltungsgebäude begrenzt, in dessen Erdgeschoss der Gutsinspektor Kiefer mit seiner Frau residierte, während der ihm untergebene Herr Klein mit Familie das Obergeschoss bewohnte. Herrn Kiefer sah man häufig mit Hut und ockergrauer Leinenjacke, mit gleichfarbigen Breeches und Ledergamaschen über den hohen Schnürschuhen in sehr aufrechter Haltung hurtig durch das Gelände oder über die Äcker schreiten, wobei er manchmal – um wohl den Eindruck von Dynamik und Willensstärke zu unterstützen – in der Rechten einen Spazierstock kreisen ließ, den er sonst nur bei jedem zweiten Schritt auf den Boden stieß, um seine Spitze im Intervall mit elegantem Schwung bis in Kopfhöhe hochwippen zu lassen. Herr Kiefer war eine absolute Respektsperson. Er rangierte noch deutlich vor dem Verwaltungsdirektor des LKH und dem Oberpfarrer Dr. Golsong, ganz zu schweigen von den Chefärzten, die zwar höflich gegrüßt und als akademisch gebildete Gutmenschen auch verehrt wurden, sich in der inoffiziellen Hierarchie aber erst unter „ferner liefen" wiederfanden.

In dem dem Wohngebäude gegenüberliegenden Quertrakt schließlich lagen links und rechts von der überdachten westlichen Zufahrt die großen Schweineställe und der Hühnerhof. Das Ganze wurde von einem massigen Turm gekrönt, der den Taubenschlag beherbergte. Und neben der Zufahrtsstraße stand nur wenige Meter entfernt das Schlachthaus. Der eigentliche Eingang zum Gutshof, ein zweiflügeliges Tor zwischen Scheune und Wohnhaus, das nach oben hin von einem gemauerten Bogen begrenzt war, wurde kaum genutzt und war fast immer verschlossen. Für Fußgänger gab es aber einen kleinen Nebeneingang, durch den man den Hof offiziell betrat. Da man uns Kinder bei unserem Erscheinen aber immer ein wenig misstrauisch beäugte, benutzten wir meistens die westliche Einfahrt, wo man im Getümmel der auf dem Kopfsteinpflaster laut ratternden aus- und einfahrenden Ackerwagen unbemerkt hindurchschlüpfen konnte. Am liebsten hielten wir uns bei den Pferden und im Kuhstall auf, besonders, wenn es neugeborene Fohlen und Kälber gab. Im Schweinestall stank es, und auch der Lärm der ständig in höchsten Tönen quiekenden Bewohner schreckte uns ab.

Direkt gegenüber dem Gutshof lag die Krankenhaus-Gärtnerei mit ihren zahlreichen Gewächshäusern, durch deren trübe Glasscheiben die bunten Blüten von Geranien, Petunien oder Alpenveilchen schimmerten. Herr über das Blumenmeer war der immer braungebrannte Herr Glaser mit dem dunkelblonden, nach hinten gekämmten, glatten Haar, von dem ihm meistens eine Strähne ins Gesicht fiel. Er bewohnte ein kleines, von Weinlaub umranktes Wohnhaus, das direkt gegenüber dem Feuerwehrschuppen des Gutshofs, aber noch auf dem Gelände der Gärtnerei gelegen war. Bei seiner Frau, die mit ihrem fast weißen Haar wesentlich älter wirkte, holten wir täglich unseren Schoppen Milch, solange wir zu deren Bezug berechtigt waren. Dieses Recht endete nämlich schlagartig, als wir uns im Krieg eine Ziege anschafften.

Obwohl er nicht mehr der Allerjüngste war, wurde Herr Glaser bald zum Militär eingezogen, so dass sein bereits im Ruhestand lebender Vorgänger Jänisch wieder das Kommando übernahm.

Herr Jänisch war ein Großvatertyp mit Kaiser-Wilhelm-Schnurrbart, der in aller Seelenruhe seiner Beschäftigung nachging, immer ein freundliches Wort für seine Kundschaft hatte und mit seiner ansteckenden Bedächtigkeit eine friedliche Atmosphäre verbreitete, die vor allem auch auf seine sich aus dem Kreis der Arbeitspatienten rekrutierenden Mitarbeiter ausstrahlte. Was immer man dort zu besorgen hatte, es geschah im Zeitlupentempo, und unter einer Stunde kam man dort nicht weg. Dass der liebe, gute, alte Herr Jänisch ein Parteigenosse der ersten Stunde war und auch ganz andere Saiten aufziehen konnte, erfuhren wir erst zwei Jahre später anlässlich einer 'Ordensverleihung', zu der noch einiges zu berichten sein wird.

Handwerksbetriebe

An der Werkstatt, dem dritten Komplex am südwestlichen Rand des Krankenhausgeländes, waren für uns Kinder in erster Linie die Schmiede und die Schreinerei interessant. Zu der Schmiede, aus der – wann immer man dort vorbeikam – der helle Klang des Hammers scholl, wenn er das auf dem Ambos liegende rotglühende Werkstück traf, lag ebenerdig und war deshalb der Hauptanziehungspunkt. Dort wurden nicht nur die Hufe der Pferde des Gutshofs beschlagen, sondern auch alle möglichen Ersatzteile hergestellt, z.B. gebrochene Türangeln, Fenstergitter, die unterschiedlichsten Beschläge usw. Es gab immer etwas Interessantes zu sehen, und besonders fasziniert waren wir natürlich immer von der fauchenden, blauen Stichflamme, die entstand, wenn der Schmied das Eisen mit der großen Zange in die Glut legte und gleichzeitig mit der rechten Hand an der Kette zog, die den Blasebalg betätigte. Natürlich wurde dort auch geschweißt, aber das hat uns längst nicht so gefesselt wie die Schmiedearbeit, wenn da aus einem ursprünglich banalen Eisenstück langsam eine erkennbare Form entstand, bis schließlich das fertige Ergebnis vorlag und auch noch perfekt zu dem Gegenstück passte. Unangenehm an der Schmiede war allein der Geruch verbrannten Eisens.

Ganz anders war es in der Schreinerei, die direkt über der Schmiede lag, aber nur über den rückwärtigen Zugang zu erreichen war. Da roch es vor allem so herrlich nach Holz und Leim, nach Harz und ätherischen Ölen; da nahm man den Lärm der kreischenden Motorsägen gern in Kauf, denn die meiste Zeit war es hier still und friedlich. Die Schreinerei strahlte für mich eher eine Atmosphäre von Gemächlichkeit und schöpferischer Kraft aus.

Ich fand es einfach schön, wenn man aus den mit Bedacht gezimmerten Einzelteilen erkennen konnte, was da entstand, ob das nun ein leicht geschwungenes Stuhlbein oder eine Schranktür war.
Die Schreiner habe ich reihum bewundert, vom Meister Miedreich bis zum Lehrling und umgekehrt. Für mich waren sie allesamt Künstler, die in mir schon früh den Wunsch weckten, später selbst einmal Schreiner zu werden. Unsere Kontakte mit den Schreinern beschränkten sich aber in erster Linie auf ihre Nebentätigkeit, nämlich die Glaserei. Sie ersetzten zu Bruch gegangene Fensterscheiben, die in meiner Erinnerung damals viel empfindlicher waren als die heutigen. Diese Glaser-Nebentätigkeit haben wir – wenn ich mich nicht täusche – damals mindestens fünfmal im Jahr in Anspruch nehmen müssen.

Mit Herrn Friedrich, unserem Krankenhaus-Elektriker mit der Peroneusparese, die er angeblich bei einem Starkstromunfall erlitten hatte, haben wir noch viel häufiger Kontakt gehabt. Denn er war zuständig und prompt zur Stelle, wenn eine Glühbirne kaputtging oder eine Sicherung herausflog. Und das passierte m.E. früher auch viel häufiger als heutzutage. Sicherungsautomaten mit Schaltern, die man nach Überlastung einfach wieder hineindrückt, gab es damals noch nicht. Wenn es irgendwo einmal gekracht hatte und die ganze Wohnung in Finsternis gehüllt war, blieb nichts anderes übrig, als eine Kerze anzuzünden und Herrn Friedrich anzurufen. Er wohnte im Dachgeschoss von Bau 11 in der Nähe der Kochküche und kam, wann immer man ihn brauchte. Der leicht hinkende schmächtige Mann in dem verschossenen grauen Arbeitskittel, mit Hornbrille, dunkelblonder Haartolle und unbewegtem, ernstem Gesichtsausdruck war immer zur Stelle und hat sich nie beklagt, auch wenn man ihn ggf. aus tiefstem Schlaf gerissen hatte.
Er war verheiratet und hatte einen fast erwachsenen Sohn namens Walter. Eine kleine Tochter war früh an einer Poliomyelitis verstorben. Seine Frau war damals schon deutlich ergraut. Sie war – wie ihr guter Mann – ein ganz lieber Mensch, den man nie hat klagen hören. Irgendwie ähnelten sich die beiden, fast wie Bruder und

Schwester. Aber vielleicht hatten sie sich im Laufe ihrer langen Ehe einfach nur einander immer mehr angeglichen.

Im selben Dachgeschoss von Bau 11, der heute Teil der Orthopädie ist, wohnte übrigens auch der Apotheker Ruby mit Frau und 2 Töchtern. Er kam aus Hochspeyer in der Pfalz, was man sofort an seiner Sprache hörte, die mit dem rollenden R einen deutlichen Hang zum Pfälzischen erkennen ließ. Er muss ein begeisterter Burschenschafter gewesen sein, denn er hatte einen kräftigen Schmiss im Gesicht, das sich beim Lächeln zu einer seltsamen Grimasse verzog. Sein Gesichtsausdruck rief bei mir dann immer eine Assoziation zu den beiden klassischen Theatermasken hervor, die im Homburger Saalbau über der Bühne angebracht waren. Frau Ruby war ständig mit dem Fahrrad unterwegs. Im Gegensatz zu ihrem Mann, dessen schon fast krankhaft rote Gesichtsfarbe stark zu dem silbergrauen, penibel gescheitelten Haar kontrastierte, empfand ich sie als immer sehr blass mit unterschwellig leidender Miene, die den ebenso zum Leidvollen tendierenden südpfälzer Singsang ideal ergänzte.

Der Krieg wird langsam auch für uns zur Realität

Im Sommer 1942 kamen Schalls für einige Tage nach Homburg, um ihren Sohn Hartwig abzuliefern, der vorübergehend bei Heenes wohnen sollte. Prof. Schall ist 1936, zur Zeit meiner Geburt, noch der Chefarzt der Homburger Kinderklinik gewesen, bevor er 1940 als Leiter der Städtischen Kinderklinik nach Bremen ging. Bei einem der ersten Bombenangriffe auf Bremen war ihr Wohnhaus so schwer beschädigt worden, dass die Schalls in einer Notunterkunft wohnen und ihre Kinder bei Verwandten und Bekannten unterbringen mussten. Sie hatten in ihrer Homburger Zeit im Haus 12 gewohnt, in derselben Wohnung, die wir gerade bezogen hatten, und es hatte sich so fast zwangsläufig eine engere Beziehung zwischen Heenes und Schalls ergeben, besonders zwischen den Kindern.
Sixt, der älteste Sohn, war mit Gerd Heene befreundet gewesen, und Hartwig mit Dieter, obwohl er ein Jahr älter war. Der jüngste Sohn Eckard war ein Jahr jünger als ich.

Die Nachricht, dass Onkel Hans, der Schwager meiner Mutter, seit der Silvesternacht 1941/42 an der Ostfront vermisst wurde, hat Brigitte und mich wesentlich weniger berührt als unsere Eltern. Wahrscheinlich hatten wir ihn in der Vergangenheit einfach zu selten erlebt, um eine engere Bindung zu ihm aufbauen zu können. Wenn man uns gesagt hätte, der „Alte Fritz“ sei vermisst oder gestorben, hätte uns das wahrscheinlich mehr erschüttert, weil der in den Erzählungen unseres Vaters wesentlich häufiger vorkam.
Genaueres über den Frontabschnitt und die näheren Umstände des Geschehens haben wir Kinder nicht erfahren. Retrospektiv wurde damals erstaunlich wenig darüber gesprochen.

Sanitätsärzte 1943 vor Geb. 12 (damals Wohnhaus für Ärzte, in dessen Obergeschoß wir seit 1941 wohnten) 11

Möglicherweise wollten unsere Eltern uns Kinder mit diesen Dingen nicht belasten, weil wir dafür noch zu klein waren. Wir haben natürlich mitgekriegt, dass Mutti einige Zeit lang ziemlich traurig war und dass sie sich wohl verstärkt Sorgen um meinen Patenonkel Otfried – ihren 'kleinen' Bruder – machte, der schon 1939 als 17jähriger eher wider- als freiwillig in den Krieg gezogen und inzwischen ebenfalls in Russland eingesetzt war. Während Tod und Verwüstung in Russland längst grausige Wirklichkeit waren, haben zumindest wir Kinder in Homburg bis Anfang 1942 vom eigentlichen Kriegsgeschehen fast nichts mitbekommen.

Das LKH war zwar in 'Reservelazarett Homburg' umbenannt worden, und dementsprechend sah man auch viele Uniformierte, doch das war nicht wirklich neu. Uniformträger hatte es in meiner

Erinnerung schon immer gegeben, und einige kannten wir mit Namen. Da war z. B. der Oberzahlmeister Schmidt mit dem „zerknautschten“ Gesicht, der zudem auch noch eine „Knautschmütze“ trug, wie uns Papa erklärte, oder der Dr. Schlarb mit seinem Airedale Terrier, oder der Lazarett-Kommandant Oberfeldarzt Dr. Hemme, der später durch Oberstabsarzt Dr. Wallau abgelöst wurde. Auch einige der Ärzte, die wir noch als Zivilisten in grauer Vorkriegszeit erlebt hatten, sah man jetzt nur noch uniformiert. Unser Papa trug ja auch Uniform. Er war von Wiesbaden nach Heidelberg versetzt worden, wo er die Klinik Speyererhof (heute Kliniken Schmieder) leitete. Wir haben ihn einmal dort besucht und dabei als besondere Attraktion die Fahrt mit der Zahnradbahn zur Molkenkur erlebt, und von dort auf den Gipfel des Königstuhls, eines Berges, mit dessen Namen wir ebenso wenig anzufangen wussten wie mit dem der Zwischenstation. Irgendwann ist Papa dann nach Homburg zurückgekommen. Er nahm wieder seinen gewohnten Dienst als Chefarzt der Inneren Abteilung des LKH auf und war gleichzeitig für die ärztliche Behandlung internistisch kranker Soldaten verantwortlich. Daneben betreute er aber auch als Internist das in das LKH-Gelände integrierte Gefangenenlazarett, ein Holzbarackenlager, das von einem doppelten Stacheldrahtzaun umgeben war und in dem anfangs nur französische und polnische Gefangene, später auch Russen, Jugoslawen und Italiener untergebracht waren. Auch nach seiner Rückkehr trug unser Vater nur Uniform. Wir wussten, dass er *Stabsarzt* war und beneideten ein wenig Dieter Heene um den Rang seines Vaters, der sich immerhin *Oberstabsarzt* nennen durfte.

Das Mittagessen nahm Papa im Offizierskasino ein, zusammen mit den anderen Ärzten und Offizieren. Dieses Kasino befand sich im 1. Obergeschoss des Verwaltungsgebäudes und wurde von einer sehr resoluten, dunkelhaarigen Frau geführt, die alle nur Frieda nannten. Sie war zu uns Kindern sehr freundlich, und wenn wir hin und wieder die knarrenden Stufen der breiten Holztreppe hinauf zum Kasino überwunden hatten, bekamen wir von ihr schon einmal ein Stück Schokolade geschenkt.

Stabsarzt Dr. med. Friedrich Doenecke

12

Aus dieser Zeit stammt ein Wort, das unser Vater auch später immer wieder einmal beim Mittagessen lachend gebrauchte, wenn er besonders gut gelaunt war, nämlich der *Beiguss*. Die Herkunft dieses Wortes ist auf die geradezu lächerliche Sorge der Nazis zurückzuführen, dass die deutsche Sprache durch allzu viele Lehnwörter aus fremden Sprachen, insbesondere dem Französischen, Schaden nehmen könnte. So war aus dem Portemonnaie der Geldbeutel, aus dem Parterre das Erdgeschoss und aus der Soße des Offizierskasinos der Beiguss geworden (*„Man reiche mir bitte den Beiguss"*).

Neben den uniformierten Ärzten und den zur Verwaltung des Reservelazaretts zählenden unterschiedlichen Mannschaftsdienstgraden in ihren graugrünen Uniformen bestimmten damals die zahlreichen Verwundeten und Genesenden mit ihren Krücken das Bild im LKH-Gelände. Sie trugen weder Uniformen noch gewöhnliche Schlafanzüge oder Bademäntel, sondern Anzüge aus festem weißem Drillich, der immer etwas zerknittert wirkte, weil er wahrscheinlich nie gebügelt wurde. Da aber offensichtlich ein chronischer Mangel an Drillichanzügen herrschte, blieb den Soldaten nichts übrig, als die für die Geisteskranken vorgesehene blau-weiß gestreifte Anstaltskleidung zu tragen, von der in den LKH-Magazinen schier unerschöpfliche Vorräte zu schlummern schienen. Denn so, wie es heute noch üblich ist, die Insassen der Justizvollzugsanstalten in auffällige Kleidung zu stecken, um sie nach einem Ausbruch rascher wieder dingfest machen zu können, hat man damals – aus dem gleichen Grund – auch die Patienten der Irrenanstalten unverwechselbar uniformiert. So war uns der Anblick der blau-weiß gestreiften Genesenden ein ganz vertrautes Bild. Ob die Betroffenen selbst sich dadurch diskriminiert gefühlt haben, ist nicht überliefert.

Eine kleine Geschichte muss ich noch loswerden, die zwar nicht gerade weltbewegend ist, vielleicht aber ein typisches Licht auf den bis in die kindliche Gedankenwelt eindringenden Einfluss nationalsozialistischer Organisationen wirft. Die Geschichte kann sich nur im Winter 1941/42 abgespielt haben, denn meine 1935 geborene Schwester Brigitte war noch nicht in der Schule. Man muss sich klarmachen, dass dieses totalitäre Regime seine Präsenz bis in den letzten Winkel nicht nur Deutschlands, sondern im Krieg wahrscheinlich in seinem gesamten Herrschaftsbereich durch einprägsame Symbole sicherte, die einen ständig an seine staatsbürgerlichen Pflichten erinnerten. Dazu gehörte u.a. die schwarz auf weißem Grund gemalte Silhouette des 'Kohlenklau', der uns unentwegt ermahnte, mit der Energie schonend umzugehen, und auch das Plakat 'Psst, Feind hört mit!', das sich zwar in erster Linie an die Erwachsenen richtete, aber natürlich auch uns Kindern vertraut war und uns wohl genauso einschüchterte wie die Großen.

Und zu diesen Symbolen, die mir unauslöschlich ins Gedächtnis gebrannt sind, gehörten auch die im Folgenden genannten Anstecknadeln: Neben verschiedenen anderen NS-Bewegungen

gab es das Winterhilfswerk (WHW), das sich seit Kriegsbeginn als Kriegs-WHW zur Linderung der gröbsten Not 'kriegsgeschädigter Volksgenossen' etabliert hatte. Der Begriff WHW sagte uns Kindern natürlich nichts, trotzdem war uns dieses allgegenwärtige 'Wehaweh' absolut geläufig. Für uns waren das die Leute, die durch den Verkauf von Anstecknadeln mit bemalten Tonfigürchen viel Geld einnahmen, das sie dann armen Kindern schenkten.
Genau das wollten Brigitte und ich auch. An jeder Straßenecke konnte man diese Leute mit ihren verplombten Sammelbüchsen stehen und ihre Anstecknadeln feilhalten sehen, die man für 10 Pfg. erwerben konnte. Auch bei uns zu Hause hatten sich diese auf der Rückseite so merkwürdig orangebraunen, daumennagelgroßen, bunten Figürchen mit der angeklebten Anstecknadel in Massen angesammelt und füllten mehrere Zigarrenkistchen. Weil wir für die armen Kinder Gutes tun wollten, zogen wir uns also eines Morgens die Wintermäntel an und nahmen zwei unserer Zigarrenkisten mit, eine mit Anstecknadeln gefüllte und eine leere für das Geld.
Dann gingen wir hinunter zur Pforte, stellten uns ungefähr 150 m unterhalb des 'Tors', also auf halber Strecke zur Stadt auf den Bürgersteig und riefen jedem Passanten, der da vorbeikam, den uns in den Ohren klingenden, von den Sammlern stereotyp skandierten Spruch zu: „Samm - lung - für - das - Weh - Haa - Weh!"
Die Leute ließen sich nicht lumpen, unsere Anstecknadeln gingen weg wie warme Semmeln und im Nu hatte sich unser leeres Zigarrenkistchen gefüllt. Zählen konnten wir natürlich schon, aber noch nicht rechnen. Trotzdem wussten wir, dass wir viel Geld eingenommen hatten. Wir waren mächtig stolz und hatten in unserem Glücksgefühl überhaupt nicht mitgekriegt, dass da plötzlich unsere Mutti vor uns stand, die zu Fuß vom Einkaufen zurückkam und völlig verdattert unseren Einsatz für das WHW wahrnahm – kurz bevor wir die letzten Nadeln an den Mann hatten bringen können. Sie war ganz blass geworden, sagte kein Wort. Aus ihrem Verhalten wurde uns aber sofort klar, dass wir unseren Einsatz abbrechen mussten. Ihr war die Angelegenheit furchtbar peinlich.

Und so schlichen wir mit hängenden Köpfen hinter ihr nach Hause. Richtig ausgeschimpft hat sie uns auch zu Hause nicht, vielleicht war sie sogar ein bisschen stolz auf die beiden Sammler. Wie sie uns erst viel später erzählte, hat sie das Geld genau dem Zweck zugeführt, den auch wir geplant hatten. Sie lieferte das Zigarrenkistchen mit den Zehnpfennigstücken beim WHW ab. Ob sie denen allerdings gestanden hat, wie die Summe zustande gekommen war, hat sie uns nicht verraten.

Ein Kuriosum jener Zeit, das damals aber jedermann geläufig war und überhaupt nicht als etwas Besonderes empfunden wurde, war der „Holzvergaser". Auch das LKH nutzte diese Methode der Energiegewinnung bei mehreren intern im Krankenhausgelände eingesetzten Transportfahrzeugen, bei denen sich zwischen Fahrerkabine und Ladefläche ein etwa 2 m hoher, zylindrischer Heizkessel befand, der von oben mit kleinen Holzscheiten gefüllt wurde, die dann unter eingeschränkter Luftzufuhr verschmorten. Der Kessel war mit einer schweren Klappe fest verschlossen, der zur Verbrennung notwendige Sauerstoff wurde über ein kleines Luftloch zugeführt und das Abgas über ein Röhren- und Kühlsystem zum Motor hingeleitet. Charakteristisch für diesen Ofen war ein kleines Kläppchen über der Luftzutrittsöffnung, dessen regelmäßig klickendes Geräusch jedem, der dieses Antriebssystem selbst erlebt hat, noch heute in den Ohren klingt. Der dabei entstehende, als Benzin- bzw. Dieselersatz genutzte, gasförmige Treibstoff kann nicht sehr umweltfreundlich gewesen sein, denn abgesehen von dem säuerlichen Schwelbrandgeruch produzierte das System auch eine säuerlich stinkende, schwarzbraune, klebrige Flüssigkeit, die von jedem dieser Fahrzeuge auf den Asphalt tropfte und charakteristische Spuren auf den Straßen hinterließ. Der Holzvergaser wurde auch nach dem Krieg noch zur Energiegewinnung genutzt und ist in meiner Erinnerung erst in den späten 1940er Jahren nach und nach von den Straßen verschwunden.

Geburt des jüngsten Bruders und Tod des Großvaters in Halle

Am 19. Dezember 1942 wurde unser kleiner Bruder Detlef geboren. Meine Eltern hatten ihn eigentlich Eckard oder Ekkehard nennen wollen, doch sie wurden von ihren drei Kindern überstimmt, die den Namen Detlef viel schöner fanden. Dieser erste Winter in der neuen Wohnung war ein sehr schneereicher.
So passierte es, dass die zur Entlastung unserer Mutter aus Halle angereiste Kinderkrankenschwester Melitta, die damals noch eine „Säuglingsschwester" war, sich bereits am zweiten Tag beim Sturz auf einer vereisten Treppe den rechten Arm brach und so als hilfsbedürftige Person für unsere Mutter zur zusätzlichen Belastung wurde.

Die Geburt seines vierten Enkelkindes war ein letztes besonderes Geschenk auch für unseren schwer kranken Großvater in Halle gewesen, für Papas Vater, der genau zehn Jahre zuvor vermeintlich erfolgreich an einem malignen, inzwischen jedoch massiv metastasierten Tumor operiert worden war und am 27. Februar 1943 verstarb. Er hatte vor seinem Tod noch einmal die älteren Enkel sehen wollen, weshalb wir im Januar 1943 mit dem Zug nach Halle gereist sind, was angesichts der zunehmenden alliierten Fliegerangriffe auf deutsche Großstädte bzw. Bahnanlagen nicht ganz ungefährlich war.

Im späten Frühjahr 1943 wurden dann Detlef und die im vergangenen August geborene Gesa Hertz in einer gemeinsamen Zeremonie getauft, die merkwürdigerweise in unserem Wohnzimmer vollzogen wurde. Von dem Taufakt gibt es Fotos, auf denen der fast schon groteske Größenunterschied zwischen den beiden Täuflingen auffällt. Ihr Täufer war der nahezu stocktaube evangelische

Pfarrer Joseph Custor[11] mit dem leicht umwölkten, misstrauischen Blick des Tauben, der aber – auch wenn er gut hätte hören können – nicht in der Lage gewesen wäre, seinem Gegenüber direkt in die Augen zu schauen. Er war ein schlanker, merkwürdig gehemmter Mann mit schütterem Haar, der immer freundlich lächelte, ständig ja-ja sagte, auch wenn es gar nichts zu bejahen gab, und dessen Gesprächsbeiträge stets mit leichter Verspätung ankamen, weil er nicht verstand, was die andern sagten, und erst durch den Ablauf des Geschehens aus eigenem Begreifen auf den Trichter kommen musste. Wenn wir ihm auf der Straße begegneten und ihn höflich grüßten, strahlte er mit seinem seltsam entrückten Lächeln zurück, wobei wir nie so recht wussten, ob er uns in diesem Moment überhaupt richtig wahrgenommen hatte oder ob er stereotyp so reagierte, weil er befürchtete, jemanden vor den Kopf zu stoßen.

Ganz anders verhielt sich sein Kollege aus dem katholischen Lager, mit dem er sich zu unserer Überraschung duzte. Der Pfarrer Dr. Edmund Golsong[12] mit dem Spitznamen Kultus ('de Kuldus') war klein und korpulent, hatte eine Speckfalte im Nacken, eine Glatze mit nur noch schmalem grauem Haarkranz und wenigen quer über den „Scheitel" gelegten langen Haaren. Sein Kopf saß wie eingekeilt zwischen den Schultern. Einen Hals schien er nicht zu besitzen, und wenn er den Kopf zur Seite drehte, dann bewegte sich sein gesamter Rumpf in die betreffende Richtung.

Auch wenn er keine lange Nase hatte, dachte ich immer an Zwerg Nase, wenn ich ihm begegnete, weil diesem in unserem 'Hauffs Märchen-Buch' mit den wunderschönen Illustrationen von Ruth Koser-Michaels der Kopf ebenso unverrückbar fest zwischen den Schultern steckte.

---

[11] Joseph Custor (1892–1969)

[12] Edmund Golsong (1895–1960)

Sanitätsärzte 1943 mit „Geistlichkeit" (3. v.r. Pfr. Joseph Custor, 7. v.r. Pfr. Dr. Edmund Golsong) und Prof. Oscar Orth (5.v.r.) 13

Der Pfarrer Golsong trug eine Nickelbrille mit kreisrunden Gläsern, durch die er sein Gegenüber mit kaltem, bohrendem Blick anstarrte, der trotz des gleichzeitig aufgesetzten, selbstgefälligen Lächelns immer irgendwie strafend wirkte und bei uns spontan Schuldgefühle auslöste. Den Namen Kultus hatte er erhalten, weil irgendwann einmal ein bildungsbeflissener Verwaltungsangestellter beim Neudruck des Krankenhaus-Telefonverzeichnisses die Anschlüsse der beiden Pfarrämter mit „Katholischer Kultus" und „Protestantischer Kultus" bezeichnet hatte. Dass nur der Pfarrer Golsong den Spitznamen bekommen hatte, lag nicht nur an der Indifferenz seines evangelischen Kollegen, an dem sich niemand zu reiben vermochte, sondern an seiner eigenen frisch-fromm-fröhlichen Art, jedermann durch den Kakao zu ziehen, gleichgültig, ob sein lockeres Geschwätz der Situation angemessen war oder nicht.

Er war berüchtigt wegen der zahllosen Fettnäpfchen, in die er laufend und gerne hineintrat. Diese Karikatur eines Priesters hatte keine Freunde im Krankenhausgelände, außer dem tauben evangelischen Pfarrer Custor, der von den Entgleisungen seines Amtsbru ders nicht viel mitbekam. Meinen kleinen Bruder Detlef begrüßte der Kultus als Vier- bis Fünfjährigen bei jeder Begegnung mit „Detlev von Liliencron", um dann sofort aus Begeisterung über den eigenen gelungenen Scherz in meckerndes Gelächter auszubrechen. Auch wir älteren Geschwister wurden nicht verschont. So ließ der Pfarrer Golsong uns Kinder grundsätzlich wegen unangemessener Haltung beim Grüßen nachexerzieren, d. h. wir mussten 5 Schritte zurücksetzen, um dann beim erneuten Vorbeigehen den Gruß freundlich lächelnd, mit den Händen an der Hosennaht und angedeuteter Verbeugung, zu wiederholen. Dr. Golsongs unerbittlich geforderter Begrüßungsritus lief mit unausweichlicher – in diesem Fall wohl gottgewollter – Gesetzmäßigkeit ab, wobei wir genau wussten, dass noch so gutes Benehmen beim ersten Mal völlig sinnlos war. Deshalb versenkten wir als zehn- bis zwölfjährige Schüler, beim Herannahen des Kultus bewusst die Hände in den Hosentaschen und wandten uns laut pfeifend von ihm ab, um ihn dann mit gespielter Überraschung zu erkennen und den pastoralen Drill über uns ergehen zu lassen. Für mich blieb dieser Priester mit dem Hang zum Militärischen auch später immer der Inbegriff eines vermeintlich höherrangigen Menschen, dessen Verhalten der ihm entgegengebrachten Ehrerbietung nicht gerecht wird, und dessen Leutseligkeit nichts anderes ist als Geringschätzung dessen, der da vor ihm kriecht. Er war nun einmal ein Hirte, der wusste, dass nur Zucht und Ordnung, also Führungsqualitäten gefordert sind, wenn es gilt, die Herde der da umherirrenden Hammel und Schafe zusammenzuhalten.

Frau General von Winterfeld

Unter den zahlreichen Kriegsversehrten, die im Reservelazarett Homburg (später Hauptverbandsplatz Homburg) für eine gewisse Zeit Unterschlupf gefunden hatten, war auch ein merkwürdiges Pärchen, das sich *Herr General von Winterfeld*[13] *mit Gattin* nannte. Ob sie tatsächlich so hießen und ob er ein echter General war, weiß ich nicht. Er war jedenfalls wie ein General in eine prächtige graugrüne Uniform mit roten Filzunterlagen an Kragenspiegeln und Schulterklappen gekleidet, mit goldfarbenen Rangabzeichen und vor allem mit roten Längsstreifen an der Hosennaht. Dazu trug er eine relativ kleine verbeulte Schirmmütze, die auf dem kahlen Haupt des ziemlich großgewachsenen Mannes irgendwie komisch fremd wirkte. Vermutlich handelte es sich um den zu Beginn des Zweiten Weltkriegs reaktivierten und zum „Kommandanten der Befestigungen in der Saarpfalz und Eifel" ernannten Generalleutnant Robert von Winterfeld, der im Ersten Weltkrieg an der Ostfront schwer verwundet worden war, dem deshalb möglicherweise jährlich eine kleine Erholungskur mit Gattin zustand, die zu nehmen er sich in diesem Sommer 1943 in Homburg gestattet hat. Aus unserer Sicht schien er allerdings gesundheitlich wenig beeinträchtigt zu sein, er hinkte auch nicht, stützte sich aber mit der rechten Hand auf einen auffallend dünnen schwarzen Gehstock mit silbernem Griff.

[13] Robert von Winterfeld (1879–1952)

Generalleutnant Robert von Winterfeld 14

Uns Kindern erschien er eher wie einer, der uns allen mit seinem übertriebenen Imponiergehabe eine eingeübte Rolle vorspielte und jeden Verwundeten, ob ohne Beine im Rollstuhl sitzend, ob ein- oder zweibeinig, mit und ohne Krücken, „Männchen machen" und grüßen ließ, um dann mit lässig in Richtung Mütze geführtem rechtem Zeigefinger ein leutselig schnarrendes „Danke! Wegtreten!" entgegnen zu können, die einzigen Worte, die ich je von ihm vernommen habe. Die Rollstuhlfahrer nahmen dann sitzend „Haltung" an und *rollten* befehlsgemäß in aufrechter Haltung weg. Weg-*treten* ging ja nicht mehr.

An seinem linken Arm hing seine ziemlich untersetzte, leicht verwitterte, in ein spitzenbesetztes, knöchellanges Seidenkleid gehüllte Gattin mit Blümchenhut und schwarzem Tüll-Schleier vor dem faltigen Gesicht, die reichlich Goldschmuck an Hals und Armen trug und jedermann wortreich auf die Nase binden musste, dass ihr Gatte in der „Tetscheklokakei" verwundet worden sei.

Obwohl dieses Land in der offiziellen Sprachregelung „Protektorat Böhmen und Mähren" genannt wurde, wussten wir sieben- bis achtjährigen Knirpse doch immerhin schon, dass es sich bei dem angeblichen Kriegsschauplatz tatsächlich um die Tschechoslowakei[14] handelte, weil der Vater eines Freundes dort eingesetzt war.
Deshalb wussten wir auch, dass dort zumindest damals noch nicht geschossen wurde. Dementsprechend machten wir uns im Stillen Gedanken darüber, ob man den Erwachsenen, insbesondere der Generalin wirklich alles abnehmen konnte, was sie so von sich gaben.

Doch nicht nur die geschwätzige Generalin mit dem Blümchenhut und ihr wortkarger Gatte spazierten da an unserem Garten vorbei, sondern auch genesende Verwundete bzw. Patienten des deutschen Reservelazaretts und auch solche des Gefangenenlazaretts, die sowohl mit uns als auch mit unserer Mutter Gespräche über den Gartenzaun zu führen pflegten. Unter ihnen war auch ein junger, sehr groß gewachsener, dunkelhaariger Russe, der sehr gut Deutsch sprach und mit dem wir bald engeren Kontakt pflegten. Das ging so weit, dass er sich sogar an der Gartenarbeit beteiligte und mit uns Kindern „Schwarzer Peter" und „Mensch ärgere dich nicht" spielte. Er konnte z.B. auch wunderschön zeichnen.

Der Russe (mit dem deutschen Namen) Christian war übrigens nicht der einzige Kriegsgefangene, der bei uns ein und aus ging. Ein weiterer 'Kriegsgefangener mit Familienanschluss' war André, ein französischer Medizinstudent, der als Sanitätssoldat der Grande Armée in deutsche Gefangenschaft geraten war und nun im Gefangenenlazarett als Assistenzarzt eingesetzt wurde. Da er ein fleißiger, kooperativer Mitarbeiter mit ausgezeichneten Deutschkenntnissen war, bot es sich an, ihm auch im deutschen Wehrmachtslazarett und auf den zivilen Stationen der meinem Vater unterstehenden Inneren Abteilung bei Visiten die interessantesten Krankheitsbilder zu zeigen. Aus diesen immer enger werdenden menschlichen Kontakten entstand zwischen meinem Vater und diesem so kontaktfreudigen, intelligenten jungen Mann eine freundschaftliche Beziehung, die sich rasch und zwanglos auch auf die Familie ausdehnte.

Der André kam öfters zu uns nach Hause, um sich Bücher auszuleihen oder in Fachbüchern zu blättern, und wenn er schon da war, wurde er hin und wieder zum Essen eingeladen. Auch zu ihm hatten wir Kinder ein sehr nettes, völlig entspanntes Verhältnis. Wir duzten ihn genauso wie den Christian und empfanden diesen nur wenig über Zwanzigjährigen eher als großen Bruder, ganz sicher nicht als einen bösen Feind, vor dem man sich in Acht nehmen musste.

•

[14] Wegen meines schon sehr früh gezeigten Interesses für die Atlanten im Bücherschrank meines Vaters hatte ich zu meinem siebten Geburtstag den orangefarbenen DEUTSCHEN SCHULATLAS bekommen, ein relativ dünnes Paperback mit schwarzem Rücken im Folio-Format, dessen Inhalt mir bald so vertraut war, dass ich von dem Gelernten auch später im Gymnasium noch reichlich zehren konnte.

HJ marschiert

Mit dem Frühjahr oder Frühsommer 1943, jedenfalls mit der warmen Jahreszeit, mit Sonnenschein und festlicher Stimmung verbinde ich auch ein militärisches Spektakel, von dem wir uns magisch angezogen fühlten und das zumindest mich sogar in meinen Träumen beschäftigte. Es handelt sich um den sonntäglichen Auftritt des Musik-Corps der Hitlerjugend, die mit Trommeln und Fanfaren von der Carl-Peters-Hütte kommend, in Viererreihe die Kirrberger Straße hinuntermarschierte und mit klirrendem Gleichschritt weiter in die Stadt zog. Wir 'Aaanstalter Kinder' standen mit leuchtenden Augen an der Einmündung des 'Berchmannspädche' in die Kirrberger Straße und harrten der herannahenden Truppe, die von einem Fahnenträger angeführt und einem älteren Fähnleinführer begleitet wurde. Zu ihnen gehörte u.a. auch Rainer Heene, dessen große, weiße Trommel mit den aufgemalten schwarzen Flammen zu Hause bei Heenes wie eine kostbare Reliquie gehütet wurde. Wer es wagte, einen der Trommelschlegel mit den wolleweichen Köpfen in die Hand zu nehmen und nur vorsichtig das Trommelfell gerade eben einmal ganz zart zu berühren, musste mit strenger Strafandrohung seitens des Besitzers rechnen.

Für uns Kleine jedenfalls gehörte der morgendliche Marsch zur Kirrberger Straße zu den freiwilligen sonntäglichen Pflichtübungen, die wir nie verpassten. Wir bewunderten die Jungen in ihren braunen Hemden, mit dem Halstuch, das mit einem geflochtenen Lederknoten zusammengehalten wurde, und der roten Binde am linken Arm, auf der das schwarze Hakenkreuz im weißen Kreis prangte. Wir wussten genau, dass wir ihnen später einmal nacheifern würden. Auch wir wollten in Reih' und Glied mit unseren

Fanfaren die von Linden gesäumte Straße entlangmarschieren und hörten schon im Geiste das Klirren unserer genagelten Schuhsohlen, das beim Wechsel vom Asphalt der Landstraße zu dem basaltenen Kopfsteinpflaster der Kirrberger Straße seine Tonlage änderte.

Ich weiß nicht, ob es allein dieses sich regelmäßig wiederholende Erlebnis war, das mir diesen Straßenabschnitt so unauslöschlich ins Gedächtnis gebrannt hat. Doch ein anderes prägendes Ereignis ist mir nicht bewusst. Jedenfalls habe ich in meiner Kindheit diese Situation mit den unterschiedlichen Alleebäumen, der wechselnden Straßenbeschaffenheit und dem Übergang von besiedeltem Gelände zu dem ca. 150 m breiten Waldgürtel, der hier das Krankenhausgelände von der Stadt trennte, ganz besonders geschätzt. Jenseits der Kirrberger Straße, nach Osten fast bis zum Waldstadion, zog sich ein ausgedehntes Ackergelände hin, das damals noch vom Gutsbetrieb des LKH bewirtschaftet wurde. Einen eigenartigen Reiz übte auf mich auch die 'Rennbahn' auf der gegenüberliegenden Straßenseite aus, eine nur noch an den das Oval begleitenden, damals schon zu wahren Riesen herangewachsenen Linden erkennbare Rennstrecke, auf der um die Jahrhundertwende einmal Radrennen ausgetragen worden waren. Heute kreuzt hier die Ringstraße die Kirrberger Straße, das gesamte Gelände ist verbaut, und nichts erinnert mehr an die friedliche Idylle meiner Kindheit.

Ordensverleihung

Irgendwann am Nachmittag eines sehr heißen Sommertages des Jahres 1943 tauchte plötzlich Herr Jänisch auf, der schon etwas klapprige, wegen des Fronteinsatzes des eigentlichen Amtsinhabers reaktivierte LKH-Obergärtner mit dem grauen Kaiser-Wilhelm-Schnurrbart. Wir kannten ihn nur in einer hellgelblichbraunen, verschossenen Jacke über dunkelgrüngrauen Cordhosen und schmutzigen Arbeitsstiefeln, doch nun präsentierte er sich in einer seltsam feierlichen, braunen Uniform mit Hakenkreuzbinde am Arm und auf Hochglanz polierten, schwarzen Halbschuhen an unserem Gartenzaun, als Mutti gerade Himbeeren erntete, und wir nur mit Badehose bekleidet und barfuß, in dem nahe gelegenen Sandkasten spielten. Er wirkte merkwürdig unsicher, aber zugleich amtlich steif und teilte Mutti entgegen seiner gewohnten saarländisch-pfälzischen Mundart in seltsam gestelztem Hochdeutsch mit, dass ihr „unser Führer Adolf Hitler“ in Anerkennung ihrer Verdienste um das Vaterland das Ehrenkreuz der Deutschen Mutter in Bronze, kurz das „Mutterkreuz“ verliehen habe.

Mutti schaute kurz auf, lächelte Herrn Jänisch freundlich an, bedankte sich, streckte ihm die himbeersaftverklebte Hand entgegen und meinte, er möge es ihr doch gerade über den Zaun reichen. Da richtete er sich plötzlich auf, wurde noch amtlicher und tönte nun mit lauter Stimme: „N-nein-nein, Frau Dog-da, so geht das nicht! Das ist eine Ordensverleihung, die kann man nicht so einfach über den Gartenzaun vornehmen!“ Wir hatten den sonst so friedlichen Herrn Jänisch noch nie so aufgebracht und ernst erlebt.
Auch Mutti merkte wohl, dass ihr burschikoses Verhalten dem Ernst der Lage nicht ganz entsprochen hatte, und so tappten wir

im Gänsemarsch ins Haus; vorneweg Mutti mit Herrn Jänisch im Schlepptau, dahinter Brigitte, ich und Peter, und unser kleiner Detlef war dann bei dem offiziellen Akt sicher auch irgendwie dabei, denn schließlich war er als 4. Kind ja der eigentliche Auslöser und Anlass für die Auszeichnung. Wahrscheinlich hatte er still und friedlich in seinem Stubenwagen geschlafen und war dann mit ins Herrenzimmer geschoben worden, wo wir uns versammelten, nachdem wir uns alle die Hände gewaschen und ein Hemd bzw. Brigitte ein Kleid angezogen hatten. Auch Mutti hatte sich feingemacht, und so konnte Herr Jänisch als Parteifunktionär in seiner kackbraunen Paradeuniform nach Abspulen seiner vorbereiteten Rede unserer Mutter endlich das blau-weiß emaillierte Kreuz mit dem bronzefarbenen Strahlenkranz und in der Mitte eingearbeitetem Hakenkreuz feierlich um den Hals hängen. Dazu gab's ein weinrotes Etui mit Urkunde und einen kräftigen Händedruck.
Seinen Vorschlag, der Partei beizutreten und sich aktiv in der Homburger Ortsgruppe der NS-Frauenschaft zu engagieren, hat Mutti unter Hinweis auf die vier Kinder und ihre hausfraulichen Pflichten hastig abgelehnt. Auch uns Kindern war angst und bange geworden, als wir unsere sonst so selbstsichere Mutter, die da Herrn Jänischs Ansinnen stotternd zurückwies, plötzlich ängstlich und fahrig erlebten.

Dieses Mutterkreuz verschwand übrigens umgehend in irgendeiner Schublade und wurde nie getragen. Als die Bevölkerung nach Kriegsende per „Bekanntmachung“ aufgefordert wurde, alle NS-Orden und Ehrenzeichen abzuliefern, hat sie es im Garten vergraben, wo es noch immer ruht und seiner zukünftigen Bergung harrt.

Bombenangriffe auf Wohngebiete

Bis Ende 1943/Anfang 1944 hatten wir von den meist auf die süddeutschen Großstädte geflogenen Luftangriffen alliierter Bomber so gut wie nichts mitgekriegt. Bei gutem Wetter standen wir mit in den Nacken geneigtem Kopf in unserem Garten und betrachteten die oft aus mehreren hundert silbrig glänzenden Flugzeugen bestehenden und in großer Höhe mit dumpfem Dröhnen über uns hinwegziehenden Luftflotten der Amerikaner mit großem Interesse, aber ohne Angst oder mit dem Gefühl, selbst bedroht zu sein. Hin und wieder sahen wir auch deutsche Jagdflugzeuge, die einen der Bomber in Brand schossen, der dann, von einer schwarzen Rauchfahne gefolgt, zur Erde stürzte. Die Absturzstelle war aber immer so weit von uns entfernt, dass wir nicht einmal den Aufschlag hörten, geschweige denn erfahren hätten, wo das Flugzeug niedergegangen war. Bei schlechtem Wetter hörten wir nur das Brummen und Dröhnen, das uns aber nicht weiter irritierte.

Im September 1943 war ich in die Schule gekommen, und da sich der Krieg jetzt immer mehr auch auf unser Alltagsleben auszuwirken begann, – es gab z. B. häufig sog. 'Bombenalarm', d. h. Luftschutzübungen, bei denen man nach durch Sirenengeheul ausgelöstem 'Voralarm' und 'Hauptalarm' rasch die Luftschutzräume aufsuchen musste und erst bei 'Entwarnung' wieder verlassen durfte – verbrachten wir fast mehr Unterrichtszeiten in den Luftschutzbunkern als in unserem Klassenraum. Als für die Hohenburgschule zuständige Schutzräume waren die in den Schlossberg gesprengten Bunker der Karlsberg-Brauerei benannt worden, die wir geschlossen im Klassenverband aufsuchten. Häufig nutzten wir Kinder von der „Aaanstalt" aber auch den uns privat angebotenen Schutz in den Kellern der Eisenwarenhandlung Leyser am Marktplatz (heute Papier Klein) oder der Deutschen Bank in der Eisenbahnstraße, die damals Adolf-Hitler-Straße hieß. In die Deutsche Bank rannten wir lieber, obwohl sie etwas weiter von der Schule entfernt war als der rascher erreichbare Leysersche Keller, denn die Frau des Bankdirektors Krehbiel bot uns immer eine Leckerei an. Meistens waren es selbstgebackene Plätzchen oder Bonbons, die uns den Aufenthalt im Luftschutzkeller versüßten.

Bis Mai 1944 war der Krieg für uns Kinder etwas mehr oder weniger Abstraktes geblieben. Wir hatten natürlich begriffen, dass man sich vor den Bomben schützen musste, wenn sie denn tatsächlich fielen. Aber bisher hatten wir noch keinen wirklichen Fliegerangriff erlebt, sondern stets nur das gleiche Spielchen mit Voralarm – Hauptalarm – Entwarnung im immer wiederkehrenden Rhythmus, so dass die ganze Diskussion für uns graue Theorie blieb. Doch dann kam das jähe Erwachen: Etwa Mitte Mai 1944 war der gefürchtete, weil sehr strenge, irgendwie unheimlich und unnahbar wirkende, stellvertretende Schulrektor Braun gestorben, ein ziemlich dicker, blasser Mann mit Hitler-Schnurrbärtchen und relativ kurz geschnittenen braunen Haarborsten, der wie unsere Klassenlehrerin, *„die Frollein Scherer“*, Parteigenosse mit Abzeichen auf dem Revers war. Die Schüler waren selbstverständlich alle zur Teilnahme an der auf den 23. Mai 1944, 11 Uhr festgesetzten Beerdigung verpflichtet, und der Unterricht fiel an diesem Tag natürlich aus.
Als wir uns am 23.05. gegen 9:30 Uhr auf den Weg machen wollten, ertönten wieder einmal die Sirenen zum Voralarm, der uns üblicherweise wenig Kummer bereitete, weil er fast immer ein blinder, mehr oder weniger rasch abgeblasener Alarm war. Da diesmal der Widerruf aber ausblieb, ließ unsere Mutter uns vernünftigerweise nicht zur Schule ziehen, wo der gemeinsame Treffpunkt hätte sein sollen, von dem sich der Trauerzug an der Karlsberg-Brauerei vorbei zu dem am Ende der ‘Deitsch Gass’ (Deutsche Straße, heute Karlsbergstraße) gelegenen Friedhof bewegt hätte.

Grabstein auf dem Friedhof Homburg

15

Wie richtig diese Entscheidung war, wurde uns recht bald klar, denn auf den Voralarm folgte nach angemessener Zeit der Hauptalarm mit dem ersten Bombenangriff auf Homburg, den wir interessiert vom Krankenhausgelände aus verfolgten, dessen Dächer mit roten Kreuzen im weißen Feld gekennzeichnet und damit geschützt waren. Der Angriff dauerte nicht sehr lange, aber wir sahen von unserem über Stadtniveau gelegenen Wohnzimmerfenster aus zum ersten Mal über Homburg aufsteigende Rauch- und Staubwolken und erlebten so die erste wirkliche Bedrohung durch feindliche Flugzeuge, die sonst von den meist über dem Westbahnhof und dem Industriegelände am Himmel kreisenden Jagdbombern ausging.
Diesmal waren es allerdings nicht die vertrauten Jabos, sondern große viermotorige Bomber, die, in größerer Höhe unheimlich dröhnend, von Südwesten her heranflogen und in der strahlenden

Sonne glänzten. Dass wir Dank Muttis entschlossener Haltung einer großen Gefahr entronnen waren bzw. unglaubliches Glück gehabt hatten, wurde uns erst am nächsten Tag bewusst, als wir erfuhren, dass die Deutsche Bank in der Adolf-Hitler-Straße durch einen Volltreffer völlig zerstört und die gesamte im Luftschutzkeller sitzende Belegschaft getötet worden war, einschließlich der lieben Frau Krehbiel und ihres Mannes. Man erzählte sich, dass auf den Trümmern des total in sich zusammengestürzten Hauses ein Körbchen mit leise miauenden, aber völlig unversehrten jungen Katzen gestanden habe. Wenn wir später an dem Trümmergrundstück vorbeigingen, erfasste uns immer ein leises Grauen beim Gedanken an die vielen Menschen, die dort gestorben waren, und die Geschichte mit den Kätzchen erschien uns wie ein Wunder.

Auch ein Klassenkamerad, der in der Kaiserstraße gegenüber der Esso-Tankstelle gewohnt hatte und den wir wegen seiner prächtigen grünen Soldatenuniform insgeheim beneidet hatten, kam nicht wieder in den Unterricht zurück. Frau Scherer teilte uns vor Unterrichtsbeginn, als wir ohnehin noch standen, kurz und bündig mit, dass er „für Führer, Volk und Vaterland" gestorben sei. Nach einer Schweigeminute durften wir uns wieder setzen. Wie wir später erfuhren, waren bei dem Angriff 93 Menschen ums Leben gekommen und fast ebenso viele verletzt worden. Ob die Beerdigung des Lehrers Braun tatsächlich noch am 23.05.1944 stattgefunden hat, haben wir später nie erfahren. Dieser erste große Luftangriff auf Homburg blieb allerdings nicht der einzige. Er war einer der größten, mit sehr vielen Toten, doch in den folgenden Wochen und Monaten gab es immer wieder Angriffe durch Jabos und kleinere Bomberverbände, die es nicht nur auf die Bahnanlagen oder die eisenverarbeitende Industrie abgesehen hatten, sondern ihre Bomben scheinbar planlos auch in bewohnte Stadtbezirke warfen, wobei immer auch Tote und Verletzte zu beklagen waren.

Die häufigen Jabo-Angriffe hatten übrigens noch eine ganz andere Begleiterscheinung zur Folge, von der heute niemand mehr spricht, weil wir ja wissen, dass dergleichen theoretisch gar nicht möglich war. Was nicht möglich war und dennoch geschah, war das Ausschwärmen gehfähiger Insassen des Gefangenenlazaretts, die sich nach den Jabo-Angriffen wieder um neues Rohmaterial für die Herstellung handgemachten Schmucks bemühten, den sie zur Aufbesserung ihres Speisezettels an die deutsche Bevölkerung verkauften. Über diese Geschichten schreibt heute niemand mehr, weil sie nicht in das Bild von den unmenschlichen Verhältnissen im Homburger Gefangenenlazarett passen. Es ist sicher unbestritten, dass viele der tuberkulosekranken Gefangenen starben, wie übrigens auch viele deutsche Verwundete starben. Aber im Gegensatz zu den heute Lebenden, die zu Recht das menschenverachtende Nazi-Regime beklagen, haben wir das Leben und Sterben im damaligen Krankenhausgelände unmittelbar miterlebt. Wenn ein russischer Kriegsgefangener gestorben war, sahen wir den Trauerzug seiner Kameraden, die ihren Verstorbenen zu dem Russenfriedhof am Fuße des Rossberges brachten, weil der Weg dorthin direkt an unserem Garten vorbeiführte. Träfen die horrenden Zahlen im Gefangenenlazarett Verstorbener wirklich in vollem Umfang zu, hätten diese Trauerzüge täglich mehrfach an uns vorbeiziehen müssen, abgesehen davon, dass der Friedhof ganz andere Ausmaße hätte annehmen müssen.

War also wieder einmal ein halbstündiger Jabo-Angriff über uns hinweggerauscht und lagen die knapp 15 cm langen messingfarbenen, inzwischen leeren Patronenhülsen im Wald und auf den Wiesen verstreut, dann sah man regelmäßig gehfähige, meist russische Gefangene aus dem Lazarett ausschwärmen, die sich beim Einsammeln der Hülsen fast in die Haare zu geraten schienen.

Natürlich waren die verwundeten Gefangenen hinter einem Stacheldrahtzaun in mehr oder weniger zugigen Baracken untergebracht, und ganz sicher war ihre Ernährung nicht so gut wie die der – auch nicht gerade im Überfluss lebenden – deutschen

Bevölkerung, aber sie hatten Ausgang und konnten sich im näheren Umkreis um das LKH-Gelände ohne Aufsicht frei bewegen. Die Patronenhülsen boten den Gefangenen die Möglichkeit, sich ein kleines Zubrot zu verdienen. Sie zersägten die Hülsen mit erstaunlicher Geschicklichkeit zu schmalen Fingerringen, in die sie selbst zurechtgeschliffene Steine aus buntem Glas einsetzten.
Mit diesen Ringen betrieben sie einen schwunghaften Handel und wurden in der Regel mit Essbarem entlohnt. Auch meine Schwester Brigitte trug als neun-oder zehnjährige Schülerin einen solchen Ring.

Bombe auf die Anstalt

Tante Ellen, die ältere Schwester unserer Mutter, die zu Kriegsbeginn vorübergehend in Berlin-Nikolassee gelebt hatte, wo auch unser Cousin Wolf geboren wurde, war wieder nach Frankfurt zurückgekehrt und wohnte ganz in der Nähe unserer Großeltern in der Eschersheimer Landgraf-Wilhelm-Straße. Nach Onkel Hans' Tod und der fünf Monate später erfolgten Geburt unserer Cousine Bettina hatte sie ihren Beruf als Ärztin wieder aufgenommen. An unbesetzten Arztstellen bestand damals kein Mangel, viel eher ein dringender Bedarf an Ärzten, deren stille Reserve mitten im Krieg schon weitgehend ausgeschöpft war. So ergab es sich fast zwangsläufig, auch unter dem Aspekt der geschwisterlichen Solidarität, dass Tante Ellen mit ihren drei Kindern nach Homburg kam und – wohl durch Papas Vermittlung – als Assistenzärztin bei Prof. Orth in der Chirurgie des Landeskrankenhauses und damit auch des Reservelazaretts, eingestellt wurde. Sie erhielt eine Dienstwohnung im Obergeschoss von Bau 6 (heute Virologie, Geb. 47) mit dem dazu gehörenden Gärtchen, das sie zum Anbau von Gemüse und Topinambur nutzte.

Und wie es der Teufel wollte, erlebten ausgerechnet die vier Zugezogenen aus dem stets bombengefährdeten Frankfurt eine der gefährlichsten Situationen, denen das LKH während des gesamten Krieges je ausgesetzt war. An einem Spätsommertag 1944 also, es war bereits die Zeit, als der Schulunterricht nach den großen Sommerferien eigentlich schon wieder hätte aufgenommen worden sein sollen, wegen der häufigen Luftangriffe aber unbefristet ausgesetzt wurde und wir deshalb zu Hause geblieben waren, vernahmen wir kurz vor Mittag plötzlich das rasch zunehmende Donnergrollen

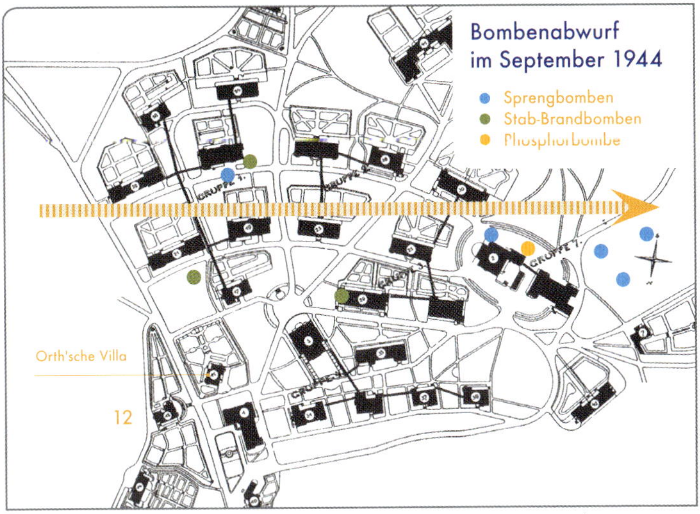

Bombenabwurfschneise 16

eines großen Flugzeugs, das in Sekundenschnelle zu einem ohrenbetäubenden Brüllen anschwoll und sich ebenso abrupt wieder verlor. Dass der entsetzliche Lärm kurzfristig noch von Explosionsgeräuschen übertönt worden war, haben wir gar nicht richtig mitbekommen. Doch dann hörten wir nur wenige Minuten später schon die Feuersirene, und als wir uns von dem Schreck ein wenig erholt hatten, sahen wir hinter der Orth'schen Villa und der Festhalle schwarze Rauchwolken aufsteigen. Wie sich sehr bald herausstellte, hatte es sich um einen amerikanischen oder britischen Bomber gehandelt, der von der Flak oder einem deutschen Jagdflugzeug angeschossen worden war, und dessen Besatzung sich nun vor dem drohenden Absturz in größter Eile aller Bomben entledigte, die beim Aufprall hätten explodieren können. Das Flugzeug war in geringer Höhe in ost-westlicher Richtung quer über das Krankenhausgelände gerast und hatte zahlreiche Sprengbomben, mehrere „Phosphorbomben" genannte Flüssigkeitsbrandbomben sowie jede Menge Stabbrandbomben abgeworfen, die aber glücklicherweise nicht alle explodiert waren. Die Spur der Verwüstung begann direkt vor Bau 6, wo Sekunden vorher noch unsere Vettern gespielt hatten. Sie waren gerade von der Hausangestellten zum Mittagessen hereingeholt und noch im Treppenhaus vom Krachen einer Sprengbombe überrascht worden, deren Luftdruck die Haustür nicht nur zum überwiegenden Teil zerfetzt, sondern auch aus den Angeln gerissen und sie selbst gegen die Holzwand geschleudert hatte, die den Abschluss zu der im Erdgeschoss befindlichen Station bildete. Die Rauchsäule, die wir von unserem Haus aus gesehen hatten, stammte vom Dach von Bau 13, der heutigen Orthopädie, das in Brand geraten war und auf dem nun Soldaten, den Brand löschend, herumturnten, die dort selbst als Patienten untergebracht waren, während die Schwestern ihnen Wassereimer aus den Dachluken reichten. Eine der Phosphorbomben hatte zwischen der Kochküche und der Waschküche einen ca. 3 m messenden Krater in den Asphalt geschmolzen, der später nur notdürftig mit Steinen gefüllt und mit einer Teerdecke bedeckt wurde und noch lange Zeit nach dem Krieg als schaurige Erinnerung an diesen Tag erhalten blieb. In dem Waldabschnitt zwischen der Waschküche, dem Friedhofsgebäude und der Straße zum Gutshof schließlich waren drei große Sprengbomben explodiert, die dort Bäume zersplittert und mehrere Meter im Durchmesser große Bombentrichter hinterlassen hatten.

Auch diese „hautnahe" Begegnung mit dem Feind, den wir sonst immer nur aus der Distanz erlebt, aber eben nicht als unmittelbare Bedrohung empfunden hatten, hinterließ merkwürdigerweise keinen dauerhaften Eindruck bei uns Kindern.

Dass unsere Cousins bei diesem dramatischen Ereignis einfach nur Glück gehabt hatten und völlig unbeschädigt mit dem Leben davon gekommen waren, haben wir natürlich dankbar zur Kenntnis genommen. Doch dass da möglicherweise höhere Gewalt im Spiel gewesen war oder gar Gott höchstpersönlich seine schützenden Hände über den beiden ausgebreitet haben könnte, ist uns nicht in den Sinn gekommen. Der „liebe Gott“, wie er zu Hause genannt wurde, spielte – abgesehen von Weihnachten – in unserer Familie so gut wie keine Rolle, und geliebt habe zumindest ich ihn auch nicht, eher sogar ein wenig gefürchtet. Da er ja allgegenwärtig war und alles sah und hörte und meistens auch noch missbilligte, was man gerne tat, hatte er für mich die Funktion einer höheren Instanz, der man besser aus dem Wege ging. In meiner Vorstellung war er nicht der gütig lächelnde alte Mann mit Bart aus unserer „Biblischen Geschichte“. Er glich vielmehr dem Herrn Früh, dem technischen Betriebsleiter des LKH, einem etwas korpulenten, blassen Mann um die fünfzig mit Brille und Hut, der einem gelegentlich mit Kleppermantel, schwarzen Ledergamaschen und hohen Schnürschuhen begegnete, wenn er am helllichten Tag mit seiner Schrotflinte herrenlose Katzen von den Bäumen holte. Dieser Herr Früh mit seiner Flinte war aus unserer Sicht neben dem Gutsinspektor Kiefer die alleroberste Instanz im LKH, die man am meisten zu fürchten hatte. Noch als Vorschulkind beschlich mich damals der böse Verdacht, dass der „liebe Gott“ vielleicht doch nur ein von den Erwachsenen erfundenes, harmloses Schreckgespenst sein könnte, mit dem man uns ein wenig Angst machen wollte, denn als ich einmal – um ihn zu provozieren – heimlich in der Nase bohrte, was ja streng verboten und damit eine Sünde war, ist überhaupt nichts passiert. Es hat weder geblitzt noch gedonnert, und bei meinen Eltern verpetzt hat mich auch niemand.

Nach dem Bombardement von Mitte September 1944 trat relativ rasch wieder der normale Kriegsalltag bei uns ein. Die entschärften und ihres explosiven Inhalts beraubten Bomben-Blindgänger lagen noch Monate später im Gelände herum, z. B. auf dem ‘Einser Wieschen’, d. h. auf der großen Wiese neben Bau 1, wo sie still vor sich hin rosteten. Auch die Jagdbomber, die fast täglich Angriffe auf den Zollbahnhof flogen, wo die Versorgungszüge nach Frankreich zusammengestellt wurden, betrachteten wir aus der Distanz mehr interessiert als ängstlich. Und schließlich gab es den von den Erwachsenen scherzhaft ‘UvD’ (Unteroffizier vom Dienst) genannten feindlichen Nachtaufklärer, der jeden Abend über uns hinwegflog und den man fast vermisste, wenn er einmal nicht kam. Er gehörte zu unserem täglichen Leben wie das Abendessen und das Zubettgehen. Ganz anders als unsere Eltern, die uns ihre Ängste nicht offen zu erkennen geben wollten, waren wir mehr oder weniger selbstverständlich in diese Situation hineingewachsen und konnten uns ein anderes Leben gar nicht vorstellen.

Es muss auch in diesem vorletzten Kriegsjahr gewesen sein, als uns eines Abends – das dröhnende Brummen des UvD war schon längst wieder verklungen – plötzlich ein irrsinniger Knall aus unserer friedlichen Vorabendstimmung riss, als sich der gesamte, ‘Verdunklung’ genannte Innenrollo aus fester, schwarzer Pappe auf uns niedersenkte und ein Regen von Glassplittern des zerborstenen großen Flurfensters sich über uns ergoss. Nachdem sich die erste Schreckstarre gelöst hatte, stellten wir fest, dass die meisten Fenster zu Bruch gegangen waren, nicht nur bei uns, auch in allen umliegenden Gebäuden des Krankenhausgeländes, die nun plötzlich in hellem Licht erstrahlten. Ich werde den für uns völlig ungewohnten Anblick der wie im tiefsten Frieden hell erleuchteten Krankenhausgebäude nie vergessen, weil damals natürlich mit peinlichster Sorgfalt darauf geachtet wurde, dass kein noch so kleiner Lichtschimmer nach außen drang. Wir Kinder waren zwar furchtbar erschrocken, aber richtige Angst hat uns seltsamerweise auch diese Geschichte nicht gemacht. Dass es uns diesmal selbst hätte treffen können, ist zumindest mir nicht direkt bewusst geworden. Natürlich konnte sich keiner von uns vorstellen, was die eigentliche Ursache dieses grandiosen Spektakels gewesen war. Unser Vater, der auf dem Heimweg von der Klinik im Freien von dem Ereignis überrascht worden war, berichtete nur von der enormen Druckwelle, die ihn fast umgeworfen hätte. Nach seiner Ansicht musste es eine Bombe von ungeheurer Sprengkraft gewesen sein, die da in der Nähe heruntergekommen war.

Am nächsten Tag wurde gemunkelt, dass angeblich der UvD eine Luftmine abgeworfen hätte, die das Krankenhaus nur ganz knapp verfehlt habe. Tatsächlich fand sich in knapp 500 m Entfernung am Westhang des zwischen LKH und Kirrberg gelegenen Rossberges eine neue, knapp 100 m im Durchmesser große, fast kreisrunde Waldlichtung, in der kein einziger Baum mehr stand. Die Bäume waren teils pulverisiert, teils zu Kleinholz zerschlagen, in kaum unterarmlange Scheite zerlegt. Allerdings schien der Waldboden fast unberührt, ein Erdkrater fehlte völlig. Das Ding – was auch immer es gewesen sein mag – war offensichtlich bei der ersten Berührung mit den Bäumen schon über dem Erdboden explodiert. Während der nächsten Tage wurde im Krankenhausgelände fieberhaft an der Wiederherstellung der Fenster und der durch die enorme Druckwelle beschädigten Dächer gearbeitet. Überall sah man Arbeiter auf den Dächern sitzen, die die fehlenden Ziegel ersetzten, und beim Einsetzen neuer Fensterscheiben. Auch die zerfetzten Verdunklungen mussten natürlich umgehend ersetzt werden. Eigenartigerweise wurde diese Riesenlücke im Wald später in liebevoller und bewusst verharmlosender Weise das Minchen ('es Miehnsche') genannt, weil die These von der amerikanischen oder britischen Luftmine per Mundpropaganda verbreitet wurde. Eine offizielle Mitteilung über Herkunft und Natur der Bombe hat es meines Wissens nie gegeben. Erst Jahre nach dem Krieg wurde indirekt bestätigt, was während des Krieges nur hinter vorgehaltener Hand gemunkelt worden war, dass es sich nämlich um eine fehlgeleitete V1 gehandelt habe, die da in den Wald zwischen Homburg und Kirrberg gestürzt war.

Prof. Dr. Dr. h.c. mult. Franz Volhard

17

Im Juli dieses Jahres hatte uns Prof. Franz Volhard aus Frankfurt besucht, der alte Mann mit dem graumelierten Spitzbart, den wir von einem Foto auf dem Schreibtisch unseres Vaters kannten. Er war uns als klinischer Lehrer und früherer Chef unseres Vaters völlig vertraut, bis dahin aber noch nicht direkt begegnet.
Professor Volhard hatte sich mit den Nazis wegen deren menschenverachtendem Umgang mit den Juden angelegt, war 1938 aus der Frankfurter Universitätsklinik entfernt bzw. vorzeitig emeritiert worden, betätigte sich zwischenzeitlich in einem Bluthochdruck-Sanatorium in Bad Nauheim und hatte damit die Möglichkeit, wissenschaftlich zu arbeiten und gelegentlichen Einladungen zu Vorträgen Folge zu leisten. So war es auch in diesem Fall:
Mein Vater hatte ihn gebeten, im Rahmen der ärztlichen Fortbildungsveranstaltungen einen Vortrag zu seinem Spezialgebiet Bluthochdruck und Nierenerkrankungen zu halten, der am späten Nachmittag dieses Sommertages stattfinden sollte.

Anschließend wollte Prof. Volhard mit dem Zug wieder nach Bad Nauheim zurückreisen. Er war irgendwann im Laufe des Vormittags eingetroffen, hatte sich dann in der Klinik umgesehen, und da der Vortrag ja erst am Nachmittag stattfinden sollte, ergab es sich zwanglos, dass er bei uns zu Mittag essen würde. Für meine Mutter war es natürlich eine besondere Ehre, den alten Chef ihres Mannes zu bewirten, aber die Möglichkeiten waren in dieser Zeit begrenzt. Deshalb gab es ein sehr einfaches aber schmackhaftes Menü, von dem sie wusste, dass es bei dem Ehrengast gut ankommen würde: Erbsensuppe mit Speck, und „nur für die Männer" Wiener Würstchen, deren Verzehr wir Kinder dann mit Stielaugen verfolgt haben. Der damals 72jährige Franz Volhard ist sechs Jahre später, nachdem er inzwischen von der amerikanischen Militärregierung wieder in sein Amt eingesetzt worden war, am 04.05.1950, zwei Tage nach seinem 78. Geburtstag auf der Fahrt in die Schweiz mit seinem PKW auf der A5 bei Lorsch von dem Jeep eines GI gerammt worden. Er verstarb drei Wochen später an den Folgen seiner schweren Verletzungen.

Das Kriegsende zeichnet sich ab

Über Rommels Siege und Niederlagen oder die Landung der Alliierten in der Normandie und in Süditalien haben wir Kinder ebenso wenig erfahren wie über das Bombenattentat auf Hitler in der ostpreußischen Wolfsschanze. Die Siege der deutschen Armeen waren in unserer Familie kein Thema gewesen, und deshalb spielten auch die sich nun häufenden Niederlagen keine entscheidende Rolle. Im Gefangenenlazarett des LKH-Geländes tauchten zwar sog. 'Badoglios'[15] auf, von denen wir auch erfuhren, dass sie aus Italien kamen, aber vom Sturz Mussolinis, der uns von Dieters reichhaltiger Spielzeugsammlung als daumenlanges Tonfigürchen mit schwarzer Pelzmütze, erhobenem rechtem Arm auf einem Schimmel sitzend und eine Parade abnehmend, geläufig war, hatte man uns nichts erzählt. Wenn Papa BBC oder den Sender Beromünster am ganz leise gestellten Radio hörte, wussten wir sehr wohl, dass er etwas Verbotenes tat und dass wir in der Öffentlichkeit nicht darüber sprechen durften, aber auch das bewegte uns nicht besonders. Erst als im November 1944 der Geschützdonner immer näher rückte und die Granateinschläge im Wald hinter unserem Haus immer häufiger wurden, ja sogar im Krankenhausgelände selbst sichtbare Splitterschäden an den Hauswänden verursachten, begriffen auch wir Kinder, dass sich das Kriegsglück wohl geändert haben musste.

---

[15] Pietro Badoglio (1871–1956)

Als sich schließlich im Frühjahr 1945 die versprengten Einheiten der SS-Division Götz von Berlichingen mit der aufgemalten eisernen Faust auf ihren Fahrzeugen fluchtartig aus dem Klinikgelände zurückzogen, unter dessen Schutz und unter Missachtung der Genfer Konventionen sie wochenlang einen Teil von Bau 13 und Bau 3 besetzt gehalten hatten, äußerte sich sogar unsere sonst eher zurückhaltende Mutter ziemlich negativ über diese 'feigen Ratten, die das sinkende Schiff verließen', was immer das zu bedeuten hatte.

Auch wenn die Lebensmittel rationiert und nur auf Lebensmittelkarten zu beziehen waren, gab es damals noch keinen echten Mangel an Grundnahrungsmitteln. Wirklich hungern musste keiner, solange er sich nicht im Gefangenen- oder im Konzentrationslager befand. Von der Existenz der 'KZ' wussten wir Kinder übrigens nichts, zumindest wurde während des Krieges nie darüber gesprochen. Weder in der Öffentlichkeit noch im Elternhaus.
Erst nach dem Krieg erfuhren wir davon zum ersten Mal aus den Zeitungen bzw. aus dem Radio, und wenn nicht die schrecklichen Bilder von den zu Bergen aufgetürmten Leibern toter KZ-Insassen veröffentlicht worden wären, hätten wir es nicht geglaubt, denn die Erwachsenen, unsere Eltern nicht ausgeschlossen, wehrten sich in den ersten Wochen und Monaten nach dem Krieg noch gegen die Einsicht, sich ernsthaft mit den schauerlichen Verbrechen der Nazis auseinandersetzen zu müssen. Sie wollten und konnten es einfach nicht glauben, was da passiert war. Und dieser Verdrängungsprozess, dieses Nicht-wahrnehmen-wollen war während des Krieges unter der ständigen Bedrohung durch den Feind und unter dem Einfluss der Nazi-Propaganda natürlich noch stärker ausgeprägt.

Dass man inzwischen ganz konkret mit einer unmittelbaren Bedrohung durch alliierte Kampftruppen rechnen musste, stellten auch wir Kinder fest, als eines Tages direkt vor unserem Haus, da, wo wir zu spielen pflegten und wo unsere Hühner nach Futter scharrten, Schützengräben ausgehoben und zwischen den mächtigen Kiefernstämmen in Kniehöhe sog. Stolperdrähte gespannt wurden. Beides wurde glücklicherweise nie ernsthaft genutzt.

In den Schützengräben spielten wir Verstecken, und die ca. 5 mm starken Eisendrähte benutzten wir nach dem Krieg als 'Schaukelseile', die – an hohen Bäumen oberhalb einer Astgabel befestigt und durch einen Sitz verbunden – eine herrliche Schaukel ergaben, von der aus wir, am höchsten Schwingungspunkt angelangt, sogar über das Dach von Heenes Haus hinweg bis zum Höcherberg sehen konnten.

Das Vorrücken der feindlichen Linien im Westen wie im Osten, der Verlust ganzer Armeen in Stalingrad oder Nordafrika und die fast täglichen Jabo-Angriffe auf den Homburger Verschiebebahnhof waren trotz der Durchhalteparolen der Partei ein untrügliches Zeichen für das langsam aber sicher nahende Ende des Krieges. Unseren Eltern, die zudem noch – wenn auch in aller Heimlichkeit – ihre ausländischen Sender hörten, war das sich abzeichnende Desaster sicher unterschwellig klar, doch uns Kindern fehlte diesbezüglich jegliches Vorstellungsvermögen. Auch wenn unsere Mutter ihr Standardsätzchen „Wenn erst mal wieder Frieden ist" äußerte und uns damit eigentlich nur signalisieren wollte, dass es dann wieder alles zu essen gäbe, was das Herz begehrt, so kam uns dabei nicht wirklich der Gedanke, dass dann wahrscheinlich alles anders sein würde, dass es möglicherweise keinen Hitler, keinen Göring und keinen Goebbels mehr gäbe, kein Militär und auch keine Hitlerjugend bzw. kein Jungvolk oder BDM.
Frieden bedeutete für uns schlicht und einfach „Bananen und Schokolade in unbeschränkter Menge".

„Zusammenbruch“ und „Befreiung“

Nachdem schon der Winter 1942/43 längere Zeit Minustemperaturen mit relativ viel Schnee über mehrere Wochen gebracht hatte, war es auch im Januar/Februar des Jahres 1945 wieder über längere Zeit eisigkalt, was uns besonders schmerzte, weil die Kokslieferungen mit dem Verbrauch nicht Schritt hielten und von den Heizern deshalb die Temperaturen heruntergefahren wurden. So blieb uns gar nichts anderes übrig, als uns zusätzliche Kanonenöfchen zu besorgen und diese zunächst mit Holz allein und später zusätzlich mit Steinkohle zu beheizen. Ein wenig Holz zum Anfeuern gab es in dem nah gelegen Wald immer, aber mit der Steinkohle war es schon etwas schwieriger. Eine Lösung sahen wir erst, als sich die Reste der im Raum Metz unter die Räder gekommenen SS-Division Götz von Berlichingen ausgerechnet im LKH-Gelände sammelten und im Schutz des Reservelazaretts, sprich: unter den mit großen, roten Kreuzen bemalten Dächern zu reorganisieren suchten. Denn diese feine Truppe hatte sich als radikale Selbstversorgerin mit allem ausgestattet, was nicht niet- und nagelfest war. So waren die Herren u. a. auch im Besitz von Steinkohle, die sie im Keller von Bau 3 verstaut hatten. Und von dieser Kohle nahmen wir uns in mehreren nächtlichen Raubzügen so viel wir nur irgendwie kriegen konnten. Während im Parterre die rauen Gesellen mit dem Totenkopf am Kragenspiegel grölend ihre Wiedergeburt feierten, schlüpften wir Kinder eine Etage tiefer durch die eingedrückten Kellerfensterscheiben und schleppten die backsteingroßen ‘schwarzen Diamanten’ auf die Wiese hinterm Haus, wo sie wiederum von unserer Mutter in Tragnetze und Taschen gepackt und in einiger Entfernung schließlich in unser Leiterwägelchen umgeladen wurden. Auf diese Art kamen wir zu mehreren Zentnern bester Steinkohle, die uns mit über den kalten Winter rettete.

Wenige Tage bevor für uns der Krieg zu Ende ging, erfolgte der schlimmste Bombenangriff auf Homburg, und zwar am frühen Abend des 14. März 1945, kurz nach 20 Uhr. Nach Ertönen der Sirenen zum Vor- und Hauptalarm, hatte sich die Hausgemeinschaft wie immer im gemeinsamen Luftschutzkeller versammelt, d. h. die Familie Gerhardt aus dem Erdgeschoss und wir Doeneckes, jeweils ohne die Familienoberhäupter, die noch ihrer Arbeit nachgingen und den Angriff in den Kellern der Klinik bzw. der Verwaltung erlebten. Herr Gerhardt war dort für die Gesamtverpflegung zuständig, in der damaligen Zeit eine der wichtigsten Aufgaben der Krankenhausverwaltung.

Wie sich später herausstellte, dauerte der Luftangriff auf Homburg kaum länger als 20 Minuten, subjektiv erlebten wir aber das Krachen und Beben als nicht enden wollendes Inferno, wie wir es bis dahin noch nie gekannt hatten. Wir waren gerade in der Küche beim Abendbrot gewesen, das wir nach Ertönen des Hauptalarms rasch abgebrochen bzw. in fliegender Hast mit in den Keller genommen hatten. Jeder hatte sich gerade das gegriffen, was ihm in diesem Moment am nächsten lag. Es gab Rührei auf Brot, an das Getränk erinnere ich mich nicht mehr. Der knapp 2¼-jährige Detlef saß während der gesamten Dauer des Angriffs auf Muttis Schoß, in der rechten Hand das angebissene Brot, das er weiterzuessen vergaß, und murmelte immer wieder seine ersten Worte: „Doller Hund, Bandit – doller Hund, Bandit ...“.

Herbert, der mit knapp 18 Jahren älteste der fünf Gerhardt-Buben, der meistens in einer überwiegend schwarzen Hitlerjugend-Uniform mit Schulterriemen, Schirmmütze und Hakenkreuzbinde auftrat, wagte sich als einziger vor die Kellertür, um sich das Schauspiel der Bombardierung Homburgs aus sicherer Entfernung anzusehen. Er berichtete über die an Fallschirmen leuchtenden ‘Christbäumchen’, mit denen das Krankenhausgelände als zu schützendes Areal gekennzeichnet war, aber auch über die Anzahl der mehr oder weniger nahen Bombeneinschläge, die er mit kerniger soldatischer Stimme in Stakkato-Manier („*Wieder Einschlag in knapp hundert Meter Entfernung, keine größeren Schäden!*“) so lange hervorstieß, bis Mutti ihn wütend anfuhr, endlich den Mund zu halten, weil er die ängstlich zusammengedrängte Gesellschaft von Frauen und Kindern mit seinen „Kriegsberichterstatter-Sprüchen“ nur zusätzlich ängstige, anstatt beruhigend auf sie einzuwirken.

Das wahre Ausmaß an Verwüstungen haben wir erst nach Einrücken der Amerikaner erkannt, als wir zum ersten Mal bis zum Markt vordrangen und dabei einen Trampelpfad benutzen mussten, der sich zwischen Schuttbergen hindurchschlängelte, wo früher einmal die Zweibrücker Straße gewesen war. Dabei erfuhren wir auch, dass bei diesem Angriff mehrere hundert Menschen den Tod gefunden hatten. Auch der liebe, alte Herr Ackermann aus der Storchenstraße, der als gelernter Metzger unsere beiden Schweine geschlachtet und in der Waschküche fachgerecht zerlegt hatte, ist bei diesem letzten großen Fliegerangriff mit seiner Frau im Keller der Gastwirtschaft ‘Hohenburg’ umgekommen, wo es bei diesem Angriff die meisten Toten gegeben hatte. Natürlich waren wir erschüttert, als wir sahen, was da aus unserer Stadt geworden war, die wir von unseren letzten Besuchen noch als weitgehend intakt gekannt hatten. Wenn uns damals allerdings schon die schrecklichen Bilder vom völlig zerstörten Reims aus dem 1. Weltkrieg oder die aus dem 2. Weltkrieg stammenden Fotografien von Coventry und Warschau oder gar die entsetzlichen Aufnahmen mit zu Haufen geschichteten ausgemergelten Leichen von KZ-Insassen aus Auschwitz oder Bergen-Belsen bekannt gewesen wären, schaurigen Kriegsverbrechen, die von Deutschen begangen worden waren, hätten wir die Verwüstungen mit anderen Augen gesehen. Doch damals war es unsere Heimatstadt, die da von feindlichen Bombern in Schutt und Asche gelegt worden war. Zu der einfachen Erkenntnis, dass man sich diese Katastrophe selbst eingebrockt hatte, konnte sich damals allerdings niemand durchringen. Zumindest gab es keiner offen zu.

So wie es im Herbst des letzten Jahres schon einmal Silberstreifen vom Himmel geregnet hatte, flatterten wenige Tage nach dem großen Bombenangriff bedruckte weiße Zettel vom Himmel, die wir natürlich begeistert einsammelten. Es stellte sich heraus, dass sie alle gleich gestaltet waren und mit dem Porträt eines schlechtrasierten Mannes mit rundem, weitgehend kahlem Schädel und Krankenkassenbrille bedruckt waren, der eine SS-Uniform trug, sonst aber dem Massenmörder Haarmann mit dem Hackebeilchen zum Verwechseln glich, von dem wir einmal in Papas Brockhaus-Lexikon ein Bild gesehen hatten. Dass der Dargestellte ein gewisser Himmler sei, sagte uns nichts. Wir kannten weder seinen Namen, noch hatten wir ihn vorher je gesehen. Aber so wie er aussah, musste er ein schlimmer Verbrecher sein. Soweit wir den nicht ganz fehlerfrei geschriebenen Text entziffern konnten, fragte da ein General Eisenhower, ob es sich lohne, *„solchen Männern die Treue zu halten und ihretwegen die totale Zerstörung des Vaterlandes in Kauf zu nehmen"*. Als unsere Mutter sah, was wir da lasen, hat sie uns die Zettel entrissen, in den Mülleimer geschmissen und uns aufgefordert dieses Zeug' liegen zu lassen oder – wie sie es schon getan hatte – in den Müll zu werfen. Dass die auf den Flugblättern gestellte Frage sich nicht einmal eine Woche später von selbst erübrigen würde, hat unsere Mutter trotz der erkennbar näher rückenden Front offenbar nicht vermutet.

Nachdem die Bombeneinschläge auf weniger als 100 m an unser Haus herangerückt waren, fühlten wir uns nicht mehr sicher genug und zogen nach Bau 16 um, in dessen unmittelbarer Nähe ein großer Bunker in den Buntsandsteinfelsen gesprengt worden war und in dem schon zahlreiche Bewohner Homburgs, insbesondere die der Vorstadt[16], Unterschlupf gefunden hatten. Es handelte sich übrigens um denselben Felsen, an dem sich der in den ersten Kriegstagen gefallene Hans Schwitzgebel verewigt hatte.

Man munkelte, dass die zahlreichen Höhlengänge bis zu dem etwa 2 km entfernten Kirrberger Tal reichten, und dass man im Notfall dort ins Freie gelangen könne.

Auch wir waren für kurze Zeit in diesem Bunker untergebracht, flüchteten aber vor dem dort herrschenden Chaos (dicht gedrängte Menschenmassen, Kindergeschrei, Gemenge von Essengerüchen verschiedenster Art, Schweißgeruch, Ausdünstungen aus feuchtwarmer, seit Tagen nicht gewechselter Kleidung, gemischt mit Urin- und Fäkaliengestank, Kälte und Feuchtigkeit etc.) in die wesentlich angenehmere Atmosphäre des Klinikkellers von Bau 16, wo wir mit Schwestern und Patienten gemeinsam bis zum Kriegsende ausharrten, das für uns der 20. März war. Während dieser letzten Phase des Krieges wagte sich tagsüber niemand mehr hinaus ins Freie. In der Ferne hörten wir noch immer das nach dem Zusammenbruch der Ardennen-Offensive wieder aufgenommene Artilleriefeuer der Amerikaner, aber die Granaten, deren Einschläge wir noch im Herbst wenige hundert Meter hinter unserem Haus im Wald erlebt hatten, waren nun auf andere Ziele gerichtet.
Jedenfalls fühlten wir uns durch sie nicht mehr unmittelbar bedroht. An einem dieser letzten Kriegstage hatten wir über mehrere Stunden das unentwegte dumpfe Dröhnen und Kettenrasseln zurückweichender deutscher Panzerfahrzeuge auf der Zweibrücker Straße gehört, das dann aber genauso plötzlich wie es aufgetreten war, wieder verstummte. Die feindlichen Aufklärungsflugzeuge, die schon in den letzten Monaten regelmäßig gegen 19 Uhr aufgekreuzt waren, gehörten bis zuletzt zu unserem Alltag, man konnte fast die Uhr nach ihnen stellen.

---

[16] die Vorstadt ist eine den alten Homburgern noch durchaus geläufige Bezeichnung für den südlich des Schlossbergs zwischen Zweibrücker Straße und Waldstadion gelegenen Stadtbezirk und bezieht sich speziell auf die Lagerstraße mit Verbindungen zu Oberer und Unterer Allee, die Storchenstraße sowie die vorübergehend Oscar-Orth-Straße genannte Kirrberger Straße mit ihren Seitenstraßen und den sozialen Brennpunkt „Blumenheim“ mit der offiziellen Bezeichnung „Hinter den Gärten“. Das jetzt dort gelegene, geschlossene „Medizinerviertel“ und die Ringstraße mit ihren Querstraßen sowie das bebaute Sonnenfeld gab es damals noch nicht.

So erlebten wir das nahende Kriegsende im Keller von Bau 16, den wir nur stundenweise verlassen durften, wenn 'die Luft rein' war. Aber auch dann konnten wir nicht einfach frei im Gelände herumspazieren. Wir waren angehalten, uns höchstens im Garten, eher auf der großen, nach Süden ausgerichteten Terrasse im Parterre des Gebäudes aufzuhalten, um bei drohender Gefahr möglichst rasch wieder in den Keller flüchten zu können. Während sich anfangs nichts Besonderes ereignete und höchstens einmal ein Auto auf der gegenüberliegenden Straße vorbeifuhr, sahen wir seit dem 17./18. März auf der Kammlinie des jenseits der Straße aufragenden Hügels zwischen den kahlen Zweigen des Buchenwaldes eine endlose Reihe deutscher Soldaten, die sich müde in östlicher Richtung schleppten und damit das Herannahen der Amerikaner ankündigten. Artilleriefeuer war jetzt nicht mehr zu hören, auch die Bombardierung des Bahngeländes war offenbar eingestellt worden, nachdem es keine Munitions- oder sonstige Versorgungszüge mehr zu vernichten galt. Jedenfalls war schon seit Tagen weder das dumpfe Geräusch einschlagender Bomben noch das trockene Geballer der Vierlings-Flak zu hören, die ohnehin kaum etwas erreicht und mehr zur Beruhigung der Bevölkerung ihre jeweils vier Wölkchen in den Himmel gesetzt hatte.

Der 20. März 1945 war ein herrlicher, sonniger Frühlingstag, und es war auch schon ein wenig wärmer als an den letzten Tagen. Die lange Kette entmutigt zurückweichender deutscher Soldaten oben auf der Kammlinie hinter der Klinik war abgerissen.

Es war merkwürdig still, nicht einmal die amerikanischen Jabos und Aufklärungsflugzeuge waren zu hören. Gegen 11:30 Uhr begannen die Schwestern von Bau 16 langsam unruhig zu werden, weil der Wagen mit dem Mittagessen für die Patienten längst überfällig war. Dazu muss man wissen, dass die Hauptküche des LKH („die Kochkich"), von wo aus das Essen zentral verteilt wurde, am westlichen Ende des Klinikgeländes lag, während Bau 16 mit den Häusern 18 und 20 die südliche bis südöstliche Begrenzung bildete. Die der Küche nächstgelegenen Häuser holten sich die großen

Aluminiumpötte in der Regel selbst ab. Sie benutzten dazu hölzerne, meist von 2 Personen gezogene Handwagen mit einer ca. 2 m^2 großen Ladefläche und nur leicht erhabenem Rand, auf der die großen Kessel und Töpfe sicher standen. Essenabholer waren in der Regel eine Schwester und eine der Stationshilfen, die sich meist aus dem großen Reservoir der geistesgestörten Arbeitspatientinnen rekrutierten. Zu den weiter entfernten Pavillons wurde das Essen mit einem kleinen Holzvergaser-LKW gebracht.

Und dieser Wagen hätte eigentlich schon um 11 Uhr seine Ladung abliefern sollen. Als nun die Stationsschwester Leocardia gegen 12 Uhr in der Zentralküche anrief und empört das Essen anmahnte, wurde ihr erklärt, dass die Küche bereits seit 2 Stunden in amerikanischer Hand sei und an eine Essenauslieferung in das noch nicht befreite deutsche Reichsgebiet nicht zu denken sei. Just in diesem Moment wurde ganz in der Nähe des Hauses ein Schuss abgefeuert und kurz darauf ein zweiter, der das Oberlicht eines Patientenzimmers durchschlug. Der dort liegende halbseitig gelähmte Patient soll nach Aussage einer gerade in seinem Zimmer tätigen Schwester in Verkennung der tatsächlichen Lage ein deutliches „Herein" gerufen haben, weil er das Geräusch irrtümlich für ein Anklopfen an der Tür gehalten hatte. Diese erste sprachliche Äußerung des aufgrund seines Schlaganfalls bis dahin scheinbar völlig aphasischen Patienten soll auf Station große Begeisterung ausgelöst haben, weil sie als Startsignal zur erhofften Wiederherstellung seines Sprachvermögens interpretiert wurde.

Prof. Dr. Werner Rotter 18

Wie man später erfuhr, hatte der Schuss Professor Rotter[17] gegolten, dem Pathologen, der, wie jeder andere Arzt des Krankenhauses, seinem militärischen Rang entsprechend uniformiert, auf dem Weg zum Ärztekasino war und von einem amerikanischen Soldaten von hinten zum Stehenbleiben aufgefordert worden war.
Da Prof. Rotter aber ziemlich schwerhörig war, hatte er diese Aufforderung nicht vernommen oder als nicht ihm geltend interpretiert, weshalb der Amerikaner diese beiden Warnschüsse abgefeuert hatte, um seinem Befehl Nachdruck zu verleihen. So kam es, dass Prof. Rotter als einer der ersten Ärzte gefangengenommen und abgeführt wurde und wie die Besatzung von Bau 16 mit dem Essen bis zum Abend warten musste. Ob wenigstens die Patienten zu ihrem Mittagessen kamen, ist nicht überliefert.

---

[17] Werner Rotter (1897–1977)

Wir jedenfalls hatten unseren Eintopf, weil Mutti wie jeden Tag im Schutze der Morgendämmerung in unsere Wohnung geeilt war und die über Nacht in der Kochkiste gegarte Kartoffelsuppe zu uns in den Keller geschleppt hatte.

Am Nachmittag sahen wir dann die ersten Amerikaner, die sich mit Gewehr im Anschlag vorsichtig nach Osten in Richtung Kläranlage vorschoben. Als sie den in den Felsen gesprengten Luftschutzbunker erreichten, dessen Eingangsbereich wir von unserer Klinikterrasse aus sehen konnten, kam Herr Jochim von der Krankenhausverwaltung als erster aus dem Bunker. Er wedelte mit seinem Spazierstock, an dem ein kleines, weißes Tuch befestigt war, das sich später als frische Windel erwies, die er von den Schwestern der gleichfalls im Bunker einsitzenden Kinderklinik requiriert hatte. Andere Quellen besagen, dass es die Windel des kleinen Klaus Dick gewesen sei, dessen Vater die in Bau 8 untergebrachte Tbc-Abteilung geleitet hat. Hinter dem „Fähnleinführer“ Jochim quoll nun die nicht enden wollende Masse der in den Bunker geflüchteten Leute, also überwiegend Krankenhausangestellte mit ihren Familien und die bereits oben genannten Frauen und Kinder aus der Homburger Vorstadt.

Von Papa haben wir bis zum frühen Abend nichts gehört. Als er dann schließlich kam, wurde er von zwei amerikanischen Soldaten mit Gewehr eskortiert, die uns bei der Rückkehr in unsere Wohnung stumm das Geleit gaben. Wir zogen mit Sack und Pack quer durch das Krankenhausgelände wieder nach Haus 12, wo wir von den beiden GIs sicher abgeliefert wurden. Unterwegs sahen wir überall amerikanisches Militär mit geparkten Jeeps und Lastwagen neben großen Zelten, die sie u.a. auf der Wiese neben Bau 1 (dem „Einser Wieschen“) aufgeschlagen hatten. Mir fielen sofort die schönen Stiefel der Amerikaner mit den leisen Gummisohlen auf, die beim Gehen überhaupt kein Geräusch machten, im Gegensatz zu den genagelten Sohlen der sog. Knobelbecher, wie wir sie von den deutschen Soldaten kannten. Papa hatte inzwischen mit den beiden Soldaten auf Englisch geradebrecht, was wir natürlich nicht verstanden, und war mit ihnen in den Keller gegangen. Als sie nach ein paar Minuten wieder auftauchten, strahlten die beiden bis über die Ohren. Unser Vater hatte ihnen voller Stolz seinen Weinkeller gezeigt und jedem zum Dank für das sichere Geleit eine Flasche Rheinwein überreicht, die sie nun stolz wie die Spanier zu ihrem Zeltlager trugen.

Später erzählte Papa uns dann, dass er mit allen Ärzten, auch denen der anderen Kliniken, gefangengenommen worden war.
Sie hatten sich vor Bau 6 in einer Reihe aufstellen müssen, wo ihnen mitgeteilt wurde, dass der Klinikbetrieb weiterlaufen müsse und man auf ihre Mitarbeit angewiesen sei. Anschließend hatte man Papa (und wahrscheinlich den anderen auch) seine schöne Schweizer Armbanduhr mit Stoppfunktion abgenommen und ihm dafür eine Schachtel Camel-Zigaretten in die Kitteltasche geschoben.
Glücklicherweise hatte er noch eine alte Uhr zu Hause, die allerdings nicht so edel war und nur einen ganz kleinen Sekundenzeiger hatte.

In den folgenden Tagen und Wochen änderte sich das bis dato doch eher beschauliche Dasein 'uff de Aaanstalt' total. Nicht nur für uns Kinder brach eine Welt zusammen, für die Erwachsenen natürlich noch viel mehr. Als wir am Tag nach der Befreiung morgens gemeinsam mit unserer Mutter, das klappernde Leiterwägelchen hinter uns her ziehend, nach Haus 16 marschierten, um dort die letzten Überreste unseres Notquartiers der letzten vier Tage abzuholen, begegnete uns in Höhe des 'Einser Wieschens' ein älterer Mann, der aus Richtung Kirrberg kommend nach Homburg hinunterging. Er begrüßte uns mit einem freundlichen „Guten Morgen", worauf unsere Mutter mit einem nicht minder freundlichen „H'l 'ittla" („Heil Hitler"), dem bis zur Befreiung üblichen „Deutschen Gruß" antwortete, der einem ebenso glatt über die Lippen kam, wie das heutige „Hallo". Da sah er sie ganz streng an und sagte dann doch wieder lächelnd: „Frollein, Frollein ..., das do misse sich awwer aach noch abgewehne!"

Auch mir selbst wurde der 'Zusammenbruch', wie die etwas verpönte 'Befreiung' in den nächsten Wochen und Monaten genannt wurde, an eben diesem 21. März klar, übrigens genau eine Woche nach dem schrecklichen Bombenangriff auf Homburg, als mir durch den Kopf schoss, dass ich nie würde Pimpf werden können, dass ich niemals in der Uniform des Jungvolks mit Trommeln und Fanfaren die Kirrberger Straße entlangmarschieren würde.
Und für einen Moment stockte mir der Atem: Mit zehn Jahren Pimpf zu werden, war in der damaligen Zeit der Traum eines jeden Acht- bis Neunjährigen, und die Erkenntnis, diesen Traum nicht verwirklichen zu können, war eine riesige Enttäuschung.
Auslöser war ein sehr niedrig über das Krankenhausgelände fliegendes einmotoriges Propellerflugzeug nach Art des Fieseler Storchs, das aber amerikanische Hoheitszeichen trug und das mir nachdrücklich klar machte, dass die Amerikaner da und die deutschen Soldaten weg waren, und dass man vor den feindlichen Flugzeugen keine Angst mehr haben musste. So merkwürdig oder unglaubwürdig es heute klingen mag: Auch wir Achtjährigen hatten begriffen, dass mit dem Einzug der Amerikaner nichts mehr so bleiben würde, wie es einmal gewesen war. Ich habe diesen ersten Nachkriegstag ganz bewusst erlebt. Mir war klar, dass der Krieg „aus" war.
Es war ein Mittwoch, also war der Krieg bei uns dienstags zu Ende gegangen. Das schien mir damals seltsamerweise sehr wichtig zu sein. Der 8. Mai 1945 dagegen war für mich ein Tag wie jeder andere. Das Kriegsende lag da schon sieben Wochen zurück, in dieser aufregenden Zeit für einen Achtjährigen eine Ewigkeit.

Nachdem ich die erste Enttäuschung, nicht mehr Pimpf werden zu können, überwunden hatte, erlebte ich diesen 21. März tatsächlich als den Beginn einer Zeitenwende, einer Zeit ohne Angst vor Luftangriffen, Bomben und Artilleriefeuer. Dies wurde mir sofort bestätigt, als zwei amerikanische Soldaten mit Helm – ein dunkel- und ein hellhäutiger – beide mit Gewehr im Anschlag, aber trotzdem freundlich lächelnd und ständig auf irgendetwas herumkauend, an unserem Gartenzaun entlangschlenderten und uns freundlich etwas zuriefen, das wir nicht verstanden. Ihren Patrouillengang unterbrachen sie nur einmal kurz, als sie die Militärzeltplane entdeckten, die wir in Gerhardts Garten über dem kleinen Goldfischbecken aufgezogen hatten. Die beiden GIs hatten wohl nicht wirklich damit gerechnet, dass sich dort noch deutsche Soldaten verstecken könnten, doch für einen Moment war die Freundlichkeit aus ihren Gesichtern gewichen, so dass uns klar wurde, dass sie durchaus auch anders konnten. Glücklicherweise haben sie sich sehr schnell wieder beruhigt und spazierten zurück zu ihrem Lager auf dem 'Einser Wieschen', wo sie ihre riesigen, olivgrünen Zelte aufgeschlagen hatten. Von Gerhardts Garten aus schauten wir zwischen den Zaunlatten hindurch zu dem Zeltlager, wo diese Fremden hausten, vor denen wir trotz ihrer Freundlichkeit einen ziemlichen Respekt hatten. Irgendwo stieg der Qualm von einem Lagerfeuer auf, und aus einem der Zelte drang das rhythmische Geklimper eines Klaviers, das sie sich offenbar aus Klinikbeständen 'entliehen' hatten. Dass es sich bei der Klavierspielerin um Annemarie Jochim gehandelt hat, die sich unsere knapp zehnjährige Schwester Brigitte als Anstandsdame mitgenommen hatte, haben wir erst erfahren, als unsere Mutter Brigitte wütend zur Rede stellte und ihr ein für alle Mal verbot, das Lager zu betreten.

Auch in dem südlich an die Wiese angrenzenden Bau 3 (heute Haus 44, Medizin. Biochemie), der bis vor kurzem noch von deutschen SS-Truppen genutzt worden war, hatten sich die Amerikaner einquartiert. Sie hockten z. T. auf den Fensterbänken, ließen die Beine nach draußen baumeln und schmissen uns kleine Schokoladentäfelchen zu, die sie aus großen, gleichfalls olivgrünen Blechdosen fischten, mit demselben Tarnanstrich, den auch ihre Jeeps und die Zelte auf der anderen Straßenseite trugen. Die meisten Soldaten rauchten Zigaretten, aus denen sie nur 3 oder 4 Züge sogen, bevor sie sie wegschnippten. Und auch die kleinen Packungen, die jeweils nur 4 Zigaretten enthielten, warfen sie weg, ohne sich darum zu kümmern, ob noch eine ungerauchte übriggeblieben war.

Die 'Amis' hockten aber nicht nur faul herum, sie halfen auch mit, die völlig zusammengebrochene Infrastruktur im Klinikgelände wieder aufzubauen, denn vorübergehend hatte fast nichts mehr funktioniert. Den Stromausfall hatten sie mit mobilen Notstromaggregaten kompensiert, deren knatterndes Motorengeräusch man allenthalben hörte. Auch Wasser gab es seit zwei Tagen nicht mehr. Deshalb hatten sie auf der kleinen Wiese vor Bau 11, gegenüber der Hofeinfahrt zur Kochküche, aus Holzbalken einen Turm gezimmert, auf dem ein großer Wassertank platziert war, der aber nur von den Stationen genutzt werden durfte. Uns Privatpersonen wurde die Zuteilung prompt verweigert, als wir mit unseren Milchkannen eintrafen. Da das Wasser aus diesem zwar ständig nachgefüllten Tank zur Versorgung der Kliniken ohnehin nicht ausreichte, schlossen wir uns mit unserem Leiterwägelchen und darauf verankerter großer Molkereikanne (aus Wehrmachts-Beständen) einer der großen Karawanen an, die sich von Homburg hinüber nach Kirrberg bewegten, wo es noch eine funktionierende Quelle gab, die herrlich frisches Wasser spendete. Auf dem Weg dorthin kamen wir an den Überresten einer deutschen Artilleriestellung vorbei, die sich an der Kirrberger Straße kurz vor dem Lambsbachtal verschanzt hatte. Neben verendeten Pferden mit aufgedunsenen Bäuchen lagen dort sogar noch tote Soldaten, die unmittelbar nach der Eroberung noch niemand hatte bergen und bestatteten können.
Die Krankenschwestern, die selbst zum ersten Mal den Weg nach Kirrberg genommen und nicht mit dieser grausigen Entdeckung gerechnet hatten, versuchten zwar noch, mich abzudrängen, aber ich hatte die Toten in ihren zerrissenen Uniformen mit den schwarzbraunen Flecken schon gesehen. Um diesen Anblick nicht ein zweites Mal ertragen zu müssen, nahmen wir auf dem Rückweg trotz der inzwischen wassergefüllten und damit sehr schwer gewordenen Kannen den im Anfangsabschnitt arg sandigen Höhenweg am Westhang des Rossbergs, unterhalb der Einschlagsstelle der V1 vorbei, den wir auf dem Hinweg wegen der damit verbundenen wesentlich höheren Kraftanstrengung gemieden hatten.

Sag zum Abschied leise „Servus" …

Einige Tage nach der Befreiung wurden die Ärzte des Krankenhausgeländes von den Amerikanern für 10 Uhr in das Homburger Waldstadion beordert, wo sie ganz offiziell ihre Entlassungspapiere aus der deutschen Wehrmacht in Empfang nehmen sollten.

Weil alles, was in diesen Tagen geschah, irgendwie neu und aufregend war, bettelten wir darum, unseren Vater begleiteten zu dürfen. Das Bild, das sich uns dort bot, muss für Erwachsene einen ans Kafkaeske grenzenden, unwirklichen Eindruck gemacht haben. Wir Kinder haben die gespenstische Szene einfach nur registriert: Wie am 20. März, dem Tag der Befreiung, schien auch an diesem Morgen die Sonne von einem wolkenlosen, blauen Himmel.
Das Stadion lag ziemlich genau zur Hälfte in der wärmenden Sonne, während die Südseite noch in den kühlen Schatten des Kiefernwaldes getaucht war. Mittendrin, praktisch genau auf dem Fußball-Anstoßpunkt, stand in der prallen Sonne ein kleiner Tisch mit Papieren, Federschale, Stempelkissen und Stempel; und an diesem Tisch saß ein höherer deutscher Offizier in Wehrmachtsuniform mit allen Hoheitszeichen, eskortiert von zwei amerikanischen Infanteristen mit geschultertem Karabiner. An dieses gedeckte Wehrmachtstischlein nun wurden in alphabetischer Reihenfolge die Ärzte gerufen, denen von dem dort sitzenden Offizier ein Papier überreicht und anschließend mit freundlichem Lächeln, begleitet von militärisch knappen Dankesworten, ein kräftiger Händedruck zuteilwurde. Sinn der Maßnahme war es, die für eine möglichst nahtlose Weiterführung des Krankenhausbetriebs dringend gebrauchten Ärzte ganz offiziell aus der Wehrmacht zu entlassen, so dass für die Amerikaner keine Notwendigkeit bestand, sie gefangenzunehmen

bzw. zu internieren und damit ihrer wichtigen Funktion zu entziehen. Nur einer der Ärzte, es war der HNO-Arzt, ein sehr frommer Mann, der in seinem Leben wahrscheinlich noch nie Unrecht getan hatte, wollte diese Komödie nicht mitspielen, die er wohl als einen Verstoß gegen Sitte und Moral empfand. Vielleicht hatte er auch einfach nur Angst, dass sich das Blatt noch einmal wenden und die deutsche Wehrmacht wieder zurückkommen könnte. Er wurde jedenfalls noch an Ort und Stelle festgenommen und innerhalb weniger Stunden in ein Gefangenenlager nach England überstellt, von wo der ehemals recht pausbäckige Herr erst Monate später ziemlich verhärmt und ausgezehrt wieder heimkehrte.

Etwa zur gleichen Zeit, praktisch mit dem Einrücken der Amerikaner, und in den folgenden Tagen spielten sich fast gleichzeitig die verrücktesten Szenen ab, wie sie nur infolge des Zusammenbruchs eines totalitären Machtapparates bzw. der Machtübernahme durch den Sieger zustande kommen können. Als eine ihrer ersten Maßnahmen öffneten die Amerikaner die Gefangenenlager und ließen die Kriegsgefangenen, vor allem Russen und Polen, drei Tage lang ihre Wut an den Deutschen ungehindert austoben. Gleichzeitig verhängten sie eine totale Ausgangssperre für die deutsche Bevölkerung von 16 Uhr nachmittags bis 10 Uhr morgens. Die Freilassung der Gefangenen bedeutete aus Sicht der bisherigen Herrenmenschen, dass Recht und Gesetz außer Kraft gesetzt waren, und sie sich plötzlich in die Rolle derer versetzt sahen, die nach ihrer Ansicht die Untermenschen gewesen waren. Auch wenn die meisten Homburger ein halbwegs gutes Gewissen hatten und der Ansicht waren, dass man sich in den zurückliegenden Jahren gegenüber den Gefangenen nichts hatte zuschulden kommen lassen, so war man sich nicht sicher, ob die das auch so sahen. Deutsche Polizei gab es nicht mehr oder noch nicht, und die amerikanische Militärpolizei war nur für die Amerikaner selbst zuständig. Die ehemaligen Kriegsgefangenen und Zwangsarbeiter konnten sich während dieser drei tollen Tage völlig frei bewegen und nahmen sich, was nicht niet- und nagelfest war. Wenn man ihnen das Gewünschte nicht freiwillig aushändigte, nahmen sie es sich mit Gewalt. Und so wurde geplündert, was das Zeug hielt. Doch die Plünderer – bei denen es sich zur Überraschung der einheimischen Bevölkerung nicht nur um Ausländer gehandelt hat – waren wählerisch und konzentrierten sich im Wesentlichen auf Essbares, Kleidung und merkwürdigerweise auf Fahrräder. Geld mitzunehmen lohnte sich kaum, weil man sich in diesen ersten Tagen nach der Befreiung ohnehin nichts kaufen konnte. Trotzdem wurde der Divisionszahlmeister Griebel mit seiner Frau in den letzten Märztagen in seinem Wochenendhaus am Südhang des Webersberges nachts von unbekannten Räubern erschlagen, weil man wohl vermutet hatte, dass er größere Geldbeträge in seinem Haus versteckt habe. In das Wochenendhaus in der Waldeinsamkeit hatte er sich geflüchtet, weil sein Haus in der Zweibrücker Straße, das neben dem Bauhof der Bauunternehmung B. Friderich & Co., direkt gegenüber der Hohenburg, gestanden hatte, am 14. März durch Bomben fast völlig zerstört worden war. Das war in diesen Tagen – meines Wissens – der einzige Raubmord, sofern die Mörder überhaupt etwas mitgenommen hatten.

Der Fahrradklau dagegen hatte solche Ausmaße angenommen, dass man ständig einem radfahrenden Russen begegnete. Es gab auch eine beträchtliche Anzahl von Russen, die nie das Radfahren erlernt hatten und das trotzdem geklaute Rad nun durch die Gegend schoben oder unbeholfene Versuche unternahmen, das Radfahren zu lernen. Wenn ein Fahrrad durch Sturz zu Bruch gegangen war oder ‘einen Platten’ hatte, ließ man es einfach stehen und holte sich ein anderes. Auch unserer Mutter ist so ihr schönes Damenfahrrad abhandengekommen.

Nach drei Tagen war der ganze Spuk vorbei. Die Kriegsgefangenen wurden von den Amerikanern z. T. mit Uniformen ihrer jeweiligen Heimatländer versorgt und traten die Heimreise an, die zunächst über Frankreich vonstattenging, weil der direkte Weg nach Osteuropa ja versperrt war, solange auf dem Boden des inzwischen etwas kleiner gewordenen Deutschen Reichs noch gekämpft wurde. In den ehemaligen OT-Baracken am Nordrand des Klinikgeländes war eine Außenstelle des Kommandos eingezogen, das in der Homburger Hoefer-Kaserne die Rückführung der sowjetischen Gefangenen und Zwangsarbeiter aus dem Gau Westmark organisieren sollte, und so erschien eines Tages ein schlanker, großer Offizier mit riesiger Schirmmütze und einer wunderschönen, hellblau- bis taubengrauen Uniform mit goldenen Sternen auf den Schulterklappen und mehrreihig angeordneten Ordensspangen auf der linken Brustseite, den wir nicht sofort erkannten, bis er uns die Hände entgegen streckte. Es war der Christian, der uns da als russischer Offizier gegenüberstand und rasch vorbeigekommen war, um sich zu bedanken und von uns zu verabschieden. Wir haben nie wieder etwas von ihm gehört. Später munkelte man, dass viele der Russen weniger eine glückliche Heimkehr als vielmehr der Tod oder günstigstenfalls jahrelange Haft im Gulag erwartete, weil Stalin angeblich die Überlebenden der deutschen Gefangenenlager als Vaterlandsverräter verunglimpft und sie der Verurteilung zum Tode ausgeliefert habe.

Innerhalb dieser 3 Tage passierte noch etwas, was uns Kinder nachhaltig beeindruckte und betrübte, weil uns damit ein konkreter Ansatzpunkt zur Erinnerung an glückliche Friedenszeiten abhandenkam: Eines morgens tauchten zwei russische Offiziere mit einer amerikanischen Dolmetscherin auf, die ein Papier in der Hand hielten, das ihnen erlaubte, unseren in der Garage aufgebockten Mercedes Benz 170 V zu requirieren, den wir zwei Jahre zuvor aus Frankfurt zurückgeholt hatten. Sie forderten Zündschlüssel und Kraftfahrzeugbrief und überließen unserer Mutter dafür den mitgebrachten Zettel. Mutti versuchte zwar noch, den dreien ihr Vorhaben auszureden, weil das Auto weder Reifen hatte noch Benzin im Tank, aber das schien die überhaupt nicht zu interessieren. Sie hörten gar nicht hin, machten sich nur ein paar Notizen und verschwanden so schnell wie sie gekommen waren. Unsere Erleichterung war aber nicht von langer Dauer. Kaum zwei Stunden später waren sie schon wieder zurück mit vier passenden Reifen, mehreren Öldosen, einer frisch geladenen Batterie und 2 Benzinkanistern, die sie in den Tank entleerten. Nicht einmal eine halbe Stunde danach blubberte der Motor still vor sich hin, so, als hätte es nie eine mehrjährige Pause gegeben, und unser gutes Stück rollte mit den beiden Russen davon. Wir haben das Auto nie wieder zu sehen gekriegt, auch nicht erfahren, wo es letztlich gelandet ist.

Entnazifizierung

Ebenfalls in diesen ersten Tagen nach der Befreiung erging von dem neu eingesetzten Bürgermeister Karl Müller die Anweisung, sämtliche Uniformen und Waffen bei der Sammelstelle in der Deutschen Straße abzuliefern, '*widrigenfalls kriegsrechtliche Verfolgung seitens der Militärregierung zur Anwendung*' käme. Also wurde alles, was nach Militär aussah, zunächst einmal die Stabsarztuniform, d. h. das prächtige, grüngraue Jackett mit den aufgesetzten Taschen und dem Reichsadler auf der rechten Brustseite, einschließlich der gleichfarbigen Breeches, der Schirmmütze und der Schaftstiefel in einen Koffer gepackt, als Papa gerade noch rechtzeitig einfiel, dass irgendwo im Keller seine SA-Uniform sein müsse, die – wenn auch nur einmal getragen – ebenfalls mit abgeliefert werden musste.

Er war 1934 noch in Frankfurt in die SA eingetreten, als die Mitgliedschaft in einer nationalsozialistischen Organisation als Grundvoraussetzung gefordert wurde, wenn man sich habilitieren und damit Beamter werden wollte. Er hatte sich zwar dagegen gesträubt, aber dann doch klein beigegeben, weil er seine berufliche Karriere nicht aufs Spiel setzen wollte. Die kackbraune Uniform hat er nur ein einziges Mal, und zwar beim offiziellen Eintritt getragen. Später trug er nur noch einen Trainingsanzug, wenn er die ihm übertragene Funktion eines die Frankfurter SA-Ringerstaffel betreuenden Verbandsarztes wahrnahm, die mit seinem Wechsel nach Homburg beendet war. Er selbst fand die Uniform so schrecklich, dass er sie irgendwo im Keller in einem alten Schließkorb versteckt hatte. Auch Mutti konnte an der Uniform nichts Reizvolles finden und hatte Papa damals sogar geraten, in die SS einzutreten, 'wegen der schickeren Uniformen'.

Und 1937 war er auch Mitglied der NSDAP geworden, was zehn Jahre später zu einem Entnazifizierungsverfahren führte, das mit seiner Einstufung als sog. 'Mitläufer' endete. Dieses Verfahren hatte u. a. auch dazu geführt, dass die offizielle Berufung unseres Vaters auf den Lehrstuhl für Innere Medizin der nach dem Krieg gegründeten Universität länger als erhofft auf sich warten ließ.

Es ist gar keine Frage, dass meine Eltern und die meisten ihrer Zeitgenossen mit ihrer Indifferenz gegenüber dem verbrecherischen Nazi-System und ihrer scheinbar stoischen Hinnahme auch für sie erkennbaren Unrechts Schuld auf sich geladen haben, auch wenn sie aktiv nicht beteiligt waren. Und es bedurfte nicht erst der von Amts wegen verfügten „Bestrafung" in Form eines Entnazifizierungsverfahrens, um meinen Vater zur Raison zu bringen, denn ein überzeugter Nazi ist er nie gewesen. Dass er sich im Zuge der Verbeamtung und des damit geforderten Eintritts in eine nationalsozialistische Organisation die vermeintlich unscheinbarste Funktion eines die Ringerstaffel der Frankfurter SA betreuenden Verbandsarztes ausgesucht hatte, war ihm schon damals eher peinlich, aber es war „nun einmal ein notwendiges Übel" gewesen.
Auch der Masseneintritt in die NSDAP zum 1. Mai 1937 war für ihn eher eine lästige und unvermeidliche Folge seiner SA-Mitgliedschaft als ein bewusstes Bekenntnis aus politischer Überzeugung zu dieser Partei, nachdem zum 20. April 1937 („Führers Geburtstag") die 1933 ausgesprochene Aufnahmesperre aufgehoben worden war und zunächst die Mitglieder von NS-Organisationen automatisch aufgenommen wurden. Er war wohl tatsächlich genau der klassische Mitläufer, als der er nach dem Krieg offiziell eingestuft wurde.
Ich habe es als Heranwachsender miterlebt, wie sehr mein Vater auch in den 50er Jahren noch unter seinem Versagen gelitten hat und deswegen später ganz bewusst nicht mehr weiter nachgebohrt.

Meine Mutter – sie war ja bei Hitlers Machtübernahme gerade einmal 21 Jahre alt geworden – hat diese fürchterlichen Jahre scheinbar leichter überwunden. Doch auch sie war sich darüber im Klaren, dass ihr – wie der Mehrheit ihrer Altersgenossinnen – nach anfänglicher Begeisterung erst durch den Krieg und die dadurch erlittene eigene Bedrohung die Augen geöffnet worden waren. Auch dass sie die an Juden begangenen Verbrechen widerspruchslos hingenommen hatte, wurde ihr viel zu spät bewusst. Immerhin war sie als Tochter eines angesehenen Frankfurter Hochschullehrers und damit Angehörige „der oberen Zehntausend“ Schülerin eines Lyzeums gewesen, das bis 1933 auch von den Töchtern des zu einem beträchtlichen Teil jüdischen Frankfurter Bürgertums besucht worden war. Sie war in dieser Zeit mit mehreren Klassenkameradinnen befreundet gewesen, deren jüdischer Glaube ebenso wenig eine Rolle gespielt hatte, wie der eigene christliche. Nach dem Krieg hat sie sich ganz sicher ihrer fehlenden Zivilcourage wegen geschämt, doch sie hat wie viele andere versucht, ihre Schuldgefühle möglichst bald zu verdrängen.

Beim Einsammeln aller Uniformteile kamen sowohl der kurze Dolch mit dem silberfarbenen Portepee als auch die Dienstpistole in der untersten Schublade des Schlafzimmerschranks zum Vorschein. Während mein Vater den Dolch bei offiziellen Anlässen noch getragen hatte, weil der zur Uniform gehörte, war die Pistole völlig in Vergessenheit geraten. Er hatte sie nie in ihre Einzelteile zerlegt oder gar geölt, so dass sie deutlich angerostet war und im Bedarfsfall nicht hätte eingesetzt werden können.

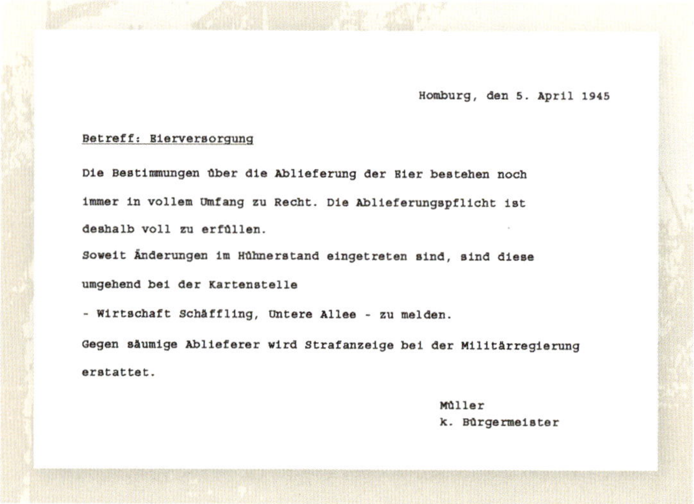

Homburg, den 5. April 1945

Betreff: Eierversorgung

Die Bestimmungen über die Ablieferung der Eier bestehen noch immer in vollem Umfang zu Recht. Die Ablieferungspflicht ist deshalb voll zu erfüllen.
Soweit Änderungen im Hühnerstand eingetreten sind, sind diese umgehend bei der Kartenstelle
- Wirtschaft Schäffling, Untere Allee - zu melden.
Gegen säumige Ablieferer wird Strafanzeige bei der Militärregierung erstattet.

Müller
k. Bürgermeister

Bekanntmachung seitens des Bürgermeisters (Eierversorgung) 19

In diesen hektischen Tagen nach der Machtübernahme durch die Amerikaner jagte eine öffentliche „Bekanntmachung" die andere. Dabei wurden nicht nur Anweisungen zum Abliefern von Waffen und Uniformteilen erteilt, sondern selbstverständlich auch so wichtige Dinge geregelt, wie z. B. die Versorgung der Bevölkerung mit Eiern. Und natürlich gäbe es noch unendlich viel mehr zu den eingetretenen Veränderungen zu erzählen, die aber eigentlich nur den interessieren, der die Zeit unmittelbar erlebt hat.

Doch eine Geschichte aus diesen Tagen soll nicht verschwiegen werden, weil sie an sich schon traurig genug war, sich aber zu unser aller Überraschung erst Jahre später als doppelt enttäuschend erweisen sollte. Der Christian war ja schon wenige Tage nach der Befreiung als ranghoher russischer Offizier abgereist, und auch die Ärzte des Gefangenenlazaretts traten sehr bald die Heimreise an, nachdem sie meinem Vater noch ein gemeinsames, auf Französisch abgefasstes und von allen unterschriebenes Dankschreiben über-

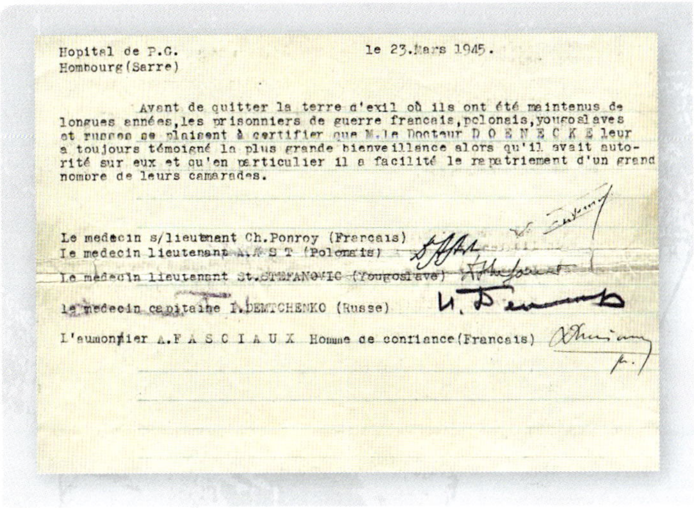

Hopital de P.G. le 23.Mars 1945.
Hombourg (Sarre)

Avant de quitter la terre d'exil où ils ont été maintenus de longues années, les prisonniers de guerre francais, polonais, yougoslaves et russes se plaisent à certifier que M. le Docteur D O E N E C K E leur a toujours témoigné la plus grande bienveillance alors qu'il avait autorité sur eux et qu'en particulier il a facilité le repatriement d'un grand nombre de leurs camarades.

Le medecin s/lieutenant Ch.Ponroy (Francais)
Le medecin lieutenant A.A S T (Polonais)
Le medecin lieutenant St.STEFANOVIC (Yougoslave)
Le medecin capitaine I.DEMTCHENKO (Russe)
L'aumonier A.F A S C I A U X Homme de confiance (Francais)

Hôpital de P.G. Hombourg (Sarre),
Dankschreiben der Ärzte des Gefangenenlazaretts 20

reicht hatten, in dem *„sie froh waren zu bestätigen, dass er ihnen stets das größte Wohlwollen entgegen gebracht und insbesondere dazu beigetragen habe, dass eine große Anzahl ihrer Kameraden wieder in die Heimat habe zurückkehren können“*. Nur der André ließ sich etwas mehr Zeit und fuhr erst nach einer guten Woche unter ‚tränenreichem Abschied‘ über Saarbrücken und Metz in seine französische Heimat zurück.

Am Abend vor seiner Abreise war er noch einmal bei uns zu Hause gewesen und hatte nach dem Abendbrot bei einer gemeinsam geleerten Flasche Wein mit meinen Eltern zusammen gesessen. Während der drei Jahre seines Aufenthalts in Homburg hatte er einen so engen Kontakt zur Familie gewonnen, dass er wusste, ein wie begeisterter Fotograf unser Vater war und wie sehr dieser an seiner Leica IIIa hing. Da sich inzwischen herumgesprochen hatte, dass die Amerikaner gerade auf gute Fotoapparate besonders erpicht waren und von der Militärregierung für die nächste Zeit eine

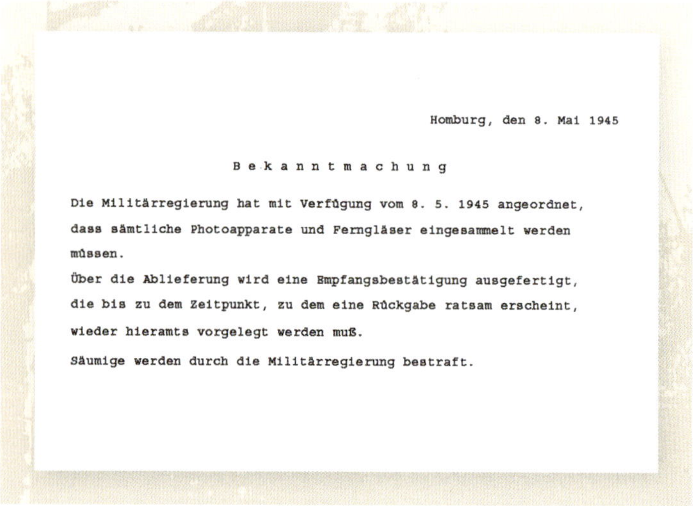

Homburg, den 8. Mai 1945

B e k a n n t m a c h u n g

Die Militärregierung hat mit Verfügung vom 8. 5. 1945 angeordnet, dass sämtliche Photoapparate und Ferngläser eingesammelt werden müssen.

Über die Ablieferung wird eine Empfangsbestätigung ausgefertigt, die bis zu dem Zeitpunkt, zu dem eine Rückgabe ratsam erscheint, wieder hieramts vorgelegt werden muß.

Säumige werden durch die Militärregierung bestraft.

Bekanntmachung seitens des Bürgermeisters
(Abgabe von Photoapparaten und Ferngläsern) 20

große Ablieferungsaktion geplant war, bot sich der André nun an, die Kamera in seinem Gepäck versteckt mit nach Hause zu nehmen, um sie nach ein paar Wochen oder Monaten, wenn sich die Lage ein wenig beruhigt hatte, unserem Vater wieder zurückzugeben.

Meinen Eltern leuchtete dieser Vorschlag sofort ein. Sie waren dem André nicht nur dankbar für seine Hilfsbereitschaft, sie machten sich sogar Sorgen, dass er wegen seiner Gefälligkeit eventuell in Schwierigkeiten geraten könne. Und genau diese Befürchtung traf dann tatsächlich ein. Wenige Wochen später kam ein Brief aus Frankreich, in dem André unserem Vater mit dem Ausdruck größten Bedauerns mitteilte, dass ihm bei einer gründlichen Kontrolle durch die Militärpolizei auf dem Bahnhof in Metz die gesamte Fotoausrüstung abgenommen worden sei und er von Glück reden könne, nicht festgenommen worden zu sein. Er befürchte, dass die Kamera ein für alle Mal verloren sei. Mit diesem Brief war die Geschichte mit Papas Leica fürs erste abgeschlossen, von André selbst haben wir nie wieder etwas gehört. Die Aufforderung seitens der Amerikaner, „sämtliche Photoapparate und Ferngläser" abzuliefern, kam übrigens tatsächlich, wenn auch erst Anfang Mai 1945.

Mehr als zehn Jahre später erfuhr die Angelegenheit noch einmal eine überraschende Ergänzung: Inzwischen war im LKH die Medizinische Fakultät der Universität des Saarlandes eingerichtet worden. Der Schweizer Physiologe Prof. Stämpfli[18] hatte Mitte der fünfziger Jahre den ersten Physiologen Prof. Lullies[19] abgelöst, war aber mit der Familie in seiner Schweizer Heimat natürlich noch fest verwurzelt. Die Sommerurlaube verbrachten sie immer in Rolle, hoch über dem Genfer See, wo sie ein von den Schwiegereltern geerbtes Bauernhaus besaßen. Und da Frau Stämpfli als gebürtige Französin ebenfalls noch enge Kontakte zu ihrer Heimat pflegte, gingen in diesem Haus zahlreiche Bekannte aus den benachbarten französischen Départements ein und aus. So hatte es sich ergeben, dass ein Freund aus Savoyen über die unglaubliche Geschichte eines Arztes aus Albertville berichtete, den er zufällig kennengelernt habe, und der sich – als sie auf ihre Hobbies zu sprechen kamen – als stolzer Besitzer einer tollen Leica-Ausrüstung geoutet habe, die ihm angeblich ein Arzt in 'Hombourg (Sarre)' zum Dank für seine positiven Auskünfte gegenüber den Militärbehörden bei Kriegsende überlassen hatte. Weil ihm, dem Freund der Stämpflis, dies irgendwie nicht ganz geheuer gewesen sei und er ja wusste, dass Prof. Stämpfli in Homburg tätig sei, wolle er ihm diesen Hinweis geben. Prof. Stämpfli hat uns die seltsame Geschichte natürlich sofort nach seiner Rückkehr aus dem Sommerurlaub erzählt, und mein Vater seinerseits hat umgehend mit dem für Albertville zuständigen Centre Hospitalier in Chambéry Kontakt aufgenommen.

---

18 Robert Stämpfli (1914–2002)

19 Hans Lullies (1898–1982)

Dort war unser André zwar bekannt, er hatte mehrere Jahre in der Inneren Abteilung gearbeitet, war dann aber mit unbekanntem Ziel ausgeschieden, um sich irgendwo in Frankreich als Internist niederzulassen.

Am 10. Juli 1945 lösten die Franzosen die Amerikaner als Besatzungsmacht ab. Der Übergang von der einen zur anderen Besatzungsmacht verlief zumindest im Klinikgelände bzw. nach außen hin ziemlich sang- und klanglos, und auch in der Stadt änderte sich nicht viel. Homburg war mit seiner Hoefer-Kaserne draußen an der Bexbacher Straße zwar eine Garnisonsstadt gewesen, aber die Kasernengebäude waren durch Kriegseinwirkungen teilweise beschädigt, während die noch intakt gebliebenen nun mit Flüchtlingen und in der Stadt ausgebombten Familien belegt waren. So gab es in unserer Region keine größeren Truppenansammlungen, die das Straßenbild hätten beherrschen können. Hinzu kam: Auch wenn die Oberhoheit offiziell an die Franzosen übergegangen war, sah man doch immer wieder amerikanische Truppentransporte, die, aus Frankreich kommend, Homburg auf der Kaiserstraße in Richtung Kaiserslautern und weiter nach Mannheim durchquerten. Die Autobahn gab es ja noch nicht, und die Kapazität der infolge von Kriegseinwirkungen noch meist eingleisigen Bahnstrecke Saarbrücken-Mannheim war begrenzt. Also lief der West-Ost-Frachtverkehr, wie schon zu Napoléons Zeiten, von Limbach kommend quer durch Homburg über die Kaiserstraße nach Landstuhl und weiter nach Kaiserslautern. Für die Homburger waren diese Militärkonvois insofern von Interesse, als es sich lohnte, die von den Amerikanern an den Straßenrand geschnippten Zigarettenkippen zu sammeln und sich aus den Tabakresten eine neue Zigarette zu drehen. Das Gedränge an der Kaiserstraße soll gelegentlich so groß gewesen sein, dass es nicht nur zu Schlägereien gekommen war, sondern sogar zu Todesfällen infolge Unachtsamkeit beim Überqueren der Straße bzw. bei der Jagd nach dem ersehnten Glimmstängel.

Ebenfalls im Juli 1945, in dieser Zeit der Unsicherheit und des Umbruchs, als man beim Schrillen der Türglocke erschrak und fürchtete, mit einer bösen Überraschung rechnen zu müssen – wie die auch immer aussehen mochte, – da geschah etwas ganz Seltsames, das uns Kindern wie ein Wunder erschien. Als wir wieder einmal nach Ertönen der Glocke mit Bangen die Tür geöffnet hatten, stand da der Mann von der Bahnspedition mit Schiebermütze und Arbeitsschürze, der eine schwere Holzkiste die Treppe hochgewuchtet hatte und uns einen Lieferschein entgegenhielt, den unsere Mutter unterschreiben sollte. Ihr Geheimnis hat die Kiste erst zur Mittagszeit gelüftet, als unser Vater zum Essen nach Hause kam und zunächst ungläubig auf das Ungetüm starrte, das da mit einem Aufkleber NICHT STÜRZEN! versehen und mit den schwarzen Großbuchstaben E. LEITZ WETZLAR bemalt war. Er hatte im Frühjahr 1939 bei Leitz ein binokulares Ortholux-Mikroskop mit eingebauter Lichtquelle bestellt, dessen Auslieferung wegen des inzwischen ausgebrochenen Zweiten Weltkriegs hinfällig geworden und dann völlig in Vergessenheit geraten war. Und dieses Mikroskop war nun plötzlich ohne besondere Ankündigung, wie aus heiterem Himmel, geliefert und mit dem sechs Jahre zuvor genannten Preis berechnet worden. Ein Wunder war dieses Ereignis natürlich nicht, sondern – nüchtern betrachtet – eine völlig normale, wenn auch etwas verspätete Auftragserfüllung. Aber ein bisschen gewundert haben wir uns doch.

Langsame Rückkehr zur „Normalität“

Nach mehr als einjähriger Unterbrechung begann am 1. Oktober 1945 wieder der Schulunterricht. Abgesehen von der Tatsache, dass unser Schulgebäude durch Kriegseinwirkungen erheblich beschädigt, d. h. z. T. völlig zerstört und der verbliebene Rest nur notdürftig repariert worden war, gab es noch eine entscheidende Neuerung, die uns zunächst etwas verwirrte, weil sie uns eines Teils unserer früheren Klassenkameraden beraubte, und das war die Einrichtung der Konfessionsschule mit wöchentlich wechselndem Vor- und Nachmittagsunterricht. Plötzlich waren nur noch protestantische Schüler in der Klasse. Die Katholiken, von denen wir uns früher allenfalls während des Religionsunterrichts getrennt hatten, besuchten ebenso wie wir ab Herbst 1945 ihre eigene Schule, d. h. das selbe Gebäude, aber wie wir im Wechselunterricht. Diese Lösung kam der kriegsbedingten Raumnot natürlich entgegen, es mussten ja ‘pro Schicht’ nur noch halb so viele Schüler unterrichtet werden. Doch allein der Wechselunterricht bot schon reichlich Konfliktpotential. Die Einrichtung der Konfessionsschule hatte nicht nur die angeblich vom ‘einfachen Volk’ so gewollte Trennung katholischer Schüler von den protestantischen zur Folge, sondern führte tatsächlich auch zu einer von der Militärregierung und dem kleinen Häuflein sich fundamentalchristlich gebärdender Parteipolitiker um Johannes Hoffmann[20] (‘JoHo’) und Emil Straus[21] (‘de Gaadezwerch’) offenbar beabsichtigten Entfremdung der Konfessionen im alltäglichen Mit- bzw. Gegeneinander.

[20] Johannes Hoffmann (1890–1967)

[21] Dr. Émile Straus (1899–1985)

Wenn z. B. eine Fensterscheibe zu Bruch gegangen oder die Klassenwand mit irgendwelchen Schmierereien beschmutzt worden war, hieß es bei aller Verschiedenheit konfessioneller Details in christlicher Eintracht und Nächstenliebe: „Das waren die Katholiken!" oder umgekehrt „die Protestanten", und es kam sogar zu Schlägereien, die besonders während der Ferien in Gruppen ausgefochten wurden. Die gesittetste Form der Auseinandersetzung war noch die sportliche, wenn z. B. die 4. Knabenklasse Protestanten gegen die 4. Knabenklasse Katholiken Fußball spielte. Aber auch da ging es meist unfair zur Sache, und so manches der Spiele, die auf dem alten Sportplatz hoch oben auf dem Schlossberg ausgetragen wurden, endete mit einer wilden Rauferei und blutigen Nasen.

Nicht nur der vielzitierte Hungerwinter 1946/47, auch der Winter 1945/46 war in meiner Erinnerung einer der schneereichsten und kältesten unserer Kindheit und Jugend. Ich erinnere mich an enorme Schneemengen auch im LKH, die nur an wenigen Stellen geräumt worden waren. Auf den meisten Straßen blieb der Schnee liegen, er war mehr oder weniger festgetrampelt bzw. von den wenigen Autos, die es damals gab – auch nur auf den stärker beanspruchten Streckenabschnitten – festgefahren und vereist.
Das LKH hatte damals nur *eine* Zufahrt, nämlich die von der Unteren Allee über die Kirrberger Straße, die dann nach Abzweigung der eigentlichen, nach Kirrberg führenden Landstraße den langen Anstalts-Berg hinauf und hinter dem Tor nach rechts abbiegend um das Verwaltungsgebäude herum führte. Das Tor hinter der Kläranlage zur Kirrberger Landstraße hin war immer verschlossen, eine Zu- bzw. Ausfahrt war dort nur für Fahrräder oder Hand-Leiterwagen möglich. Der im unteren Abschnitt von Linden gesäumte, zur Zweibrücker Straße hinabführende sog. „Schwarze Weg", die spätere Cappel-Allee, die neben der Friedhofshalle begann, war damals noch nicht asphaltiert. Er war tatsächlich nur ein breiter, mit schwarzer Asche belegter, im Sommer sehr staubiger Weg und wurde nur in Ausnahmefällen von Autos befahren.

So blieb er tatsächlich ein reiner Fuß- und Fahrradweg und war deshalb in diesem über Wochen ungewöhnlich kalten und schneereichen Winter eine ideale Schlittenbahn, auf der wir schon während der Weihnachtsferien und auch später nach dem Unterricht jede freie Minute verbrachten.

Konkrete Erinnerungen zum eigentlichen Unterricht im ersten Quartal dieses Jahres habe ich nicht mehr. Ich weiß nur noch, dass es bitterkalt war und in manchen Klassenräumen Kohlenöfchen aufgestellt waren, weil nach der notdürftigen Wiederherstellung der verbliebenen Räume die Zentralheizung nur einen Teil des Schulhauses versorgte. Das Kohleschippen und -tragen war für uns Schüler Routine, die jeden einmal traf. Und es war eine gern geleistete Arbeit, weil sie mit einer Extramahlzeit aus der „Schweizer Schulspeisungs“-Küche belohnt wurde.

Gerhardts blieben nicht lange unsere Mitbewohner im Haus 12, denn im Zuge der Wiedereinrichtung des LKH als ziviles Großkrankenhaus wurden neue Fachabteilungen geschaffen, mit neuen Chefärzten, die man angemessen unterbringen musste. Neben einem aus der Eifel stammenden, an der Sorbonne in Paris habilitierten, sehr umtriebigen Urologen kam aus Würzburg der ‘echte Saarländer’ und Orthopäde Prof. Dr. Rudolf Wilhelm[22] mit fünf Kindern, der natürlich auch eine große Wohnung brauchte. Da Gerhardts ohnehin ein eigenes Haus in der Vorstadt besaßen, ging der Wechsel relativ unkompliziert vonstatten. Prof. Wilhelm war übrigens auch der erste ärztliche Direktor des LKH nach dem Kriege, nachdem der über 70jährige Prof. Orth, der ohnehin längst pensionsreif und nur kriegsbedingt im Amt geblieben war, sich in den Ruhestand verabschiedet hatte.

---

[22] Rudolf Wilhelm (1893–1959)

Prof. Dr. Rudolf Wilhelm

22

Der überdurchschnittlich groß gewachsene, stets leutselig lächelnde Professor Rudolf Wilhelm mit hoher Stirn und einer hellen Hornbrille war für uns Kinder eine Respektsperson, der wir täglich begegneten und die wir selbstverständlich höflich grüßten, während seine eher kleine, untersetzte Frau uns dazu wenig Gelegenheit bot, weil sie – mit Ausnahme des frühmorgendlichen Kirchenbesuchs – fast nie das Haus verließ. Von den fünf Kindern waren die beiden ältesten gar nicht erst mit nach Homburg gekommen.

Leopold, genannt Poldi, war gerade dabei, sein Medizinstudium abzuschließen, während Maria Theresia wohl eben erst damit begonnen hatte. Die drei jüngeren waren alle älter als wir und bereits auf dem Gymnasium, wobei der 17jährige Bernhard (Berni) wegen der zum geplanten Priesteramt notwendigen Griechischkenntnisse das altsprachliche Gymnasium in Zweibrücken besuchte.

Die damals ca. 15jährige Hedwig (Hedi) war ein munterer, lebenslustiger „Backfisch“ (heute würde man sie einen typischen Teenager nennen), während die Jüngste, Philippine, dazu bestimmt war, „ins Kloster zu gehen“. Diesem elterlichen Wunsch hat sie aber nicht nachkommen können, weil sie mit 14 Jahren an einer Hirnhautentzündung verstarb, die sie sich nur wenige Tage zuvor anlässlich einer Wallfahrt zugezogen hatte.

Als rechtschaffen fromme Katholiken machten sich unsere neuen Mitbewohner aus dem Parterre jeden Morgen schon vor 6 Uhr geräuschvoll auf den Weg, um die Frühmesse in der Anstaltskirche zu besuchen, was nicht ohne Folgen für unseren gewohnten Schlaf-Wach-Rhythmus blieb. Neu war auch, dass da in der unteren Etage die Ordensschwestern täglich ein und aus gingen und der nicht mehr so ganz auf militärischen Drill programmierte „Kultus“ fast zu dieser Familie zu gehören schien.

Während Familie Gerhardt – ähnlich wie wir – als mehr oder weniger aktive Mitglieder der unierten Protestantischen Landeskirche der Pfalz wenig Aufhebens um ihre Konfession gemacht hatte, wehte da unten nun ein ganz anderer Wind, denn man ließ uns auf mehr oder weniger subtile Art spüren, dass wir in ihren Augen irgendwie anders, um nicht zu sagen *minderwertiger* waren (OTon Berni: „Eigentlich dürfte ich mit euch gar nicht sprechen, weil ihr ja evangelisch seid!“). Da war plötzlich eine nachbarliche Distanz, die wir früher so nie gespürt hatten und auch später nicht mehr erlebt haben. Der anfangs auf höfliches Grüßen beschränkte Kontakt hat sich in den nächsten Jahren zwar etwas verbessert, doch einer normalen, „gutnachbarlichen“ Beziehung stand immer das falsche Gesangbuch im Wege. Dieser nach dem Krieg wiederentdeckte „Wettstreit um den gottgefälligsten Christen“, diese fast feindselige Haltung zwischen Nachbarn unterschiedlicher Konfessionen, die heute kaum noch eine Rolle spielt, bis ins frühe 20. Jahrhundert aber noch gang und gäbe war, mag während der Zeit der Nazi-Herrschaft vorübergehend etwas an Bedeutung verloren haben, doch damals war sie für uns eine völlig neue Erfahrung, die –

wie oben bereits dargestellt – auch in der Schule zum Problem wurde.

Im selben Jahr bekamen wir außer Wilhelms noch weitere Mitbewohner im Haus 12, nämlich das kinderlose Ehepaar Hoffrichter, dem unsere Gastzimmer im Dachgeschoss als Wohnung zugewiesen wurden, und das Ehepaar Forsch. Hoffrichters stammten 'aus dem Reich' und sprachen beide ein lupenreines Hochdeutsch. Herr Hoffrichter war Büroangestellter in der Finanzabteilung der Krankenhausverwaltung, die ja nur wenige Schritte von unserem Haus entfernt lag. Als beinamputierter Kriegsversehrter tat er sich mit seiner Beinprothese sehr schwer. Ich erinnere mich noch deutlich an seinen dumpfen Schritt auf den Holzstufen unseres Treppenhauses, aber auch an das quälende Bild, wenn sich der sehr groß gewachsene Mann mit dem glatt nach hinten gekämmten, dunkelblonden Haar und den auffallend langen Zähnen, auf seinen Stock gestützt und vor Anstrengung grimassierend zur Gartentür hinschleppte.

Für die ein lupenreines Saarländisch sprechende Familie Forsch mit dem damals sechsjährigen Sohn Willy wurden im Bereich des gegenüber gelegenen Wilhelm'schen Speichers drei Zimmer eingerichtet und dabei eine Gaube auf die nördliche Dachseite gesetzt. Herr Forsch war Fahrer des schweren LKH-eigenen FAUN-Lastzuges mit Anhänger, der täglich in Heinitz 'Koks für die Aaanstalt' abholte. Er war damit Nachfolger von Herrn Backes, der mit seiner Familie in die vom Militär geräumte Hoefer-Kaserne gezogen war. Herr Forsch war ein ziemlich kräftiger, untersetzter Mann mit übers ganze Jahr stark gebräunter Haut und pechschwarzem, glatt zurückgekämmtem Haar, ein unkomplizierter Typ.
Sein Markenzeichen war ein durch Mark und Bein dringender, bis zum Gutshof vernehmbarer gellender Pfiff, mit dem er abends seinen Sprössling nach Hause zurückrief.

« Institut Sarrois d'Études Supérieures »

Die inzwischen als „Keimzelle“ der späteren Universität gerühmten Homburger Hochschulkurse im Frühjahr 1946 haben wir Kinder kaum wahrgenommen bzw. nicht als etwas Ungewöhnliches empfunden, das unser Interesse hätte wecken können. Dass da irgendetwas lief, haben wir natürlich mitgekriegt, zumal sich unser Vater damals nach dem Abendessen regelmäßig in sein Arbeitszimmer zurückzuziehen pflegte, um sich am Schreibtisch sitzend und bücherwälzend auf die Vorlesung am nächsten Tag vorzubereiten. Doch die Veranstaltungen selbst liefen retrospektiv ohne besonderes öffentliches Aufsehen ab.

Umso mehr haben uns dann im folgenden Jahr die Gründungs- und Einweihungsfeierlichkeiten[23] für die spätere 'Université de la Sarre' im März 1947 fasziniert, die für uns Kinder von der 'Aaanstalt' zu einem riesigen Ereignis wurden. Eigentlich war es ja noch gar nicht die richtige Universität, die da eingeweiht wurde, sondern ein ominöses 'Institut d'Études Supérieures de l'Université de Nancy en Territoire Sarrois'; aber für uns und alle, die da mitfeierten war es schon damals die *Universität*. Die Hauptveranstaltung fand in der Festhalle des Landeskrankenhauses statt, die zur Aula umgewandelt worden war.

---

[23] Über die Gründungs- und Einweihungsfeierlichkeiten des „INSTITUT SARROIS D'ÉTUDES SUPÉRIEURES“ habe ich bereits früher in einem weitgehend gleichlautenden Text berichtet, vgl. Wolfgang Müller (Herausgeber): UNTER DER ÄGIDE DER UNIVERSITÄT NANCY, STREIFLICHTER ZUR GRÜNDUNG DES HOMBURGER HOCHSCHULINSTITUTS VOR 60 JAHREN, S. 40–45 (Dr. Claus Doenecke: Aus „Meine Kindheit im Landeskrankenhaus Homburg – Persönliche Erinnerungen an den 8. März 1947“), Saarbrücken 2007. ISBN: 978-3-940147-05-9

Die Umbauarbeiten des großen Festsaals, in dem sich während des Krieges die für die Genesenden und die gehfähigen verwundeten Soldaten des damaligen Reservelazaretts organisierten (und auch von uns Kindern besuchten) Varieté-Veranstaltungen mit Zarah Leander, Michael Jary, Marika Rökk und all' den anderen namhaften Künstlern jener Jahre abgespielt hatten, haben wir natürlich mit großem Interesse verfolgt. Die Wände der offiziell immer 'Festsaal', im Anstaltsjargon jedoch 'Festhalle' genannten Aula und späteren Bibliothek wurden mit Raufasertapeten beklebt und erhielten einen elfenbeinfarbenen Anstrich. Dabei wurden die handgemalten, bunten Jugendstilornamente unterhalb der ovalen Oberlichter, vor die man rechteckige Fensterrahmen gesetzt hatte, komplett überpinselt. Die ebenfalls mit Jugendstilmotiven bemalte Deckenwölbung des Festsaals war hinter der nüchternen, ebenen Fläche einer abgehängten Decke verschwunden, und die aus zahlreichen Einzellampen bestehende, festliche Beleuchtung war entfernt worden. Stattdessen strahlten jetzt ca. 20 cm im Durchmesser große, in die Fläche eingelassene, runde Leuchter mit matten Aluminiumreflektoren von der Decke. Auch der gekachelte Steinfußboden mit seinen ockerfarbenen, gemusterten Platten verschwand unter einem rotbraunen, filzigen Bodenbelag, der in langen Bahnen verlegt worden war.

Vor den Bühnensockel hatte man eine aus kleinen Mosaiksteinchen zusammengesetzte lateinische Inschrift mit dunkelbraunroten Buchstaben auf ockergelbem Grund geklebt, die ich zwar lesen, aber nicht ins Deutsche übertragen konnte, weil ich ja erst im Herbst ins Gymnasium kommen sollte. Doch meine Schwester Brigitte und unser Freund Dieter, die schon ein halbes Jahr Lateinunterricht hatten, konnten die Inschrift auch nicht übersetzen.
Nur ein paar Namen haben wir entziffert, darunter war auch ein König, der wie unser Name mit OE geschrieben wurde.
Eine Marmorplatte, in die das Mosaik angeblich eingelassen war, wie manche Leute später behaupteten, hat es übrigens nie gegeben.
Die rot-braunen Mettlacher Mosaiksteinchen, aus denen die latei-

nische Antiqua zusammengesetzt war, und die gleich großen, umgebenden ockergelben Steinchen des Hintergrundmusters waren direkt auf den Putz aufgeklebt worden. Schließlich war die gegenüber der Bühne an der Rückseite des Saals gelegene, halbzylindrisch gewölbte Empore, die man früher über eine schmale Treppe hatte erreichen können, mitsamt dem wunderschönen, schmiedeeisernen Geländer durch eine bis zur Decke hochgezogene Wand völlig abgetrennt worden, da man ja Büroräume für die Universitätsverwaltung schaffen musste. Das eigentliche Dekanatsbüro war übrigens in den ursprünglich als Künstlergarderobe genutzten Räumen seitlich hinter der Bühne untergebracht.

Parallel zum Innenausbau der Festhalle waren auch verschiedene Pavillons im Bereich des östlichen und südlichen Klinikgeländes, die ohnehin nur noch partiell genutzt wurden, für den Lehrbetrieb umgebaut worden, darunter Bau 3, 5 und 7 sowie die dahinter gelegenen Gebäude 4, 6 und 8. Das waren laut 'Denkschrift zur Errichtung der Pfälzischen Heil- u. Pflegeanstalt Homburg' die 'Wachstationen für je 36 Ruhige/Unruhige III. und IV. Klasse' sowie die 'Geschlossenen Häuser für je 39 Unruhige, Unzuverlässige und Unverträgliche' der damaligen Anstalt. Die großen Liegesäle konnten ohne höheren Aufwand zu Hörsälen bzw. Räumen für praktische Übungen umgewandelt werden und in den ausgedehnten Speicherräumen dieser meist eingeschossigen Häuser wurden Einzel- und Doppelzimmer zur Unterbringung der Studenten eingerichtet. Bau 22, der lt. oben genannter Denkschrift ursprünglich ein 'Offenes Landhaus für 53 Kranke III. und IV. Klasse' gewesen war, wurde zum 'Clubhaus'. In der rechten Hälfte war die Mensa mit Gaststätte unter der Leitung von Herrn Knerr etabliert worden, dessen Vater früher einmal Pächter des Schlossberg-Restaurants gewesen war. Der linke Flügel wurde zum 'Studentenwerk' mit Lese- und Aufenthaltsräumen und zur Verwaltung mit verschiedenen Büros umgewandelt, die mehr oder weniger direkt mit studentischen Angelegenheiten befasst waren. Hier fand später der auch im übrigen Saarland berühmt-berüchtigte Medizinerball statt.

General Émile Laffon, Erziehungsminister Marcel-Edmond Naegelen und Militärgouverneur Gilbert Grandval (vordere Reihe, v.l.) 23

Am 8. März 1947, einem Samstag, dem Tag der Universitätseinweihung selbst, war schon am frühen Morgen viel französisches Militär im Gelände, das den Zugang zur Festhalle weiträumig abgesperrt hatte, so dass wir von Bau 1 her, der inzwischen dem zentralen Hörsaalgebäude hatte weichen müssen, nur bis zu dem Brunnen kamen, der auf der gegenüberliegenden Seite des sternförmigen Platzes vor der Festhalle lag. Den ganzen Tag über standen die Zuschauer an den Straßen und applaudierten den Gästen, die da in prächtigen Limousinen heranrollten, z. T. aber auch zu Fuß von der Verwaltung her kamen. Unter den Gästen waren viele französische Offiziere, aber auch ganz normal gekleidete Männer – interessanterweise überhaupt keine Frauen – und auch ein paar Leute mit dunklen Samtumhängen und ebensolchen Kopfbedeckungen, die wie große Kochmützen aussahen. Die meisten von ihnen trugen blau-weiß-rote Schärpen oder hatten Rosetten in denselben Farben an der Brust. Auf dem Platz stand auch eine Militärkapelle, die französische Marschmusik spielte.

Auszug aus der Saarbrücker Zeitung Nr. 29 vom 11. März 1947:

Der 8. März 1947: ein Tag von größter Bedeutung für unsere Heimat, denn er bedeutet einen weiteren wichtigen Schritt praktischer Zusammenarbeit auf geistigem Gebiet mit unserem großen Nachbarn im Westen. Heller Sonnenschein des Vorfrühlings begrüßte in Homburg am Samstag die zahlreichen Gäste, die sich zur feierlichen Eröffnung der Hochschule des Saarlandes eingefunden hatten, auf welcher die Vorlesungen in französischer und deutscher Sprache gehalten werden. Punkt 10 Uhr begann die Feier unter dem Vorsitz des französischen Unterrichtsministers ***M. E. Naegelen***.

Zu seiner Rechten befand sich Administrateur Général *Emile* ***Laffon***, als Vertreter des in Moskau weilenden Oberstkommandierenden in Deutschland, General ***Koenig***, zu seiner Linken Gilbert ***Grandval***, Gouverneur des Saarlandes. Ferner hatten am Präsidialtisch Platz genommen:

Der Rektor der Universität Nancy, ***Donzelot***, der Rektor der Straßburger Universität ***Hubert***, der Direktor der Affaires administratives der Militärregierung, Präfekt ***Parisot***, der Vorsitzende der Verwaltungskommission des Saarlandes, Direktor Erwin ***Müller*** und Direktor Dr. ***Straus***, Mitglied der Verwaltungskommission für Unterricht. Neben den in ihren Talaren anwesenden zahlreichen Professoren der Universität Nancy, den übrigen Mitgliedern der Verwaltungskommission des Saarlandes, den führenden saarländischen Politikern, dem Direktor des neuen Homburger Instituts ***Wilhelm***, bemerkten wir den Präsidenten des Oberlandesgerichts Dr. ***Neureuter***, Generalstaatsanwalt Dr. ***Braun***, General ***Andlauer***, erster Administrateur des Saargebietes nach dem Krieg 1914-1918, den ehemaligen Präsidenten der außenpolitischen Kommission der französischen Kammer G. ***André-Fribourg***, sowie weitere voranstehende zivile und militärische Persönlichkeiten Frankreichs und des Saarlandes, darunter auch zahlreiche Vertreter der katholischen und evangelischen Geistlichkeit. U. a. Definitor ***Traut***, der den hochwürdigsten Bischof von Trier vertrat, Dekan ***Eckhart***, als Vertreter des hochwürdigsten Bischofs von Speyer, und Kirchenrat ***Wehr***, als Vertreter der evangelischen Kirche, sodaß alle bedeutenden Männer auf kulturellem Gebiet anwesend waren.

Jeder dieser bedeutenden Männer hatte natürlich etwas mehr oder weniger Bedeutendes zu sagen, nicht zuletzt der eigentliche Hausherr Prof. Dr. Wilhelm, dessen Beitrag in derselben Ausgabe der SZ in vollem Wortlaut abgedruckt wurde. Aus seiner Rede, die sich mit dem Eid des Hippokrates bzw. der ärztlichen Standesethik nach der Zeit des Nationalsozialismus befasste, soll ein auf die einleitenden Worte folgendes Sätzchen nicht unterschlagen werden, das den Redakteuren der SZ besonders wichtig erschien:

„Im Namen der ärztlichen Leitung des Landeskrankenhauses Saar habe ich die hohe Ehre, Sie, die Vertreter französischer und saarländischer Kultur, hier im Rahmen dieser feierlichen Eröffnung des Institut d'Études supérieures zu begrüßen und Ihnen für Ihren Besuch gebührend zu danken. Dieser Tag hat eine große Bedeutung für uns. ***Es ist der erste Schritt zu einer Wiedervereinigung französischen und saarländischen Geistes auf dem Gebiete der Medizin und Kultur.*** Wir Saarländer wissen sehr wohl, daß Sie die Gebenden und wir die Nehmenden sind. Die saarländischen Ärzte sind glücklich, nach langen Jahren der Abgeschlossenheit und Vereinsamung wieder mit der medizinischen Forschung und Wissenschaft der ganzen Welt, insbesondere des Westens, in Fühlung treten zu können. ...
Möge die saarländische Wissenschaft zurückfinden zu den wahren uneigennützigen Traditionen und zur reinen Objektivität, die so lange mit Füßen getreten wurde. Möge unsere studentische Jugend jenem Frankreich Vertrauen entgegenbringen, das während der Jahre der Erschütterung diese Traditionen wie ein heiliges Feuer gehütet hat und sie jetzt wiederbringt, gereinigt und veredelt durch das Leid. Es ist gleichzeitig für uns eine Ehre und eine Freude, hier die Universität Nancy in der Person ihrer Vertreter, des Herrn Rektor und der Professoren, begrüßen zu können. Sie haben gerne die ergänzende Aufgabe übernommen, ihre Fähigkeiten und ihre Hingabe den jungen saarländischen Studenten und Studentinnen zur Verfügung zu stellen. Gestatten Sie mir, Ihnen in ihrer aller Namen recht herzlich dafür zu danken."

So merkwürdig unterwürfig das heute klingt und so wenig es manchem Politiker gefallen mag, der zwar ständig die Freundschaft mit Frankreich lauthals feiert, tatsächlich aber in der Tiefe seiner Seele ein 'guter Deutscher', sprich Nationalist geblieben ist:
Der Geist dieser Rede entsprach im Tenor der Grundstimmung jener Jahre. Man bewunderte die 'Grande Nation', und man beneidete die Franzosen um ihre Kultur. Tatsächlich war man dankbar für das mit der Einrichtung des Hochschulinstituts gemachte großzügige Bildungsangebot, das man nur zu gerne annahm. Mit den später ins Feld geführten Begriffen von der *kulturellen Indoktrination* oder gar vom *Kulturimperialismus* hätte der gewöhnliche Saarländer damals überhaupt nichts anfangen können. Man hätte sie ganz sicher nicht auf die eigene Situation bezogen. Außer ein paar 'Ewiggestrigen' fühlte sich diesbezüglich niemand von den Franzosen bedroht.

Den Satz mit der „Wiedervereinigung" hat man allerdings damals schon als etwas zu dick aufgetragen empfunden, zumal man nicht so recht wusste, was er zu bedeuten hatte. Wieder vereinigen konnte man ja eigentlich nur, was schon einmal vereinigt und dann wieder getrennt worden war. Ob der Herr Professor damit die Zeiten von Louis XIV, Napoléon I. oder doch eher die erste Saargebietszeit meinte, ist nicht näher ausgeführt. Nur: mit Medizin und Kultur hatten diese Epochen nicht viel zu tun, zumindest nicht im Saarland. Während bei den Saarländern nach der Barbarei des Nationalsozialismus die vorurteilslose Bereitschaft bestand, von der französischen Kultur zu profitieren, oder sich wenigstens mehr oder weniger passiv von ihr berieseln zu lassen, sprach General Laffon, der Vertreter von General Koenig, offen aus, wie man die Einrichtung einer Universität unter militärstrategischen Gesichtspunkten sah, nämlich als Kulturoffensive:

„Sie, Herr Minister, als oberster Leiter des Unterrichtswesens, haben mit besonderer Aufmerksamkeit das Wiederaufleben französischer Kultur in unserer Zone beobachtet. Ihnen und dem Verständnis und der Zähigkeit der höheren Beamten des Unterrichtswesens ist die so rasche Entwicklung der französischen Kulturinstitute nach der Kapitulation in diesen deutschen Provinzen und im Saarland zu verdanken, die seit so langer Zeit in der verhängnisvollen geistigen Abtrennung lebten und von französischen Gedanken, Sorgen und Humanitätsstudien abgeschnitten, sich in derselben Zeit und durch diese Umstände selber von den fruchtbarsten Strömungen französischen Denkens entfernt hielten. Weniger als zwei Jahre nach der Niederlage des Nazismus ist es gelungen, mit Hilfe der französischen Assistenten in den höheren Schulen, der Lektoren auf den Universitäten, und der französischen Lehrinstitute in den Hauptstädten der Länder, die notwendige Fühlung wieder herzustellen. Nicht nur in der französisch besetzten Zone allein wurde nach und nach das Banner unserer Kultur gehißt. Wenn es schon zwischen den Nationen gezogene Grenzen nicht vermögen noch dürfen, die Verbreitung der Gedanken irgendwie aufzuhalten, so bilden die zwischen den Zonen gezogenen Trennungslinien desto weniger eine Schranke. Hier im Saarland kommt dieses Bedürfnis vielleicht am stärksten zum Ausdruck, in diesem Land, wo der Krieg so sichtbare Spuren hinterließ, hier, wo die Grenzlinie zwischen den Kulturen verläuft und wo auch die französische Kultur Gehör findet ..."

Dieser General traf mit seinen Gedanken sicher nicht nur bei seinen französischen Zuhörern auf Gegenliebe. Auch den – allerdings in der Minderheit anwesenden – deutschen bzw. saarländischen Gästen gefiel mit hoher Wahrscheinlichkeit die Idee, die nationalen Grenzen zu überwinden und am französischen Kulturgut teilzuhaben, gar nicht so schlecht. Und dass es sich dabei um eine

Einbahnstraße handelte, war jedem vernünftigen Menschen klar. Auf die Idee, im Gegenzug deutsches Kulturgut nach Frankreich exportieren zu wollen, wäre in den ersten Nachkriegsjahren niemand gekommen, es sei denn, er wäre ein unverbesserlicher Nazi oder nicht recht bei Trost gewesen. Angesichts der eben erst überwundenen nationalsozialistischen Diktatur, die nicht zuletzt mit der angeblichen Überlegenheit des vermaledeiten 'Deutschtums' einschließlich des deutschen Geisteslebens begründet worden war, hat dies niemand ernsthaft ins Auge gefasst[24].

Von all den schönen Festreden haben wir natürlich unmittelbar überhaupt nichts mitgekriegt. Und auch, was später in den Zeitungen stand, haben wir nicht gelesen. Als zehn- bis zwölfjährige Schüler haben wir uns weniger für den Inhalt der Reden der Leute interessiert als vielmehr für ihre auffällige Kleidung bzw. für die Autos, in denen sie herangerollt waren.

Die Veranstaltung zog sich bis in den Abend hin, und so konnten wir uns im Schutz der beginnenden Dämmerung näher an die Festhalle heranrobben. Wir hätten sogar beinahe in sie hineinschlüpfen können, wären wir nicht in letzter Sekunde doch noch von einem Militärpolizisten mit weißen Gamaschen und ebensolchen Stulpen an den Unterarmen geschnappt worden, der uns gemeinsam mit einem zweiten Polizisten packte und ziemlich unsanft hinter die japanischen Quitten schmiss, welche die andere Straßenseite säumten. Von da aus erlebten wir dann das Feuerwerk, das von der Rückseite der Festhalle her gezündet wurde. Als wir uns in der inzwischen eingetretenen Dunkelheit wieder der Straße zu nähern versuchten, stießen wir dort auf eine Gruppe von Männern, die gemütlich plaudernd zwischen den Büschen hockten und eine Rotweinflasche von Mund zu Mund wandern ließen. Einer von ihnen war unser Nachbar Jochim, den wir in der Finsternis erst an seinem typischen, elsässischen Tonfall erkannten.

Seltsamerweise sucht man im Zusammenhang mit den Gründungsfeierlichkeiten den Namen des bereits kurz erwähnten und später mit dem Begriff 'Homburg' untrennbar verbundenen, weltberühmten Urologen aus der Eifel vergebens, obwohl der doch damals über so enge Verbindungen zu unserer Schutzmacht zu verfügen schien. Das verblüfft umso mehr, als dieser ja bereits seit 1946 in Homburg weilte und in allen einschlägigen Publikationen als einer der höchstdekorierten Gründerväter der Universität gefeiert wird.

Offenbar sah auch er, der später eine so glänzende Karriere hinlegte, sich wie viele andere akademische „Leistungserbringer" genötigt, bei dieser Großveranstaltung mangels Einladung durch Abwesenheit zu glänzen.

[24] Bei aller offenkundigen Bereitschaft der Saarländer, mit den Franzosen gut zurecht zu kommen und mit ihnen zusammenzuarbeiten, gab es jedoch eine Einrichtung, die man zwar fleißig nutzte, mit der man in der Öffentlichkeit aber ungern in Verbindung gebracht werden wollte, nämlich „das oder den MRS". Dieser wohl noch vor Kriegsende in Paris von Exil-Saarländern als MLS ins Leben gerufenen Organisation (Mouvement pour la Libération, später dann le Rattachement de la Sarre à la France = Bewegung zur Befreiung bzw. zur Rückführung der Saar nach Frankreich) gehörten zwischen 1945 und 1949 mehr als hunderttausend Saarländer an, die sich von ihrer Mitgliedschaft nicht nur gute wirtschaftliche Beziehungen zu den „französischen Freunden", sondern als „politisch belastete Personen", sprich ehemalige Nazis, ganz persönliche Vorteile versprachen, indem sie sich den Franzosen als in die Irre geleitete, reuige – nun aber umso kooperationsbereitere – Sünder anbiederten. Der MRS-Mitgliedschaft hat man sich nicht gerühmt, wenn man überhaupt bereit war, sie einzugestehen.
Darüber sprach man nicht, auch nicht mit Freunden oder guten Bekannten. So hat man es schließlich mit der anderen, bis Kriegsende üblichen Mitgliedschaft ja auch gehalten.

Gründerzeit und Aufschwung

Prof. Orth war ja schon zum Jahreswechsel 1946/47 definitiv in den Ruhestand versetzt worden und wieder in seinen Geburtsort Ensheim zurückgekehrt. In seine Wohnung zog im Mai 1947 der neue Direktor des Hochschulinstituts, Professor Louis Guinet[25] mit Familie ein. Prof. Guinet, ein Germanist aus der Nähe von Lyon, der im Auftrag der Universität Nancy als Verwaltungsdirektor eingesetzt worden war, kam als lebhafter, kontaktfreudiger Mensch mit jedermann sehr gut zurecht, nicht nur, weil er ein perfektes Deutsch sprach, sondern wegen seiner freundlichen, unkomplizierten Art, die es ihm erlaubte, vorurteilslos auch auf die Deutschen zuzugehen. Seine Frau dagegen sprach nur französisch, und die beiden Töchter Annie und Francette natürlich auch. Annie, die ältere der beiden, war knapp 5 Jahre alt und entsprach mit dem kastanienbraunen Haar und der blassen Gesichtsfarbe vom Typ her ganz der Mutter. Sie wirkte immer etwas zurückhaltend, ja fast ein bisschen ängstlich, während die etwa dreijährige blonde, etwas pummelige und quicklebendige Francette überhaupt nicht scheu war und mehr dem Vater nachzuschlagen schien. Sie zeigte meistens ein spitzbübisches Lächeln, das von einem merkwürdig glucksenden Laut begleitet wurde, was später unseren kleinen Bruder zu der kühnen Behauptung verleitete, selbst französisch lachen zu können („Chon-chon-chon …“). Die beiden Mädchen spielten anfangs allein in dem großen Garten, in dem früher der Orth'sche Dalmatiner Zurr herumgetobt war, standen aber meistens an der Brüstung der offenen Gartenlaube, die sich direkt an der Straßenecke gegenüber unserem Haus befand,

25 Louis Guinet (1909–1988)

und schauten neugierig zu uns deutschen Kindern hinüber, die wir uns natürlich genauso dafür interessierten, was sich auf der andern Straßenseite tat.

Gleichzeitig mit Familie Guinet hatten auch zwei junge französische 'Assistentinnen' Einzug im LKH gehalten. Mlle Belletti und Mlle Salles, beide angehende Deutschlehrerinnen an französischen Gymnasien, sollten den deutschen Studenten Französischkenntnisse beibringen, um den Vorlesungen der nicht deutsch sprechenden französischen Professoren und Dozenten folgen zu können. Die beiden schienen aber mit dieser Aufgabe nicht voll ausgelastet zu sein, denn Mlle Salles betätigte sich im weiteren Verlauf vorübergehend auch als Lehrerin für französische Konversation am Knabenrealgymnasium, und Mlle Belletti hatte ein sehr gut besuchtes Kränzchen für Professoren-Gattinnen gegründet, die brennend daran interessiert waren, die französische Sprache zu erlernen.
Auch unsere Mutter hat sich an diesem Kränzchen beteiligt und mit uns Vokabeln gebüffelt. Auf diese Weise wurden uns 'La chèvre de M. Seguin' oder 'Poil de carotte' zu geläufigen Begriffen, bevor wir sie in der Schule selbst in Angriff nahmen. An Mlle Belletti habe ich nur relativ ungenaue Erinnerungen, obwohl sie ständig bei uns ein und aus ging. Ihre Frisur war insofern auffällig, als das dunkle Haar zu ganz feiner Dauerwelle gekräuselt war und wie beim Struwwelpeter weit vom Kopf abstand. Sie trug stets ein dunkelblaues Kostüm mit weißer Bluse und dazu schwarze Schuhe mit flachen Absätzen. Die Erinnerung an ihre Gesichtszüge ist mir fast völlig abhandengekommen. Geschminkt war sie jedenfalls nicht, und wenn sie besonders hübsch gewesen wäre, hätte ich dies registriert. Da es damals üblich war, in einem der Fremdsprachenfächer einen Brieffreund zu haben, vermittelte Mlle Belletti meiner Schwester Brigitte eine in ihrer Heimatstadt Belfort wohnende Brieffreundin, die wohl die Tochter von Bekannten war. Mit Sylvette Dard, die sich lieber „Vevette“ nennen ließ, hat sich bald eine muntere Korrespondenz entwickelt, die schließlich in gegenseitigen Besuchen gipfelte (vgl. S. 344).

Viel präsenter als Mlle Belletti ist mir dagegen Mlle Salles geblieben, insbesondere auch ihr Gesicht, das vielleicht nicht überragend hübsch war, aber eben auch nicht langweilig oder gar hässlich. Sie war deutlich kleiner als Mlle Belletti, aber dreimal temperamentvoller und hatte eine enorme Ausstrahlung und Durchsetzungskraft. Die hatte sie allerdings auch bitter nötig als damals einzige weibliche Person an einer reinen Jungenschule, in der auch der Lehrkörper ausschließlich mit Männern und sogar das Sekretariat männlich besetzt war. Unser Verhältnis zu der äußerst gepflegt auftretenden jungen Lehrerin mit dem in wallenden Locken auf die Schultern fallenden Haar, der makellosen Figur, den körperbetont enganliegenden Kleidern und den diskret geschminkten roten Lippen lag undefinierbar irgendwo zwischen absoluter Bewunderung, grenzenlosem Respekt und blanker Angst. Sie war unter den Schülern der Unterstufe derart gefürchtet, dass es sich keiner leisten mochte, unvorbereitet zum Unterricht zu erscheinen. Sich vor ihr blamieren wollte niemand. Obwohl ihr Fach im Lehrplan eigentlich eine untergeordnete Rolle spielte und mit einer Wochenstunde nur einen sehr kleinen Anteil am systematischen Französischunterricht hatte, kosteten uns die Vorbereitungen wesentlich mehr Zeit und Ausdauer als beim zuständigen deutschen Lehrer, dessen Ansprüche deutlich geringer waren. Von Mlle Salles haben wir zum ersten Mal das Lied vom schlafenden *'Frère Jacques'* oder *'Sur le pont d'Avignon'* gehört und lernen müssen, und ein Lied von ihr werde ich wohl nie vergessen, weil wir es bei Wanderungen im wahren Sinne des Wortes bis zur Erschöpfung gesungen haben:

„Un (deux, trois, …) kilomètr'(es) à pied,
ça use, ça use,
un (deux, trois, …) kilomètr'(es) à pied,
ça use les souliers."

Zwei Moniteure aus Nancy (mit Chauffeur), deren Aufgabe es war, mit Hilfe von Repetitorien das Verständnis der in französischer Sprache gehaltenen Vorlesungen zu verbessern. Im Hintergrund die kleine Wetterstation des alten Pförtners Feth, mit säulengestütztem Pagodendach (s. S. 26 „Neue Umgebung"), rechts hinten Bau 1, ehemalige Hautklinik 24

Auch *„Au clair de la lune, mon ami Pierrot …"* und das Weihnachtslied *„Il est né le divin enfant"* haben wir zur Freude unserer attraktiven Lehrerin mit Begeisterung geschmettert, weil wir hofften, dass sie uns keine unangenehmen Fragen stellen oder schwierige Aufgaben erteilen könne, solange wir uns hingebungsvoll dem Gesang widmeten. Mit ihrer Methode hat Mlle Salles zumindest bei uns gute Erfolge erzielt, denn die französische Konversation, an der es dem klassischen Französischunterricht in Deutschland normalerweise gebricht, war in der damaligen Zeit eine unserer Stärken, von der ich selbst und viele meiner Klassenkameraden bei Reisen nach Frankreich bis heute profitiert haben.

Das Fundament dafür hat mit Sicherheit Mlle Salles gelegt, auf dem die nachfolgenden, meist nur ein Jahr hospitierenden französischen Lehramtskandidaten (Assistants) aufgebaut haben. Ob Mlle Salles in gleicher Weise auch bei den Homburger Studenten reüssiert hat, zu deren Unterstützung sie ja ursprünglich engagiert worden war, muss man bezweifeln. Denn dort gab es – vor allem bei den älteren nicht saarländischen Semestern – auch für Außenstehende nachvollziehbare Widerstände und sicher auch ein psychologisches Problem dergestalt, dass man sich als Medizinstudent in seinem deutschsprachigen Heimatland dagegen wehrte, ganz nüchterne naturwissenschaftliche oder medizinische Texte und Nomenklaturen in einer Fremdsprache zu erlernen, auch wenn es sich um das von der Sprachmelodie her „so wunderschöne Französisch" handelte.

Im Gegenzug erging es den französischen Dozenten nicht viel anders. Zumindest einige von ihnen wehrten sich standhaft, ihre fachlich präzise formulierten Texte ins Deutsche zu übersetzen oder sie gar in deutscher Sprache vorzutragen. Ein klassisches Beispiel war der etwas schüchtern wirkende, im Grunde aber sehr liebenswürdige Prof. Husson[26], der Zoologe mit der hohen Stirn, der erst nach 8jährigem Aufenthalt im Saarland erste zaghafte Versuche unternahm, Deutsch zu lernen. Und dies nicht aus freien Stücken, sondern unter dem Druck der politischen Umwälzungen nach der Saar-Abstimmung von 1955. Als er zu Beginn des Sommersemesters 1956 zur Verblüffung seiner ans Französische gewöhnten Hörer, zu denen inzwischen auch ich gehörte, plötzlich anfing, seine Texte von einem Blatt abzulesen, und zwar in einer uns völlig unbekannten, von schrecklichen Krächzlauten beherrschten Fremdsprache, aus der wir erst nach einer halben Stunde einige – zwar stark französisch gefärbte aber dennoch – deutsche Brocken heraushören zu können glaubten, wurde er vom versammelten Auditorium einstimmig gebeten, wieder zum Französischen zurückzukehren. Der Botaniker Arnal[27] hingegen hat bis zuletzt kein einziges deutsches Wort zustande gebracht.

Ganz anders verhielt es sich wiederum mit M. Louis Rufin[28], der nach meiner Kenntnis damals mit der Universität noch nichts zu tun hatte. Näheres über seine Funktion ist uns damals nicht richtig bekannt geworden. Später haben wir erfahren, dass er Dolmetscher bei der Militärregierung gewesen ist. Der ein völlig akzentfreies Deutsch sprechende Mann mittleren Alters war mit Mlle Belletti befreundet und begleitete sie häufig, wenn sie uns besuchte.
Er war ein stiller, bescheidener Mensch, der eher wie Mlle Bellettis Schatten auftrat und in seinem ganzen Erscheinungsbild mehr an einen – wenn auch sehr gebildeten – deutschen Verwaltungsbeamten denken ließ. In meiner Erinnerung hatte der meistens in einen dunkelblauen Mantel mit lose geschlungenem Gürtel gehüllte Mann mit den stets auf Hochglanz polierten Schuhen, dem markanten, schmalen Schädel und dem leicht ergrauten, bereits etwas schütteren aber sauber gescheitelten, immer glatt an den Kopf geklebten Haar überhaupt nichts Französisches an sich, bis auf den eindeutig französischen Namen. Dieser M. Rufin schien keine Familie zu haben, jedenfalls sah er Weihnachten 1947 einem traurigen, weil einsamen Fest entgegen. Das hatte sich mehr zufällig so ergeben, als die beiden wieder einmal bei uns eingekehrt waren und Mlle Belletti nebenbei geäußert hatte, den Weihnachtsurlaub zu Hause bei ihren Eltern in Belfort verbringen zu wollen.
Bei dieser Ankündigung muss unsere Mutter – wohl ebenso beiläufig – gesagt haben, dass er, Herr Rufin, wenn er ohnehin nichts anderes vorhabe, natürlich herzlich gerne an Weihnachten einmal bei uns hereinschauen könne. Sie muss es wohl wirklich mehr pro forma so dahingesagt haben, in der Erwartung, dass er – wenn überhaupt – sich irgendwann am ersten oder zweiten Weihnachtsfeiertag für 1-2 Stunden einfinden und bald wieder verschwinden würde.

---

[26] Roger Husson (1911–1993)
[27] Claude Arnal (1913–1985)
[28] Louis Rufin (1912–2003)

Vor allem hatte sie wohl damit gerechnet, dass er im positiven Fall sein Kommen ankündigen werde. Umso größer war die Überraschung, als am Heiligen Abend noch vor der Bescherung – unser Vater zündete gerade die Christbaumkerzen an und wir schmetterten im dunklen Nebenzimmer unsere Weihnachtslieder – plötzlich die Türglocke schrillte und Herr Rufin in freudiger Erwartung auf der Matte stand. Es blieb uns natürlich nichts anderes übrig, als ihn genauso freudig hereinzubitten und ihn an der Familienfeier teilhaben zu lassen. Er blieb nicht eine, auch nicht zwei Stunden, sondern deren acht, nämlich bis morgens um drei Uhr, und ging erst, als die allerletzte Rotweinflasche geleert und unser total erschöpfter Vater in seinem Sessel eingeschlafen war.

Vom Ernst des Lebens

Im Frühjahr 1948 kam es innerhalb weniger Wochen zu zwei Ereignissen, die uns Kinder ziemlich verstört haben, weil sie uns völlig unvorbereitet trafen und wir noch zu jung waren, um damit richtig umgehen zu können. Es handelte sich um zwei Todesfälle. Ich will nicht so große Worte bemühen und behaupten, dass diese Geschehnisse etwas mit dem Erwachsenwerden zu tun hatten bzw. mit dem Abschied von unserer Kindheit, aber sie haben uns zum ersten Mal und ganz unmittelbar mit dem Tod sehr guter Bekannter konfrontiert und über den Tod grundsätzlich nachdenken lassen, auch darüber, dass es ebenso gut unsere Eltern hätte treffen können. Zunächst starb im Februar Onkel Hertz[29] und knapp zwei Monate später Onkel Hanns Heene.

Onkel Hertz, der nach langer Krankheit verschied, habe ich eigentlich nur in der Vorkriegszeit unmittelbar erlebt, und die Erinnerung an ihn war zur Zeit seines Todes schon ziemlich verblasst, aber er war natürlich der Vater unserer engsten Freunde.

Während des Kriegs war er zwar gelegentlich zu einem Heimaturlaub in Homburg gewesen, doch auch da haben wir ihn kaum gesehen. Nachdem er dann im Januar 1946 mit einer reaktivierten offenen Lungentuberkulose nach Homburg zurückgekommen war, trat für uns Kinder – die wir ohnehin aus Angst vor Ansteckung immer nur mit angehaltenem Atem an der Infektionsabteilung vorbeigerannt waren – nun zu der abgeschwächten Erinnerung auch noch die unausgesprochene Bedrohung hinzu, die von ihm ausging, so dass wir uns nur ungern mit seinem Schicksal befassen wollten.

---

29 Friedrich Hertz (1907–1948)

Onkel Hanns Heenes Tod im April 1948 berührte uns viel direkter, weil er aus scheinbar völliger Gesundheit plötzlich an einem Schlaganfall verstorben war. Unser Vater und er waren wie üblich gemeinsam auf dem Heimweg von ihren Kliniken zum häuslichen Mittagessen gewesen, als ihn der Tod praktisch vor unserem Haus ereilte.

Inzwischen war der Universitätsbetrieb in vollem Umfang angelaufen. Für uns Kinder waren es vor allem die Studenten, die neues Leben in das LKH-Gelände gebracht haben. Die älteren von ihnen hatten schon während des Krieges ihr Studium an anderen Universitäten begonnen und dann als 'Unterärzte' im Feld bereits praktische Erfahrungen gesammelt. Sie waren deshalb als höhere Semester tagsüber mehr in den Kliniken eingesetzt als die jüngeren, die ihre Freiheit noch so richtig genossen und sich nicht nur im LKH, sondern auch in der Stadt, z.B. beim Sport austobten.
Besonders die Fußballer unter ihnen hatten es uns angetan, weshalb wir ihnen nacheiferten und sie still bewunderten.

Viele Studenten wohnten in den zum Studentenheim umgebauten Dachgeschossen der theoretischen Institute. Der Platz reichte aber bei weitem nicht aus, weshalb nicht nur an die Homburger Bevölkerung, sondern auch an die im Krankenhausgelände selbst wohnenden Mitarbeiter die dringende Bitte erging, Studentenunterkünfte zur Verfügung zu stellen. Für meine Eltern war es eine Selbstverständlichkeit, sich an der Lösung des Problems zu beteiligen, und so zogen die beiden Saarbrücker Medizinerinnen Marianne Coppenrath und Ruth Neufang als Untermieterinnen in unserem Wohnzimmer ein. Die beiden gingen zwar eifrig ihren Studien nach, suchten aber auch den Familienanschluss zu uns, der sich so eng gestaltete, dass wir noch lange Jahre danach brieflichen und persönlichen Kontakt mit gegenseitigen Besuchen unterhielten.

Die älteren klinischen Semester erschienen uns nicht nur als die ernsthafteren und am möglichst raschen Abschluss ihres Studiums interessierten. Sie waren – vor allem die Männer – ganz offensichtlich auch die weniger angepassten, von ihren Kriegserlebnissen gezeichneten Staatsbürger, denn sie schienen sich 'einen Dreck' um Regeln zu scheren, die der Rest der Bevölkerung brav respektierte. Manche von ihnen besaßen Motorräder, auf denen sie mit wehenden Kitteln durch das LKH rauschten. Offenbar floss unter den zu Studentenheimen ausgebauten Institutsdächern auch der Alkohol in Strömen, der eine eventuell vorhandene Hemmschwelle bei den alten Kämpfern noch weiter absenkte. Legendär war die Geschichte eines Professors, dessen Wohnung auf der gleichen Ebene wie eines der oben bezeichneten Dach-Studentenheime lag, und der sich einmal heftig darüber beschwerte, dass einige Studenten mitten in der Nacht mit dem Motorrad laut knatternd auf dem Flur hin und her gedonnert seien. Ein anderes Mal hatten sie in der Hexennacht ein heimlich in der Anatomie 'entliehenes' menschliches Skelett auf ein Motorradwrack gesetzt und beides im Obergeschoss der Krankenhausverwaltung auf dem Treppenabsatz abgestellt. Eines Tages fiel mir auf, dass zwei Studenten das gleiche Nummernschild an zwei verschiedenen Motorrädern desselben Typs 350er DKW verwendeten. Als ich einen von ihnen darauf ansprach, bestätigte er das lachend und verdonnerte mich gleichzeitig zu absolutem Stillschweigen, weil er mir sonst den versprochenen Fußball nicht überlassen werde. Ich habe zwar nichts verraten, den Fußball aber trotzdem nicht bekommen.

Nachdem am 20. November 1947 der französische Franc unsere seltsame Saarmark abgelöst hatte, die nicht einmal ein halbes Jahr amtliches Zahlungsmittel gewesen war, wurde das Saarland nun definitiv in den französischen Wirtschaftsraum integriert. Gleichzeitig mit der Einrichtung einer Zollgrenze zwischen dem Saarland und „dem Reich" waren die Schranken nach Frankreich abgebaut geworden, so dass man nun dort ungehindert einkaufen konnte. Auch wenn die erste Stufe dieses wirtschaftlichen An-

Die Saarmark

25

schlusses schon eine deutliche Verbesserung der Nahrungsmittelversorgung gebracht hatte, gab es jetzt fast alles im Überfluss. Seltsamer Ausdruck dieser paradiesischen Verhältnisse war die offizielle Zuteilung von 3 Tafeln „Union"-Schokolade pro Kopf und Monat, die natürlich prompt – weil jedem zustehend – auch gekauft und in der Regel noch am jeweiligen Monatsersten verzehrt wurden. Diese Schokoladenorgien endeten allerdings schon nach wenigen Monaten, als sich der Markt halbwegs normalisiert und die erste Euphorie gelegt hatte.

Der Studentenstreik vom Mai 1948, der in späteren Publikationen über die Anfänge der Universität immer wieder als ein Musterbeispiel für den Dilettantismus der damals politisch Verantwortlichen und gleichzeitig als wichtiges Dokument basisdemokratischer Willensäußerungen in dieser Zeit zitiert wird, hatte in der

Öffentlichkeit längst nicht die Resonanz, die ihm heute zuteil wird. Ich weiß nicht, ob die Ereignisse bewusst totgeschwiegen wurden, denn die damalige Presse war natürlich absolut linientreu, um nicht zu sagen obrigkeitskonform, und Fernsehen gab es noch nicht. Der Saarländische Rundfunk oder Radio Saarbrücken, wie er damals hieß, strahlte auch lieber Sendungen wie z. B. den 'Blick über den Gartenzaun' für den Hobbygärtner oder 'Bunte Funkminuten mit Zick, Zack und Mariechen' aus oder die beliebte Philatelisten-Sendung über neue Briefmarken mit Pierre Séguy als sich gar kontrovers in die saarländische Innenpolitik einzumischen. Da konnte man sich nur eine blutige Nase holen, deswegen ließ man's lieber bleiben. Umso mehr überraschte die Tatsache, dass sogar Radio Saarbrücken eine kurze Meldung brachte, die aber von niemandem wirklich ernst genommen wurde.

Zurück zum Streik und zur Situation vor Ort: Dass da irgendetwas lief, wusste man wohl, aber es war kein großes Gesprächsthema. Und wirklich beunruhigt war auch keiner. Es gab wohl eine oder zwei größere Versammlungen, aber weder lautstarke Demonstrationen noch Polizeieinsätze. Der Betrieb lief nach außen hin ungestört weiter, und die Studenten taten nichts anderes als sonst auch. Sie spielten Tennis oder Fußball, und wer es gar nicht lassen konnte, mag wohl auch in einem Lehrbuch geblättert haben. Nur die Vorlesungen wurden offenbar bestreikt, aber davon haben wir als Außenstehende nichts mitbekommen. Eigentlich war allen klar, dass der Aufbau einer Universität nicht von heute auf morgen gelingen konnte und dennoch manches vielleicht mit etwas mehr Engagement und Schwung hätte in die Tat umgesetzt werden können. Und dass das alles Geld kostete, das dem kleinen Saarland an anderer Stelle wiederum fehlte, konnte auch niemand bestreiten. Eine andere Sache war sicher das Problem der ungeklärten Anerkennung von Examina bzw. ganzer Studiengänge, d. h. der Versäumnisse der Regierung, die es bis dahin nicht geschafft hatte, mit den zuständigen Stellen in Mainz und Heidelberg eine aus Sicht der Studenten tragbare Vereinbarung zu treffen. Auf der anderen Seite mangelte es den Initiatoren des Streiks wohl auch an wichtigen Insiderkenntnissen, denn die Realisierung vieler ihrer Forderungen war ja tatsächlich schon relativ weit gediehen bzw. stand kurz vor dem Abschluss. Vielleicht wollten sie's auch gar nicht so genau wissen, denn es war zu offensichtlich, dass es ihnen nicht nur um die Sache, sondern auch um das erhoffte öffentliche Aufsehen ging; und dass sie damit weitgehend Schiffbruch erlitten, war schmerzlich. Nicht einmal die Mehrheit der Studenten stand hinter der Aktion. Denn dass gleichzeitig mit der durchaus berechtigten Kritik an der sehr schleppenden Realisierung der die finanziellen und organisatorischen Mittel des kleinen Saarlandes überfordernden Pläne mit dem Streik auch bestimmte politische Interessen verfolgt wurden, die jenseits der Grenze für Wirbel und Aufsehen sorgen sollten, das hatte auch der Dümmste begriffen. Man darf nicht vergessen, dass das Experiment 'Universität des Saarlandes' drüben 'im Reich' natürlich aufmerksam verfolgt wurde, und es gab genügend interessierte Kreise, die sich nichts sehnlicher wünschten als ein Scheitern dieser Annäherung zwischen Deutschen und Franzosen, auch auf dem wissenschaftlich-kulturellen Sektor.

Anna Mayer (2. v.l.) mit Aletta, Peter und Brigitte Doenecke

26

Anna Mayer, die gute Seele der Fakultät

Über die Anfänge der Universität zu berichten, ohne dabei Fräulein Mayer zu erwähnen, wäre genauso unvollständig wie über einen Gottesdienst ohne Küster oder eine Schule ohne Pedell zu schreiben. Fräulein Anna Mayer war die Leiterin des Studentenwerks und hatte im Nordostflügel des Clubhauses, wie Bau 22 jetzt hieß, nicht nur ihr Büro, sondern auch ihre Privatwohnung, die in praxi als Erweiterung ihrer Diensträume genutzt wurde. Fräulein Mayer war eine Institution, Mädchen für alles.

Sie kümmerte sich um Wohnraumbeschaffung ebenso wie um Unterstützung bei persönlichen Angelegenheiten, und wenn man sie – ob sonn- oder werktags, während oder außerhalb der Dienstzeit – in ihren Privaträumen besuchte, saßen da immer gleich mehrere Studentinnen und Studenten, die irgendein unaufschiebbares

dieser Begriff offenbar seit frühester Kindheit zum ganz gewöhnlichen pfälzischen Wortschatz, sodass ihr der Gebrauch auch nach dem Krieg wie selbstverständlich über die Lippen kam. Von besonders frommen Christen, sogar von einigen älteren Pastoren beider Konfessionen, bekam man immer wieder einmal mit treuherzigem Augenaufschlag zu hören, dass „die Juden ja schließlich Jesus Christus ermordet" hätten.

Fräulein Mayers Befürchtungen, dass sich das politische Klima nach der Saarabstimmung ändern könne, waren übrigens nicht ganz unbegründet. Wie sich nämlich ziemlich bald herausstellte, erwiesen sich an der bis dahin „burschenschaftsfreien" Universität des Saarlandes nach der Rückgliederung einige in rascher Folge von ihren „Alten Herren" reaktivierte, deutschtümelnde Studentenverbindungen als zusätzlicher Hort eines „latenten Antisemitismus", der in diesem Fall allerdings eindeutig rassistisch begründet war.

Der „Lehrkörper“

Natürlich kannten wir auch die – vor allem französischen – Professoren persönlich, von denen einige bei uns zu Hause ein und aus gingen. Da sie aber alle in erster Linie mit dem Aufbau ihrer Institute und dem laufenden Lehrbetrieb beschäftigt waren, sah man sie in der Öffentlichkeit naturgemäß seltener als die Studenten. Die meisten Professoren waren aus Nancy nach Homburg gekommen, einige aber auch aus Paris und Montpellier, und ein Physiker oder Mathematiker, dessen Namen wir nie erfahren haben, kam sogar aus Madagaskar, was für uns Kinder natürlich besonders interessant war. Er war ein ziemlich groß gewachsener Mann mit starker Brille, beigefarbenen Khakihosen und blauen Leinenschuhen mit geflochtener Strohsohle. Sein Gesicht war zwar kräftig braun getönt und das krause Haar ergraut, aber wie ein richtiger Schwarzer sah er nicht aus; eher wie ein Europäer, der lange von der Tropensonne gebräunt worden war. Der Mathematiker Prof. Aloys Herrmann[30] z. B. war nicht nur Deutscher, sondern sogar Saarländer. Er kam zwar über Frankreich ins Saarland, war aber bis Kriegsende bei den Junkers-Flugzeugwerken in Dessau gewesen und brachte seinen Sohn Peter mit, der in unserem Alter war und als etwas vorlauter, sehr selbstbewusster Schnellsprecher die wesentlichen Klischees erfüllte, die man einem Berliner unterstellt. Zumindest behauptete er, dass er in Berlin geboren sei bzw. von dort komme.

30 Aloys Herrmann (1898–1953)

Die naturwissenschaftlichen Institute richteten sich überwiegend in den Gebäuden 3 bis 6 ein, aber auch in Bau 16 und Bau 18, wo z. B. die Geologen Einzug gehalten hatten. Diese fielen uns besonders dadurch auf, dass sie häufig in Gruppen ausschwärmten, mit schmalen, spitzen Hämmerchen auf allen möglichen Steinen herumklopften und die schönsten Bruchstücke in bunten Leinensäckchen verstauten.

Unter den aus Nancy gekommenen Franzosen waren Guinets unsere direkten Nachbarn, und so entwickelte sich rasch eine engere Beziehung, die zu gegenseitigen Einladungen führte, auch noch, als Prof. Guinet einen Ruf nach Caen angenommen und Homburg schon wieder verlassen hatte. Guinets waren unter den Professoren der Faculté des Lettres, wie die Philosophische Fakultät damals genannt wurde, die einzigen, zu denen wir ein engeres Verhältnis hatten, und von der Juristischen Fakultät kannten wir niemanden. Das änderte sich erst, als die übrigen Fakultäten nach Saarbrücken abgewandert waren. Bis es allerdings soweit war, entspann sich insbesondere zu einigen Naturwissenschaftlern ein sehr guter Kontakt, der über Jahre Bestand hatte und auch nicht abbrach, als sie sich schon längst im St. Johanner Stadtwald eingerichtet hatten.
Das waren insbesondere der Chemiker Prof. Jacques-Émile Dubois und der Physiker Dr. Lafon, auch die beiden Biologen Prof. Roger Husson und Prof. Claude Arnal gehörten dazu. Sie suchten den Kontakt zu uns und ließen uns spüren, dass sie keinerlei Vorurteile gegenüber dem ehemaligen Erzfeind hatten, auch wenn es ihnen – mit Ausnahme von Prof. Dubois und Dr. Lafon – schwerfiel, sich um das Erlernen der deutschen Sprache zu bemühen. Die meisten schienen es einfach als selbstverständlich vorauszusetzen, dass *wir* Französisch lernten, um sie zu verstehen. Das war bei den französischen Mitgliedern der Medizinischen Fakultät nicht viel anders, obwohl sie sehr kontaktfreudig waren und uns Deutschen völlig unbefangen gegenüber auftraten. So habe ich es z. B. niemals erlebt, dass die liebenswürdige Mme Gilberte Pallot[31], die Leiterin der damals noch als völlig selbständiges Institut existierenden Histologie,

Prof. Dr. Aloys Herrmann

27

auch nur ein einziges deutsches Wort über die Lippen gebracht hätte, ebenso wie der gleichfalls sehr freundliche, aber im Vergleich mit Mme Pallot etwas zurückhaltende, wesentlich jüngere Prof. Jean-Claude Roucayrol[32], der das im Ostflügel von Bau 3 eingerichtete Institut für Physikalische Medizin leitete. Der später langjährige Präsident der Société française de Biophysique und Offizier der Ehrenlegion kam ursprünglich aus Paris, war ein zartgliedriger, ziemlich blasser Mann mit pechkohlrabenschwarzem Haar, schmalem Gesicht und randloser Brille, der für mich auch später noch der Inbegriff eines französischen Intellektuellen geblieben ist. Professor Roucayrol war tagein, tagaus, auch an den Wochenenden, in seinem Institut anzutreffen und schien ganz in seiner Wissenschaft aufzugehen. Er war auch nicht verheiratet; man sagte sogar, dass seine Mutter ihm das Heiraten verboten habe.

---

31 Gilberte Pallot (1899–1991)

32 Jean-Claude Roucayrol (1920–2005)

Prof. Dr. Jean-Claude Roucayrol

28

Mme Pallot dagegen war eine ziemlich kompakte, 'patente' Frau, die mit beiden Füßen mitten im Leben zu stehen schien und so aussah, wie wir uns immer eine Pariser Concierge vorgestellt haben: resolut bis auf die Knochen, stämmig und wenig auf Äußerlichkeiten bedacht. Sie kam aber nicht aus Paris, sondern aus Lyon, wo wir sie einmal auf der Rückfahrt nach einem Mittelmeer-Urlaub besucht haben. Dort besaß sie eine herrliche Wohnung mitten in der Stadt, in einem der vier- bis fünfstöckigen Kaufmannshäuser und ging ganz in ihrer Rolle als liebevoll alleinerziehende Mutter eines halbwüchsigen Adoptivsohns auf, der in einem Internat lebte und den sie nur in den Semesterferien sah, dann aber nach allen Regeln der Kunst verwöhnen konnte. Bei unserem Besuch ließ sie es sich auch nicht nehmen, uns eigenhändig zu bekochen, was ihr exzellent gelungen ist. Sie genoss es ganz offensichtlich, sich zu Hause in ihrem vertrauten, heimischen Umfeld all den Neigungen und hausfraulichen Übungen hinzugeben, auf die sie in der nüchternen Institutsatmosphäre verzichten musste. Im Beruf aber war sie das ganze Gegenteil. Dort 'stand sie ihren Mann', forderte von sich ebenso viel wie von ihren Mitarbeitern und den Studenten, die sie dennoch verehrten, weil sie eine absolut ehrliche Haut war. Sie wussten, dass man ihr vertrauen konnte und dass sie ihre ganze Kraft in die ihr übertragene Aufgabe investierte, den werdenden Ärzten, die durch ihre Schule gingen, eine solide Grundlage in der Histologie zu verschaffen.

Der Chemiker Professor Dubois[33] schließlich war ein Beau, dem die Frauenherzen in Massen zuflogen und der sehr bald ein recht gutes, natürlich französisch gefärbtes Deutsch sprach.
Er war ziemlich groß gewachsen, hatte gelocktes, schwarzes Haar, eine angenehme freundliche Art und eine weiche, leise Stimme.
Die Frauen, ich meine damit in erster Linie das Französisch lernende Damenkränzchen, bekamen alle sehnsüchtig glänzende Augen, wenn sein Name fiel, und sie pflegten dann zu sagen, dass 'das Französische doch wirklich die allerschönste unter den Sprachen' sei.
Dabei war er kein Draufgänger, sondern eher etwas schüchtern und zurückhaltend. Aber vielleicht war gerade das sein Trick. Auch er war damals noch unverheiratet und schien mehr ein Auge für seine liebevoll gepflegten Autos zu haben, als für die ihn verehrende Damenwelt. Sein Institut für Physikalische Chemie war ebenfalls im Bau 3 untergebracht, wo anfangs der schwarze „klassische" Peugeot 202 Cabriolet stand, mit den beiden eng nebeneinanderliegenden, hinter dem Kühlergrill versteckten Scheinwerfern und der elegant geschwungenen, sogar die Hinterräder zur Hälfte verdeckenden Heckpartie. Diesen Oldtimer ersetzte er zum frühest möglichen Zeitpunkt durch einen hellgrauen Peugeot 203, ebenfalls ein Cabrio mit schwarzem Verdeck, das sein ganzer Stolz war und allseits neidvolle Bewunderung hervorrief.

---

33 Jacques-Émile Dubois (1920–2005)

Prof. Dr. Jacques-Émile Dubois 29

Dieser herrliche Wagen, es musste eines der allerersten Exemplare dieses für Peugeot revolutionären Modells gewesen sein, hatte allerdings auch seine Tücken. Einmal erlebten wir Prof. Dubois völlig verzweifelt im weißen Laborkittel vor dem Institut am Steuer seines offenen 203 Cabrio, das einfach nicht anspringen wollte. Er drehte immer wieder den Schlüssel im Zündschloss, aber der Anlasser gab keinen Ton von sich. Wir standen natürlich neugierig daneben und harrten der Dinge, die da kommen sollten. Auch nachdem er die Motorhaube geöffnet und alle Kabelverbindungen auf festen Sitz überprüft hatte, tat sich nichts. Inzwischen hatte sich um die schöne, aber startunwillige Karosse schon eine mittlere Volksversammlung gebildet, aus der die unterschiedlichsten Lösungsvorschläge ertönten. Doch nichts sollte helfen. Schließlich fand ein Handwerker aus einem Nachbarinstitut des Rätsels Lösung: Das Zündschloss konnte keinen Kontakt herstellen, weil der Schlüsselbund zu schwer war! Prof. Dubois besaß nur einen einzigen Schlüsselbund, und daran waren nicht nur die Autoschlüssel, sondern sämtliche Schlüssel seines Instituts befestigt. Mit dem vom Rest des Schlüsselbunds befreiten Zündschlüssel klappte der Start auf Anhieb.

Der trotz seiner Korpulenz quicklebendige und pfeilschnelle Physiker Dr. Lafon war ein leidenschaftlicher Tennisspieler, der wegen seiner unbeschwerten, fröhlichen Art ein begehrter Doppelpartner war und die gesellschaftlichen Kontakte zwischen Deutschen und Franzosen im positivsten Sinne bereichert hat. Das Bild von dem unermüdlich hinter jedem Ball her rennenden, immer schweißgebadeten, schwarzhaarigen Dr. Lafon mit der beginnenden Glatze und den vom Ziegelmehl mehr orangerot getönten als tennistypisch weißen, kurzen Hosen prägte lange Zeit die von den Studenten in Eigenarbeit erstellte Tennisanlage hinter dem Clubhaus. Er fuhr einen uralten, nur noch matt glänzenden, dunkelblauen Renault Juvaquatre, der häufig wegen Motorschadens oder anderer Gebrechen ausfiel, was aber der guten Laune seines Besitzers keinen Abbruch tat. Er musste das gute Stück wohl geerbt haben oder sonstwie mit persönlichen Erinnerungen verbinden, denn obwohl der Wagen vor Altersschwäche ständig auseinanderzubrechen drohte, hat er es nicht übers Herz gebracht, sich von seinem Gefährt zu trennen und es durch ein neues, z. B. ein Crèmeschnittchen[34] zu ersetzen.

---

[34] Der erstmals im Oktober 1947 ausgelieferte, liebevoll „Crèmeschnittchen" genannte, kleine Renault 4 CV mit der nur 760 cm^3 großen Maschine, der in der häufigsten Version hellbeige, fast elfenbeinfarben lackiert war und knallrote Felgen hatte, erinnerte farblich tatsächlich an ein mit Erdbeerkonfitüre und Buttercrème gefülltes Backwerk, und manche Frauen fanden ihn einfach nur 'süß'. Der 4 CV spielte nicht nur im französischen Mutterland, sondern ebenso in seiner saarländischen Dépendance dieselbe Rolle wie der VW Käfer in dem wirtschaftlich gerade wieder erstarkenden deutschen 'Reich'. Der ungefähr zur selben Zeit auf den Markt gekommene Citroën 2 CV (Deux chevaux, Döschwo, Ente) hatte damals die Zusatzbezeichnung 'Paysanne' und galt zunächst noch als extrem einfaches Gefährt für die Landwirtschaft. Einen 2 CV zu kaufen, war für einen Stadtmenschen unter seiner Würde. Den Kultstatus hat die Ente erst 20 Jahre später errungen, als es einfach 'chic' war, sich mit etwas Ausgefallenem zu schmücken.

Dr. Lafon behielt seinen Juvaquatre während der gesamten Homburger Zeit. Er besaß ihn auch noch einige Jahre später, nachdem er mit der naturwissenschaftlichen Fakultät in den St. Johanner Stadtwald umgezogen war und zu gelegentlichen Besuchen 'in der alten Heimat' auftauchte.

Ein besonderes Erlebnis hatten Mutti und Detlef im Jahre 1950, als Dr. Lafon es sich nicht nehmen ließ, die beiden in seiner Rostlaube mit nach Paris zu nehmen, wo Detlef auf der Gare Saint-Lazare von Herrn Prof. Guinet abgeholt werden sollte, um mit dessen Familie einen Sommerurlaub in der Normandie zu verbringen. Eine Autofahrt nach Paris war damals noch ein Abenteuer über gewöhnliche Landstraßen, denn die Autobahnen wurden erst Jahre später gebaut. Irgendwo zwischen Reims und Paris hatte das Auto erwartungsgemäß eine Panne, die den gesamten Zeitplan durcheinander zu werfen drohte und Mutti befürchten ließ, Paris zu spät zu erreichen. Den unbekümmert fröhlichen Dr. Lafon aber schien das alles nicht zu berühren. Er lud Mutti in die nächste Dorfkneipe zu einem Gläschen Roten ein und überbrückte die Wartezeit mit seinem munteren, wenn auch holprigen Deutsch, auf das er nichtsdestoweniger sehr stolz war. Nachdem auch diese Autoreparatur erfolgreich, vor allem aber rasch hatte abgeschlossen werden können, erreichte unser kleiner Bruder noch rechtzeitig den Bahnhof Paris-Saint-Lazare, so dass der Weiterreise mit dem dort wartenden Professor Guinet nichts mehr im Wege stand.

Neuberufungen

Doch zurück zur Medizinischen Fakultät: Wie die zunächst noch etwas spärlichen Vertreter der klinischen Fächer waren die meisten neu berufenen Professoren der theoretischen Disziplinen Deutsche. Einer der ersten von ihnen, die noch im Laufe dieses Jahres 1948 ihre Tätigkeit aufnahmen, war der Anatom Prof. Ernst Rolshoven[35] aus Münster in Westfalen, ein sehr lebhafter, eher etwas untersetzter Mann mit grauem Kraushaar, der als gebürtiger Kölner mit breitem, rheinischem Slang fast ununterbrochen mehr oder weniger anrüchige Witze erzählte und bei den Studenten sehr beliebt war. Prof. Rolshoven hatte eine Langhaardackelhündin namens Lady und als engste Mitarbeiterin ein Fräulein Schöne mitgebracht, das wenige Jahre später seine Frau wurde. Die beiden Kinder aus dieser Ehe waren natürlich viel zu klein, um für uns als Spielkameraden in Frage zu kommen. Doch es gab da eine Tochter in unserem Alter, wahrscheinlich aus erster Ehe, die in Münster lebte und in den Schulferien gelegentlich für wenige Tage nach Homburg kam, um ihren Vater zu besuchen. Ich erinnere mich an die verblüffende Ähnlichkeit zwischen den beiden, vor allem an das störrische Kraushaar, das sie vergebens mit einem bunten Band zu bändigen versuchte.

[35] Ernst Rolshoven (1906–1967)

Prof. Dr. Ernst Rolshoven

30

Professor Rolshoven war Stammgast im neu geschaffenen Clubhaus, das er jeden Abend nach Dienstschluss aufsuchte, nicht nur, um dort seiner zweiten Leidenschaft, dem Tennisspiel, zu huldigen. Für alle, die ihn kannten, bleibt der versonnen lächelnde Herr mit seiner kleinen Lady im Schlepptau ein unvergessliches Bild, wenn er allabendlich zum Clubhaus spazierte. Dort angekommen, ließ er sich meist auf der Terrasse oberhalb der Tennisplätze nieder, um seinen Studenten beim Tennisspiel zuzuschauen, wenn er nicht selbst das Racket schwang. Die Bedienung stellte ihm unaufgefordert ein 'Verhältnis' auf den Tisch, was in seinem speziellen Jargon so viel wie ein großes Helles und ein kleiner Gin bedeutete.

Ganz anders sah es bei dem fast gleichzeitig berufenen Physiologen Prof. Hans Lullies aus, der aus Marburg gekommen war, aber eigentlich aus Königsberg stammte. Er sprach zwar ein völlig reines Hochdeutsch, konnte in zahlreichen sprachlichen Details

Prof. Dr. Hans Lullies 31

jedoch seine ostpreußische Herkunft nicht verleugnen und war ein am Sport und den sonstigen Freuden des Lebens absolut uninteressierter Mensch. Seine penible Art, nicht lockerzulassen, und sein ständiges Bemühen um eine möglichst präzise Formulierung auch im Alltagsgespräch, das manchmal auf der Suche nach einem noch zutreffenderen Begriff plötzlich ins Stocken geriet und völlig abbrach, bescherte ihm bei den Studenten ziemlich bald den Spitznamen 'Korinthenkacker', so wie unser Vater dank seiner Größe von 185 cm und nicht zuletzt wegen seines Gewichts von ca. 120 kg von Anfang an der 'Jumbo' war.

Professor Lullies' wissenschaftliche Qualifikation war sicher unbestritten, denn immerhin hatte er sich ja schon vor dem Krieg als Muskel- und Nervenphysiologe einen Namen gemacht.
1957 wurde er zum Mitglied der Deutschen Akademie der Naturforscher „Leopoldina" in Halle ernannt. Er war verheiratet und

hatte fünf Kinder in unserem Alter, doch den absolut dominierenden Part spielte in dieser Ehe seine Frau Susanne, und sie führte ihre Familie in allen Dingen des täglichen Lebens an sehr kurzer Leine. Unüberhörbarer Ausdruck dieser Einstellung war ihr Hadern mit dem traurigen Schicksal der „Theoretiker“, denen es im Gegensatz zu den „Klinikern“ nicht vergönnt war, ihr beklagenswert niedriges Gehalt durch Nebeneinkünfte zu verbessern. Auch sie war Ostpreußin, eine geborene Neumann, entstammte einer Königsberger Professorenfamilie (ihr Vater war Mathematiker an der dortigen Universität gewesen), und so war sie geprägt vom entsagungsvollen Leben derer, die wissen, dass es Wichtigeres gibt als den schnöden Mammon. Ihr Credo war, dass man ein bescheidenes Dasein hoch erhobenen Hauptes fristen kann, wenn man sich stets der Tatsache bewusst bleibt, dass man es im Leben zwar besser hätte treffen können, um des Ehemannes akademischer Karriere Willen aber gerne auf irdische Güter verzichtet.

Erster Oberassistent der Physiologie war damals Dr. Gerhard Rudolph, der sich 1954 habilitiert hat und Homburg 1965 in Richtung Poitiers wieder verließ. Doch auch er ist – wie sein Mentor Lullies – letztlich in Kiel gelandet. Professor Rudolph war ein stiller, liebenswürdiger, sonst aber ziemlich unauffälliger Mensch, der wenig Kanten hatte und dem ‘Aaanstalts-Klatsch’ keine Chance ließ, irgendetwas Lohnendes über ihn zu verbreiten. Sein auffälligstes Merkmal war eine Brille mit relativ dickem, dunkelbraunem Gestell. Ganz anders verhielt es sich mit seiner Frau, einer etwas molligen Schönheit, die aus *Strasbourg* kam und sich darin gefiel, durch einen leichten französischen „Touch“ beim Sprechen und ein ziemlich extravagantes Auftreten ihre Herkunft nicht zu verbergen. Frau Rudolph war immer nach dem ‘dernier cri’ gekleidet, trug das glatte, schwarze, weit über die Schultern fallende Haar meistens offen und lag wohl den halben Tag lang unter der Höhensonne, denn sie hatte stets eine ungewöhnlich gepflegte, gleichmäßig gebräunte Haut, die allgemeine Bewunderung hervorrief.

Prof. Dr. Klaus Conrad

32

Bei ihrem Eintreffen in Homburg hatten Rudolphs einen prächtigen Deutschen Schäferhund namens Simba mitgebracht, den die Dame des Hauses nur 'Simbilein' rief. Und da Simbilein in *Strasbourg* geboren war, verstand das Tier natürlich nur die französische Sprache. Demzufolge ertönten Rufe und Befehle seines Frauchens auch nur auf Französisch („Viens vite, mon petit"; „Attends").
Der überbehütete kleine Sohn, der mangels geeigneter Spielkameraden nur selten außerhalb des häuslichen Umfelds gesichtet wurde, sprach angeblich auch nur Französisch.

Auch der Österreicher Prof. Klaus Conrad[36], der neue Leiter der Neurologie und Psychiatrie, der als Nachfolger von Onkel Hanns Heene berufen wurde, war 1948 aus Marburg gekommen.

---

36 Klaus Conrad (1906–1960)

Zu ihm und seiner Familie entwickelten sich sehr bald engere Kontakte, was sowohl ein Verdienst seiner sehr umtriebigen Frau Martha, genannt Marthel war, einer früheren Berufsfotografin, als auch der vier Kinder. Ihr Mann war in meiner Erinnerung ein ungewöhnlich stiller, besonnener Mensch, der immer ein wenig abwesend und unkonzentriert wirkte, gleichzeitig aber ein sehr tiefschürfender, präziser Beobachter war, und sich auch in seiner Freizeit ständig mit der Psyche seiner Gesprächs- und Kontaktpartner zu befassen schien. Jedenfalls konnte sich früher oder später keiner, der auch nur oberflächlich mit Prof. Conrad zu tun hatte, des Eindrucks erwehren, einer ungewollten psychiatrischen Begutachtung unterzogen worden zu sein. Er sprach mit leiser, behutsamer Stimme in seinem weichen, leicht nasalen Wiener Tonfall so präzise, fast druckreife Sätze, dass man bei allem, was er von sich gab, glaubte, Adressat einer wissenschaftlichen Aussage zu sein. Neben der Wahrnehmung seiner Dienstpflichten als Klinikchef und akademischer Lehrer hat sich Prof. Conrad auch in anderer, sehr nachhaltiger Hinsicht verdient gemacht. Denn schließlich kann man mit Fug und Recht behaupten, dass er der Initiator und Motor zur Einrichtung einer Zentralbibliothek der Medizinischen Fakultät gewesen ist. Von ihm stammt das noch heute gültige Konzept einer zentralen Einrichtung mit Lesesaal, allgemeinmedizinischer Literatur bzw. Zeitschriften sowie dezentralen Dependancen in den einzelnen Kliniken mit fachspezifischen Handbüchern und der Maßgabe, dass Lehrbücher eigentlich nicht in der Bibliothek vorzuhalten, vielmehr von den Studierenden selbst anzuschaffen seien. Auch die Einführung der regelmäßig in der Aula stattfindenden kulturellen Veranstaltungen, in erster Linie Kammerkonzerte mit international herausragenden Solisten, die zwar konkret von Fräulein Mayer und später von Tante Hilde Heene organisiert wurden, gingen auf seine Anregungen zurück.

Mit der Einrichtung der Medizinischen Fakultät und dem Aufbau einer funktionierenden akademischen Verwaltung waren für uns auch familiär völlig neue Zeiten angebrochen, denn unser Vater war neben dem ersten Dekan Prof. Lullies 1948 zum Prodekan bestimmt worden. Damit waren nicht nur Vertretungs- und Repräsentationspflichten verbunden, sondern handfeste Arbeit, die ihn häufig über den ganz gewöhnlichen Klinikbetrieb und die Lehrverpflichtungen hinaus bis in die späten Abend- oder gar Nachtstunden forderte. Die oft stundenlangen, zermürbenden Sitzungen und Gespräche gingen nicht selten nahtlos in 'Nachsitzungen' bei Bier, Wein oder Cognac über, die dann fast zwangsläufig bei uns zu Hause stattfanden.

Dass die Gesellschaft in der Regel bei uns landete, lag einerseits daran, dass das Clubhaus meistens um 22 Uhr seine Pforten schloss und deshalb eine um 23:30 Uhr oder später endende Sitzung natürlich dort nicht ausklingen konnte, zum andern an der geringen Entfernung unserer Wohnung vom Dekanatsgebäude und schließlich an der Tatsache, dass unser Vater – als fast grenzenlos gastfreundlicher Mensch bekannt – zu seinen spontanen Einladungen von den Kollegen mehr oder weniger verführt wurde. Denn die dachten sich überhaupt nichts dabei, als gedämpft lärmende Herrenrunde die ganze Familie zu vorgerückter Stunde aus dem Schlaf zu reißen und von unserer übermüdeten, aber noch immer freundlich lächelnden Mutter mit ihrem in der ganzen Fakultät gerühmten, weil jederzeit ofenfrischen Käsegebäck verwöhnt zu werden.
Dass dazu die feinen Tröpfchen des Comte Armand de la Rochefoucauld aus Beaune in Strömen flossen, bedarf keiner weiteren Erwähnung.
Als seit 1936 'alteingesessener' Homburger verfügte unser Vater natürlich über wesentlich tiefer greifende Verbindungen, sprich Beziehungen zu Behörden und Politikern, als der sehr liebenswürdige, aber ziemlich umständliche und – was bei den Saarländern ganz wichtig war – erst kürzlich aus dem 'Reich' zugezogene Professor Lullies, gegen den man allein schon aus diesem Grunde Vorbehalte

Prof. Dr. Robert Domenjoz

33

hatte. Hinzu kam, dass Verhandlungen mit den zuständigen Ministerien, mit der Ärztekammer und anderen Stellen, die für die Bereitstellung von Finanzmitteln oder die Genehmigung beantragter Zulassungen und zum reibungslosen Ablauf des Instituts- und Klinikbetriebs erforderlicher Voraussetzungen zuständig waren, dem Theoretiker Lullies ein Gräuel waren, also Dinge, die er gerne dem lieben Kollegen Doenecke überließ. So blieb vieles an unserem Vater hängen, der nicht nur diese mehr oder weniger alltäglichen Routinefragen managte und in den meisten Fällen zum Wohl der Fakultät löste, sondern auch bei Berufungsverhandlungen weit im Vorfeld mitmischte. Dazu gehörten zahlreiche Reisen in deutsche Universitätsstädte, zu Fachkollegen einerseits, aber auch zu den ins Auge gefassten Kandidaten selbst oder zu deren Chefs, bevor es überhaupt zur Aufstellung einer Berufungsliste, zur Einladung zum Probevortrag und den eigentlichen konkreten Verhandlungen kam. In meiner Erinnerung war unser Vater schon 1948 vor der Berufung von Prof. Lullies selbst in Marburg gewesen und auch im Laufe des Jahres 1949 mindestens dreimal in Basel bei Professor Robert Domenjoz[37] bzw. bei der Firma Geigy, wo dieser damals als Leiter einer Entwicklungsabteilung tätig war, bevor das Institut für Pharmakologie schließlich zum Sommersemester 1950 seine Tätigkeit aufnahm. Für uns Kinder war Prof. Domenjoz insofern interessant, als er einen rasanten englischen Sportwagen mit offenem Verdeck fuhr, mit dem man ihn häufig durch das Gelände fegen sah, nicht zuletzt auch deshalb, weil er seine Zelte in Basel offenbar nie ganz abgebrochen hatte und ständig zwischen Homburg und Basel pendelte. Kurioserweise gab es aber noch eine völlig andere Beziehung zu ihm, mit der niemand gerechnet hatte: Er kannte nämlich meine Tante Ellen aus gemeinsamen Studienzeiten in Frankfurt (Main), wo beide Anfang der 1930er Jahre die vorklinischen Semester belegt und schließlich gemeinsam das Physikum absolviert hatten.

Die übrigen Lehrstühle der damals bereits bestehenden klinischen Fächer waren überwiegend mit Professoren besetzt, die entweder schon seit Jahren in Homburg gewirkt hatten oder wenigstens seit Kriegsende fest etabliert waren. Dazu gehörten neben meinem Vater und dem bereits erwähnten gebürtigen Ensheimer Professor Wilhelm vor allem der Pathologe Professor Werner Rotter und der aus Heusweiler stammende Dermatologe Professor Rudolf Strempel[38].

Professor Strempel war schon damals ein würdiger älterer Herr mit Halbglatze und sicher der Nestor der Fakultät. Wir kannten ihn als einen sehr stillen, friedlichen Mann, der sonntags gerne in beigefarbenen Knickerbockers, grauen Kniestrümpfen und festen Bundschuhen, einen Spazierstock schwingend, nur mit seinem Jagdhund, aber ohne seine Frau, durchs Gelände und durch die nahen Wälder strich.

---

37 Robert Domenjoz (1908–1998)

38 Rudolf Strempel (1891–1981)

Prof. Dr. Rudolf Strempel

34

Zu Frau Strempel fallen mir nur zwei Dinge ein: Als Dame von Welt trug sie stets einen Hut, außerdem legte sie Wert darauf, ihre Herkunft als gebürtige Amerikanerin zu betonen, die 17 x mit dem Schiff den Nordatlantik überquert hatte. Gemeinsame Kinder hatten sie nicht.

Das unter der Leitung von Professor Werner Rotter stehende, in das Staatliche Institut für Hygiene und medizinisch-technische Untersuchungen integrierte Pathologische Institut war bereits während des Kriegs von Saarbrücken nach Homburg evakuiert und nach dem Krieg vorübergehend wieder nach Saarbrücken zurückverlegt worden, bevor es als Pathologisches Institut der Universität in Homburg seine endgültige Bleibe fand. Das geschah im Erdgeschoss von Bau 8, in dessen Obergeschoss fast gleichzeitig die Physiologie eingerichtet wurde. Zu den Stützen des Pathologischen Instituts zählten neben dem Chef der Oberassistent Dr. Franz Kling sowie der seinen schwarzen Dyna Panhard mehr als dynamisch steuernde französische Assistent Walter Florange und die nicht mehr ganz junge leitende WTA, Fräulein Emi Vollmer, mit ihrem Vorkriegs-DKW und dessen wettergegerbter Sperrholzkarosserie.

Nachdem Gerd Heene mit dem Architekturstudium begonnen hatte und Tante Hilde mit Rainer und Dieter in das eigene Haus am Homburger Bahnhof umgezogen war, rückten wir im Spätsommer 1949 in die frei gewordene Wohnung in Haus 14 nach, so dass Conrads mit ihren 4 Kindern aus den beengten Verhältnissen im Dachgeschoß von Bau 10 in unsere alte Wohnung übersiedeln konnten. Unser Umzug in die komplett renovierte Wohnung wurde kurze Zeit später mit großem Pomp und einer längst fälligen Party gefeiert, an der alle Klinik- und Institutschefs samt Gattinnen, aber auch Papas Assistenten mit ihren Frauen teilnahmen. Diese Party wurde tatsächlich ein voller Erfolg, die meisten Gäste verließen das Haus erst in den frühen Morgenstunden des folgenden Tages und schwärmten noch nach Jahren mit glänzenden Augen von dieser „Riesenfête“, die zum ersten Mal die gesamte Fakultät in privatem Rahmen vereinigt hatte.

Prof. Dr. Arnaud Hector

35

Die unendliche Geschichte der Orth-Nachfolge

Im Januar 1950 trat Professor Dr. Arnaud Hector[39] die offizielle Nachfolge des zum 1. Januar 1947 in den endgültigen Ruhestand verabschiedeten Professor Oscar Orth als Direktor der Chirurgischen Klinik an. Er war der Bruder des damaligen Staatssekretärs und späteren saarländischen Innenministers Dr. Edgar Hector[40]. Mit seiner Einstellung endete ein dreijähriges Interregnum, das mit dem nach Orths Pensionierung mit der Klinikleitung beauftragten Chefarzt Dr. Werner Backhaus und den beiden Oberärzten Dr. Franz Schäfer und Dr. Karl Strouvelle[41] gar nicht so schlecht funktioniert hatte.

Warum es überhaupt zu dieser seltsamen Interimsbesetzung gekommen war, ist nicht nur für Außenstehende schwer nachzuvollziehen. Der 1876 geborene Professor Oscar Orth hätte aus Altersgründen eigentlich schon 1941, spätestens jedoch 1944 in den Ruhestand verabschiedet werden müssen, was wohl infolge der Kriegswirren nicht zustande kam. Somit hat er sich bis zu der endgültigen Pensionierung mindestens 3 Jahre lang selbst vertreten. Die auch im Zusammenhang mit seiner Entnazifizierung vollzogene Versetzung in den Ruhestand war also längst überfällig. Sein langes Ausharren im Amt war nicht zuletzt der Tatsache zu verdanken, dass er sich in den 25 Jahren seiner Tätigkeit als Ärztlicher Direktor des LKH das Renommee einer „absolut integren, unersetzlichen Respektsperson" erworben hatte, das niemand in Frage zu stellen wagte. Darüber hinaus war er für seine scharfe Zunge bekannt, die auch vor dienstlich höherrangigen Personen im öffentlichen Dienst nicht haltmachte. Es gab zwar das Gerücht, er habe sich nach dem Krieg sogar mit dem für das öffentliche Gesundheitswesen zuständigen Colonel Dr. René Springer angelegt bzw. diesem unmissverständlich „die Meinung gesagt", doch war dies möglicherweise nur ein Märchen, das er selbst in die Welt gesetzt hatte, um seinem zweiten Ruf als „respektlose Respektsperson" gerecht zu werden. Dergleichen hätte man ihm durchaus zugetraut.

---

[39] Arnaud (Arno) Hector (1906–1997)

[40] Edgar Georg Maria Hector (1911–1989). Die Hectors waren eine saarländische Institution. Der 1872 in Dillingen-Pachten geborene und 1954 verstorbene Vater der beiden Hector-Brüder, Dr. med. Jakob Hector, war nach dem Ersten Weltkrieg als „Vertreter der saarländischen Bevölkerung" Mitglied der ersten internationalen Regierungskommission für das Saargebiet und in dieser Funktion von 1920 bis 1923 für die „Volkswohlfahrt" zuständig gewesen. Unter seiner Verantwortung wurde 1922 die Umwandlung der Pfälzischen Heil- und Pflegeanstalt zum Landeskrankenhaus Homburg vollzogen. Nach der Volksabstimmung von 1935 ging er nach Frankreich, wurde französischer Staatsbürger und floh mit seiner Familie 1940 vor der Wehrmacht in die Gegend um Pau, bevor er 1946 nach Saarlouis zurückkehrte.

[41] Karl Strouvelle (1904–1989)

Über Professor Orths Verantwortung für die während des Dritten Reichs in seiner Klinik gemeinsam mit Oberarzt Strouvelle durchgeführten Zwangssterilisationen jedoch wurde damals in der Öffentlichkeit kein Wort verloren. Der Entnazifizierungsbehörde waren die Vorwürfe natürlich bekannt, doch wer sonst davon wusste, weiß ich nicht. Auch mein Vater hat in der Familie nie darüber gesprochen. Möglicherweise hatte damals im LKH außer Orth und Strouvelle niemand davon Kenntnis, denn hier kommt eine merkwürdige, für Nichtmediziner kaum verständliche Tatsache ins Spiel, an der sich bis heute prinzipiell nichts geändert hat: Nur die wenigsten Ärzte kennen das Thema der Doktorarbeit ihrer Kollegen, mit denen sie tagtäglich eng zusammen arbeiten. Insofern ist es durchaus möglich, dass außer Professor Orth kein anderer Arzt im LKH wusste, dass Dr. Strouvelle zu eben diesem Thema promoviert worden war. Hinzu kommt, dass zum Zeitpunkt der Pensionierung von Professor Orth die totale Niederlage des „Dritten Reichs" nach dem selbst angezettelten „totalen Krieg" mit all seinen Schrecken nicht einmal zwei Jahre zurücklag und einen riesigen Scherbenhaufen hinterlassen hatte. Man war froh, diese entsetzliche Zeit einigermaßen glimpflich hinter sich gebracht zu haben und war nicht daran interessiert, sich mit solchen Fragen zu befassen.

Neben der unangefochtenen Stellung Professor Orths lag das Problem der verzögerten Nachfolgeregelung auch darin, dass der unmittelbar nach Orths Pensionierung, also noch vor der Universitätsgründung eingestellte und wegen seiner Tüchtigkeit geschätzte Dr. Werner Backhaus, der ein sehr guter Operateur und auch ein ebenso guter Ausbilder gewesen ist, leider nicht habilitiert war und ihm damit de jure die Qualifikation zur Führung einer Universitätsklinik fehlte. Es war ihm zwar ein Lehrauftrag erteilt worden, den er auch über zwei Jahre zu aller Zufriedenheit erfüllt hatte, aber man war sich natürlich darüber im Klaren, dass dies keine Dauerlösung sein konnte. Unklar bleibt allerdings, was man sich seitens der damals zuständigen, noch unter der Leitung des o. g. Dr. René Springer stehenden Gesundheitsbehörde gedacht hat, als man

Dr. Werner Backhaus

36

gerade einmal zwei Monate vor der geplanten Einrichtung des „Institut d'Études supérieures …" einen nicht habilitierten Chefarzt eingestellt hat, der früher oder später einem habilitierten Chirurgen würde weichen müssen. Jedenfalls hatte man lange gezögert, einen habilitierten Nachfolger für Prof. Orth zu suchen, da man dem allseits beliebten Dr. Backhaus nicht wehtun wollte. Vielleicht hatte man auch gehofft, dass dieser von sich aus nach einer Lösung des Problems suchen und sich andernorts bewerben oder niederlassen werde, um damit den Weg für eine Neuberufung freizumachen.

Kurzum, Dr. Backhaus tat der Fakultät diesen Gefallen nicht, und so kam es zu der ominösen Berufung des Staatssekretärsbruders, dessen Qualifikation für eine solche Aufgabe außer ihm selbst niemand kannte, den man aber auch – was ganz und gar ungewöhnlich war – völlig an der Fakultät vorbei eingesetzt hatte. Obwohl bei Professor Hectors Einstellung gerade wegen des – vorsichtig formuliert – ungewöhnlichen Berufungsverfahrens eine gewisse Verstimmung bei den Kollegen eingetreten war, ahnte zu diesem Zeitpunkt noch niemand, welch schwere Zeiten auf die Fakultät wirklich zukommen würden. Um die Problematik in ihrer gesamten Tragweite verstehen zu können, muss man wissen, dass bei der Berufung eines klinischen Hochschullehrers außer den – in diesem Fall außen vor gelassenen – akademischen Gremien zwei voneinander unabhängige Behörden eingeschaltet waren, nämlich das für Lehre und Forschung zuständige Wissenschaftsministerium, damals das Kultusministerium unter Dr. Émile Straus (CVP), und das für die Sicherstellung der Krankenversorgung zuständige Gesundheitsministerium unter Richard Kirn (SPS), das sich damals Ministerium für Arbeit und Wohlfahrt nannte.

Im Falle des Professor Hector kann man davon ausgehen, dass die Berufung schon frühzeitig in einem engen Tête-à-tête auf höchster Ministerialebene zwischen Dr. Émile Straus und dem Bruder Dr. Edgar Hector und mit dem Segen des allmächtigen Hochkommissars Gilbert Grandval ausgekungelt worden war und die Zustimmung des Kultusministers schon lange vor der offiziellen Bestätigung Ende 1949 vorlag, auch wenn Straus dies später bestritt. Doch der primär nicht zugeschaltete Arbeits- und Gesundheitsminister Richard Kirn[42] hat sich fast zwei Jahre lang geziert, bevor er sein Placet erteilte, denn ihm fehlte schlicht und einfach der Nachweis der ärztlichen Qualifikation des Bewerbers, der da so frisch, fromm, fröhlich und frei nach Schnauze eingesetzt worden war. Tatsächlich erfolgte die offizielle Bestellung als *ärztlicher* Leiter der Chirurgischen Universitätsklinik durch das Ministerium für Arbeit und Wohlfahrt erst Anfang November 1952. Bis zu diesem Zeitpunkt durfte Professor Hector offiziell keine Patienten behandeln. Deshalb beschränkte sich seine Tätigkeit auf Lehre und Forschung, letztere wohl in Form von tierexperimentellen Untersuchungen und ebensolchen Operationen.

---

[42] Richard Kirn (1902–1988)

Als er dann schließlich mit dem Operieren am Menschen begann, kam es zum Eklat. Denn er sah sich außerstande, bestimmte Routine-Eingriffe vorzunehmen, die zum klassischen Repertoire eines jeden Chirurgen gehören. Und von den tatsächlich vorgenommenen Operationen misslang ihm nicht nur eine, sondern es gingen ihm gleich mehrere daneben. Das sprach sich in der Bevölkerung natürlich in Windeseile herum. Die Folge war, dass sich niemand mehr in Homburg operieren lassen wollte und Patienten mit einer Operationsindikation ihre Hausärzte händeringend darum baten, nach Zweibrücken, Landstuhl und Neunkirchen, ins Fischbach-Krankenhaus nach Quierschied, ja sogar zu den Nagels nach Baumholder oder wohin auch immer, nur nicht in die Chirurgische Universitätsklinik in Homburg eingewiesen zu werden.
Daraus resultierte wiederum nicht nur ein Bettenleerstand, der aus wirtschaftlicher Sicht damals noch toleriert wurde, weil finanzielle Defizite in staatlichen Einrichtungen ohne viel Federlesens zum Jahresende über den Landeshaushalt ausgeglichen wurden.
Viel schlimmer aber wirkte sich diese bedenkliche Situation auf die Weiterbildung der an der Klinik tätigen Assistenzärzte und auch auf die praktische Ausbildung der Studenten aus, weil sie mangels Patientenzuspruch nicht mehr die Krankheitsbilder zu sehen bekamen, die vom Lehrplan her gefordert wurden.

Professor Hector selbst, der wie seine gesamte Familie einschließlich des Staatssekretärs im Kabinett Hoffmann die französische Staatsangehörigkeit besaß und als Verfolgter des Naziregimes den Krieg in Frankreich überlebt, dort auch seine ärztliche Ausbildung erfahren hatte, sah sich einer vermeintlich antifranzösischen Hetzkampagne ausgesetzt – was völliger Unsinn war – und erklärte seine Misserfolge mit mangelhafter Übung, weil er sich in den letzten Jahren vor der Berufung ziemlich einseitig spezialisiert hatte.
Er forderte eine Schonfrist, die ihm auch gewährt wurde, zumal ihm ja zwei ausgezeichnete Oberärzte zur Verfügung standen, die er aber – wie sich später herausstellte – weitgehend kaltgestellt hatte.

Hinzu kam, dass die deutschen Lehrstuhlinhaber der übrigen Fachrichtungen, die wegen des atypischen Berufungsverfahrens anfangs etwas verschnupft gewesen waren, sich wohl befangen fühlten oder Hemmungen hatten, zu dem Problem Stellung zu nehmen, so dass es fast drei Jahre dauerte, bis dieser unhaltbare Zustand ein Ende fand und ein Nachfolger berufen werden konnte.

Die Einstellung des Prof. Hector war noch während der Dekanatsjahre von Herrn Prof. Lullies erfolgt, aber die Hauptlast des Problems hatte unser Vater zu tragen, der einerseits als Internist auf eine möglichst enge und vertrauensvolle Zusammenarbeit mit dem Chirurgen angewiesen war, sich auf der anderen Seite aber nach Übernahme des Dekanats im Jahre 1951 selbst intensiv mit der Ablösung des Professor Hector und der Neuberufung eines Nachfolgers zu befassen hatte.

Dänische Dogge und Airedale-Terrier

Im Sommer 1950 wurde Professor Paul Falk[43] berufen, der den Lehrstuhl für das Fach Hals-Nasen- und Ohrenheilkunde übernehmen sollte. Bis zu diesem Zeitpunkt waren HNO-ärztliche Eingriffe von dem konsiliarisch in Anspruch genommenen Dr. Eckel aus St. Ingbert vorgenommen worden. Professor Falk war zwar gebürtiger Aachener, hatte aber seine gesamte Kindheit und Jugend im saarländischen Dillingen verbracht und galt deshalb als waschechter Saarländer. Nach Homburg kam er aus Gießen, wo er Leitender Oberarzt der dortigen HNO-Klinik gewesen war. Professor Falk war ein sehr freundlicher Mensch, der immer ein wenig verhalten zu lächeln schien, und auch sein diskret moselfränkischer Akzent kam bei den Saarländern gut an. Er sprach eher etwas langsam und leise, und wenn er einen Satz beendete, hob sich seine Stimme leicht fragend, gerade so, als ob er seinen eigenen Worten noch ein wenig nachlauschen wollte. Wegen seines freundlichen Wesens, seiner sonnigen Natur und seines angedeuteten Lächelns war man bei ihm immer auf einen kleinen Scherz gefasst, der in den meisten Fällen dann leider doch nicht kam. Seine Frau stammte aus Düsseldorf. Sie war die deutlich lautere von den beiden und konnte ihre rheinische Herkunft nicht verleugnen. Falks hatten keine Kinder, dafür aber eine kalbsgroße, sehr gutmütige dänische Dogge, die selten angeleint wurde und jeden vertrauten Nachbarn stürmisch anzurempeln pflegte. Ihr Hauptmerkmal war eine riesige, speicheltriefende Zunge, deren Liebkosungen man sich kaum entziehen konnte.

---

[43] Paul Falk (1906–1984)

Prof. Dr. Paul Falk

37

Als Oberarzt hatte Professor Falk Herrn Dr. Adolf Miehlke[44] aus Gießen mitgebracht, einen waschechten Berliner mit entsprechend schnodderigem Tonfall und ausgeprägt militärischem Habitus. Privat war er dagegen ein sehr herzlicher, gutmütiger Mensch, mit dessen Familie uns schon bald eine enge freundschaftliche Beziehung verband. Auch Frau Annemarie Miehlke, eine geborene Losch, stammte aus Berlin oder Potsdam, und es wurde gemunkelt, dass sie „um zwei Ecken herum" mit Marlene Dietrich verwandt sei. Zur Familie gehörten außerdem zwei Töchter, Katrin und Corinna, die beide erst nach dem Krieg geboren waren und altersmäßig mehr zu unserem jüngsten Bruder Detlef passten. Und schließlich gab es da noch den Airedale-Terrier Barry.

---

[44] Adolf Miehlke (1917–2001)

Prof. Dr. Adolf Miehlke 38

Alle fünf wohnten vorübergehend in einem einzigen Gastzimmer der Orth'schen Villa, bevor sie die Dachgeschosswohnung in Bau 20 übernehmen konnten, in dessen Parterre-Räumen sich damals noch die LKH-Druckerei befand. Der Bau 20 war der im Aufbau befindlichen HNO-Klinik (Bau 18) unmittelbar benachbart, in dem bei der Ersteinrichtung der Universität noch die Geologie untergebracht worden war. Als zunächst einziger, später Leitender Oberarzt sollte Dr. Miehlke im Ernstfall sofort und jederzeit erreichbar sein. Und das blieb er auch, solange er in Homburg tätig war.

Dr. Miehlke, ein omnipräsenter 'Hans Dampf in allen Gassen', sowohl Facharzt für Chirurgie als auch für Oto-Rhino-Laryngologie, war nicht nur ein hervorragender Operateur, sondern auch ein Vorbild an Pflichtbewusstsein, Fleiß und ungeheurer Arbeitskraft. Er war sicher im gesamten Spektrum der HNO-Heilkunde kompetent, doch sein eigentliches Fachgebiet war die Operation des Nervus facialis, über die er ein Fachbuch geschrieben hat, das

auch in seiner englischsprachigen Ausgabe ein Renner wurde. Habilitiert hat er sich über den peripheren Lagenystagmus.
Im Krieg war er bei der Marine gewesen, wo er seinen saarländischen Freund Terres kennengelernt hatte, der sich später als HNO-Arzt in Lebach niedergelassen hat. Ein diskreter Hinweis auf diese prägenden Jahre war seine Vorliebe für dunkelblaue Anzüge mit goldfarbenen Knöpfen, auf denen eigentlich nur die Schulterklappen und die goldenen Tressen an den Ärmeln fehlten.
Als sportlicher Typ – in seinen Berliner Jahren war er wohl begeisterter Segler gewesen – ist er in Homburg recht bald auf den nur wenige Meter von seiner Wohnung entfernten Tennisplätzen aufgetaucht, und im privaten Gespräch gestand er uns, dass er insgeheim von einem Borgward Isabella Coupé mit offenem Verdeck träumte, dem damals neben Porsche sportlichsten Mittelklassewagen, auch wenn sein Oberarztgehalt nur einen ganz gewöhnlichen PKW vom Typ Simca Aronde zuließ.

Für beide, sowohl Herrn Dr. Miehlke als auch seine Frau, waren meine Eltern eine Art Ersatzeltern, die sie fast ein wenig verehrten. Als Herr Dr. Miehlke schon längst habilitiert und selbst zum außerplanmäßigen Professor ernannt worden war, blieb mein Vater für ihn auch bei den häufigen privaten Begegnungen immer noch der 'Herr Professor'. Wir haben zahlreiche gemeinsame Ausflüge unternommen und mehrere Urlaube miteinander verbracht, darunter auch die wunderschönen gemeinsamen Aufenthalte im „Mirador" in Sainte-Maxime am Golf von Saint-Tropez, einem ehemaligen Hotel, das die Landesregierung als Urlaubsdomizil für Beamte und Staatsangestellte gekauft hatte.

1964 folgte Professor Miehlke einem Ruf nach Göttingen, wo er bis 1985 als herausragende wissenschaftliche Persönlichkeit wirkte, seit 1964 auch Mitglied der „Deutschen Akademie der Naturforscher Leopoldina" in Halle war. 1990 wurde ihm die Ehrendoktorwürde der Medizinischen Fakultät der Universität des Saarlandes verliehen. Nach längerem Leiden ist er 2001 im Alter von 84 Jahren verstorben. Seine Frau dagegen starb schon wesent-

lich früher, nachdem sie noch in Homburg wegen eines Aneurysma der linken Arteria carotis interna operiert worden war und dabei eine komplette Halbseitenlähmung rechts mit schwerer Aphasie erlitten hatte. Frau Miehlke war damals noch nicht einmal 40 Jahre alt. Ihre plötzliche Erkrankung aus scheinbar völligem Wohlbefinden mit totaler Hilflosigkeit war ein schreckliches Ereignis, mit dem wir nur schwer zurechtkamen. Für mich als damals angehenden Mediziner war es der erste „Schlaganfall" im unmittelbaren Bekanntenkreis, mit dessen Nachsorge ich direkt konfrontiert wurde, denn für uns alle war es eine Selbstverständlichkeit, Herrn Professor Miehlke und besonders die beiden minderjährigen Töchter bei der Bewältigung von Alltagsproblemen zu unterstützen. Der Begriff 'Aphasie' war uns bis dahin völlig fremd gewesen. Wir hatten uns nie mit dem Thema beschäftigt und waren mit der Situation total überfordert. Mit einem lieben, vertrauten Menschen, mit dem man viele schöne Stunden verbracht, vor allem viel herumgealbert hatte, plötzlich nicht mehr sprechen zu können, nicht nur, weil er es selbst nicht mehr kann, sondern weil er vieles nicht mehr versteht, war eine erschreckende Erfahrung, die uns nie ganz losließ, auch wenn wir nicht unmittelbar mit Frau Miehlke zusammen waren.
Man spürte dies auch im gewöhnlichen Alltag, wenn man im Krankenhausgelände einem Bekannten begegnete. Das Thema war allgegenwärtig und belastete die sonst so lockere, heitere Stimmung massiv. Die heute allgemein etablierte Logopädie und Ergotherapie gab es damals – zumindest im Saarland – noch nicht, und unsere dilettantischen Bemühungen, Frau Miehlke zu beschäftigen und sie zu sprachlichen Äußerungen zu animieren, waren dafür sicher nur ein ganz schlechter Ersatz. In den Niederlanden gab es jedoch schon in den 50er Jahren entsprechende Einrichtungen, und ich erinnere mich, dass Herr Professor Miehlke jede sich bietende Gelegenheit nutzte, um mit seiner Frau dorthin zu fahren und sie einer gezielten Therapie zuzuführen. Dennoch blieb sie bis zu ihrem frühen Tod auf fremde Hilfe angewiesen.

Spektabilität Friedrich Doenecke

39

Dekanatsjahre unseres Vaters

Wenn man heute die Jahrbücher der Universität studiert und dabei die Liste der Dekane und ihre Amtsperiode Revue passieren lässt, geht aus den nüchternen Zahlen in der Regel nicht hervor, wie viel zusätzliche Arbeit und Entbehrung mit dem Amt des Dekans verbunden war und heute noch immer ist.

Bei Durchsicht einer solchen Liste fällt dem Betrachter allenfalls auf, dass die von 1951 bis 1955 dauernde Amtsperiode unseres Vaters, der nach Prof. Lullies zweiter Dekan der Medizinischen Fakultät war, mit 4 Jahren schon etwas aus dem Rahmen fällt.
Prof. Lullies war immerhin drei Jahre im Amt gewesen, der unseren Vater ablösende Prof. Falk noch zwei, aber nach ihm dauerte eine Dekanatsperiode über mehr als 10 Jahre nur noch jeweils ein Jahr. Wenn man aber berücksichtigt, dass unser Vater bereits während des Dekanats von Prof. Lullies Prodekan war und dass der jeweilige

Amtsinhaber für die Dauer der nächsten Periode automatisch zum Prodekan gewählt wird, um dem Nachfolger das Terrain zu ebnen bzw. ihn zu entlasten, wird klar, dass unser Vater rund 10 Jahre ohne Unterbrechung, nämlich von 1948 bis 1957 einschließlich neben seiner eigentlichen Aufgabe als Klinikdirektor und klinischer Lehrer im Management der akademischen Verwaltung tätig war, zumal er in der Periode 1957/58 ja auch noch das Amt des Prorektors der Universität bekleidet hat.

Dass diese Belastung nicht nur ihm zu schaffen machte, sondern auch seine Familie nicht ganz unberührt ließ, dürfte für Außenstehende leicht nachvollziehbar sein. Wie früher schon gesagt, war es uns Geschwistern klar, dass unser Vater zu Hause nicht nur seine verdiente Ruhe benötigte (Stichwort Mittagschläfchen), sondern manchmal, und damals immer öfter, auch die Gelegenheit haben musste, richtig 'Dampf abzulassen'. Er, der von den Studenten und heimlich auch von seinen Assistenten liebevoll *Jumbo* Genannte, der bei den Mitarbeitern wegen seiner stoischen Ruhe geschätzt, aber auch ein wenig gefürchtet war, wenn ihm in prekären Situationen wirklich einmal der Kragen platzte und er vor versammelter Mannschaft aus vermeintlich tiefster Beherrschung ein Riesendonnerwetter loslassen konnte, brauchte zu Hause dieses Umfeld, in dem er sich entspannen und wieder neue Kräfte sammeln konnte.

Dass er aber in diesen Phasen der Entspannung auch einmal seinen Kummer ganz einfach loswerden und die Fakten konkret auf den Tisch legen musste, die ihn dienstlich in der Klinik oder im Dekanat belasteten, war für uns eine Tatsache, die wir zu respektieren hatten. Wir mussten dabei gar nicht besonders neugierig nachfragen oder unser Vater im Umgang mit seinen Amtsgeheimnissen nicht besonders leichtfertig umgehen. Es ergab sich auch ohne unser Zutun fast zwangsläufig, dass wir einige Fakultätsinterna mitbekamen, über die wir selbstverständlich strengstes Stillschweigen bewahrten. Dazu gehörte vor allem die unsägliche Hector-Affäre, die wie eine graue Gewitterwolke über Jahre über der Fakultät hing und jeden Fortschritt zu behindern drohte.

Meerstern, ich dich grüße

Den neu geschaffenen Lehrstuhl für Hygiene und Bakteriologie übernahm zur Jahreswende 1950/51 Professor Horst Gärtner[45], der, wie Prof. Rolshoven aus Münster kommend, mit seiner Arbeitsaufnahme einem echten Notstand ein Ende setzte, denn bis dahin hatten die Kliniken alle mikrobiologischen Untersuchungsmaterialien nach Saarbrücken schicken müssen, was umständlich und vor allem sehr zeitraubend war. Dass zwischenzeitlich ein vom Pariser Pasteur-Institut entsandter Franzose namens Charles Leblois für kurze Zeit in Homburg tätig gewesen war, haben wir Kinder überhaupt nicht mitgekriegt.

Der damals knapp vierzigjährige, in der Nähe von Zwickau in Sachsen geborene Prof. Horst Gärtner war ein gesetzter Herr, der mit seinem rötlich-blonden und ziemlich schütteren Haar, der eher „vollschlanken" Figur und einer freundlichen, abgeklärten Art deutlich älter wirkte als es seinem wahren Alter entsprach. Während er nach jahrelanger Tätigkeit in Münster sowohl dem Tonfall als auch der gesamten Erscheinung wegen ein gemütlicher Westfale zu sein schien, war seine Frau eine temperamentvolle Schwäbin, die sehr bald Anschluss an die damals noch relativ kleine 'Anstaltsfamilie' fand. Die beiden Töchter und der kleine Sohn hingegen machten einen ziemlich schüchternen Eindruck und sind mit Homburg nie so richtig warm geworden.

Das Hygiene-Institut wurde im Bau 5 (heute Geb. 43, SMU für Bakteriologie) eingerichtet, gleich hinter der Hautklinik sowie in unmittelbarer Nachbarschaft zur späteren Physiologischen Chemie in Bau 3 (Geb. 44) und auch zur Anatomie, die ja lange Jahre im Bau 7 residierte, bevor das heutige imposante Anatomie-Dreieck

Prof. Dr. Horst Gärtner 40

mit dem zentralen Auditorium maximum in der Nähe des Fernheizwerks errichtet wurde. Im Garten des Instituts weideten einige Schafe, die als Serumspender benötigt wurden, und man erzählte sich, dass in den Tierställen im Keller hunderte von Kaninchen und Meerschweinchen als Versuchstiere ihr Dasein fristeten, letztere als Beimpfungskandidaten bei der Tbc-Diagnostik.

Dem personalaufwendigen Arbeitsauftrag entsprechend waren in der Bakteriologie ungewöhnlich viele medizinisch-technische Assistentinnen (MTA) tätig, deren fromme Gesänge durch die meist offenen Fenster nach außen drangen, von denen uns der folgende besonders häufig in den Ohren klang:

Meerstern, ich Dich grüße, oh Maria hilf!
Gottes Mutter, süße, oh Maria hilf!
Maria hilf uns allen, aus dieser tiefen Not!

---

[45] Horst Gärtner (1911–2001)

Und der vollschlanke Prof. Gärtner mit dem rosa Teint, den freundlich zwinkernden, von blonden Wimpern gesäumten Äuglein und den schütteren, rötlich-blonden Borsten auf dem lichten Schädel, dem man spontan unterstellte, als Münsteraner ein frommer, 'praktizierender Katholik' zu sein, schwärmte mit einer gewissen Rührung von den gottesfürchtigen Mitarbeiterinnen, die ihn bei seinen täglichen Visiten im Labor regelmäßig mit der Marienlitanei empfingen. Dass seine Mitarbeiterinnen den Text leicht abgewandelt hatten und statt des 'Meerstern' etwas undeutlich seinen Spitznamen 'Meerschwein' sangen, hat er während seiner knapp siebenjährigen Homburger Zeit hoffentlich nie auf sich selbst bezogen. Tatsächlich war die fromme Weise lediglich als Warnung an die Kolleginnen in den angrenzenden Labors gerichtet, die auf den herannahenden Chef aufmerksam gemacht werden sollten.

Trotz des enormen Altersunterschieds entwickelte sich zwischen den Ehepaaren Gärtner und Strempel recht bald eine enge Freundschaft, die primär wahrscheinlich einfach nur eine Folge der unmittelbaren Nachbarschaft von Hautklinik und Hygiene-Institut war, in deren Dächern die beiden Instituts- bzw. Klinikdirektoren wohnten. Im Jahre 1957 ist Professor Gärtner, der übrigens ein begeisterter Orchideensammler und -fotograf war, einem Ruf nach Kiel gefolgt, wo vor ihm schon Prof. Lullies, der erste Homburger Physiologe gelandet war, der Vorgänger von Professor Robert Stämpfli. Anlässlich meines Kieler Sommersemesters 1959, das mich sowohl mit Familie Lullies als auch mit Prof. Gärtner zusammenführte, bei dem ich eine Vorlesung über Allgemeine Hygiene und Epidemiologie gehört habe, kam ich in den Genuss einer Einladung zum Abendbrot bei Gärtners mit einer anschließenden fünfstündigen Diaschau zum Thema „Die Orchideen Europas und Vorderasiens".

Gutnachbarliche Beziehungen

Nach jeweils einjährigem Präparanden- und Konfirmandenunterricht bei Pfarrer Bruch mit einer abschließenden Prüfung in der Stadtkirche vor der gespannt auf einen Patzer hoffenden Gemeinde feierten wir am Palmsonntag 1951 endlich unsere Konfirmation, zu der mir ein lang gehegter Wunsch erfüllt wurde, nämlich ein neues Bismarck-Fahrrad. Mit diesem chromblitzenden Renner mit Rücktrittbremse, den ich nach und nach mit einer 6-Gang-Simplex-Schaltung und zusätzlichen Felgenbremsen an Vorder- und Hinterrad ausstattete, hatte ich mit meinen Freunden für die Sommerferien eine große Radtour über den Schwarzwald zum Bodensee und dann durch Vorarlberg und Tirol zum Chiemsee geplant.

Bevor es soweit war, nutzte ich das Fahrrad allerdings wie jeder andere auch bei ganz alltäglichen Fahrten in die Stadt und in die nähere Umgebung Homburgs. Dazu gehörten vor allem auch die 'Schmuggelfahrten' in die nahe Pfalz, denn für die Homburger war es in der damaligen Zeit eine Selbstverständlichkeit, sich jenseits der Zollgrenze zur Pfalz mit hochwertigen Gütern des täglichen Bedarfs zu versorgen. Manche Leute gingen sogar soweit, zum Kauf von Waren, die man bei uns nicht nur in besserer Qualität, sondern auch zu einem deutlich geringeren Preis bekam, wie z. B. einer Schachtel Camembert, den beschwerlichen Weg in die Pfalz und vor allem den gefahrenträchtigen Rückweg 'durch *die* Zoll' zu nehmen, wie es damals hieß. Denn die Gefahr, erwischt zu werden und dann nicht nur die Ware zu verlieren, sondern auch noch eine saftige Geldstrafe zahlen zu müssen, bestand ja immer.

Diese Einkaufsfahrten der Saarländer hatten übrigens in den grenznahen Gemeinden der Pfalz – für Homburg waren dies Zweibrücken und Waldmohr – einen blühenden Handel entstehen lassen, den es ohne die regelmäßig einfallenden Saarländer nie gegeben hätte. So hat sich dort auf der einen Seite mancher einheimische Kaufmann an den lieben Nachbarn von der Saar gesund gestoßen, andererseits aber auch ein reger Zuzug von Glücksrittern 'aus dem Reich' eingestellt, welche die Hochkonjunktur in dem früher so ärmlichen westpfälzischen Grenzraum zu nutzen wussten.

Als potentielle Kunden waren wir in der Pfalz also äußerst beliebt und wurden dort manchmal in schon fast unangenehmer Weise hofiert. Wir hatten uns so sehr daran gewöhnt, als die 'lieben Brüder und Schwestern aus dem Saargebiet' geschätzt zu werden, dass wir aus allen Wolken fielen, als uns anlässlich einer sonntäglichen Radtour in die Südpfalz brutal die Augen geöffnet wurden.

Mit meinem neuen Bismarck-Fahrrad und gemeinsam mit den Freunden Dieter und Peter hatte ich in diesem Jahr begonnen, jeden Sonntag frühmorgens aufzubrechen und aufs Geratewohl in die noch tief verschlafene Sommerlandschaft zu starten. Auf diese Weise waren wir oft auch in die benachbarte Pfalz geradelt und so eines Sonntags in Erlenbach, einem kleinen Dorf am Fuße der Burg Berwartstein bei Busenberg gelandet, und diesen Berwartstein wollten wir natürlich erklimmen. Angesichts der in der prallen Sonne gelegenen mittelalterlichen Ritterburg stolperten wir – von unserer langen Fahrt völlig ausgetrocknet – eine Erfrischung suchend in die düstere Gaststube der einzigen Wirtschaft am Orte und bestellten noch auf dem Weg zum Tisch bei der alten Wirtin für jeden ein großes Glas Coca-Cola, um dann erschöpft auf die harten, braunen Holzbänke zu sinken. Als die großmütterlich liebevoll wirkende Alte mit dem Tablett und dem köstlichen Nass an den Tisch geschlurft kam, fragte sie freundlich lächelnd in ihrem typischen südpfälzer Singsang: „Ei, wo komme na dann he-ja, ihr Buuu-we?“ Auf unser arglos hingeworfenes: „Ei, vun Hum-borch, ausem Saa-land!“ blieb sie wie angewurzelt stehen und fauchte uns mit wütendem Blick an: „Waaas? Drrreckische Saa-frrranzo-use sinna? Vun mir krrrie-e-na nix!", machte auf der Stelle eine Kehrtwendung und goss vor unseren entsetzten Augen die eiskalte Cola in den Spülstein. Es fehlte nur noch, dass dieser feuerspeiende Drache uns aus seiner finsteren Höhle geblasen hätte, und so suchten wir wie geprügelte Hunde unverrichteter Dinge das Weite.

Auch wenn dieser drastische Liebesentzug in seiner Deftigkeit einmalig blieb, haben wir immer wieder einmal feststellen können, dass man uns jenseits der Grenze nicht nur geschätzt hat, insbesondere in der Vorderpfalz, wo man nicht mehr unmittelbar, vor allem nicht so regelmäßig von unserer Kaufkraft profitierte wie in den grenznahen Regionen. In Bad Kreuznach, Ludwigshafen und auch noch jenseits des Rheins waren wir Saarländer über die üblichen, völlig harmlosen saarländisch-pfälzischen Frotzeleien hinaus für viele ältere Bürger die üblen Vaterlandsverräter, die knapp dreißig Jahre zuvor ja schon einmal fahnenflüchtig geworden waren und sich nun schon wieder an die damals abfällig als „angebliche Sieger" bezeichneten Franzosen verkauft hatten.

Effi und Bessi

Im Laufe des Jahres 1951 hat auch das Institut für Physiologische Chemie unter Professor Dr. Dr. Robert Ammon[46] seine Tätigkeit aufgenommen. Professor Ammon, der von der Organischen Chemie zur Physiologischen Chemie gekommen war und sich eigentlich als Biochemiker verstand, kam wie Professor Lullies aus Königsberg und schien wie dieser seine Herkunft durch einen ausgeprägt ostpreußischen Akzent zu verraten. Doch tatsächlich stammte er aus Berlin und hatte nach Etappen in Mannheim und Breslau erst während des Kriegs, genauer seit 1943, den Königsberger Lehrstuhl für Physiologische Chemie innegehabt. Nach der Flucht aus Ostpreußen war Professor Ammon als Lebensmittelchemiker und ausgewiesener Experte für Fermente, Vitamine und Hormone, der bereits vor dem Krieg gemeinsam mit Wilhelm Dirscherl ein Handbuch zu dieser Thematik verfasst hatte, bei dem Pharmahersteller Mack in Illertissen in Oberschwaben untergekommen, bevor ihn der Ruf nach Homburg erreichte.

Neben seiner seltsam abgehackten Art zu sprechen, charakterisierten ihn aus unserer Sicht zwei Eigenarten: Da er nicht besonders groß war, wippte er im Stehen unablässig mit geschlossenen Füßen auf den Zehenspitzen, was jeden irritierte, der mit ihm ein ernsthaftes Gespräch führen wollte. Die zweite, weniger lästige als eher zu komischen Situationen Anlass gebende Angewohnheit war die, jeden Studenten oder sonstigen jüngeren Menschen männlichen Geschlechts mit „Mein Sohn“ anzusprechen.

[46] Robert Ammon (1902–1997)

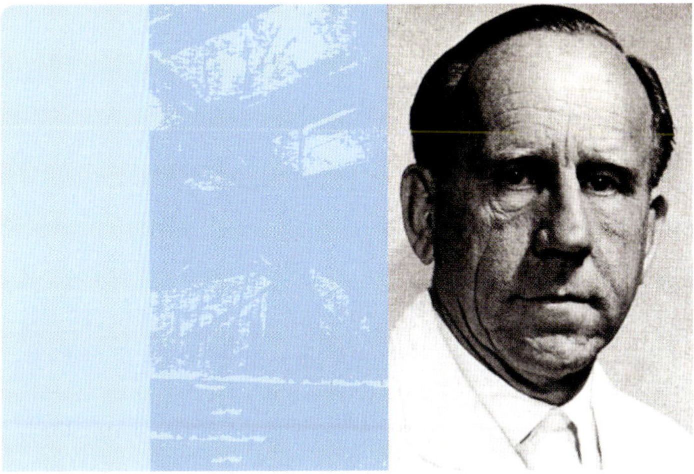

Prof. Dr. Dr. Robert Ammon 41

Es war dabei völlig irrelevant, ob er uns Kindern auf der Straße ein fröhliches „Hal - lo, gu - ten Tag, mein Sohn“ zurief oder einem armen Physikumskandidaten mit ernster Miene die traurige Mitteilung machen musste: „Dies war leider nur eine Fünf, mein Sohn!“ Vielleicht hat es den einen oder anderen Kandidaten etwas getröstet, so persönlich verabschiedet zu werden, aber Fünf blieb Fünf, und die persönliche Ansprache war nur eine Marotte, mehr nicht.

Wie Familie Lullies hatten auch Ammons fünf Kinder in unserem Alter. Da der kurz vor dem Abitur stehende älteste Sohn Jürgen an seiner alten Schule geblieben war, erlebten wir nur die vier jüngeren Geschwister. Unmittelbare Kontakte hatten wir mit dem etwas schwierigen zweitältesten Sohn Rödger und mit Nora, der ältesten der drei Töchter, die zwei Jahre später meine Tanzstundenpartnerin werden sollte. Seine Frau entstammte dem preußischen Landadel aus der Mark Brandenburg, und wenn sie jemanden ganz besonders in ihr Herz geschlossen hatte, gestand sie, dass ihre Mutter oder Großmutter Theodor Fontane als Vorbild für seine Effi Briest gedient hatte.

Tagung der DGPhCh 1953 (li. außen Prof. Ammon und daneben, 3. v. links, Prof. Staudinger) 42

Wir hatten damals keinen Grund, diesem hinter vorgehaltener Hand gegebenen Hinweis zu misstrauen. Erst Jahre später kamen uns leichte Zweifel, als wir bei gezielten Nachforschungen keinen Anhalt für eine solche Verbindung haben finden können. Frau Ammon war sicher eine ganz liebe Frau, der man die adelige Abkunft durchaus abnahm, die jedoch mit der Versorgung der Familie völlig ausgelastet schien und sich immer freiwillig in den Hintergrund stellte.

Professor Ammons herausragende Bedeutung als Forscher und Buchautor sowie sein überregionales Engagement in verschiedenen wissenschaftlichen Gesellschaften waren auch uns Jugendlichen durchaus bewusst. Immerhin hatte er 1953 die Herbsttagung

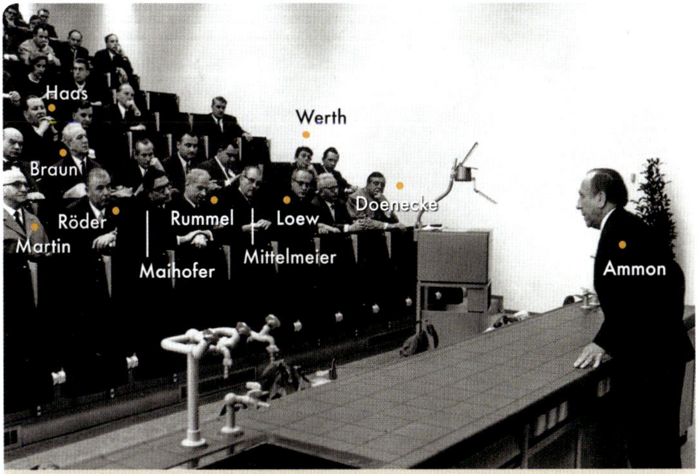

Einweihung des neuen Hörsaalgebäudes der Biochemie und Pharmakologie 1967, unter den Gästen Rektor W. Maihofer[80], F.-J. Röder (Ministerpräsident), W. Braun (Ministerialdirigent im Kultusministerium), E. Martin (Vorsitzender der Gesellschaft der Freunde der Universität), außerdem G. Werth und R. Haas (beide Biochemiker), W. Rummel (Pharmakologe), H. Mittelmeier (Orthopäde), F. Loew (Neurochirurg und Dekan 1966/67) sowie F. Doenecke[2] (Internist) 43

der Deutschen Gesellschaft für Physiologische Chemie nach Homburg geholt, an der auch Hermann Staudinger teilgenommen hat, dem im selben Jahr der Nobelpreis für Chemie verliehen wurde. Doch dies war uns weniger wichtig als die Tatsache, dass er der Vater unseres Schulkameraden Rödger war, der uns wegen seiner psychischen Auffälligkeiten sowohl von seinen als auch von unseren Eltern zur „liebevollen Betreuung" ans Herz gelegt worden war. So hat uns der liebe Rödger auf dem morgendlichen Weg zum Gymnasium häufig in allergrößte Schwierigkeiten gebracht, weil er es dank seines autistischen Verhaltens, heute würde man ihn wahrscheinlich einen „Asperger" nennen, immer wieder geschafft hat, dass wir zu spät zum Unterricht kamen oder uns heftige Vorwürfe von Busfahrern einhandelten, die er, wie festgenagelt, mitten auf der Kirrberger Landstraße stehend, zur Notbremsung gezwungen hatte.

Die im Bau 3 untergebrachte Physiologische Chemie war in der Aufbauphase praktisch ein Ein-Mann-Betrieb, der sich von Jahr zu Jahr um eine weitere Person erweiterte.

Nach Prof. Ammon kam zunächst einmal Frau Dr. Gertrud Werth, die sich alsbald zu habilitieren begann. Außerdem gab es dort natürlich auch Doktoranden und studentische Hilfskräfte. Irgendwann gab es dann eine blonde MTA mittleren Alters und schließlich einen Tierpfleger, der sich der im östlichen Flügel von Bau 3 untergebrachten Versuchshunde annahm, die sich darin gefielen, tagein und tagaus einen durch Bellen und Jaulen erzeugten, nur wenig modulierten Dauerton von sich zu geben. Die armen Tiere hausten übrigens in denselben Kellerräumen, aus denen wir sechs Jahre zuvor die Steinkohlenvorräte der Waffen-SS – ohne deren Wissen – „entliehen" hatten, und die wir nur deshalb nicht haben zurückerstatten können, weil inzwischen der Krieg beendet war und sich mit dem 'Dritten Reich' auch die SS verabschiedet hatte.

Während die armen Versuchshunde im Keller ihr Dasein fristeten, residierte eine Etage höher eine Diva, nämlich eine Hundedame namens Bessi, die dort freien Zugang zu allen Räumen hatte und überhaupt einen Rang einnahm, der gleich hinter dem Chef und noch deutlich vor den wenigen nachgeordneten Mitarbeiterinnen des Hauses angesiedelt war. Bessi war eine eher zierliche Deutsche Schäferhündin im Besitz von Prof. Ammon, deren Lebensraum auf das Institut und seine unmittelbare Umgebung begrenzt war. Wenn man Prof. Ammon in seinem Institut aufsuchte und das Haus durch die große, schwere Eichentür mit den schmiedeeisernen Beschlägen betrat, musste man damit rechnen, dass man dort gleich hinter dem Eingang von seiner schwanzwedelnden Empfangsdame begrüßt und stumm zu ihrem Herrchen geleitet wurde.

Nachdem die brave Bessi über zwei Jahre ein sicher recht komfortables, aber eben doch nicht ganz artgerechtes Leben in der Biochemie hatte führen dürfen, bekam Prof. Ammon im Jahr 1953 endlich ein Einsehen mit ihren natürlichen Bedürfnissen und führte sie ihrer eigentlichen Bestimmung zu. Als Vater ihrer zukünftigen Kinder hatte er einen prächtigen, schwarzen Rüden ausgespäht, der sich im Besitz des Homburger Schneidermeisters Keller am Markt befand.

Aus der sorgfältig geplanten und auch beim Verein für Deutsche Schäferhunde (SV) e.V. angemeldeten Verbindung zwischen dem Keller'schen Rüden und der Ammon'schen Bessi gingen nach meiner Erinnerung zehn Welpen hervor, von denen allerdings nur acht überlebten bzw. vom SV e.V. als überlebenswert eingestuft wurden. Und von diesen herzigen Wollknäueln, die als Ergebnisse des ersten Wurfs alle einen mit A beginnenden Vornamen erhalten mussten, bekamen wir nach zwölf Wochen ein kleines Hundemädchen namens *Assi von der Biochemie.* So stand es ganz offiziell im Zuchtbuch des SV, Sektion Saarland. Im Gegenzug erhielten Ammons das alte Klavier aus Halle, das wir entbehren konnten, weil wir inzwischen den prächtigen Blüthner-Flügel des scheidenden Fabrikdirektors Friedrich Gönnenwein erstanden hatten, der ihn wegen Umzugs hatte abstoßen wollen, um am neuen Wohnort Tübingen für seine Tochter Melanie eine Harfe zu kaufen. Deren Bruder Friedrich, der einige Klassen über mir das Homburger Realgymnasium besuchte, hat übrigens später in Tübingen als Experimentalphysiker und Buchautor Karriere gemacht.

Fakultätsausflug 1951 nach Paris

44

Preisverleihung

Die engen, praktisch alle Branchen betreffenden Verbindungen der saarländischen Wirtschaft mit der französischen schlossen natürlich auch die Pharmazeutische Industrie mit ein. Das Saarland besaß zwar mit der in Homburg-Reiskirchen angesiedelten, hauptsächlich Infusionslösungen produzierenden SALVIA GmbH und der in Schiffweiler ansässigen Saarstickstoff-Fatol GmbH mit ihrer auf Tuberkulostatika-Forschung spezialisierten Entwicklungsabteilung einen gar nicht einmal so unbedeutenden Pharma-Sektor, doch das Gros der in Kliniken und im ambulanten Bereich eingesetzten Medikamente kam natürlich aus Frankreich.

Wer sich heutzutage mit der international verflochtenen europäischen Pharma-Industrie befasst, kommt rasch zu der Erkenntnis, dass es in dieser Sparte außer der Leverkusener Bayer AG kaum noch einen deutschen Konzern von Weltgeltung gibt, weil dessen frühere Konkurrenten inzwischen fast vollständig von ausländischen Firmen geschluckt worden sind. Einer der größten dieser Riesen ist die französische Sanofi-Gruppe. Dass diese Sanofi aus dem Lyoner Chemie-Konzern Rhône-Poulenc SA hervorgegangen ist, dessen Pharma-Sparte ursprünglich einmal die Société Parisienne d'Expansion Chimique (SPECIA) war, weiß heute kaum noch ein Arzt, der seinen Patienten so bekannte Sanofi-Präparate wie den Schleimlöser Bisolvon, das orale Antidiabetikum Metformin, das Abführmittel Laxoberal oder die Kopfschmerztablette Thomapyrin verschreibt.

Anfang der 1950er Jahre jedoch war diese SPECIA im Saarland der marktbeherrschende Anbieter hochwirksamer Medikamente, so wie es in der Bundesrepublik die Frankfurter Hoechst AG war, die sich in den 1990er Jahren mit Rhône-Poulenc zu der inzwischen längst von Sanofi übernommenen Straßburger Aventis vereinigt hatte. Diese SPECIA allerdings, deren oto- und nephrotoxisches „Breitband-Antibiotikum" Streptomycin-Bipenicillin (im Klinikjargon „Schdrebbdo-Bi") damals ebenso leichtfertig verordnet wurde, wie man heutzutage Diclofenac oder Ibuprofen unters Volk bringt, wusste ganz genau, was sie ihren Saarländern schuldig war. Die SPECIA nämlich engagierte sich – natürlich ohne jeden Hintergedanken – in höchst anerkennenswerter Weise bei der Ausbildung des saarländischen Medizinernachwuchses, indem sie nicht nur beim medizinischen Staatsexamen, sondern bereits bei Zwischenprüfungen mehrere Siegerpreise in Form hochwertiger Lehr- und Fachbücher für die bestbenoteten Examinanden auslobte. Der SPECIA-Preis war über Jahrzehnte, auch lange nach der Rückkehr des Saarlandes noch, eine hochbegehrte Siegestrophäe, die man ohne schlechtes Gewissen annahm, weil sie vermeintlich zu nichts als purer Dankbarkeit verpflichtete.

Mensch und Maschine

Nicht nur einen auf Hochglanz polierten pechkohlrabenschwarzen Blüthner-Flügel haben wir 1952 erstanden, sondern auch einen ebenso schwarz lackierten 15er Citroën (Traction Avant 15-Six). Dieses 3-Liter-Ungetüm mit dem charakteristischen, übergroßen Doppelwinkel im Kühlergrill, dem traditionellen Vorderradantrieb, den an der B-Säule befestigten, also nach vorne aufklappenden Vordertüren und auf den Kotflügeln montierten Scheinwerfern war damals nicht nur das größte, sondern wegen seiner sagenumwobenen Frühgeschichte auch begehrteste Automobil, das in Frankreich produziert wurde. Die kraftvolle 6-Zylinder-Maschine mit ihren unglaublichen 77 PS bei 3800 U/min und dem herrlich sonoren, leicht heiser röhrenden Motorengeräusch begeisterte uns immer wieder aufs Neue; und beim Beschleunigen ließ der Wagen alles hinter sich, was ihm vor den Kühler kam. Man munkelte, dass sich schon kurz nach seinem erstmaligen Erscheinen in den dreißiger Jahren sogar die Mafia-Gangster in New York und Chicago speziell mit diesem Citroën ausgestattet hatten, um den ihnen nachjagenden Cops entwischen zu können.

Ob das den Tatsachen entsprach, weiß ich nicht. Tatsache ist aber, dass jeder saarländische Besitzer dieses Fahrzeugs in der Gewissheit, den schnellsten Wagen mit der tollsten Beschleunigung unter dem Allerwertesten zu haben, sich einen feuchten Kehricht um Geschwindigkeitsbegrenzungen kümmerte und wütend das Gaspedal durchtrat, wenn ein kleinerer Wagen die Frechheit besaß, sich dem „15er“ von hinten zu nähern, oder ihn gar zu überholen versuchte. Auch unser Vater hielt es so, und er fand dabei die begeisterte Unterstützung seiner Nachkommenschaft.

Unserer Mutter waren diese Wettrennen nicht nur peinlich, sondern aus tiefster Seele zuwider, aber sie wagte es nicht, dem tollkühnen Piloten am Volant ins Gewissen zu reden.

Bei diesen Privatrennen auf öffentlichen Straßen gab es übrigens eine von allen Citroën-Besitzern stillschweigend akzeptierte Ausnahme: Während man die gesamte Konkurrenz in die Schranken wies, ließ man einen anderen 15er großmütig und gelassen lächelnd an sich vorbeiziehen. Man gestattete es sich sogar, sachte auf das Bremspedal zu treten und von der Straßenmitte auf die rechte Fahrspur hinüberzuwechseln, um einem gleichrangigen Alpha-Männchen innerhalb dieser gar nicht so geheimen Citroën-Bruderschaft den Überholvorgang zu erleichtern. Umgekehrt erwartete man natürlich dasselbe chevalereske Verhalten, wenn man dem vorausfahrenden Kollegen durch zwei kurze 100-dB-Fanfarenstöße der vier bereits ab Werk eingebauten Signalhörner die Absicht zum Überholen kundtat.

Wegen des relativ kleinen Kofferraums musste dieser rasante Schlitten allerdings kaum fünf Jahre später wieder einem vergleichsweise braven Mercedes 180 weichen, dem ersten Mercedes-Benz-PKW „mit selbsttragender Karosserie“.

Der Lungenbau

Das Jahr 1952 bescherte uns auch den ersten gemeinsamen Familienurlaub überhaupt, den wir mit unserem Citroën in Lenzerheide-Valbella (Schweiz) verbrachten. In der zweiten Urlaubshälfte tauchte eines Tages Prof. Domenjoz mit seinem rasanten Austin A90 auf, der aus der Schweiz stammende Homburger Pharmakologe, um Papa zu einer zweitägigen Spritztour in die Welschschweiz abzuholen. Wir hatten zwar gehört, dass da etwas bevorstand, und hatten nicht genau nachgefragt; doch als es dann plötzlich soweit war, kam die Abreise zumindest für uns Kinder ziemlich überraschend. Ziel des Kurztrips war die Tuberkulose-Heilstätte in Montana-Vermala, oberhalb des Rhônetals, deren Chef unseren Vater durch Prof. Domenjoz' Vermittlung zu einer Besichtigung eingeladen hatte. Denn in diese Zeit fiel die Errichtung des später Robert-Koch-Klinik (Geb. 91) genannten „Lungen-Baus", der auf einem Ackergelände oberhalb der Kegelbahn langsam Gestalt annahm. Für die Einrichtung und Organisation dieser Dependance der Medizinischen Klinik, deren Leitung Oberarzt Felix Koßmann übernehmen sollte, wollte unser Vater Ideen sammeln bzw. sich aus berufenem Munde informieren lassen.

Die Notwendigkeit zum Bau einer solchen Klinik war zwingend geboten, denn auf der einen Seite war die Tuberkulose in den Nachkriegsjahren infolge schlechter Ernährung und desolater Lebensverhältnisse und damit geschwächter Immunabwehr noch eine wahre Volksseuche, und zum andern gab es da die Siliko-Tbc der Bergarbeiter und ihrer sekundär infizierten Familien, die im Saarland mit seinem Bergbau noch ein zusätzliches Problem darstellte.

Der „Lungen-Bau" von 1953

45

Saarländisches Körperbehindertenheim von 1952
(dahinter Gewächshäuser der Gärtnerei und Gutshof)

46

Wie weit die Schweizer Anregungen dann in der Praxis umgesetzt werden konnten, haben wir nie richtig erfahren. Das Konzept der Klinik unterschied sich wohl nur unwesentlich von dem traditioneller Tuberkulose-Heilstätten, wie es sie damals im Allgäu und vor allem in der Schweiz gab, mit monatelangen Liegekuren an der frischen Luft und kalorienreicher Kost. Tuberkulostatika im heutigen Sinne gab es noch nicht bzw. befanden sich noch im frühesten Stadium der Entwicklung und Erprobung, und genau dies sollte in der neuen Klinik wohl auch praktiziert werden.

Dieser imposanten Tuberkulose-Heilstätte, die sich mit der Zeit über die „Robert-Koch-Klinik" zur „Pneumologie" gewandelt und unter der Leitung von Friedrich Trendelenburg und nach ihm Gerhard Sybrecht ganz überwiegend mit der Diagnostik und Behandlung maligner sowie chronisch-obstruktiver Lungenerkrankungen befasst hat, war bereits ein Jahr zuvor der Bau des Saarländischen Körperbehindertenheims vorausgegangen.
Dessen LKH-interne Bezeichnung „Krüppelheim" war bei uns zu Hause streng verpönt, weil nach Ansicht unserer Eltern allzu diskriminierend. Dass man den Orthopäden Wilhelm 1952 allerdings ganz offiziell zum „Beauftragten der Landesregierung für die Landeskrüppelfürsorge" ernannt hatte, sprach für eine robustere Gefühlslage der Saarbrücker Medizinalbürokraten, die mit dem Begriff offensichtlich lockerer umgingen. Von der Existenz eines in den frühen zwanziger Jahren schon einmal in Homburg eingerichteten „Krüppelheims", in dem mehrfach amputierte und schwerstbehinderte Kriegsversehrte des Ersten Weltkriegs untergebracht worden waren, haben wir erst viel später erfahren. Das Körperbehindertenheim war überhaupt der erste vom ursprünglichen PHPA-Stil abweichende Neubau innerhalb des Klinikgeländes, wenn man von den zahlreichen Garagen absieht, die bereits 1950 in der Nähe der „Pforte" errichtet worden waren.

Europäische (Verteidigungs-) Gemeinschaft

Die im selben Jahr, und zwar schon am 26. Mai 1952, unter der Bedrohung durch die im Osten Deutschlands stehende Sowjetarmee zwischen Frankreich, Deutschland, Italien und den Benelux-Staaten gegründete *Europäische Verteidigungsgemeinschaft* (EVG) hat uns als 15- bis 16-jährige Schüler nicht ganz kaltgelassen, denn wir mussten plötzlich damit rechnen, in wenigen Jahren selbst zum Wehrdienst eingezogen zu werden.

Auch wenn das Saarland nicht Vertragspartner war und über eine saarländische Beteiligung überhaupt noch nicht gesprochen worden war, schien es uns ausgeschlossen, dass die geplante Wiederbewaffnung Deutschlands so völlig spurlos an uns vorbeiziehen würde. Unser sog. Saar-Bataillon, eine mit Gewehren bewaffnete Eingreiftruppe, eine Bereitschaftspolizei in schmutzig-braunen Uniformen, die stark an die der französischen Truppen erinnerten, war allein schon von der Mannschaftsstärke her kein Heeres-Ersatz, zumal es ja eine Berufs-„Armee“ war, während es sich bei der Diskussion um die Wiederbewaffnung im Kern um die Wiedereinführung der Wehrpflicht handelte.

Wo wir eigentlich hingehörten, war uns nicht hundertprozentig klar. Einerseits gehörten wir zum französischen Wirtschaftsraum und hatten ja auch unsere französischen Reisepässe, andererseits wurde uns immer wieder die angebliche politische Selbständigkeit als neutraler Kleinstaat zwischen den alten Erzfeinden Frankreich und Deutschland mit der Funktion einer Keimzelle des geplanten vereinigten Europa vorgegaukelt, an die wir gerne glauben mochten. Im Innersten unseres Herzens wussten wir natürlich, dass wir Deutsche waren und auch bleiben würden.

Es mag banal klingen, aber es war tatsächlich so: dieses Wissen um die Volkszugehörigkeit wurde nicht zuletzt auch durch das nicht ganz überraschende Vordringen des 1. FC Saarbrücken bis ins Endspiel um die Deutsche Fußballmeisterschaft bestätigt, das dieser allerdings am 22. Juni 1952 in Ludwigshafen gegen den VfB Stuttgart mit 2:3 Toren verloren hat. Die Saarbrücker besaßen damals eine unglaublich gute Mannschaft, die dem Saarland auch international große Reputation verschaffte.

Doch zurück zum Thema Wiederbewaffnung bzw. Einführung einer allgemeinen Wehrpflicht in der Bundesrepublik Deutschland. Die unterschwellig immer vorhandene Sorge um das Soldaten-spielen-müssen löste sich erst mit der zwei Jahre später folgenden Ablehnung der EVG durch die französische Nationalversammlung und mit der letztlich daraus resultierenden Gründung der Westeuropäischen Union (WEU) bzw. der Aufnahme der Bundesrepublik Deutschland in die NATO. Denn das „Amt Blank" (Dienststelle Blank[47]), wie man das heutige Bundesministerium der Verteidigung damals noch nannte, sah vor, dass die Angehörigen der Jahrgänge von Mitte 1927 bis Mitte 1937 nicht zum Wehrdienst eingezogen würden. Diese über mehrere Jahre geführte Diskussion endete zu unserer Erleichterung definitiv mit der Gründung der Bundeswehr und der Einberufung der ersten Freiwilligen im November 1955, als wir die Oberprima erreicht hatten und sicher waren, nach dem Abitur als sogenannte „weiße Jahrgänge" vom Wehrdienst verschont zu werden.

---

[47] Theodor Blank (1905–1972). Erster Bundesminister der Verteidigung der Bundesrepublik Deutschland.

Die Verhandlungen über die am 23. Oktober 1954, also genau ein Jahr vor der Saar-Abstimmung, unterzeichneten Pariser Verträge hatten schon 1952 begonnen, und die Regierung Hoffmann setzte allerhöchste Erwartungen in dieses Vertragswerk, das dem Saarland endlich die erhoffte internationale Anerkennung als selbstständiger Staat bringen sollte. Deswegen schlug sich jedes Detail der veröffentlichten Verhandlungsergebnisse in den Zeitungen nieder. Man hatte sogar inzwischen in Paris ein repräsentatives Gebäude gekauft und mit einem großen, bronzefarbenen Schild als „Botschaft des Saarlandes" gekennzeichnet, und auch in Saarbrücken war ein völlig überdimensioniertes, scheibenförmiges Hochhaus an der Saar entstanden, in dem die Botschaft der République Française eingerichtet wurde. Heute wird immer wieder einmal über den Abriss dieses inzwischen altersschwachen, unter Denkmalschutz stehenden Pingusson-Baus diskutiert, nachdem das zwischenzeitlich dort untergebrachte Kultusministerium eine neue Bleibe gefunden hat. Für die Dauer der Pariser Verhandlungen war die saarländische Innenpolitik praktisch auf Eis gelegt, denn sämtliche Regierungsmitglieder weilten mit kurzen Unterbrechungen fast durchgehend in Paris.

Aus unserer Sicht – und so wurde es auch von der regierungstreuen Presse vermittelt – drehte es sich bei diesen Verhandlungen ganz überwiegend, wenn nicht sogar ausschließlich um die Zukunft unseres Ländchens. Dass es dabei aber tatsächlich um wesentlich mehr ging, nämlich im Grunde genommen um die kaschierte Form eines vorgezogenen Friedensvertrages zwischen Frankreich und der Bundesrepublik Deutschland, und dass die Saarfrage dabei nur ein Teil der Verhandlungsmasse war, ist uns damals nicht wirklich bewusst geworden.

Mayer Europa

Zum Wintersemester 1952/53 nahm die neu eingerichtete Universitäts-Kinderklinik ihre Tätigkeit auf. Ihr Chef wurde der aus Hamburg gekommene Professor Dr. Johann Baptist Mayer[48], später *Kinder*-Mayer genannt, zur Unterscheidung von Professor Conrads Nachfolger Hans-Hermann Meyer, der seiner Profession entsprechend den Namen *Seelen*-Meyer bekam. Der 'Kinder-Mayer' erhielt im Scherz allerdings bald den Spitznamen 'Mayer-Europa', nachdem er selbst einmal die unglaubliche Geschichte von einem Brief erzählt hatte, den ihm angeblich ein amerikanischer Kollege mit der etwas unpräzisen Adressierung „Professor Mayer, Europa" geschickt habe, und der tatsächlich, wenn auch mit leichter Verspätung, angekommen sei. Für uns Geschwister war er zunächst einmal schlicht der 'Schambes', der pfälzischen Kurzform für Jean-Baptiste entsprechend, wie wir sie aus Zuckmayers 'Fröhlichem Weinberg' kannten. Der Schambes kam zwar aus Hamburg-Eppendorf, aus der dortigen Kinderklinik, wo er Leitender Oberarzt gewesen war, aber ursprünglich stammte er aus dem Allgäu, was man immer noch aus seinem oberschwäbisch-bayerisch akzentuierten Tonfall heraushörte. Als bayerischer Schwabe war er natürlich katholisch wie auch seine Frau und die beiden Töchter Ursula (Ulla) und Eva. Während er selbst aber ein völlig unkomplizierter, ausgeglichener Mensch war und ein ganz natürliches Verhältnis zu seinem Glauben hatte, waren die weiblichen Dreiviertel seiner Familie von einem nur noch schwer zu ertragenden, weil allzu dick aufgetragenen Katholizismus geprägt, den man sich nur so erklären konnte, dass sie in der hanseatischen, von bräsig trockenem, lutherisch-evangelischem Spießertum umgebenen Diaspora

Prof. Dr. Johann Baptist Mayer 47

aufgewachsen waren, wo man glaubte, sich als Katholik einer bedrohlichen evangelischen Übermacht erwehren zu müssen. Obwohl die Töchter im gleichen Alter wie wir waren und wir uns auch regelmäßig sahen, ist es uns nie gelungen, ein ähnlich entkrampftes Verhältnis zueinander zu finden, wie wir es mit unseren anderen Freunden und Klassenkameraden pflegten.

Professor Mayer war noch im Jahr 1951 auf den Lehrstuhl für Pädiatrie berufen worden und hatte im Laufe des Jahres 1952 seine Tätigkeit aufgenommen. Er hat in Homburg sehr rasch eine dem damaligen Wissensstand entsprechende, hervorragende Pädiatrie etabliert, der er mit seinem speziellen Favoriten, einer Variante des Lactobacillus bifidus (Thermobacterium bifidum) noch eine persönliche Note verpasst hat. Und die saarländisch-pfälzische Bevölkerung hat ihm dies mit ihrem Vertrauen in sein Können und seine über Jahre währende segensreiche Tätigkeit durch regen Zuspruch gedankt.

---

[48] Johann Baptist Mayer (1907–1981)

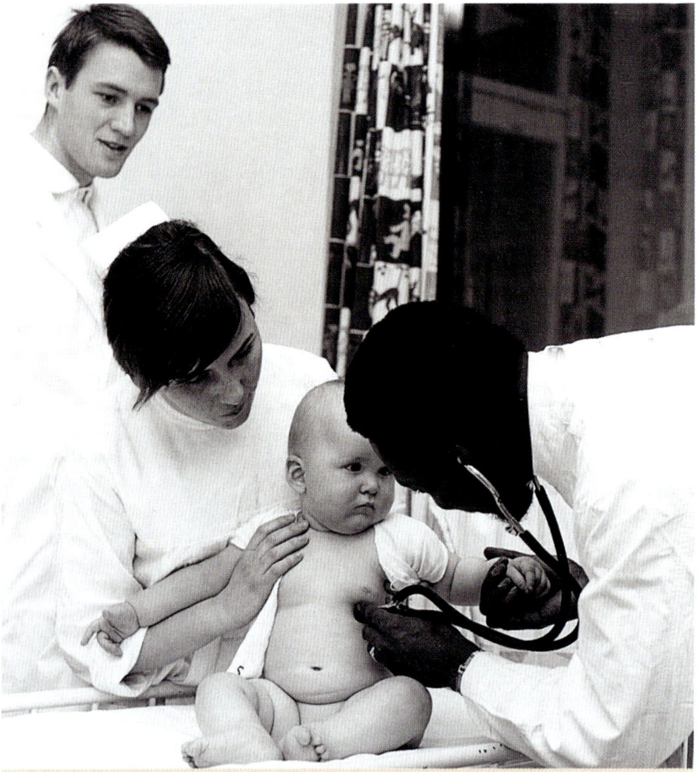

Pädiatrischer Untersuchungskurs
(li. oben mein Bruder Detlef als Homburger Medizinstudent) 48

Aus seiner Klinik kamen mehrere Habilitierte und zahlreiche hervorragende Kinderärzte, die sich nicht nur auf sämtlichen verfügbaren pädiatrischen Chefarztposten im Saarland selbst, sondern auch als Abteilungsleiter mehrerer größerer Kliniken außerhalb unseres Ländchens und nicht zuletzt als niedergelassene Pädiater bestens bewährt haben. Prof. Mayer hat, seinem süddeutschen Naturell entsprechend, sehr rasch den richtigen Ton getroffen, nicht nur im Umgang mit seinen kleinen Patienten und ihren Eltern, sondern auch im Kollegenkreis und bei den nachgeordneten Mitarbeitern.

Frau Mayer und auch die schon nahezu erwachsene Ulla dagegen hatten massive Schwierigkeiten mit ihrer hanseatisch s-teifen Art, sich in das saarländisch-pfälzische Umfeld mit seinen zwar freundlich gesonnenen, aber manchmal doch ein wenig plump-vertraulich auftretenden Homburgern zu integrieren. Die kleine Eva wirkte dagegen recht unkompliziert und schien mit den zahlreichen Freundinnen bestens klar zu kommen. Sie war nicht nur die hübschere der beiden Töchter sondern auch die kontaktfreudigere.
Die hochintelligente und vor allem 'entsetzlich fleißige' Ulla war immer ein wenig gehemmt, um dann im falschen Moment mit unterdrücktem Gelächter in eine seltsam verhaltene Hektik zu verfallen. Sie verfügte zweifellos über einen gewissen Charme, den sie aber sehr gut zu verbergen verstand. In dieser Hinsicht war sie eindeutig der Mutter nachgeschlagen, und diese Kontaktschwierigkeiten versuchte sie mit einem fast krankhaften Ehrgeiz in der Schule zu kompensieren. Beide, Mutter wie Tochter, vermissten offensichtlich ihren Hamburger Bekannten- und Freundeskreis und ließen uns mehr oder weniger deutlich spüren, dass wir kein vollwertiger Ersatz waren, ein solcher auch nie sein würden.

Das hohe Lied von Stalins Heldentum …[49]

Stalins Tod am 5. März 1953 haben wir mehr oder weniger beiläufig zur Kenntnis genommen. Schließlich war er ja ein Mensch wie jeder andere auch gewesen, und dass ein solcher irgendwann einmal stirbt, war eigentlich nichts Besonderes. Überraschend war allenfalls, dass er eines natürlichen Todes gestorben war.

Dass die Russen um ihren Stalin einen – erst nach dem XX. Parteitag der KPdSU mit dem eigentlich viel älteren Begriff „Stalinismus" charakterisierten – Personenkult betrieben hatten, der manchmal seltsame Blüten trieb, wussten wir natürlich, doch dass er von einigen ernst zu nehmenden DDR-Schriftstellern wie ein Heiliger verehrt worden war, haben wir erst Jahre später erfahren. Es war damals zumindest bei uns noch nicht üblich, sich näher mit den alltagsbezogenen Werken mitteldeutscher „Kunst- und Kulturschaffender", speziell in der Literatur, zu befassen (Stichwort 'sozialistischer Realismus'), und so entgingen uns Nachrufe auf Stalin, die an grausamer Komik nichts zu wünschen übrigließen.

---

49 Johannes R. Becher (1891–1958), Danksagung (1953), 22. Strophe: Du Freund der Völker, du, ihr allerbester, Was je war rühmenswert, blüht dir zum Ruhm. Es spielt, den Weltraum füllend, ein Orchester, Das hohe Lied von Stalins Heldentum …

50 » … Den Unterdrückten von fünf Erdteilen … muß der Herzschlag gestockt haben, als sie hörten, Stalin ist tot. Er war die Verkörperung ihrer Hoffnung … « (Brecht).

51 » … Stalin hat seine Gedanken verwirklicht und damit den Anbruch einer neuen Epoche: der Mensch, frei von Hunger und Ausbeutung, wird endlich sichtbar. Das ist sein Vermächtnis, das bis in die fernsten Tage Zeugnis ablegen wird für die Größe seines Gewissens, für die Größe seines Genies« (Huchel).

Iossew Wissarionowitsch Dschugaschwili gen. Stalin

49

Während der 1948 in den USA geächtete, wegen „unamerikanischer Umtriebe" aus dem amerikanischen Exil zunächst in die Schweiz geflüchtete Dichterfürst und schließlich zum DDR-Bürger genötigte Bert Brecht[50], dem damals die Einreise nach Westdeutschland verweigert worden war, noch eine halbwegs vernünftig klingende Beileidsbekundung zuwege brachte und der 1971 in den Westen gewechselte Schöngeist und heimliche Rebell Peter Huchel[51] (*Heimkehr, Der Garten des Theophrast, Havelnacht*) eher hätte schweigen sollen als sich mit dröhnender Lobpreisung vor dem dahingeschiedenen roten Zaren zu verneigen, schufen Paul Rilla und Stephan Hermlin, Arnold Zweig und viele andere, und nicht zuletzt der unübertreffliche Johannes R. Becher geradezu tolldreiste, von irrsinnigem Geschwafel überquellende Lobhudeleien, über die der Verblichene selbst wahrscheinlich schallend gelacht hätte.

Das „Gelöbnis“ der Deutschen Akademie der Künste vom 6. März 1953 war nur ein schwacher Abglanz dieser speicheltriefenden Ergüsse, die offensichtlich zum ganz gewöhnlichen Umgangston unter den Genossen Dichtern gehörten, so dass niemand sich scheute, sie abzusondern.[52]

Natürlich erhofften wir uns im Stillen von Stalins Nachfolger eine Verbesserung des politischen Klimas zwischen Ost und West, obwohl wir uns auf der anderen Seite der Tatsache bewusst waren, dass es in der Führung der Sowjetunion genügend Leute gab, die sich mindestens ebenso brutal gegen ihre Konkurrenten durchsetzen würden wie es Stalin selbst getan hatte. Man denke da nur an Wjatscheslaw Molotow oder den berüchtigten Lawrenti Berija. Und von diesen konnte man wahrlich nichts Besseres erwarten. Dass an ebendiesem 5. März 1953 auch der im Donbass geborene Komponist Sergei Sergejewitsch Prokofjew (*Romeo und Julia, Peter und der Wolf u. a.*) in Moskau gestorben war, dessen Werk in den letzten Jahren von den stalinistischen Kulturbehörden mit einem Aufführungsverbot belegt worden war, ist im Westen erst später bekanntgeworden, angesichts des anderen, prominenteren Toten wahrscheinlich auch in der Sowjetunion. Ob dieser große Verlust der an der kurzen Leine geführten Öffentlichkeit nicht nur in der Sowjetunion selbst, sondern auch in den anderen Ostblockstaaten wirklich bewusst geworden ist, muss man bezweifeln. Immerhin war Prokofjew wegen „formalistischer und volksfeindlicher Richtung“ seines Werkes schon jahrelang diskriminiert und ins gesellschaftliche Abseits gestellt worden.

---

52 »Wir Kunstschaffenden Deutschlands geloben, in unserer Arbeit die Lehren Stalins zu verwirklichen und ihm, dem Genius des Friedens, die Treue zu halten, indem wir mit unserer ganzen Kraft dazu beitragen, sein großes Friedenswerk zu vollenden.« Berlin, den 6. März 1953, Das Präsidium und die Mitglieder der Deutschen Akademie der Künste.

Der Streik der Bauarbeiter an der Stalinallee in Ostberlin vom 17. Juni 1953, der sich nach dem Eingreifen der NVA und vor allem der sowjetischen Streitkräfte rasch zu einem echten Volksaufstand gegen das System entwickelt und auf die gesamte DDR übergegriffen hatte, ließ natürlich auch uns nicht kalt. Obwohl sich die Geschichte im fernen Berlin und in den Großstädten der „Zone“ abspielte – so nannte man damals dieses ungeliebte Staatsgebilde, das man wie auch Schlesien, Hinterpommern und Ostpreußen immer noch als festen Bestandteil Deutschlands ansah – war uns allen klar, dass sie sich leicht zu einem neuen Weltkrieg – wenn nicht sogar zu einem Atomkrieg – auswachsen würde, wenn die Westalliierten in die Auseinandersetzung eingriffen, wie es manche der verzweifelt kämpfenden Aufständischen wohl erhofft hatten.

Im Gegensatz zu meinen Klassenkameraden, die keine unmittelbaren familiären Beziehungen zu Mitteldeutschland unterhielten, hingen wir während dieser Tage fast pausenlos am Radio, zumindest sooft der Schulunterricht und unsere häuslichen Pflichten es erlaubten. Das Fernsehen spielte damals in der Nachrichtenübermittlung noch keine Rolle, und den ersten Fernsehapparat hat unser Vater ohnehin erst um 1960 gekauft. Man war bei aktuellen Tagesereignissen ausschließlich auf Hörfunk und Tagespresse angewiesen.

Als dann aber absehbar war, dass der Aufstand niedergeschlagen würde, schwankte die öffentliche Meinung zwischen Erleichterung und Bedauern, wobei man den Eindruck gewann, dass wegen der abgewendeten Kriegsgefahr die Erleichterung eher überwog. Bei der einheimischen Homburger Bevölkerung war das Interesse für die Menschen in der 'Ostzone' ohnehin nicht so besonders groß gewesen, weshalb sich das Bedauern über den Zusammenbruch des Aufstands in Grenzen hielt. Die von unseren Eltern und vielen, vor allem älteren Menschen erhoffte „Wiedervereinigung“ war für den gewöhnlichen „Mann auf der Straße“ ein Begriff, der ihn – wenn er ihn überhaupt zur Kenntnis nahm – nichts anging. Sich *darum* zu kümmern, das war Sache der Politiker, also „der da oben“.

Ende mit Schrecken

An der problematischen Situation in der Chirurgie hatte sich knapp drei Jahre nach der zum 1. Januar 1950 erfolgten Berufung Prof. Hectors nichts Entscheidendes geändert. Über seine unbefriedigenden Leistungen als praktischer Chirurg wurde bereits berichtet, doch über seine Qualitäten als Dozent hat sich niemand wirklich beklagt. Die Studenten waren offenbar froh, dass da endlich jemand war, der sich in der Chirurgie-Hauptvorlesung voll und ganz ihrer – allerdings auch in Lehrbüchern nachlesbaren – theoretischen Grundausbildung in der Allgemeinen Chirurgie widmen konnte, auch wenn es an der praktischen Demonstration geeigneter Krankheitsbilder haperte. Doch irgendwann musste der Chef ja den Nachweis erbringen, dass er nicht nur ein guter Theoretiker, sondern auch ein Arzt im hippokratischen Sinne war. Den war er bis dahin noch schuldig geblieben.

Nachdem sich die Affäre Hector gegen Ende des Jahres 1952 immer mehr zugespitzt hatte, trieb sie in den ersten Monaten des Jahres 1953 ihrem Höhepunkt zu. Am 2. Februar 1953 war der im November 1952 von Professor Hector als ärztlicher Klinikleiter abgelöste Dr. Werner Backhaus ganz plötzlich und völlig unerwartet im Alter von 45 Jahren verstorben. Dieses Ereignis eröffnete natürlich den naheliegenden Spekulationen Tür und Tor. Über die Todesursache gab es kein offizielles Kommuniqué, und tatsächlich ging diese auch niemanden etwas an. Aber unter der Hand gab es die wildesten Gerüchte: Gerade wegen der öffentlichen Diskussion um die Homburger Chirurgie wurde Herrn Dr. Backhaus' Tod selbstverständlich mit den Spannungen um Prof. Hector in Verbindung gebracht und schwächte dessen Position zusätzlich.

Seine Magnifizenz, Rektor Prof. Dr. Joseph-François Angelloz 50

In dieser Situation gab es schließlich nur noch eine Lösung: die Flucht nach vorn. Nachdem alle Versuche, die zuständigen Instanzen zum Handeln zu bewegen, gescheitert waren, hat schließlich Prof. Hector im August 1953 selbst das Handtuch geworfen. Dass er die Anforderungen an die ärztliche Leitung einer Universitätsklinik nicht erfüllen konnte, hatte sich Ende des Jahres 1952 abgezeichnet, als ihm nicht nur Operationen missglückt waren, sondern auch Ausbildungsdefizite offenbar wurden und sich dies in der Öffentlichkeit rasch herumgesprochen hatte. Sich sein Scheitern selbst einzugestehen, war er allerdings nicht bereit. Fast schlimmer noch war die Tatsache, dass in dieser verfahrenen Situation weder die zuständigen Minister Dr. Singer (CVP, Kultus und Unterricht) und Richard Kirn (SPS, Arbeit und Wohlfahrt) mit Rücksicht auf ihren französischen Ministerkollegen Dr. Edgar Hector (CVP) bereit waren, ihrer Amtspflicht zu genügen, noch der neu berufene

Rektor Angelloz[53], obwohl unser Vater als Dekan und Klinikchef gezwungenermaßen bei allen mehrfach interveniert hatte.
Prof. Angelloz sagte zwar seine Unterstützung zu, tat aber monatelang so gut wie nichts. Er fühlte sich offensichtlich befangen, denn die seltsame Kungelei mit der resultierenden Fehlbesetzung war ja noch unter der Federführung seines Amtsvorgängers Jean Barriol[54] zustande gekommen, dessen Entscheidung er nicht diskreditieren wollte. Um sich weitere Rückendeckung zu verschaffen, hatte mein Vater sogar den Straßburger Chirurgen Fontaine[55] aufgesucht, der ihm nicht nur seine volle Unterstützung zusagte, sondern letztlich auch zu der Ideallösung beitrug. Professor Hector hatte zwei Jahre zuvor kurze Zeit bei Fontaine hospitiert, so dass der die verfahrene Situation richtig einschätzen konnte.

Nach den misslungenen Operationen, die zur Massenflucht der Patienten in die umliegenden Krankenhäuser geführt hatten, war dem bedauernswerten Professor Hector glücklicherweise keine Gelegenheit mehr geblieben, noch größeren Schaden anzurichten, weil es nichts mehr zu operieren gab. Schließlich fühlte er sich von allen Seiten bedroht und igelte sich dermaßen ein, dass er in der Fakultät völlig isoliert war.

Auch bei den französischen Lehrstuhlinhabern, die im Übrigen nie an die Mär von den angeblichen antifranzösischen Umtrieben der deutschen Kollegen geglaubt hatten, fand er keine Unterstützung mehr. Dieser unhaltbare Zustand fand erst ein Ende, als sich der inzwischen zum Botschafter Frankreichs ernannte Gilbert Grandval[56] selbst der Sache annahm, mit dem mein Vater als Dekan ebenfalls gesprochen hatte, und der nun gemeinsam mit dem inzwischen zu besserer Einsicht gelangten Rektor Angelloz einen Ausweg aus der unmöglichen Situation suchte.

---

[53] Joseph-François Angelloz (1893–1978)

[54] Jean Barriol (1909–1989)

[55] René Fontaine (1899–1979)

[56] Gilbert Grandval (1904–1981)

Seine Magnifizenz, Rektor Prof. Dr. Jean Barriol

51

Aus dienstrechtlichen Gründen und wohl auch der Form halber hatte Seine Magnifizenz schließlich den damals hochangesehenen Präsidenten des Landesversicherungsamtes und späteren Ehrensenator der Universität des Saarlandes sowie langjährigen Vorsitzenden des Universitätsrats Dr. Heinrich Welsch zum unabhängigen Gutachter bestimmt und meinen Vater als zuständigen Dekan gebeten, diesem einen umfassenden Bericht über die ominöse Affäre Hector zu erstatten.[57]

Dieser Präsident Welsch[58] spielte damals ebenso wie der Ärztekammerpräsident Dr. Max Obé[59] in der Öffentlichkeit die Rolle „einer höheren Instanz", die sich weitgehend außerhalb jeder Kontrolle und vor allem jeder Kritik bewegte.

---

[57] vgl. Brief Dekan Doenecke an Welsch, S. 364

[58] Heinrich Welsch (1888–1976)

[59] Max Obé (1888–1969)

Rektor Joseph-François Angelloz im Gespräch mit der „Dreieinigkeit“ (v.l.n.r.) Johannes Hoffmann, Dr. Émile Straus und Gilbert Grandval 52

Sowohl Welsch als auch Obé galten damals als absolut integre Ehrenmänner, die zu dem sehr kleinen Kreis jener gehörten, die neben dem französischen Botschafter Grandval, den Spitzenfunktionären der beiden Regierungsparteien und nicht zuletzt den Chefs der Saarbrücker, der Völklinger und der Neunkircher Hüttenbetriebe im Saarland das Sagen hatten. Sie alle spielten in der höchsten Liga, ihr Wort war Gesetz. Die gleichaltrigen gebürtigen Saarlouiser Welsch und Obé, als typische Saarländer gut vernetzt, waren „schon immer da gewesen“, hatten auch schon zur ersten Saargebietszeit öffentliche Ämter bekleidet, so dass niemand auf die aus damaliger Sicht absurde Idee kam, ihre Karriere, insbesondere die während des Dritten Reichs zu überprüfen. Die beiden waren unantastbar. Wenn es denn tatsächlich jemand versucht hätte, an ihrer „sauberen“

Oberfläche zu kratzen, wäre eine solche Majestätsbeleidigung in der Öffentlichkeit mit allgemeinem Unverständnis aufgenommen worden.

Wer sich heutzutage über derart unverrückbar festgezurrte Machtstrukturen wundert, gibt zu erkennen, dass er sich nie ernsthaft mit saarländischen „Problemlösungen über Parteigrenzen hinweg“ und mit „Vereinbarungen auf unbürokratisch kurzen Dienstwegen“, d. h. ganz gewöhnlichen Seil- und Machenschaften ehrenwerter Politiker befasst hat, wie sie vermutlich auch in anderen Bundesländern üblich sind.

„Vertrauliche Kontakte unter Persönlichkeiten des öffentlichen Lebens“ und Ämterpatronage hat es im Saarland natürlich schon immer gegeben, und sie kritisch zu hinterfragen, gilt auch heute noch als ungehörig, zumindest als unangemessene Neugier ohne Anspruch auf befriedigende Auskunft. Diese enge Verflechtung auf höchster politischer Ebene, diese aus Sicht der Handelnden vermeintlich rechtsgültig verankerte Vetternwirtschaft war es ja schließlich auch, die das – für die unmittelbar Beteiligten einfach nur traurige – Homburger „Hector“-Intermezzo überhaupt erst ermöglichte, das vor 100 Jahren mit Dr. Jakob Hectors Wirken so erfolgversprechend begonnen hatte.

Wiederaufbau

Da mein Vater sich schon vor seinen immer häufigeren Interventionsversuchen bei der Landesregierung Rückendeckung bei Prof. René Fontaine, dem Ordinarius für Chirurgie an der Straßburger Universität, verschafft hatte, lag es nahe, dort nach einer Lösung des Hector-Problems zu suchen. Und die ergab sich fast zwangsläufig in der Person von Prof. Dr. Adolphe Jung[60], dem leitenden Oberarzt der Straßburger Chirurgie, den sein Chef Fontaine, ein Schüler des berühmten Gefäßchirurgen René Leriche, zwar wärmstens empfehlen konnte, aber nur ungern ziehen ließ.

Doch wie sich sehr bald herausstelle, war der zum Jahresbeginn 1954 nach Homburg berufene Prof. Jung die ideale Besetzung für den unter Prof. Hector nahezu zur Bedeutungslosigkeit verkommenen Chirurgie-Lehrstuhl. Dass Prof. Jung nach der Kapitulation Frankreichs 1940 als „wieder eingegliederter Elsässer" nach Deutschland dienstverpflichtet worden war und an der Charité in Berlin bei Sauerbruch gearbeitet hatte, wusste man ja schon vorher. Dass er aber ein hervorragender Chirurg und vor allem ein Arzt mit untadeligen menschlichen Qualitäten war, der innerhalb kürzester Zeit wieder Ordnung in die am Boden liegende Klinik brachte und nicht zuletzt auch die Betten füllte, d. h. in Rekordgeschwindigkeit die ihrer „Aaanstalt" untreu gewordenen Homburger Patienten wieder mit der Chirurgie zu versöhnen verstand, hatte man nicht zu träumen gewagt.

---

60 Adolphe Jung (1902–1992)

Prof. Dr. Adolphe Jung

53

Nach und nach erfuhr man auch etwas mehr über diesen Mann, der zwar wenig über sich selbst sprach, aber sehr kontaktfreudig war und das Talent besaß, bei den Patienten Vertrauen zu wecken.
Er war vor dem Ersten Weltkrieg als Spross einer alten elsässischen Familie in Straßburg-Schiltigheim geboren und damit zunächst einmal Deutscher gewesen. Nach 1918 aber war er französischer Staatsbürger geworden und hatte schließlich eine Elsässerin zur Frau genommen. Zu Kriegsbeginn war er als französischer Sanitätsoffizier eingezogen worden. Nach dem Waffenstillstand 1940, den er in Clermont-Ferrand erlebt hatte, war er zu seiner Familie nach Straßburg zurückgekehrt, das inzwischen wieder dem Deutschen Reich einverleibt worden war. Als „deutscher Elsässer" war er dann, wie andere Elsässer auch, „ins Reich" zwangsrekrutiert worden und schließlich in Berlin gelandet. Dieser 'Fehltritt' war ihm laut LKH-Fama 1945 von seinen französischen Landsleuten zwar arg übelgenommen worden, und er hatte sich wohl auch einem „Epu-

rationsverfahren“ unterziehen müssen, was ihn aber nicht daran hinderte, sehr bald wieder an die Chirurgische Klinik der Université de Strasbourg zurückzukehren. Aber genau das war der Punkt, an dem sich hinter vorgehaltener Hand die heftigsten Diskussionen entzündeten, die in der Vermutung gipfelten, dass er Mitglied der Résistance gewesen sei und sein „prodeutsches Engagement“ in Berlin nur vorgetäuscht, d. h. mit Billigung des französischen Widerstands erfolgt war.

Doch diese Diskussionen hatten auf seine Akzeptanz bei Patienten, Mitarbeitern und Fakultätsmitgliedern keinen Einfluss. Entscheidend war sein über alle Zweifel erhabenes Auftreten als Chef der Klinik und als Arzt, da waren sich alle einig. Über seine Vergangenheit sprach er nicht, und man fragte ihn nicht danach, wollte es wohl auch gar nicht so genau wissen. Tatsache war jedoch, dass er sich uneingeschränkt als Franzose fühlte und daran nie einen Zweifel aufkommen ließ. Seine Frau, die ihn aus Straßburg nach Homburg begleitet hatte, sprach in der Öffentlichkeit nur französisch, und man respektierte dies auch. Seine schulpflichtigen Kinder waren in Frankreich geblieben, da sie ohnehin alle ein Internat besuchten. Sie sollten wohl auch aus dem Konflikt herausgehalten werden, sich als Elsässer mit deutschem Familiennamen in einer deutschen Schule zu Frankreich bekennen zu müssen. So reduzierte sich der familiäre Kontakt zu Prof. Jung und seiner Frau auf ein Minimum, was aber seiner allseitigen Beliebtheit keinen Abbruch tat.

Prof. Dr. Robert Stämpfli

54

Ein „*Bärner*" im Saarland

Zur Jahreswende 1953/54 folgte Professor Hans Lullies, der Gründungsdekan und erste Physiologie-Lehrstuhlinhaber, einem Ruf nach Kiel. Für Professor Lullies selbst war dieser Ruf sicher eine wichtige Bestätigung seiner wissenschaftlichen Leistung. Doch fast noch wichtiger schien er für seine Frau zu sein, die als „Königsberger Professorentochter" mit der Mentalität der Homburger Bevölkerung, aber auch dem mehr oder weniger geschlossenen Kreis der 'Kliniker-Gattinnen' nie richtig warm geworden war. Für sie muss es eine Erlösung gewesen sein, wieder in den vertrauten norddeutschen Raum zurückzukehren.

Professor Lullies' Nachfolger auf dem Lehrstuhl für Physiologie war Professor Robert Stämpfli aus Bern, der seinen Dienst im Herbst 1954 antrat. Er hatte fast gleichzeitig mit dem Homburger Ruf auch einen Ruf an die Universität Basel erhalten, sich erfreulicherweise aber für Homburg entschieden. Später hat er einmal im Scherz gesagt, ausschlaggebend sei die Abneigung seiner Frau gegen die Basler Gesellschaft gewesen, die ihr zu kleinbürgerlich gewesen sei und die sich vor allem gegen die „*Bärner*“[61] allzu sehr abgeschottet habe (was ihn als gebürtigen Berner wahrscheinlich mehr gestört hat als seine Frau).

Die Homburger waren natürlich glücklich über seine Zusage, denn abgesehen von seiner geschickten Art, mit Menschen umzugehen, seinen didaktischen Fähigkeiten und seinem großen organisatorischen Talent profitierte die gesamte Fakultät vor allem von seinem unbestrittenen wissenschaftlichen Rang, der zu zahlreichen neuen Verbindungen auch ins Ausland führte. So war Professor Stämpfli damals etwas später als geplant nach Homburg gekommen, weil er zum Zeitpunkt seiner Berufung bereits einen mehrmonatigen Forschungsaufenthalt in Rio de Janeiro vereinbart hatte, wo er als Elektrophysiologe den „elektrischen Apparat“ des atlantischen Zitterrochens untersucht hat. Davon waren wir Jugendlichen natürlich ganz besonders fasziniert. Als Initiator des „Sonderforschungsbereichs Membranforschung“ hat Professor Stämpfli das Homburger Physiologische Institut zu einem der weltweit führenden Zentren der Elektrophysiologie und Membranbiologie entwickelt.
1963 wurde auch er zum Mitglied der Leopoldina in Halle berufen.

Auch die Stämpflis hatten fünf Kinder, drei Mädchen und zwei Jungen, die sich sehr rasch in ihrer neuen Umgebung eingelebt haben. Allerdings waren sie wesentlich jünger als wir und gehörten damit schon einer anderen „Generation“ an. Doch auch Familie Stämpfli beteiligte sich recht bald an den gemeinsamen Sonntagsausflügen, wie wir es schon in der Vergangenheit mit Conrads, Lullies' und Ammons gehalten hatten.

---

[61] Bern (berndeutsch Bärn). Die Stämpflis waren eine alteingesessene „Bärner“ Familie mit einem gesunden Bürgerstolz und damit den Baslern nicht besonders zugetan. Robert Stämpflis Vater Wilhelm (1875–1958), der gemeinsam mit seinem Bruder Rudolf die Berner Verlagsdruckerei Stämpfli AG geleitet hat, war ein Freund und Verleger von Hermann Hesse.

Proletarier zweier Länder, vereinigt euch …

Als „Ersatz“ für unsere letzte, wegen Heirat ausgeschiedene Hausangestellte war Fräulein Ludovica Stolz ins Haus gekommen. Sie war die Schwester unserer Weißnäherin, die uns alle drei Monate besuchte, um mürbe Bettwäsche oder defekte Hosenböden zu reparieren. Die „Lucca“, wie sich Fräulein Stolz selbst nannte, maß wie ihre Schwester gerade einmal knapp 150 cm und war nach über dreißigjähriger Tätigkeit in der „Schäl-Kich“ der LKH-Hauptküche in den Ruhestand getreten. Ihre – nach eigener Einschätzung überdurchschnittlichen – Kochkünste hatte sie als junges Mädchen in den 1920er Jahren in Clermont-Ferrand im Haushalt eines adeligen Zolloffiziers erworben, der nach kurzer Tätigkeit in Homburg wieder nach Frankreich zurück gekehrt war und sie als Haushaltshilfe mitgenommen hatte. Aus dieser Zeit stammten ihre – eher bescheidenen – Französischkenntnisse, auf die sie nichtsdestoweniger sehr stolz war. Eine wirkliche Entlastung war sie für unsere Mutter zwar nicht, auch das Ergebnis ihrer kulinarischen Aktivitäten entsprach nicht ganz den Vorstellungen unseres Vaters, doch sie war eine treue Seele, die sich um den Hund kümmerte und das Haus hütete, wenn meine Eltern gemeinsam verreisten.

Erwähnen möchte ich die beiden Schwestern aus „Blandaasch“ (Plantage), wie man die heute zu Neunkirchen gehörende Bergarbeitersiedlung Ludwigsthal damals noch nannte, vor allem wegen der außergewöhnlichen Lebensgeschichte ihres Bruders Edmund, der kaum größer als seine Schwestern war und ursprünglich als Heizer in der zum LKH umgewandelten Heil- und Pflegeanstalt begonnen hatte. Als solcher war er, ebenfalls in den 20er

Jahren, einer Gewerkschaft beigetreten und Mitglied einer Kommunistischen Partei geworden. Als aktiver Gewerkschafter hatte er schließlich den Status eines hauptamtlichen Betriebsratsmitgliedes im LKH erreicht. Ob er jemals eine richtige Ausbildung absolviert hatte, ist mir nicht bekannt, doch möglicherweise ist er wie sein Vater Bergmann gewesen. Als nach der ersten Saarabstimmung am 13. Januar 1935 die Nazis die Macht im Lande übernahmen, hat sich der Edmund bei Nacht und Nebel über die französische Grenze abgesetzt und während der folgenden zehn Jahre im äußersten Südwesten Frankreichs aufgehalten. Ob er zumindest während der ersten fünf Jahre bis zur französischen Kapitulation politisch oder gewerkschaftlich aktiv war, ist nicht überliefert. Den Krieg hat er nach Angabe seiner Schwestern im Keller eines französischen Kommunisten überstanden, was ihn laut Lucca daran gehindert habe, auch nur „ein einziges französisches Wort" zu erlernen, worüber sie sich köstlich amüsiert hat. Schon im Frühjahr 1945 ist er in seine saarländische Heimat zurückgekehrt, wo er als Mitglied der Kommunistischen Partei Saar (KPS) prompt die Funktion des hauptamtlichen Betriebsratsvorsitzenden im LKH übernahm und bis zu seiner Berentung beibehielt.

So hat sich das kleine, von der Bonner Politik so abfällig beurteilte, weil autoritär regierte Saarland zu einer Zeit, als „drüben im Reich" über ein Verbot der KPD und die strafrechtliche Verfolgung ihrer Mitglieder nachgedacht wurde, nicht nur zwei kommunistische Landtagsabgeordnete, sondern auch einen kommunistischen Betriebsratsvorsitzenden in einem seiner größten Landesbetriebe geleistet.

Der Mensch lebt nicht vom Brot allein

Wie früher schon erwähnt, wurde das gesellschaftliche Leben in dem noch relativ überschaubaren Campus in den ersten Jahren im Wesentlichen von persönlichen Kontakten, gegenseitigen Einladungen und auch gemeinsamen Familienausflügen in die umliegenden Wälder geprägt. Dazu trugen auch die freundschaftlichen Beziehungen zwischen den Kindern und gemeinsame Aktivitäten der Ehefrauen wie z. B. die Französischkurse bei Mlle Belletti bei. Einer der Kristallisationspunkte war natürlich das Clubhaus mit seinem Restaurant und der vor dessen Terrasse angelegte Tennisplatz, wo man sich im Sommer regelmäßig abends traf, um sich „noch ein bisschen zu bewegen". Im Winter war – ebenfalls im Clubhaus – der alljährlich zur Fastnacht stattfindende Medizinerball einer der Hauptanziehungspunkte, der weit über die Grenzen des Klinikgeländes, auch über Homburg hinaus begeisterten Zuspruch fand, bis er in den späten 50er Jahren wegen angeblicher Baufälligkeit der Zwischendecke des Clubhauses in den Homburger Saalbau verlegt werden musste.

Doch nicht nur der Medizinerball, auch die einmal im Monat in der Aula stattfindenden Konzertabende entwickelten sich rasch zu einer Attraktion, die sich nicht nur auf die Studenten und die im Gelände lebenden Mitarbeiter mit ihren Familien beschränkte, sondern regelmäßig Gäste aus dem gesamten Saarland und sogar aus den benachbarten pfälzischen Regionen anzog, was angesichts der damals noch durchgeführten Grenzkontrollen zumindest eine gewisse Überwindung kostete.

Während sich in den ersten Jahren die Ensembles meistens aus Mitgliedern des Radio-Sinfonieorchesters oder des damaligen

Saarbrücker Stadttheaters rekrutierten, beherrschte seit Mitte der 1950er Jahre das Saarländische Kammerorchester unter Karl Ristenpart[62] die Szene. Dieser erst 1953 mit seinem Ensemble von Berlin nach Saarbrücken gewechselte Vollblutmusiker schaffte es, so großartige französische Solisten wie den Cellisten Maurice Gendron mit seinem Stradivari-Cello, Maurice André mit seiner Piccolo-Trompete oder den berühmten Flötisten Jean-Pierre Rampal nach Homburg zu locken. Diese unvergesslichen Konzerte überwiegend barocker Musik mit Werken von Bach, Händel und Telemann, aber auch mit Divertimenti und Flötenkonzerten von Mozart konnten wir uns meistens zu Hause noch einmal auf Langspielplatten verschiedener französischer Labels anhören, die mit Ristenpart offenbar einen Dauervertrag abgeschlossen hatten.

Karl Ristenpart ist am Heiligen Abend 1967 in Lissabon einem Herzinfarkt erlegen, wo er gerade mit seiner Truppe aufgetreten war. Seinen Tod hat das Orchester nicht lange überlebt.
Nach vorübergehender Leitung unter Antonio Janigro, dem bedeutenden italienischen Cellisten, ist es wenige Jahre später „sang- und klanglos“ im Sinfonieorchester des Saarländischen Rundfunks aufgegangen.

[62] Karl Ristenpart (1900–1967)

Informationstechnologie

Kaum einer erinnert sich heutzutage daran, dass es einmal eine Zeit ohne Fernsehen, ohne PC und Internet oder Handy gab. Diese Zeit liegt noch gar nicht so lange zurück. Wer sich in der Nachkriegszeit bis in die Mitte der 50er Jahre über das Tagesgeschehen informieren wollte, war im Wesentlichen von Printmedien und Hörfunk abhängig. Kinobesuchern wurde immerhin im Vorspann zum eigentlichen Hauptfilm eine von Fanfarenstößen eingeleitete und mit dröhnender Kriegsberichterstatterstimme unterlegte „Wochenschau" in schwarz-weißen bewegten Bildern präsentiert, die sie über die wichtigsten weltpolitischen Ereignisse informierte. Doch wer es etwas genauer wissen wollte, war auf die Tageszeitungen angewiesen. Und um die war es bei uns an der Saar nicht besonders gut bestellt. Dennoch haben wir als heranwachsende, politisch Interessierte alles in uns hineingefressen, was uns vor die Augen kam. Abgesehen von der Sportseite war da unsere saarländische Tagespresse aber weniger interessant als die periodisch erscheinenden Illustrierten und die politischen Wochenzeitungen, die über das Geschehen in der großen weiten Welt berichteten.

Die Abgeschiedenheit unseres Ländchens brachte es mit sich, dass die bundesdeutschen Tageszeitungen und die damals noch überwiegend schwarz-weiß bebilderten Illustrierten mit Verspätung bei uns eintrafen, wenn sie überhaupt den Weg durch die Zensur und über die pfälzisch-saarländische Grenze gefunden haben.

Besser erreichbar war da seltsamerweise die schweizerische Presse, die unser Vater damals abonniert hatte. Deshalb waren uns Titel wie DIE WELTWOCHE, die NEUE ZÜRICHER ZEITUNG und die SCHWEIZER ILLUSTRIERTE geläufiger als DIE WELT oder die FAZ.

Doch auch die Münchener QUICK mit ihrem Nick Knatterton und die REVUE haben wir ziemlich regelmäßig erhalten. Interessanterweise gab es da noch eine viel gelesene, weil in deutscher Sprache gedruckte Illustrierte aus dem Elsass mit dem französischen Titel CIGOGNES. Wahrscheinlich handelte es sich nur um die deutschsprachige Ausgabe einer primär in französischer Sprache gedruckten Illustrierten, doch weil sie mit ihrer Themenwahl genau ins Herz der deutsch sprechenden ländlichen Bevölkerung im Elsass und in Lothringen und auch das der saarländischen Leser traf, war sie in der Region 'die Illustrierte' schlechthin. Die CIGOGNES wurde natürlich von der ganzen Familie gelesen. Dabei gab es eine klar festgelegte Rangfolge: Zuerst kam Mutti dran, wegen der über Monate als Fortsetzungsroman abgedruckten *Rebecca* von Daphne du MAURIER, dann bekam Papa die Illustrierte, der sie für die Zeit seines Mittagsschläfchens mit Beschlag belegte, und erst dann stritten sich die Kinder um das schwarz-weiße Bilderblatt mit der leuchtend roten Titelseite, auf der in weißen Balkenlettern CIGOGNES gedruckt und als 'Logo' das elsässische Symbol für Heimatverbundenheit, nämlich ein fliegender Storch abgebildet war.

Ein Druckerzeugnis der ganz besonderen Art darf in diesem Zusammenhang nicht unerwähnt bleiben, nämlich der TINTENFISCH. Mit dem erstaunlich respektlosen, tintenblau gerahmten Satire-Blättchen leistete sich das Hoffmann-Regime eine kleine, letztlich aber ziemlich harmlose Opposition, die sich dennoch von der weitgehend gleichgeschalteten Tagespresse deutlich abhob. Denn während die 'Volksstimme' (SPS) und die 'Saarländische Volkszeitung' (CVP) lupenreine Parteiblättchen waren, vertrat die altehrwürdige 'Saarbrücker Zeitung' die offizielle Regierungsmeinung und verband so die Positionen ihrer beiden Mitbewerberinnen. Eine wirklich unabhängige Tageszeitung gab es damals im Saarland nicht. Da brachte der monatlich erscheinende 'Tintenfisch' mit seinen Karikaturen von Hans Koppelkamm, Bob Strauch und dem erst kürzlich verstorbenen Roland Stigulinsky (*stig*) ein bisschen Farbe in den öden Einheitsbrei.

Das Wunder von Bern

Die Fußballweltmeisterschaft 1954 ist in meiner Erinnerung zwar eines der großen Ereignisse dieses Jahres gewesen; sie war aber beileibe nicht das alles beherrschende, ein ganzes Land in einen unvorstellbaren Glückstaumel versetzende Wunder, wie man sie heute gerne darzustellen versucht. Das hat sicher damit zu tun, dass „die Medien" damals unseren Alltag noch nicht so massiv beherrscht und manipuliert haben, wie dies heute geschieht.
Das Fernsehen nahm im Saarland seinen Betrieb gerade erst im Verlauf dieses Jahres 1954 auf, und wenn es wirklich einmal etwas Wichtiges zu berichten galt, dann warben die wenigen Kneipen und Gaststätten, die schon über einen damals freilich noch *Schwarz-Weiß*-Fernseher verfügten, frühzeitig durch entsprechende Aushänge an den Fenstern für die in einem Nebenraum stattfindende Veranstaltung, von der sie sich natürlich einen erhöhten Getränke-Umsatz versprachen. Und auch vor den Schaufenstern der Radio- und Elektrogeschäfte sich ballende Menschentrauben wiesen auf ein bevorstehendes oder bereits im Gang befindliches sportliches Großereignis hin. Die Printmedien konnten natürlich erst nach dem Ereignis darüber berichten, doch sogar die Einstimmung auf den Wettkampf fand bei der Boulevard-Presse wesentlich gedämpfter statt als dies heute der Fall ist. Eine Dauerberieselung über Wochen, wie wir sie inzwischen erleben, gab es damals noch nicht. So war man, wenn man auf dem Laufenden bleiben wollte, ganz überwiegend auf das Radio angewiesen.

Dass sich Deutschland dann in Bern in der Endrunde als Gruppenzweiter hinter Ungarn für das Viertelfinale qualifizierte und mit einem 2:0 gegen Jugoslawien und einem 6:1 über Öster-

Deutsche Fußball-Nationalmannschaft von 1954

55

reich schließlich ins Endspiel kam, haben wir zwar mit Freude registriert, aber berauscht war keiner, auch nicht der allergrößte Fußballfanatiker in unserem Bekanntenkreis. Erst das Finale in Bern gegen die favorisierten Ungarn hat uns dann wirklich fasziniert.
Ich erinnere mich noch gut, wie die ganze Familie am Nachmittag des 4. Juli 1954 in Papas Zimmer gemeinsam neben dem schwarzen Telefunken-Super um das dunkelbraune Rauchtischchen gruppiert saß und, ihren Sonntagnachmittagskaffee schlürfend, gebannt der sich vor Aufregung überschlagenden Stimme von Herbert Zimmermann lauschte, der das Endspiel kommentierte. Und als dann kurz vor Spielende, das nicht enden wollende „Tor-Tor-Toooor ..." zum 3:2 erklang, fielen wir uns glücklich in die Arme. Deutschland war Weltmeister! Wir waren froh und zufrieden und bewunderten unsere **Nationalelf**, die zu einem nicht unwesentlichen Teil aus **Spielern des 1. FC Kaiserslautern** bestand, also aus **Pfälzern**, die uns näher standen als die Württemberger oder Bayern, geschweige denn West- und Norddeutsche.

Doch „stolz" auf dieses aus der Asche des Zweiten Weltkriegs wieder auferstandene Deutschland waren wir nicht. Der Nationalismus des frühen 20. Jahrhunderts, der zu zwei Weltkriegen geführt hatte, war bei uns Jugendlichen verpönt und den Erwachsenen von Amts wegen ausgetrieben worden. Den völlig überzogenen Nationalstolz der Kaiserzeit und des Dritten Reichs gab es in diesen Jahren glücklicherweise nicht mehr. Wir fühlten uns im Moment des Triumphs zwar als Deutsche, das war unsere Mannschaft, die da gewonnen hatte, aber stolz darauf, Deutsche zu sein, waren wir nicht. Uns war eigentlich immer klar gewesen, dass man nur auf etwas selbst Geleistetes stolz sein kann, ein gutes Zeugnis etwa oder ein großes Lob, wenn man eine gute Tat vollbracht hatte. Allein das allgegenwärtige Wissen um die erst wenige Jahre zuvor im Namen unseres Vaterlands von „ganz gewöhnlichen Deutschen" begangenen Verbrechen hinderte uns daran, die Begriffe „Stolz" und „Deutschland" in einem Atemzug zu gebrauchen.

Dieses Wissen ist uns in den letzten Jahren leider wieder abhandengekommen. Wenn man heute anlässlich einer Welt- oder Europameisterschaft beflaggte PKWs hupend durch die Straßen fegen sieht, hat man den Eindruck, dass sich da ausgerechnet solche Mitbürger als stolze Deutsche gebärden, die in ihrem Leben kaum etwas Positives zum Gemeinwohl beigetragen haben. Vielmehr gilt all' ihr Sinnen und Trachten den vielfältigen Möglichkeiten, sich auf mehr oder weniger legale Weise einen Vorteil aus ihrer Staatszugehörigkeit zu verschaffen. Und die wenigsten von ihnen haben sich um die Geschichte Deutschlands ernsthaft Gedanken gemacht. Vom Zweiten Weltkrieg wissen die meisten nur, dass die Briten und Amerikaner unsere Städte zerbombt haben, und wenn ihnen je der Name 'Hitler' begegnet ist, dann war das jener, der die Arbeitslosigkeit abgeschafft und die Autobahnen gebaut hat.

Das Paradies auf Erden

Nachdem die Familie schon im letzten Jahr einen wunderschönen Badeurlaub in Roquebrune Cap-Martin, einem kleinen, an die steile Felsenküste zwischen Monte-Carlo und Menton geschmiegten Ort und seiner zugehörigen kleinen Meeresbucht verbracht hatte, war es ausgemachte Sache, dass uns auch der Urlaub '54 wieder ans Mittelmeer führen würde.

Da kam es uns gerade gelegen, dass die Regierung des Saarlandes für ihre Beamten und Landesangestellten ein ehemaliges Hotel in Sainte-Maxime in der Nähe von Saint-Raphaël gekauft und zum Erholungsheim umgewidmet hatte, wo man zu konkurrenzlos günstigen Bedingungen den Sommer verbringen konnte, wenn man sich nur rechtzeitig anmeldete.

Das Haus hieß 'Mirador'[63] und lag nur wenige hundert Meter vom Hafen entfernt am Boulevard des Mimosas, der in leichten Kurven auf die Ausläufer der 'Maures' führte, eines kleinen Küstengebirges, das sich zwischen der großen Route Nationale No. 7 und der Küste erstreckt. Es war ein repräsentativer, am Hang über der Altstadt gelegener Bau mit kleinem Park und einer wunderschönen, schattenspendenden Pergola, von der man einen grandiosen Blick weit über die Bucht von Saint-Tropez genießen konnte. Die früheren Besitzer – ein älteres Ehepaar, das in meiner Erinnerung an eine Volksausgabe von Monserrat Caballé und Jean Gabin mit dunklem Haar erinnerte – waren als Geschäftsführer übernommen worden und schienen glücklich zu sein, 'ihr' Mirador nach einer gründlichen Renovierung in alter Pracht wieder auferstanden zu sehen, so dass man ihnen anmerkte, welchen Spaß es ihnen bereitete, uns und all' den anderen saarländischen Gästen den Ferienaufenthalt so angenehm wie möglich zu gestalten. Und die Gäste dankten ihnen ihr Engagement, ihre herzliche Betreuung bei jeder Gelegenheit, sparten nicht mit Lob über das gute Essen und feuerten das Team so immer wieder zu neuen Spitzenleistungen an.

Im Mirador entwickelte sich rasch eine ausgesprochen lockere Atmosphäre, man fühlte sich 'wie zu Hause', nicht zuletzt, weil man überall nur saarländische Töne hörte, weil es stets fröhliches Gelächter gab und trotzdem alle das richtige Gespür dafür hatten, den anderen zu respektieren, die unterschiedlichsten Interessen zu tolerieren und niemals die Distanz zu unterschreiten, die man braucht, um sich bei aller Ausgelassenheit und Ferienstimmung noch erholen zu können. Und das war gar nicht so selbstverständlich, denn es handelte sich um eine sehr gemischte Gesellschaft. Gerade die lächerlich niedrigen Kosten für die Vollpension erlaubten es wirklich jedem, sich einen mehrwöchigen Urlaub in dieser wunderschönen Umgebung leisten zu können, ob dies nun der Direktor oder der Hausmeister des Landtags war, der Fahrer des Wirtschaftsministers oder die Sekretärin aus dem Finanzministerium, der Medizinaldirektor Dr. Ripplinger aus dem Gesundheitsministerium, der Privatdozent Dr. Miehlke aus der HNO-Klinik oder mein Vater, und alle zusammen natürlich mit Kind und Kegel. Die einzige Hürde, die man überwinden musste, um dieses Eldorado zu erreichen, war die rechtzeitige Anmeldung und die etwas beschwerliche Anfahrt. Denn eine Autobahn gab es damals in Frankreich noch nicht, und mit der Eisenbahn wäre es zu umständlich gewesen. Schon damals benutzte jemand, der auf sich hielt, natürlich sein eigenes Auto, auch wenn es dabei noch so beengt zuging.

---

[63] Das „Mirador" wurde nach der Rückgliederung des Saarlandes 1957 zur „Maison Européenne de la Jeunesse" umgewandelt und beherbergt seit 1985 die Stadtverwaltung von Sainte-Maxime (Hôtel de Ville bzw. Mairie de Sainte-Maxime).

„Keimzelle Europas“

Das Jahr 1955 stand ganz im Zeichen der bevorstehenden Saarabstimmung, die für den Herbst geplant war. Die Diskussionen um das „Saarstatut“, das endlich eine klare Entscheidung über die Rolle unseres Landes in Mitteleuropa bringen und die endlosen Streitereien zwischen Deutschland und Frankreich ein für alle Mal beenden sollte, hatten schon 1952 begonnen und schienen mit dem Vertragsabschluss zwischen Adenauer[64] und Mendès France[65] vom 23. Oktober 1954 über die genau ein Jahr später durchzuführende Volksabstimmung ihren Höhepunkt erreicht zu haben. Sie waren für uns in der Anfangsphase eher theoretischer Natur, was sich aber im Laufe des Jahres gründlich ändern sollte.

Mit dem 'Status quo' bei gewisser politischer Unabhängigkeit hatten sich die wichtigsten Parteien und das sie wählende Volk längst abgefunden. Innenpolitisch schien es keine wesentlichen Probleme zu geben. Wenn man sich überhaupt stritt, dann über heute so völlig überholte Fragen wie die, ob die in den Volksschulen praktizierte Konfessionstrennung auch auf die Gymnasien ausgedehnt werden oder aus Kostengründen doch eher unterbleiben solle. Die beiden Landtagsabgeordneten der KPS waren zwar grundsätzlich immer dagegen, aber sie wurden als gewählte Volksvertreter geachtet und bei den Wahlen auch immer wieder in ihrer Oppositionsfunktion bestätigt.

Natürlich wussten wir, dass es Leute gegeben hatte, besonders in der Demokratischen Partei Saar (DPS), die mit dem Ministerpräsidenten Johannes Hoffmann (Joho) „nicht so gut konnten“ und die dann irgendwann von der Bildfläche verschwunden waren, d. h. 'heim ins Reich' gegangen waren. Allerdings meinten manche, dass

diese Leute nicht ganz freiwillig gegangen, sondern ausgewiesen worden seien und auch politische Gruppierungen verboten worden seien, die den Herrschenden nicht ins Konzept passten. Sogar von Zensur einiger Presse-Erzeugnisse war die Rede, die nicht so recht ins miefig-klerikale Weltbild unserer frommen Brüder und Schwestern von der Christlichen Volkspartei passten. Aber ernsthafte Zweifel an der demokratischen Grundgesinnung und der Rechtmäßigkeit unserer Regierung gab es in der Bevölkerung nicht. Wie dem auch sei, die Politik plätscherte über die Jahre still vor sich hin.
Die Christliche Volkspartei (CVP), die Sozialdemokratische Partei Saar (SPS) und die Kommunistische Partei des Saarlandes (KPS) vertrugen sich gar nicht so schlecht miteinander, und mit Ausnahme der KPS waren sie mehrfach als Koalitionäre vereint gewesen, wobei die CVP stets die dominierende Gruppierung blieb und den Ministerpräsidenten stellte. Dass die DPS mit der Entwicklung nicht so ganz einverstanden war und auch schon einmal nationalistische Töne anschlug, gefiel manchen 'Ewiggestrigen' zwar ganz gut, wurde aber von der Mehrheit der Bevölkerung eher mit Unverständnis und Gleichgültigkeit quittiert. Auch dass die DPS schließlich 1951 – wahrscheinlich auf Grandvals Veranlassung – von dem inzwischen zum Innenminister ernannten Edgar Hector verboten worden war, hat außerhalb unseres Ländchens mehr Aufregung ausgelöst als bei uns selbst. Die allgemeine Stimmung im Lande war nach dem verlorenen Krieg auf Versöhnung mit den Franzosen ausgerichtet, und der von der Regierung Hoffmann angepeilte internationale Status einer 'Keimzelle Europas' mit der Ansiedelung gesamteuropäischer Behörden schien den Saarländern einleuchtend, zumal damit eine Aufwertung unseres immer irgendwie an den Rand gedrängten Ländchens verbunden war. Mit den Franzosen, die seit Kriegsende unsere Schutzmacht waren, hatten wir keine ernsthaften Probleme.

---

[64] Konrad Adenauer (1876–1967)

[65] Pierre Mendès France (1907–1982)

Seit Ende 1947 waren wir mit ihnen sogar in einem gemeinsamen Wirtschaftsraum vereint und lebten nicht schlecht damit. Wer dieses friedliche Miteinander störte, setzte sich automatisch ins Unrecht.

Nicht nur die Wirtschaft war ganz auf den französischen Markt ausgerichtet, sondern auch das Leben jedes Einzelnen orientierte sich zwangsläufig an den Vorgaben, die uns der große Bruder im Westen bzw. die große Schwester 'Marianne' mehr oder weniger direkt diktierten. Wie die saarländische Wirtschaft auf dem französischen Markt, so hatte umgekehrt auch die französische im Saarland ihren festen Platz. Die industriell hergestellten Lebensmittel, aber auch Obst und Gemüse, kamen überwiegend aus Frankreich, sofern sie nicht im Saarland selbst produziert worden waren, wie Mehl oder Frischmilch und in beschränktem Umfang auch landwirtschaftliche Produkte aus der Region, die dann meist auf den Wochenmärkten angeboten wurden. Man fuhr selbstverständlich französische Autos oder Fahrräder, aber auch Kleidung und Schuhe, vor allem Toilettenartikel und die Gebrauchsartikel des täglichen Bedarfs waren überwiegend französische. Radios und Fernsehgeräte kamen, auch wenn sie den Schriftzug PHILIPS trugen, garantiert aus irgendeinem französischen Zweigwerk, Möbel und andere Einrichtungsgegenstände dagegen aus der heimischen Produktion.
Insbesondere der Mettlacher Keramik-Konzern V&B hatte nicht nur den saarländischen Markt fest in der Hand, sondern war auch innig mit dem französischen verflochten. Die saarländische Kohle wurde, wenn sie nicht in der heimischen Stahlindustrie als Kokskohle verarbeitet oder in den Kraftwerken zur Stromerzeugung verbrannt wurde, fast ausschließlich nach Frankreich exportiert.
Auch die weiterverarbeitende Stahlindustrie produzierte ihrerseits ganz überwiegend für den französischen Markt, nicht nur im europäischen Mutterland, sondern auch in seinen afrikanischen und überseeischen Kolonien. Der saarländische Bergmann oder der Hüttenarbeiter bei ARBED oder Röchling wusste, dass sein Lebensstandard von den guten wirtschaftlichen Beziehungen zu Frank-

reich abhing. In den großen Sommerferien fuhr man natürlich an die französische Mittelmeerküste oder an den Atlantik. Die von der Schule organisierten Klassenfahrten führten uns nach Paris oder in die Bourgogne und nicht nach Bonn, Berlin oder in den Schwarzwald. Wir 'Oberschüler' hatten selbstverständlich alle unseren französischen Brieffreund, zu dem wir in den Schulferien eingeladen wurden und der im Gegenzug zu uns ins Saarland kam.

Natürlich wussten wir auch, dass die guten Beziehungen unseres Ländchens zu Frankreich nicht allein darauf beruhten, dass uns die Franzosen aus welchen Gründen auch immer so sehr liebten, sondern weil sie unsere Kohle schätzten und die Arbeitskraft unserer saarländischen Bergleute und Hüttenarbeiter, die ihnen das „schwarze Gold" und den Völklinger Stahl praktisch zum Nulltarif lieferten. Unser gutes Verhältnis beruhte eben auf Gegenseitigkeit. Jeder bekam vom andern, was er brauchte und war damit zufrieden. Von uns aus hätte es „auf immer und ewig" so weitergehen können.

Auch innerhalb der Universität gab es keinerlei Probleme zwischen Deutschen und Franzosen, weder auf der Ebene der Lehrenden noch der Lernenden. Im Übrigen gab es unter den Dozenten ja nicht nur Deutsche und Franzosen. Bis auf die überwiegend mit Deutschen besetzte Juristische Fakultät gab es in allen anderen Fakultäten und Fachbereichen auch Österreicher und Schweizer, nicht zuletzt auch Belgier und Luxemburger, so dass das Attribut „europäisch", mit dem sich die Saar-Universität seit Ende 1950 geschmückt hatte, auch tatsächlich zutraf. Unter den ausländischen Studenten überwogen zwar die Franzosen einschließlich der sich emanzipierenden Jugend aus den afrikanischen Kolonien, aber es gab natürlich immer auch Studierende aus aller Herren Länder und von allen Kontinenten, so dass niemand auf die Idee kam, nationalistische Töne anzustimmen.

Nie wieder Erbfeindschaft, … oder doch?

Für die Homburger waren die französischen, überwiegend aus dem Elsass kommenden und gut deutsch sprechenden Zöllner an den Grenzen zur Bundesrepublik ebenso vertraut, wie uns „Anstaltern" die Professoren französischer Nationalität an Instituten und Kliniken. Und nicht zuletzt der inzwischen zum Botschafter Frankreichs im Saarland ernannte ehemalige Hochkommissar Gilbert Grandval war als heimlicher Herrscher, dessen Anweisungen notfalls auch unser Joho Folge zu leisten hatte, auch dem einfachen Mann auf der Straße ein Begriff.

Als Kinder und Jugendliche waren wir in diese Situation hineingewachsen und fühlten uns von den Franzosen nicht bedroht. Wir hatten den Bombenkrieg überstanden, hatten die Hungerjahre und die Not der Nachkriegszeit erlebt und fürchteten nichts mehr als einen neuen Krieg, der im fernen Korea ja schon zwischen Nord- und Südkoreanern, tatsächlich aber zwischen Russen und Chinesen auf der einen, und den Amerikanern auf der anderen Seite tobte. Das durfte in Europa nie wieder passieren! Die Aussöhnung zwischen Frankreich und Deutschland war aus unserer Sicht alternativlos. Allerdings gab es bis zuletzt eine gewisse Distanz zu den westlichen Nachbarn, die trotz aller freundschaftlichen Kontakte auf öffentlicher wie privater Ebene nach wie vor die anders sprechenden Ausländer mit ihren eigenen Sitten blieben und sich darin prinzipiell nicht von Italienern oder Engländern unterschieden. Dass wir Deutsche waren, wurde übrigens nie in Frage gestellt, und ein deutsches Nationalgefühl war uns nicht ganz fremd, aber es hatte den peinlichen Beigeschmack von Nazi-Vergangenheit und Großdeutschland mit Missachtung bzw. Ablehnung alles Fremden und war deshalb verpönt. Unser Patriotismus beschränkte sich auf unser kleines Saarland.

Bei vielen Erwachsenen dagegen sah es sicher etwas anders aus. Sie waren nicht nur mit dem – auf beiden Seiten gepflegten – schrecklichen Begriff der 'Erbfeindschaft' zwischen den beiden Ländern aufgewachsen, sondern hatten als Soldaten das Blutvergießen des Ersten Weltkriegs und die schmähliche Niederlage im letzten Krieg unmittelbar am eigenen Leibe erfahren. Für viele waren die Franzosen als 1940 mit Glanz und Gloria von den Deutschen Besiegte nur die armseligen Kriegsgewinnler, die einen Sieg aus eigener Kraft nie und nimmer geschafft hätten, und sich nun als Siegermacht ohne wirklichen moralischen Anspruch die 'Beute Saargebiet' einzuverleiben versuchten. Mit denen konnte man doch nicht gemeinsame Sache machen oder sich ihnen gar auf Gedeih und Verderb ausliefern!

Diese aus der persönlichen Biographie eines Kriegsversehrten oder einer Kriegerwitwe, die ihren Mann im Frankreichfeldzug verloren hatte, vielleicht nachvollziehbare Sichtweise war damals nicht nur bei älteren, rechtsgerichteten Nationalkonservativen weit verbreitet, sondern war – auch wenn das heute schon viele vergessen haben – Ende der vierziger und Anfang der fünfziger Jahre in den meisten bundesrepublikanischen Parteien noch ein Grundelement deutscher Außenpolitik. Nicht nur die neonazistische SRP oder der BHE, sondern auch zahlreiche führende Politiker von CDU, SPD und FDP scheuten sich nicht, auf Wahlversammlungen immer wieder revanchistische Töne anzuschlagen, weil sie wussten, dass man damit Stimmen gewinnen konnte. An einer Aussöhnung mit Frankreich war man nicht ernsthaft interessiert.

Besonders für die SPD unter der autoritären Führung Kurt Schumachers[66] war die Wiedervereinigung das Thema Nr. 1 und eng damit verbunden ihre Gegnerschaft zur CDU, die das Thema Wiedervereinigung zwar ebenfalls aufs Panier geschrieben hatte, tatsächlich aber eher lustlos verfolgte. Konrad Adenauer setzte voll auf die Verankerung seiner Bundesrepublik in einem westlichen Bündnis, die Wiedervereinigung war für ihn zweitrangig. Vielleicht fürchtete er sie sogar ein wenig, weil sie mit hoher Wahrscheinlichkeit zu einem Machtgewinn der Sozialdemokraten geführt hätte und – so ganz nebenbei – auch zu einer Verschiebung der Konfessionen zugunsten der Evangelischen. Und die waren für den Erzkatholiken Adenauer mindestens ebenso gefährlich wie die Sozis. Der „preußische Sozialist" Schumacher lehnte die Politik der Westintegration des „rheinischen Katholiken" Adenauer, d. h. konkret die Einbindung der Bundesrepublik Deutschland in die Westeuropäische Union und ihre Wiederbewaffnung strikt ab, weil er zu Recht befürchtete, dass damit die Wiedervereinigung Deutschlands auf unabsehbare Zeit am Widerstand der Sowjetunion scheitern würde.

Auch unter Schumachers Nachfolger Erich Ollenhauer blieb die SPD die am kurzen Zügel geführte Kaderpartei mit dem klar gesteckten Ziel hin zur deutschen Wiedervereinigung. Da blieb kein Spielraum für Diskussionen um eine europäische Lösung der Saarfrage. Nicht einmal der in Perpignan geborene SPD-Schöngeist Carlo Schmid mit seinen nach wie vor engen Beziehungen zu Frankreich konnte oder wollte daran etwas ändern.

Für die führenden Köpfe der SPD-Bundestagsfraktion schien es geradezu vaterländische Pflicht zu sein, sich gegenseitig mit Misstrauensäußerungen gegenüber Frankreich zu überbieten.
Ihnen war die Europäisierung der Saar äußerst suspekt; in ihren Augen war sie eine perfide Erfindung der französischen Außenpolitik, um Deutschland an die Kandare zu nehmen. Eine Lösung der Saarfrage war für sie nur im Rahmen eines Friedensvertrags möglich. Der sich streng an die Direktiven aus der Bonner „Ba-

racke"[67] haltende Befehlsempfänger Kurt Conrad[68] schließlich wäre der allerletzte gewesen, der seinen Parteifreunden zu widersprechen gewagt hätte.

Die FDP unter dem vielgerühmten Thomas Dehler[69] hielt sich weitgehend bedeckt, und wenn es dort überhaupt eine Meinung zur Saarfrage gab, dann die, dass man das Problem im Rahmen eines späteren Friedensvertrags regeln solle. Damals gab es ja keinen eigenen FDP-Landesverband an der Saar, und über die sich ihnen anbiedernde DPS mit ihren nationalistischen Tönen rümpften die meisten FDP-Präsiden die Nase. Das überwiegend nationalkonservativ gestrickte Parteivolk dagegen hatte da weniger Skrupel und sympathisierte in Teilen mit der DPS. In einigen Bundesländern galt die FDP sogar als Auffangbecken für alte Nazis, denen sonst niemand hatte Unterschlupf gewähren wollen. In Nordrhein-Westfalen hatte man erst kürzlich die Naumann[70]-Affäre aufgedeckt, und so war man zumindest dort ganz mit sich selbst beschäftigt.

Im Sommer 1955 tauchten dann im Wahlkampf zum Volksentscheid plötzlich schwarz-rot-goldene Plakate einer bis dahin völlig unbekannten, mit ihren Initialen aber eine FDP suggerierenden „Freien Deutschen Partei" auf, die nach der Abstimmung wieder klammheimlich verschwand. Zu den Landtagswahlen im Dezember 1955 ist sie schon nicht mehr angetreten. Sie hatte ein eindeutiges „Jein" empfohlen, nämlich ein „Ja" zum Saarstatut und ein „Nein" zum Regime, sprich gegen Joho.

---

66 Kurt Schumacher (1895–1952)

67 Bezeichnung für die SPD-Parteizentrale in Bonn, offiziell „Erich-Ollenhauer-Haus"

68 Kurt Conrad (1911–1982), Saar-SPD-Vorsitzender aus Homburg

69 Thomas Dehler (1897–1967), FDP-Mitgründer nach dem Zweiten Weltkrieg

70 Werner Naumann (1909–1982). Unter seiner Führung nationalsozialistische Unterwanderung des FDP-Landesverbands in NRW.

Das „Saarstatut“

Das von den Regierungschefs Deutschlands und Frankreichs im Rahmen der wesentlich umfassenderen Pariser Verträge also mühsam ausgehandelte Saarstatut, das zwar die endgültige Abtrennung des Saarlandes vom ehemaligen Deutschen Reich beinhaltete, gleichzeitig aber eine Zwitterstellung unserer Region zwischen Deutschland und Frankreich im Sinne einer Keimzelle eines großen, vereinten Europa vorsah, traf bei den Saarländern zunächst auf große Zustimmung. Niemand zweifelte daran, dass sie mit überwältigender Mehrheit ihre Ja-Stimme abgeben würden. Ein paar unzufriedene Nörgler gab es natürlich immer, und sie wurden mitleidig belächelt. Sie galten als weltfremde Außenseiter, eben als unausrottbar nationalistisch, die ihrem seligen Adolf nachtrauerten und eher heute als morgen gen Osten marschieren wollten, um das Deutsche Reich in den Grenzen von 1937 wiederherzustellen. Beim gewöhnlichen Saarländer war der Nationalismus früherer Jahre *out*. *In* dagegen war der Gedanke der europäischen Einigung, und für die sollte das Saarland eine Vorreiter-Rolle übernehmen.

Die Plädoyers für ein vereintes Europa stießen zumindest bei uns Jugendlichen auf offene Ohren, und der Graf Coudenhove-Kalergi[71] mit seinen Mitstreitern von der Paneuropäischen Union war ein Star, wenn er nicht nur symbolische, sondern tatsächliche Grenzbarrieren einriss und mit großem Tamtam verbrannte.

Über die paar Ewiggestrigen, die ihn und seine mutigen Kämpfer für ein vereintes Europa als „Transport- oder Reise-Europäer“ diffamierten, konnte man da nur müde lächeln. Wenn wir allerdings von den Sympathien des Grafen für den Austrofaschisten Dollfuß und seinen Nachfolger Schuschnigg sowie die ‘Vaterländische Front’

Österreichs mit ihren Beziehungen zu den Nazis gewusst hätten, wären wir wahrscheinlich weniger enthusiastisch auf seine Parolen eingegangen und hätten seine Aktivitäten mit anderen Augen gesehen. Ihm ging es wohl – wie Adenauer – in erster Linie um ein katholisches, wenn nicht sogar um ein monarchistisches Europa in der Nachfolge des 'Heiligen Römischen Reichs Deutscher Nation', am besten wieder unter der Führung eines Habsburgers. Den gegen das Europa-Statut polemisierenden Heimatbündlern aus der rechten Ecke müssen die engen Verflechtungen des Paneuropäers auch mit dem im Exil lebenden Otto von Habsburg bekannt gewesen sein. Warum sie ihre Kenntnisse nicht politisch genutzt haben, bleibt ein Rätsel. Vielleicht wollten sie keine schlafenden Hunde wecken, weil sie befürchten mussten, sich mit diesem Thema ins eigene Fleisch zu schneiden. Denn sie – zumindest der die Szene beherrschende Dr. Heinrich Schneider[72] – hatten ja ähnliche, wenn auch nicht ganz so extreme Vorstellungen von dem wieder zu vereinigenden Deutschland. Aber zu einem Vaterland in den Grenzen von 1937 sollte es doch wenigstens reichen. Und mit der Heimkehr des kleinen Saarlandes, das sie mit konstanter Bosheit als *Saargebiet* bezeichneten, wollten sie dazu einen ersten Anstoß geben.

Unsere Familie war Mitte Juli mit Beginn der großen Sommerferien wieder nach Sainte-Maxime an der Côte d'Azur abgereist, und damit war für uns das Thema „Saarabstimmung" erst einmal abgehakt. Aber gleichwohl war der sich abzeichnende Wahlkampf auch im Hotel Mirador Gesprächsthema Nr. 1. Dabei waren die treuen Landeskinder sich alle darin einig, dass das Saarstatut am 23. Oktober mit großer Mehrheit angenommen würde.

---

[71] Richard Coudenhove-Kalergi (1894–1972)
[72] Heinrich Schneider (1907–1974)

Insbesondere der umtriebige und quicklebendige Dr. Wobido[73], seines Zeichens Landtagsdirektor, also Leiter der Administration und in dieser Rolle zur politischen Neutralität verpflichtet, der aber immer das große Wort führte, ließ keinen Zweifel daran, dass alles beim Alten bliebe. Jede andere Entscheidung sei politisch, aber auch volkswirtschaftlich unvernünftig, weil sie dem Saarland seine besondere Stellung nehme und es in eine unbedeutende Randlage dränge, die mittelfristig zum Niedergang der einheimischen Wirtschaft führen müsse.

Umso mehr irritierte uns nach der Rückkehr aus den Ferien die Heftigkeit, mit welcher der Wahlkampf zwischen den Parteien des 'Heimatbundes' aus DPS, CDU und der sich DSP (Deutsche Sozialdemokratische Partei) nennenden SPD auf der einen, und den etablierten Saar-Parteien CVP, SPS und KPS auf der anderen Seite geführt wurde, der am 23. Juli 1955 begonnen hatte und strikt auf drei Monate beschränkt sein sollte. Abgesehen von den oft haarsträubend polemischen Plakaten beider Seiten, die ganz bewusst unter die Gürtellinie zielten, waren auch die Wahlveranstaltungen mit persönlichen Verunglimpfungen und Schlägereien etwas völlig Neues für uns. Insbesondere der führende DPS-Mann Dr. Heinrich – genannt Heini – Schneider, bis 1945 Sachbearbeiter im NS-Außenministerium, der im Stil von Joseph Goebbels oder Julius Streicher auftrat und die Stimmung extrem aufheizte, galt als ausgemachter Nazi, den man nicht allzu ernst nehmen musste, weil seine Zeit nach Expertenmeinung längst abgelaufen war.
Ihm gelang es jedoch, mit dem griffigen Schlagwort 'Der Dicke muss weg!', womit Johannes Hoffmann gemeint war, einen Slogan zu kreieren, der auf allen Plakatsäulen prangte, aber auch als Aufkleber und Ansteckplakette überall präsent war. In seinem in Bad Kreuznach gedruckten Hetzblättchen 'Deutsche Saar-Zeitung'[74] ließ er in übelster Weise alles in den Dreck ziehen, was uns in den letzten Jahren als positive Errungenschaft lieb und teuer geworden war, nicht zuletzt die Universität, aber auch das Saarland-Museum mit seiner über die Grenzen des Landes hinaus berühmten Samm-

lung deutscher Expressionisten, womit er indirekt die vermeintlich beerdigte Diskussion um die von den Nazis als 'entartete Kunst' diffamierte Moderne wieder aufleben ließ. Angesichts der beachtlichen Summen, die beim Erwerb mancher bedeutender Werke investiert worden waren, nutzte er geschickt die unausrottbaren, dumpfen Ressentiments der Bevölkerung gegenüber der modernen Kunst, vulgo gegenüber diesem *'Mist, der die Leinwand nicht wert ist, auf die man ihn geschmiert hat'*.

Auch die Vorsitzenden der beiden anderen neu zugelassenen 'deutschen' Parteien CDU und DSP (SPD), Dr. Hubert Ney[75] und Kurt Conrad, hatten es schwer, sich bei der misstrauischen Bevölkerung bekannt zu machen und akzeptiert zu werden. Beide wirkten im Vergleich zu 'Heini' Schneider merkwürdig blass und hatten gegenüber den etablierten Politikern von CVP und SPS vermeintlich keine Chance. Der sich als Volkstribun gerierende, selbsternannte Star war zweifellos der nur noch despektierlich 'Heini' genannte DPS-Vorsitzende, und allein ihm ist es letztlich zu verdanken, dass aus einer rationalen Abwägung für oder gegen das Statut die total emotionalisierte Ablehnung wurde. Ihm war es gelungen, jeden, der es noch wagte, das Statut zu befürworten, als elenden Landesverräter zu brandmarken und eine Stimmung zu erzeugen, die aus ehemals guten Freunden und Nachbarn erbitterte Gegner machte, die sich gegenseitig der blödsinnigsten Vergehen bezichtigten und auch nach Jahren noch verfeindet blieben.

---

73 Hansherbert Wobido (1920–1981)

74 Nicht zu verwechseln mit dem nationalsozialistischen Wochenblatt 'Deutsche Saarzeitung' des Schneidermeisters Schlöder aus Traben-Trarbach aus den zwanziger Jahren.

75 Hubert Ney (1892–1984)

Der SPD-Mann Kurt Conrad aus Homburg war ein Langweiler, der bei aller persönlichen Wertschätzung nicht in der Lage war, die Massen mitzureißen, und auch der CDU-Landesvorsitzende Dr. Hubert Ney hatte nicht das politische Gewicht, das notwendig gewesen wäre, sich gegenüber dem 'liberalen' Rechtsaußen Schneider durchzusetzen. So blieb es schließlich bei dem bitteren Nachgeschmack, dass es wieder einmal der deutsche Hurra-Patriotismus gewesen war, der die Saarländer dazu verführt hatte, sich völlig irrational einem Rechtspopulisten in die Arme geworfen zu haben, der ihnen wie die Kollegen aus der Mitte und vom linken Lager zwar das Blaue vom Himmel versprochen hatte, später aber wie sie in der praktischen Tagespolitik kläglich scheitern sollte.

Der Schock

Nach der mit 67,7 Prozent der abgegeben Stimmen eindeutigen Ablehnung des Saarstatuts war allen klar, dass die einzig schlüssige Konsequenz aus diesem Wahldesaster nur die Rückkehr des Saarlands zur Bundesrepublik Deutschland sein konnte. Sogar Konrad Adenauer, der das Statut ausgehandelt und damit natürlich auch befürwortet hatte, und sein französischer Kollege Edgar Faure sowie dessen Nachfolger Guy Mollet[76] begriffen dies relativ rasch. Bei den Saarländern hatte sich das früher nur im Scherz gebrauchte Schlagwort „Heim-ins-Reich“ plötzlich in reale Erwartung verwandelt. Deshalb schossen die Hoffnungen bezüglich des möglichst frühen Zeitpunkts der „Rückgliederung“ in den Himmel, eines Begriffs, der bereits 1935 bei der Rückkehr des Saargebiets zu Nazi-Deutschland geprägt worden war.

Zunächst aber musste eine neue Regierung her, denn der bis dahin allmächtige und nun als großer Verlierer düpierte Johannes Hoffmann spielte mit dem Tag der Abstimmung am 23. Oktober überhaupt keine Rolle mehr. Auch sein politischer Gegenspieler von der SPS, der ehrenwerte Richard Kirn, verschwand sang- und klanglos von der politischen Bühne, wie auch all die Minister aus dem letzten Kabinett Hoffmann, die von einem auf den anderen Tag das Feld geräumt hatten, d. h. einfach nicht mehr da waren. Neben dem politischen Vakuum ließen sie eine zunächst total verunsicherte mittelständische Wirtschaft zurück, die ziemlich ratlos war, weil man sich einerseits über die mögliche Rückkehr nach

[76] Guy Mollet (1905–1975)

Deutschland freute, andererseits aber angesichts der zu erwartenden erdrückenden Konkurrenz durch die bundesdeutsche Wirtschaft in hohem Maße um den Erhalt der Arbeitsplätze besorgt war.

Wirklich uneingeschränkt glücklich und zufrieden mit dem Wahlergebnis waren eigentlich nur die bis zur Abstimmung noch relativ wenigen Anhänger von CDU und SPD sowie die völlig unpolitische Masse indifferenter Mitbürger, die in Scharen den Schlagworten des großen Demagogen Schneider gefolgt waren und ihr Kreuzchen an der richtigen Stelle, nämlich hinter dem NEIN gemacht hatten. Wer allerdings gehofft hatte, dass mit der Abstimmung vom 23. Oktober auch das hässliche Klima von Misstrauen und gegenseitigen Verdächtigungen ein Ende fände und man möglichst rasch wieder zu einem normalen Alltag würde zurückkehren können, sah sich getäuscht. Die gleichen Schlagworte, die man sich schon in den letzten Wochen um die Ohren gehauen hatte, wurden auch nach der Abstimmung mit unverminderter Härte gebraucht.

Nicht nur die Stimmung war von einem Tag zum andern gekippt, auch das gesamte politische Klima hatte sich mit einem Schlag geändert. Plötzlich gab es nur noch Sieger, zu denen sich jeder zählte, der sich früher absolut unpolitisch verhalten und dankbar die Segnungen der französischen Wirtschaftspolitik und Sozialgesetzgebung genossen hatte, und diese Sieger spielten sich als die besten Deutschen auf, die man je gesehen hatte. Mit einem Mal gab es überall der CDU nahestehende, besonders christlich geprägte und heimatverbundene Volksgenossen, die früher entweder geschwiegen oder bei Wahlen ihr Kreuzchen brav bei der CVP gemacht hatten; und ebenso hielten es „alte Sozialdemokraten“, von denen man nie gehört hatte, dass sie je soziales Engagement, geschweige denn demokratischen Bekennermut gezeigt und stets das Maul gehalten hatten, wenn sie gefordert worden waren. Nun aber tauchten sie aus ihrer selbstgewählten politischen Abstinenz auf, wie Phönix aus der Asche, und zeigten wie die übrigen Neodemokraten mit Fingern auf die wenigen bösen Menschen, die es einfach nicht lassen konnten, Frankreich immer noch zu lieben und sich sogar zu ihren

französischen Freunden zu bekennen. 'Frankophil' zu sein, war ein schlimmer Makel, der gleich hinter Hochverrat angesiedelt war. Die Befürworter des Saarstatuts, immerhin ein Drittel der Wahlberechtigten bzw. derer, die ihre Stimme abgegeben hatten, die sich nun nicht mehr zu ihrem Ja zu bekennen wagten, weil sie befürchten mussten, als Separatisten an den Pranger gestellt zu werden, wurden wie Aussätzige behandelt und zogen sich resigniert zurück.
Eine unvoreingenommene öffentliche Debatte um das Für und Wider der Entscheidung fand nicht statt und war politisch offensichtlich nicht gewollt.

Im Überschwang der plötzlich ausgebrochenen nationalen Begeisterung glaubte mancher alte Kämpfer sogar, endlich reinen Tisch machen zu können und sich nach zehnjährigem Schweigen nun offen für sein nicht besonders mutiges Verhalten während der Nazi-Zeit rechtfertigen zu müssen, und er traf damit bei überraschend vielen Gleichgesinnten auf augenzwinkerndes Verständnis.
Schließlich verdiente seine, wenn auch von den Nazis „schändlich missbrauchte" Heimattreue mehr Anerkennung als der abscheuliche Separatismus der Frankophilen, den man mit dem überwältigenden Nein so glänzend niedergerungen hatte. Der bis zum Überdruss gebrauchte Begriff „Heimat" war allgegenwärtig, und frankophil zu sein war einfach nur unanständig, so etwas gehörte sich für einen guten Deutschen nicht. Bezeichnend für dieses Verhalten war die Tatsache, dass sich in Homburg der neu gegründete FDP-Ortsverband um den ehemaligen Unterscharführer des SS-Sturms 3/10 Homburg scharte, der bald wieder das gleiche hohe Ansehen genoss wie vor dem gerade einmal zehn Jahre zurückliegenden 'Zusammenbruch'. Und so war es sicher auch kein Zufall, dass einer unserer schlagkräftigsten Pädagogen, der seinen Schülern mit einer Ohrfeige klarzumachen pflegte, wer das Sagen hatte, und der in den ersten Nachkriegsjahren stets in einem nur notdürftig geänderten senffarbenen, seine Vergangenheit eher noch betonenden Anzug aufgetreten war, sich nun plötzlich als herausragendes Mitglied einer der Heimatbund-Parteien entpuppte.

Er wurde nicht nur bei der nächsten Kommunalwahl in den Stadtrat gewählt, sondern hat es mit Unterstützung seiner neuen Parteifreunde auch recht bald zum Oberstudiendirektor und als langjähriger Leiter der Volkshochschule schließlich sogar zum Ehrenbürger der Universität des Saarlandes gebracht.

Dem schmachvollen Abgang der Regierung Hoffmann wurde mit der kurzfristigen Beauftragung des allseits als vermeintlich völlig integer anerkannten LVA-Präsidenten Heinrich Welsch begegnet, eine Übergangsregierung aus politisch ungebundenen Fachleuten zu bilden, die möglichst bald von einer demokratisch legitimierten, frei gewählten Regierung abgelöst werden sollte. Und dies geschah nach einer noch vor Weihnachten abgehaltenen Landtagswahl, aus der Dr. Hubert Ney mit seiner Saar-CDU als Sieger hervorging. Obwohl neben der SPD mit 14 % auch die DPS mit rund 20 % der Stimmen in den neuen Landtag eingezogen war und die drei ausdrücklich eine unter dem Namen „Heimatbund-Regierung" firmierende große Koalition eingingen, blieb der Oberpopulist Dr. Heinrich Schneider selbst dem Bündnis fern und ließ sich zum Präsidenten des neuen Landtags wählen, dem 20 (!) ehemalige NSDAP-Mitglieder angehörten (von insgesamt 50 Abgeordneten).

Nach all den sich überstürzenden, dramatischen Umwälzungen ging ein für die Medizinische Fakultät langfristig mindestens ebenso wichtiges Ereignis fast unter, denn am 14. November 1955 übernahm Prof. Wilhelm Kreibig[77] aus Frankfurt den erst 1954 neu geschaffenen Lehrstuhl für Augenheilkunde, die letzte noch zu besetzende „klassische" klinische Fachrichtung, die bis dahin von dem legendären, wegen seiner Verdienste um die Medizinerausbildung mit einer Honorarprofessur geadelten Chefarzt der Knappschafts-Augenklinik Sulzbach, Dr. Oskar Wiedersheim, vertreten worden war. Der gebürtige Wiener Kreibig war leitender Oberarzt der Frankfurter Universitäts-Augenklinik gewesen und hatte mit seiner fünfköpfigen Familie in dem gut 50 km östlich von Frankfurt an der Kinzig gelegenen Gelnhausen gewohnt, wo er eine private Augenarztpraxis betrieben hat. Kreibigs wurden nun unsere unmittelbaren

Prof. Dr. Wilhelm Kreibig 56

Nachbarn und bezogen unsere alte Wohnung in Haus 12, die nach Prof. Conrads Berufung nach Göttingen frei geworden war.

Professor Kreibig war ein sehr angenehmer „gemütlicher Wiener", der sich umgehend und völlig unkompliziert in die Fakultät eingegliedert hat. Seine Frau kam aus Nordfriesland und wirkte als „kühle Blonde" anfangs ein wenig zurückhaltend. Sie schien zunächst noch ihren mittelhessischen Bekanntenkreis zu vermissen, ist dann aber überraschend schnell aufgetaut und hat sich in der Homburger Gesellschaft ebenso wohlgefühlt, wie viele andere, die ursprünglich mit der Absicht gekommen waren, Homburg lediglich als Sprungbrett für höhere Aufgaben zu nutzen und dann doch auf Dauer geblieben sind. Die beiden Söhne Klaus und Uwe waren schon fast erwachsen und blieben nur kurze Zeit, um anschließend auswärts zu studieren, während das Nesthäkchen Gonje noch für mehrere Jahre eines der Homburger Gymnasien besuchte.

---

[77] Wilhelm Kreibig (1900–1976)

Hurra, endlich sind wir wieder richtig deutsch!

Nach der Volksabstimmung vom 23. Oktober 1955, in der es um die Annahme des zwischen Adenauer und Mendès France ausgehandelten Saarstatuts ging, das überraschend deutlich mit fast 68 Prozent der Stimmen abgelehnt worden war, bemühte man sich, möglichst rasch eine Eingliederung des Saarlandes in die Bundesrepublik Deutschland zu erreichen.

Auch wenn es vordergründig natürlich um die politische Rückgliederung des Saarlandes ging, mit zahllosen Fragen und Problemlösungen sowohl auf der großen Bühne zwischen Frankreich und Deutschland als auch auf Bundes- und Landesebene, um Gesetzesänderungen, aber auch um ganz konkrete Anpassungen an bundesdeutsche Alltagsregeln, so war von diesem Wandel selbstverständlich auch das Bildungssystem, und da ganz besonders die Universität betroffen. Deren Existenz war ja schon während des dreimonatigen Wahlkampfs seitens der DPS in Frage gestellt worden. Schließlich war sie bis zu diesem Zeitpunkt – auch wenn mit dem Attribut „europäisch" versehen – eine von Franzosen dominierte und nach französischem Muster funktionierende Universität gewesen, eine Institution, die es aus Sicht der Bad Kreuznacher „Deutschen Saar-Zeitung" und ihrer Gift und Galle spritzenden Redakteure in dieser Form auf deutschem Boden nie und nimmer geben durfte.

Das sah die Mehrheit der unmittelbar betroffenen Universitätsangehörigen allerdings etwas anders. Es ging ja nicht nur um ihre eigene Zukunft, nicht nur um die Sicherung ihres Arbeitsplatzes, sondern auch um die Idee eines geeinten Europa, derentwegen

Dr. Heinrich Schneider beim Besuch der Universität mit den Dekanen Prof. Dr. Jacques-Émile Dubois (Naturwissenschaftliche Fakultät) und Prof. Dr. Jacques Moreau (Philosophische Fakultät) 57

sich der eine oder andere von ihnen entschieden hatte, einen Ruf an gerade diese Universität anzunehmen.

Wie heftig nach dem Volksentscheid auch an der Universität gestritten wurde, und dass es bei diesen Auseinandersetzungen weder akademisch gesittet zuging noch sachlich diskutiert wurde, dass insbesondere einige Studenten deutlich unter die Gürtellinie feuerten, ist damals nur Insidern bekannt geworden. So sah sich der als ausgesprochen ruhig und ausgeglichen bekannte Rektor Angelloz genötigt, anlässlich der Immatrikulationsfeier zum Wintersemester 1955/56 von Seiten „heimatverbundener deutscher" Studenten gestreute Gerüchte über eine angeblich geplante Schließung der Universität mit Nachdruck zurückzuweisen. Auch anonyme Drohungen sowie „Diffamierungen und Verdrehungen" vergifteten die Atmosphäre.

Aber nicht nur seitens der Studenten gab es Rücktrittsforderungen an französische Dozenten, sondern auch von Teilen des Lehrkörpers kamen Vorschläge, die alles andere als intelligent waren. Da forderte z. B. ein Physik-Lehrstuhlinhaber (ehem. SA-Truppenführer und Referent für Physik beim Oberkommando der deutschen Kriegsmarine) in Heinrich Schneiders „Deutscher Saar-Zeitung" eine überwiegend deutsche Besetzung der Lehrstühle in der Naturwissenschaftlichen Fakultät und erinnerte damit ungewollt an seinen etwas bekannteren, nicht weniger verbohrten Kollegen vergangener Tage, nämlich den gebürtigen Ungarn und Physik-Nobelpreisträger von 1905, Fülöp Lénárd (Philipp Lenard), der ein erbitterter Gegner Albert Einsteins gewesen ist. Lenard, seit 1907 deutscher Staatsbürger, war bereits seit den 1920er Jahren überzeugter Anhänger Hitlers und seiner völkischen Ideen gewesen und hatte in den 1930er Jahren mit seiner „Deutschen Physik" die Naturwissenschaften mit nationalsozialistischem Gedankengut zu verbinden versucht[78].

Wesentlich vernünftiger klangen dagegen die Vorschläge des damaligen Dekans der Philosophischen Fakultät, des belgischen Ordinarius für Alte Geschichte, Jacques Moreau, und des Archäologen Heinz Kähler, der forderte, dass *„der gegenwärtige internationale Charakter der Universität … beibehalten wird"*, oder die Mahnung des Schweizer Physiologen Stämpfli, der befürchtete, dass die *„Originalität (der Universität) durch eine überstürzte nationalistische Entwicklung"* verloren gehe, und sie *„durch Verlust ihres internationalen Charakters zu einer unbedeutenden Provinzuniversität"* herabzusinken drohe.

---

78 Philipp Lenard (1862–1947): Deutsche Physik in vier Bänden, J.F. Lehmanns Verlag, München/Berlin 1936 („Deutsche Physik? wird man fragen. Ich hätte auch arische Physik oder Physik der nordisch gearteten Menschen sagen können, Physik der Wirklichkeits-Ergründer, der Wahrheits-Suchenden, Physik derjenigen, die Naturforschung begründet haben. […] In Wirklichkeit ist die Wissenschaft, wie alles was Menschen hervorbringen, rassisch, blutmäßig bedingt".)

Dass dies nicht geschehen ist, hat sich zwischenzeitlich glücklicherweise bestätigt, nicht zuletzt dank Robert Stämpfli, der sich mit all seiner Kraft für diese Universität eingesetzt hat und ihr ein Leben lang treu geblieben ist.

Für uns Oberprimaner brachte das neue Jahr insofern eine deftige Überraschung, als uns nach der Rückkehr aus den Weihnachtsferien mitgeteilt wurde, das Kultusministerium habe entschieden, die schriftliche Abiturprüfung schon auf Mitte Januar vorzuverlegen, damit wir Saarländer – wie die übrigen Bundesrepublikaner – bereits zum Sommersemester 1956 mit dem Studium beginnen könnten. Uns blieb nichts übrig, als uns in unser Schicksal zu fügen und uns ohne wesentliche Vorbereitung in das Abenteuer Reifeprüfung zu stürzen. Die Noten des Weihnachtszeugnisses galten nun plötzlich als Abitur-Vornoten, was natürlich nicht jedem ins Konzept passte. Wir hatten wohl alle geplant, uns in den bevorstehenden Monaten noch einmal so richtig ins Zeug zu legen, um dann irgendwann Ende Mai/Anfang Juni bestens präpariert und mit mehr oder weniger glänzenden Vornoten in die Schulabschlussprüfung einzusteigen.

Tatsächlich haben wir es dann alle auch irgendwie geschafft. Aber es spielte sich eine mittlere Katastrophe in der mündlichen Geschichtsprüfung ab, weil der Saarbrücker Fremdprüfer mit konstanter Bosheit immer wieder Fragen zum 'Dritten Reich' stellte, das bei unseren Lehrern noch ein Tabu-Thema gewesen und im Unterricht überhaupt nicht vorgekommen war. Dort war die deutsche Geschichte mit dem am 9. November 1918 beendeten Kaiserreich ganz still und sanft entschlafen und kommentarlos beerdigt worden. Nicht nur der Nationalsozialismus und der Zweite Weltkrieg, auch die Zeit zwischen den Kriegen ist nach Ansicht unserer Lehrer noch zu nah gewesen, um dem Lehrplan einverleibt werden zu können.

Für die gewöhnlichen Saarländer der Nachkriegsjahre, auch für viele sogenannte „Gebildete“, war die Beschäftigung mit der jüngsten Vergangenheit ebenso wenig ein Thema gewesen. Ihr Blickwinkel war allerdings ein anderer. Aus ihrer Sicht lag der Krieg ja schon mehr als zehn Jahre zurück, also viel zu lange, um sich mit diesen alten Geschichten überhaupt noch auseinandersetzen zu müssen. So dachte damals die Mehrheit der Saarländer, die Generation der Eltern, deren Aufgabe es gewesen wäre, mit ihren Kindern über diese Dinge zu sprechen. Weil das in der Regel aber nicht geschehen war, gab es da ein Vakuum, das die wenigsten von uns Schülern hatten auffüllen können. Eine die Nazi-Diktatur betreffende seriöse Literatur war in den frühen 1950er Jahren im Saarland kaum zu kriegen, und eine ernsthafte, vor allem unvoreingenommene Debatte über diese Zeit hatte nicht stattgefunden, weder in der Öffentlichkeit noch privat. Wer sich also als Schüler nicht aus eigener Initiative bzw. aus zuverlässigen Quellen mit der Weimarer Republik, insbesondere mit Hitler und der zum Zweiten Weltkrieg führenden Politik hatte befassen können, erlebte nun im mündlichen Abitur sein totales Waterloo. Bei recht guten Vornoten um Zwei hagelte es zum Missfallen unserer Lehrer fast nur noch Vieren. Der ‘schöne Siegfried’, unser eitler und noch relativ junger Geschichtslehrer Siegfried Koch, selbst ehemaliger Kriegsteilnehmer, war völlig gebrochen und schien nach dieser Prüfung um Jahre gealtert.

Nach bestandenem Abitur, noch mit dem vorläufigen Reifezeugnis in der Hand, konnten wir uns an der jeweils in Aussicht genommenen Universität einschreiben. Dass ich Medizin studieren würde, war mir spätestens seit der Obersekunda klar, und dass ich mein Studium in Saarbrücken beginnen würde, hatte sich fast zwangsläufig so ergeben. Meinen Plan, mir auch ein Zimmer in Saarbrücken nehmen und nur am Wochenende heimkehren zu wollen, musste ich allerdings meinen Eltern noch klarmachen.

Dieses Zimmer fand ich rasch in Saarbrücken-Malstatt, in der Ahrstraße bei dem Ehepaar Barth. Herr Barth war pensionierter Hauptschulrektor. Er hatte im Krieg ein Bein verloren und stapfte mit seiner Prothese und nie verlöschender Zigarre tagein und tagaus durch seine Wohnung. Er war ein ziemlich unruhiger Geist mit schwacher Blase, die ihn permanent auf Trab hielt. Deshalb klangen seine Schritte auf dem von seiner Frau auf Hochglanz polierten Parkett wie nie nachlassende, ferne Granateneinschläge. Offenbar nahm er seine Prothese mit ins Bett, denn er donnerte auch nachts mit gleicher Intensität durch seine Gemächer, und so war ich froh, als ich im nächsten Semester ein Bett in einem 4-Mann-Zimmer im Studentenheim bekam.

Das Medizinstudium wurde damals in Saarbrücken noch nach dem französischen System mit dem propädeutischen Jahr als sog. PCB begonnen. PCB war die Abkürzung für *Physique, Chimie und Biologie*, letztere noch einmal unterteilt in *Zoologie* (Biologie animale) und *Botanique* (Biologie végétale). In allen Fächern wurden die Vorlesungen von französischen Professoren gehalten, während bei den praktischen Übungen (auch in der Zoologie und Botanik) teils deutsche Dozenten und Assistenten eingesetzt wurden.

Da ich glaubte, mit diesen Fächern nicht ausgelastet zu sein und zu viel Leerlauf zu haben, belegte ich während dieses ersten Semesters auch noch die Hauptvorlesungen in der Kunstgeschichte (bei Josef Adolf Schmoll gen. Eisenwerth) sowie in der Archäologie (bei Prof. Heinz Kähler[79]) und schließlich die von vielen Nichtjuristen besuchte Staatsphilosophie bei Werner Maihofer[80], die der spätere Bundesinnenminister mit so viel Verve und Überzeugungskraft vortrug, dass ich keinen seiner Termine versäumt habe.

79 Heinz Kähler (1905–1974)

80 Werner Maihofer (1918–2009)

Grenzkonflikt

Nach dem Sommersemester 1956 startete ich zu meiner eigentlich schon seit Jahren geplanten großen Skandinavien-Tour, die mich über Dänemark hauptsächlich nach Schweden führen sollte, allerdings auch mit Abstechern nach Finnland und Norwegen. Diese per Anhalter und Bahn absolvierte Reise mit all ihren wunderschönen Eindrücken und auch später noch über Jahre erhaltenen Bekanntschaften zu beschreiben, würde den Rahmen dieser Darstellung sprengen. Doch eine kleine Geschichte muss ich schildern, weil sie fast zu „internationalen Verwicklungen" geführt hätte und ursächlich mit der komplizierten, für Außenstehende nur schwer nachvollziehbaren staatsrechtlichen Situation eines Saarländers zu tun hatte, der das Wagnis einging, den engeren deutsch-französischen Grenzraum zu verlassen und mit dem saarländischen Sonderstatus nicht vertraute Beamte ferner Länder in Verlegenheit zu bringen.

Vorausschicken muss ich, dass es in den fünfziger Jahren zwischen dem bekannten nordschwedischen Eisenerz-Zentrum Kiruna und dem am Nordatlantik gelegenen norwegischen Hafen Narvik noch keine direkte Straßenverbindung gab, weshalb der gesamte Personentransport über die 1903 für die Erzverschiffung angelegte Bahnstrecke abgewickelt wurde. Die Straßen Nordschwedens waren damals noch breite, wegen der winterlichen Frostschäden jedoch durchgehend nichtasphaltierte, aus feingemahlenem Schotter aufgeschüttete Rollbahnen, die vom späten Frühjahr bis zum Frühherbst mit speziellen Maschinen regelmäßig für den Verkehr aufbereitet, verdichtet und festgewalzt wurden. Die E10 zwischen Kiruna und Narvik wurde erst in den 1980er

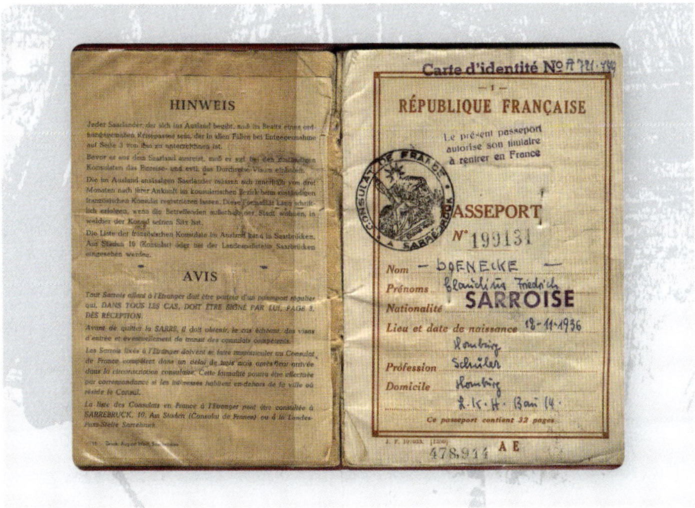

Saarländischer Franzose = Deutscher „Saarfranzose“

58

Jahren gebaut. Wer also bis dahin von Nordschweden her Narvik erreichen wollte, musste die Eisenbahn benutzen.

Als ich selbst nun Ende August 1956 diese zwischen Abisko und Narvik durch das wildzerklüftete Grenzgebirge führende Bahn mit nur kurzem Zwischenstopp in Riksgränsen nutzte, hatten die Grenzbeamten auf schwedischer Seite sämtliche Reisepässe zur Bearbeitung eingesammelt und den Fahrgästen gleichzeitig einen Fragebogen über Staatsangehörigkeit, Wohnort, Zweck der Reise etc. ausgehändigt und diesen während der Fahrt wieder eingesammelt. Bei der Frage nach der Staatsangehörigkeit hatte ich ohne böse Absicht „deutsch“ angegeben. Die Pässe sollten wir erst nach dem Grenzübertritt in Narvik zurückbekommen.

Während der Fahrt brach plötzlich bei den Beamten hektische Betriebsamkeit aus. Wir registrierten das eher beiläufig, wunderten uns allenfalls ein wenig, dass sie mehrmals die Abteiltür aufrissen, um uns durchzuzählen und dann grußlos wieder zu verschwinden. Schließlich tauchten die Beamten zu dritt wieder auf, zitierten mich auf den Gang hinaus, um mir mit drohender Gebärde und lauter Stimme einen Satz an den Kopf zu werfen, den ich nie vergessen werde: *„Herr Doenecke! Sie sind Saarländer, Sie haben einen französischen Reisepass und schreiben, Sie seien Deutscher! Das ist nicht korrekt!"*

Als grenzüberschreitende Einzelperson war ich offensichtlich als Saarländer, Franzose und Deutscher gleich dreifach gezählt worden, hatte damit die Statistik verfälscht und unabsichtlich einen Aufruhr verursacht, den die gemischte schwedisch-norwegische Grenzbeamtenkommission gar nicht lustig fand.

Oktoberrevolution
– Októberi Forradalom –

Den Beginn des Wintersemesters überlagerte ein vorübergehend alles beherrschendes politisches Thema, das uns aus scheinbar heiterem Himmel überrascht hatte und das in dieser Heftigkeit von niemandem erwartet worden war, nämlich der ungarische Volksaufstand von 1956.

Ursprünglich aus einer eher harmlosen Solidaritätskundgebung ungarischer Studenten für polnische Arbeiter hervorgegangen, hatten sich die Demonstrationen innerhalb weniger Tage dramatisch verselbständigt. Die ungarische Bevölkerung hatte sich den Frust einer mehr als zehnjährigen kommunistischen Gewaltherrschaft mit Macht von der Seele geschrien. Zwischen der Studentendemonstration vom 23. Oktober 1956 und dem Sturz des Rákosi-Regimes war nicht einmal eine Woche vergangen.

Am 28. Oktober hatte der wiedergewählte Ministerpräsident Imre Nagy die Revolution ausgerufen, die Einführung der Demokratie in Ungarn gefordert und den Austritt Ungarns aus dem Warschauer Pakt erklärt. Daraufhin hatten Nagys Gegner um János Kadar die in Ungarn stationierten sowjetischen Truppen zu Hilfe gerufen, die den Aufstand bis zum 4. November niedergeschlagen haben. Einer der auch im Westen bewunderten Helden dieser kurzen militärischen Auseinandersetzung war der von Nagy am 3. November zum Verteidigungsminister ernannte Oberst Pál Maléter, der wie jener im Juni 1958 hingerichtet wurde.

Vorausgegangen war Chruschtschows schon im Februar auf dem XX. Parteitag der KPdSU erfolgte Abrechnung mit dem Stalinismus, deren Details im Laufe des Jahres bruchstückhaft an die

Öffentlichkeit geraten waren, und die wohl im gesamten Ostblock Hoffnungen auf eine Liberalisierung geweckt hatte. So war in Polen Władysław Gomułka an die Macht gekommen, der natürlich auch ein Kommunist, aber einer der eher gemäßigten Art war, während der in Ungarn kurz nach Stalins Tod ins Amt gehobene liberale Imre Nagy schon zwei Jahre später wieder durch den knochenharten Mátyás Rákosi abgelöst worden war. Dass es eigentlich schon seit Wochen oder gar Monaten in Ungarn rumort hatte und die Volksseele immer wieder einmal hochgekocht war, hatten wir allerdings nicht mitgekriegt. So war es z. B. schon Anfang Oktober bei der Rehabilitation und Umbettung des 1949 hingerichteten Lázló Rajk zu heftigen Demonstrationen gegen Rákosi gekommen.

Nach dem blutigen Ende des Aufstands waren Zehntausende von Ungarn, u. a. fast die gesamte Fußballnationalmannschaft um den legendären Ferenc Puskás, die ja ganz überwiegend aus Armee-Offizieren bestand, in den Westen geflüchtet, auch zahlreiche Studenten, für die es nun Hilfe, vor allem Unterkünfte und Unterstützung bei der Weiterführung ihres Studiums zu organisieren galt.

Als diese unheimlich ernsthaft und blass, ja fast krank, vor allem aber deutlich älter wirkenden und kaum deutsch sprechenden Kämpfer auch bei uns auftauchten, hat der AStA kurzfristig eine Spendensammlung ins Leben gerufen, an der fast alle unteren Semester teilnahmen. Auch wir Zweitsemester beteiligten uns natürlich an dieser Goodwill-Aktion, und so klapperten wir mit unseren vom Roten Kreuz bereitgestellten Blechbüchsen systematisch den uns zugewiesenen Bezirk im Bereich der hinter dem St. Johanner Markt beginnenden Mainzer Straße vom Keller- bis zum Dachgeschoss ab. Dabei machten wir die traurige Erfahrung, dass die ärmlicheren Bewohner der oberen Etagen in der Regel wesentlich spendabler waren als die Kaufleute in ihren im Erdgeschoss gelegenen Geschäftsräumen.

Trotz der unerwarteten Neuankömmlinge, die kurzfristig im Studentenheim unterzubringen waren, hatte man mir den zugesagten Platz in einem 4-Betten-Zimmer nicht gestrichen, so dass ich Mitte November als vierter Mann in dem unmittelbar neben der Mensa gelegenen alten Kasernenbau einziehen konnte. Meine drei Mitbewohner waren alle angehende Betriebswirte, die sich schon seit ihrer Schulzeit kannten und aus einem Dorf in der Nähe von Losheim kamen. Sie waren sogar alle drei im örtlichen Männergesangverein und sangen sich jeden Abend mehrstimmig in den Schlaf.

Bis es soweit war, haben wir allerdings alle still und friedlich in unserem durch einen Kleiderschrank abgeteilten Bereich für die bevorstehenden Examina gepaukt, nachdem wir vorher, d. h. direkt nach dem schon um sechs Uhr eingenommenen Abendessen zwei Stunden lang Skat gespielt hatten.

Freiburg I

Das Wintersemester 1956/57 schloss ich mit dem PCB ab. Unter dem Eindruck des nicht besonders hohen Niveaus der praktischen Übungen hatten wir uns alle wohl eingeredet, dass es sich dabei um einen lockeren Spaziergang durch die einzelnen Prüfungen handeln würde und die Vorbereitungen nicht ganz ernst genommen. Jedenfalls wurden wir bitter enttäuscht, denn man hat uns absolut nichts geschenkt.

So kam es, dass von den ursprünglich 24 Kandidaten, die sich da zu den Prüfungen angemeldet hatten, zwischendurch 8 wegen Aussichtslosigkeit abgesprungen und 8 komplett durchgefallen waren, mit der Chance, das Examen in toto noch einmal wiederholen zu können. Und auch die restlichen 8 bestanden nur mit Ach und Krach. Die beste Note war nach der inzwischen wieder eingeführten deutschen Bewertungsskala eine 3 im Durchschnitt, und das Ganze war nicht nur nach Ansicht unserer Dozenten, sondern auch nach unserer eigenen Einschätzung 'die reine Katastrophe'.

Unser Semester fiel total auseinander. Ich selbst kehrte Saarbrücken den Rücken, um in Freiburg weiter zu studieren und traf dort zu meiner Überraschung auf den schlaksigen Eberhard Weißmüller, genannt Johnny, den Sohn des Völklinger Stadtförsters. Von Johnny hatte ich ganz sicher angenommen, dass er als typischer Saarländer mit seiner sprichwörtlichen Heimatverbundenheit nie und nimmer einen Fuß über die Grenze unseres Ländchens hinaus setzen würde. Was aus den anderen Kommilitonen wurde, weiß ich nicht, mit Ausnahme von Werner Schwirz, den ich später in Püttlingen als Hautarzt wiedersah, und Heribert Jösch, der den Tabakwarenladen seines Vaters auf der Saarbrücker Bahnhofstraße übernommen hatte.

Eine Unterkunft habe ich in Freiburg dank der Unterstützung von Hartwig Schall rasch gefunden, dem ebenfalls Medizin studierenden Sohn des nach Bremen gewechselten früheren Homburger Pädiaters, der allerdings schon im zweiten klinischen Semester war. Über ihn habe ich im selben Haus, in dem er seit einem Jahr wohnte, ein Zimmer bekommen. Auch wenn wir uns als WG-Nachbarn recht gut vertrugen, trennten uns politisch-ideologisch Welten. Während er – bereits mit Schmissen gezeichnet – gerade dabei war, sich in einer weiteren schlagenden Verbindung hochzudienen und dementsprechend konservative, um nicht zu sagen reaktionäre Meinungen vertrat, suchte ich als überzeugter „Sozialliberaler" die Nähe zum SHB, dem ich allerdings nie beigetreten bin, weil man sich dort permanent um Nebensächlichkeiten stritt und dabei rasch die eigentlichen Ziele aus den Augen verlor. Trotz aller Meinungsverschiedenheiten habe ich mit Hartwig sonntags Radtouren zum Kaiserstuhl und in den nahen Schwarzwald unternommen, und über ihn bzw. seine Freundin habe ich sogar einen Job als Nachtwache in der Kinderklinik gefunden, um mein spärliches „Gehalt" etwas aufzubessern.

Da ich mit meinem PCB den naturwissenschaftlichen Teil der Vorklinik bereits abgeschlossen hatte, konnte ich mich jetzt in Freiburg in aller Ruhe auf die drei medizinischen Grundlagenfächer vorbereiten, was ich auch in vollen Zügen genoss. Am meisten haben mich dabei der Anatom Kurt Goerttler[81] und der Physiologie Albrecht Fleckenstein[82] beeindruckt, der ja eigentlich Pharmakologe war und den man mit Fug und Recht als den „Entdecker" der Calciumantagonisten bezeichnen kann.

---

[81] Kurt Goerttler (1898–1983)

[82] Albrecht Fleckenstein (1917–1992)

Da aber letzterer in seiner Hauptvorlesung während der drei Semester ausschließlich über sein Lieblingsthema, nämlich die Muskelphysiologie sprach, belegte ich als Wahlfach auch noch die Nervenphysiologie bei seinem emeritierten Vorgänger Paul Hoffmann, die dieser im Café Usländer abhielt. Der gebürtige Schwarzwälder Helmut Holzer[83] in der Physiologischen Chemie war zwar ein lieber Mensch und sicher ein tiefschürfender Forscher, fiel jedoch bzgl. Ausstrahlung und Begeisterungsfähigkeit gegenüber den beiden Stars Goerttler und Fleckenstein deutlich ab.

83 Helmut Holzer (1921–1997)

Namensänderung

Die Anmeldung zum Physikum erfolgte gleichzeitig mit der Rückmeldung zum Sommersemester 1958, wobei ich aufgefordert wurde, neben meinen „PCB“-Unterlagen auch noch eine Staatsangehörigkeitsurkunde bzw. einen Staatsangehörigkeitsausweis vorzulegen. Ich hatte vorher noch nie etwas von der Existenz solcher Papiere gehört, sonst hätte ich mich früher darum bemüht. Es gab da jede Menge Formulare, die ich ohne die Hilfe meiner Eltern gar nicht ausfüllen konnte. Unter anderem wurde nach den Geburtsdaten der Großeltern väter- und mütterlicherseits gefragt, und dies auch noch mit standesamtlicher Bestätigung. Da mein Vater in Halle an der Saale geboren war und seine Eltern aus dem Mansfelder Land stammten, mussten die Unterlagen in der DDR angefordert und diese Anforderung ausreichend begründet werden.

Das Physikum sollte in der zweiten Juliwoche stattfinden, doch obwohl ich die DDR-Behörden schon Mitte April um die Zusendung der großelterlichen Geburtsurkunden gebeten hatte, war bis Anfang Juni immer noch keine Antwort eingetroffen.
So langsam bekam ich das große Muffensausen. Vom Stuttgarter Innenministerium hatte ich inzwischen ein Schreiben erhalten, in dem das Eintreffen der Saarbrücker Zeugnisse nicht nur bestätigt sondern auch ihre Anerkennung ausgesprochen wurde. Es hing nun tatsächlich alles von meinem Staatsangehörigkeitsausweis ab.
Und als die Unterlagen aus Halle Anfang Juli endlich eintrafen, kam das große Erwachen. Es hatte sich nämlich herausgestellt, dass unser Großvater seinen Stammhalter, also meinen Vater, bei der standesamtlichen Anmeldung im Jahre 1901 als Friedrich Otto August *Dönecke* angemeldet hatte; nicht mit „oe“, wie die Familie

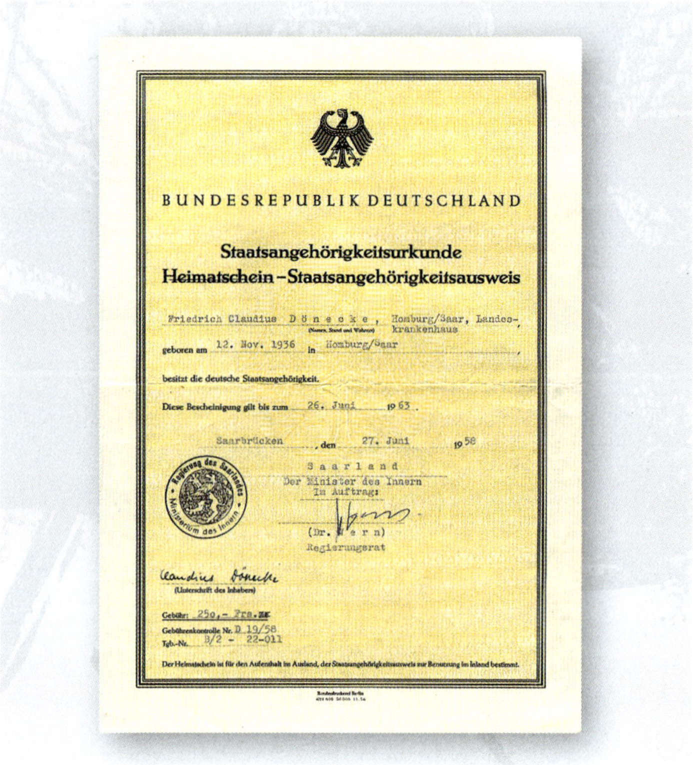

BUNDESREPUBLIK DEUTSCHLAND

Staatsangehörigkeitsurkunde
Heimatschein – Staatsangehörigkeitsausweis

Friedrich Claudius D ö n e c k e , Homburg/Saar, Landeskrankenhaus
(Namen, Stand und Wohnort)

geboren am 12. Nov. 1936 in Homburg/Saar,

besitzt die deutsche Staatsangehörigkeit.

Diese Bescheinigung gilt bis zum 26. Juni 1963.

Saarbrücken, den 27. Juni 1958

Regierung des Saarlandes – Ministerium des Innern

S a a r l a n d
Der Minister des Innern
Im Auftrag:

(Dr. [illegible]e r n)
Regierungsrat

Claudius Dönecke
(Unterschrift des Inhabers)

Gebühr: 250,- Frs.
Gebührenkontrolle Nr. D 19/58
Tgb.-Nr. B/2 - 22-011

Der Heimatschein ist für den Aufenthalt im Ausland, der Staatsangehörigkeitsausweis zur Benutzung im Inland bestimmt.

Staatsangehörigkeit deutsch

59

sich angeblich seit Jahrhunderten geschrieben hatte, sondern mit dem Umlaut „ö“. Die Papiere waren dementsprechend alle mit Umlaut ausgestellt, und natürlich auch der Staatsangehörigkeitsausweis. Doch was das Fass zum Überlaufen brachte, war die Tatsache, dass der Familie von Amts wegen eine Namensänderung aufgedrückt wurde, dass sämtliche Familienmitglieder trotz massiver Proteste neue Ausweispapiere beantragen mussten und mein Vater, der seit fünfzig Jahren seine Unterschrift mit dem „oe“ geleistet hatte, aufgefordert wurde, bei amtlichen Unterschriften künftighin mit zwei

Strichelchen zu zeichnen. Wir bekamen also neue Personalausweise mit „ö“, neue Reisepässe mit „ö“, und selbstverständlich habe ich auch mein Physikum unter dem Namen *Friedrich Claudius Dönecke* abgelegt und fast zehn Jahre später auch noch mit „ö“ geheiratet. Dass die gleichzeitig in die Wege geleitete Namensrückänderung zum „oe“, die natürlich von jedem Familienmitglied einzeln beantragt werden musste, wie eine ganz normale Namensänderung alle Instanzen durchlief und erst knapp fünfzehn Jahre später wirksam vollzogen wurde, ist kein Scherz sondern bundesrepublikanische Wirklichkeit.

Dass mein Vater bei *meiner* standesamtlichen Eintragung im Jahre 1936 seinen akademischen Grad im vollen Wortlaut hatte niederschreiben müssen, weil Abkürzungen bzw. Kurzformen in amtlichen Urkunden angeblich nichts zu suchen hatten, und der Standesbeamte dabei aus dem „Doctor medicinae habilitatus“ einen „Doctor medicinal habilitaties“ gemacht hatte, waren im Vergleich zum „ö“ in unserem Familiennamen nur Peanuts. Zwar hatte auch der Homburger Standesbeamte des Jahres 1958 zunächst darauf bestehen wollen, dass mein Vater, der ja inzwischen ein Professor geworden war, zum Zeitpunkt meiner Geburt noch ein *Doctor medicinal habilitaties* gewesen sei, doch er hatte sich rasch umstimmen lassen, als sein des Lateinischen kundiger Vorgesetzter ihn anwies, den Fehler ein für alle Mal zu tilgen.

Das Physikum selbst verlief auch nicht ganz so, wie ich es mir in meiner Einfalt vorgestellt hatte. Mit ein wenig Fantasie hätte ich eigentlich selbst auf die Idee kommen können, dass ich als Absolvent des „PCB“ ein Sonderfall war. Jedenfalls erfuhr ich erst zwei Tage vor Prüfungsbeginn per Aushang am Schwarzen Brett, dass man mich von Amts wegen aus meiner angestammten Gruppe entfernt und mit zwei mir völlig unbekannten Indonesiern aus Jakarta zu einer neuen vereint hatte, der noch ein deutscher Wiederholer zugeteilt worden war. Der war beim Frühjahrstermin nach einer 4 in der Physiologischen Chemie in der Physiologie durchgefallen und daraufhin der Anatomieprüfung unentschuldigt ferngeblieben, was für den diesbezüglich sehr empfindlichen Professor Goerttler einem mit der Höchststrafe zu ahnenden Vergehen gleichkam. Einen Tag vor unserem Physiologie-Termin schließlich verbreitete sich blitzschnell die Kunde, dass Professor Fleckenstein das bei Fakultätsfeiern aufspielende Streichquartett, unsere Star-Gruppe, mit vier Fünfen hatte durchrasseln lassen, weil diese Schlaumeier geglaubt hatten, sich bei ihren Vorbereitungen lediglich auf Fleckensteins Muskelphysiologie und seine Kalium-Natrium-Pumpe beschränken zu können. Sie hatten bei Fragen zur Nerven- und Stoffwechselphysiologie komplett passen müssen.

Tatsächlich war unsere Prüfung bei Professor Fleckenstein dann ein Kinderspiel, weil dieser am Morgen auf der Fahrt ins Institut einen selbstverschuldeten Autounfall erlitten hatte und uns, als es endlich dazu kam, möglichst rasch wieder loswerden wollte, um sich den Unfallformalitäten widmen zu können. Die Prüfung, die wir nur zu dritt absolvierten, weil der Wiederholer einer Sonderprüfung unterzogen werden sollte, hatte mit fast vierstündiger Verzögerung begonnen und dauerte kaum eine halbe Stunde.

Professor Fleckensteins Frage, ob wir alle drei mit einer Zwei einverstanden wären, haben wir ohne Zögern zugestimmt. Auch bei den beiden anderen Prüfern erzielten wir Normalkandidaten unsere Zweien, während der Wiederholer, ein todesmutiger Hasardeur, bei Professor Goerttler nicht ganz unerwartet mit einer Fünf den Gnadenstoß kassierte.

Trauerarbeit

Das Wintersemester 1958/59, mein erstes klinisches Semester, habe ich in Frankfurt absolviert, nachdem unsere Großmutter mütterlicherseits an einer akuten myeloischen Leukämie verstorben war. Vorausgegangen war eine Panzytopenie, die während der letzten beiden Jahre alle erwachsenen Nachkommen mit passender Blutgruppe, u. a. auch mich, mehrfach zur Frischblutspende nach Frankfurt geführt hatte. Als Auslöser hat man damals einen Analgetika-Abusus mit Aminophenazon und Phenylbutazon vermutet, den sie jahrelang wegen einer ausgeprägten beidseitigen Kniegelenksarthrose betrieben hatte. Heutzutage ist man natürlich viel klüger und glaubt zu wissen, dass ein solches Knochenmarkversagen Folge einer Genmutation des blutbildenden Systems sei und damit eines altersbedingt erhöhten Risikos, an einer hämatologischen Neoplasie zu erkranken.

Für meine Schwester Brigitte, die als Jura-Studentin das vergangene Sommersemester schon in Frankfurt verbracht hatte, und für mich war es eine Selbstverständlichkeit gewesen, nach dem Tod unserer Großmutter wenigstens *ein* Semester lang bei unserem Großvater Erwin Madelung[84] in Frankfurt zu verbringen und ihm so über den großen Verlust hinwegzuhelfen.

Von der weihevollen Stimmung, die früher einmal in der Frankfurter Medizin-Fakultät geherrscht haben muss, als noch Geistesgrößen wie Paul Ehrlich oder Franz Volhard dort wirkten, war zu meiner Zeit nicht mehr viel zu spüren.

---

[84] Erwin Madelung (1881–1972)

Was uns da an Dozenten geboten wurde, war nicht einmal Mittelmaß. Vor allem vermissten wir ein Minimum an Engagement für unsere Ausbildung oder wenigstens eine gewisse Bereitschaft, uns überhaupt etwas beibringen zu wollen. Schließlich waren wir klinische Erstsemester, die nach der trockenen Theorie der Vorklinik mit großen Erwartungen angetreten und darauf erpicht waren, endlich richtige Patienten zu sehen. Immerhin war es ja unser Wunsch gewesen, Arzt zu werden und kranken Menschen zu helfen. Doch für die ihre Chefs vertretenden Privatdozenten schienen wir eher lästige Quälgeister zu sein, die ihnen die Zeit stahlen und die sie insgeheim zum Teufel zu wünschen schienen. Unsere Begeisterung für die Medizin prallte jedenfalls vollständig an ihrem spürbaren Desinteresse und einer Passivität ab, die fast beleidigend wirkte.

Ausnahmen gibt es natürlich immer, so auch hier: Einer, der zumindest menschliche Qualitäten offenbarte, war der Privatdozent Dr. Heller in der Frauenklinik, der uns zu später Stunde mit seiner 'Geburtshilflichen Propädeutik' erfreute, wenn es draußen dunkel wurde, wenn wir alle schon ein wenig müde waren und am liebsten ein Nickerchen gemacht hätten. Die einzige, die sich das leisten konnte, war eine hellblaue Babyhöschen strickende, im siebten Monat schwangere Kommilitonin, die regelmäßig nach einer Viertelstunde entschlummerte, was wegen der klirrend zu Boden fallenden Stricknadeln auch dem Dozenten nicht verborgen blieb. Wenn das typische Geräusch erscholl, pflegte er uns verschmitzt lächelnd darüber aufzuklären, dass Schwangere viel Schlaf benötigten.

Den Internisten Professor Max Gänsslen, dessen Leberextrakt zur Behandlung der Perniciosa damals noch therapeutischer Standard war, habe ich ein einziges Mal gesehen, … und dann nie wieder. Auch der seinem Namen alle Ehre machende Chef der Pathologie, Professor Calau, hat uns nicht wirklich ernst genommen. Ihm schien es allein wichtig zu sein, dass seine Witze gut ankamen. Demgegenüber war der Pharmakologe Peter Holtz mit dem Menjou-Bärtchen, der sich mit der Erforschung der Katecholamine einen Namen gemacht hatte, ein schon fast unangenehm sachlicher

Typ, dessen Vorlesung weder Höhen noch Tiefen bot. Von seinem angeblichen „Streben nach anschaulicher Darstellung“, wie es in einer späteren Würdigung seiner Frankfurter Zeit hieß, haben wir nichts bemerkt. Er trug sein Programm mit kühler Distanz und einer herablassend wirkenden Routine vor, die vermuten ließ, dass er sein Publikum überhaupt nicht wahrnahm. Er hätte wahrscheinlich auch vor völlig leerem Hörsaal gelesen.

Doch wirklich engagiert ins Zeug gelegt hat sich Professor Edgar Ungeheuer[85], damals Leitender Oberarzt der Chirurgischen Universitätsklinik, der für den schwer erkrankten Professor Geißendörfer die Geschäfte führte und von seinem Auftreten her ein Star war, der sich jederzeit seiner Unwiderstehlichkeit, insbesondere seiner Wirkung auf Frauen, voll bewusst war. Dieser Mann war ein hochbegabter Chirurgendarsteller und erinnerte in vielem an den bereits erwähnten, damals im Saarland tätigen – mit seinen eigenen Worten – *weltbekannten* Urologen, dessen Name zumindest den Homburgern und vielen, besonders den prostatageplagten älteren Saarländern geläufig war. Wie dieses Homburger Pendant legte auch der selbstverliebte Professor Ungeheuer allergrößten Wert auf ein gepflegtes Äußeres. Und offenbar hat er jeden Auftritt aufs Sorgfältigste geplant. Wenn der auch im Winter braungebrannte Beau mit der brünetten Dauerwelle, den Kopf immer leicht schräg geneigt und das energische Kinn nach vorn gereckt, mit federndem Schritt den Hörsaal betrat, ergoss sich ebenso schwungvoll eine Lawine in weiße Kittel gehüllter Personen in den Raum, der dann auch noch zwei bis drei Krankenliegen oder OP-Tische mit Patienten nachgeschoben wurden.

[85] Edgar Ungeheuer (1920–1992)

Prof. Boris Rajewsky[86] (erste Reihe mit Gattin) anlässlich der Einweihung des nach ihm benannten Instituts für Biophysik in Homburg, am Pult sein Schüler Prof. Hermann Muth[87]. 60
Ganz links der Architekt Prof. Gerd Heene, und 3. Reihe (hinter Frau Rajewsky) mein Großvater Prof. Erwin Madelung[84] (im Programm blätternd).

Ohne den Überflieger aus dem Odenwald, der mit der Deklination lateinischer Begriffe ein wenig auf dem Kriegsfuß stand und der das R so schön rollen ließ, schien in dieser Klinik nichts zu laufen („Bei Scholé-zis-diddis nehmen Sie irr-schend a-jn Andibiodigaa aus der Teddrrazigglien-Gerrubbe, egal wel-sches, sie wirrgen alle!“). Er verstand es meisterhaft, eine Aura von Unfehlbarkeit und Unentbehrlichkeit um seine Person erstrahlen zu lassen.
Diese männliche Diva war derart von sich eingenommen und vermittelte ihre Selbsteinschätzung auch dem an ihren Lippen hängenden Publikum mit solchem Nachdruck, dass man befürchten musste, der gesamte Betrieb werde zusammenbrechen, wenn sie

irgendwann einmal die Klinik verließe. Tatsächlich wurde Professor Ungeheuer wenige Jahre später an das neu erbaute Frankfurter Nordwest-Krankenhaus berufen. Wie tief die Chirurgische Universitätsklinik infolge seines Ausscheidens in die Bedeutungslosigkeit abstürzte, ist mir nicht bekannt; aber operiert wird dort meines Wissens noch immer.

Das Fach 'Medizinische Strahlenkunde' lehrte die neben Peter Holtz einzige wirkliche Koryphäe, die Frankfurt damals im medizinischen Bereich zu bieten hatte, nämlich der berühmte Professor Boris Rajewsky[86], der eigentlich ein Physiker und kein Mediziner war. Als Direktor des Max-Planck-Instituts für Biophysik ist er damals unbestritten der bundesrepublikanische Papst seines Fachs gewesen, dessen Schüler nahezu alle bis dahin an den Medizinischen Fakultäten eingerichteten Lehrstühle dieses Genre besetzt hielten. Auch Professor Hermann Muth[87], der nach Roucayrol zweite Homburger Biophysiker und Gründer des Boris-Rajewsky-Instituts, der 1959 einen Ruf nach Homburg erhalten hatte, war sein langjähriger Mitarbeiter gewesen. Professor Rajewsky war ein kleiner, etwas gebeugter, vollschlanker Herr mit glattem, sehr dichtem und streng zurückgekämmtem graumeliertem Haar, ein gebürtiger Ukrainer russischer Abstammung, dessen deutlicher Akzent seine Herkunft nicht verleugnen konnte. Die fahl-blasse, fast ein bisschen strohfarbene Haut verhieß nichts Gutes, auch seine leise Stimme und seine fast tastenden, im Zeitlupentempo ablaufenden Bewegungen ließen vermuten, dass seine Gesundheit nicht die allerbeste war und er sich nur noch mühsam auf den Beinen hielt. Dementsprechend war auch seine Vorlesung nicht sehr anregend, um nicht zu sagen: etwas anstrengend.

---

86 Boris Rajewsky (1893–1974)
87 Hermann Muth (1915–1994)

Was uns an ihm wirklich beeindruckte, und was mir dauerhaft in Erinnerung blieb, war sein offensichtlicher Kampf gegen eine kräftezehrende Erkrankung, über die allerdings in seiner Biografie nichts berichtet wird. Und auf Bildern späterer Jahre wirkt er wiederum deutlich gesünder. Er ist 1974 im Alter von 81 Jahren gestorben.

Einer unserer Kommilitonen war übrigens sein Sohn Klaus Rajewsky[88], der am selben Tag wie ich geboren wurde, sich im Gegensatz zu mir aber später einen bedeutenden Namen als Immunologe gemacht hat (Stichwort 'konditionierte Knockout-Maus'). Damals schien er fast ein wenig schüchtern und zurückhaltend zu sein und galt als Außenseiter, der nach den Vorlesungen immer rasch wieder verschwand. Dass da ein Geistesriese heranreifte, hat niemand geahnt. Im Jahr 2001, nach fast vierzigjähriger Tätigkeit am Institut für Genetik der Universität Köln und am European Molecular Biology Laboratory (EMBL) im italienischen Monterotondo, ist er einem Ruf an die Harvard Medical School in Boston (USA) gefolgt, allerdings zehn Jahre später wieder nach Europa zurückgekehrt. Sein 1968 geborener Sohn Nikolaus, der Enkel des großen Boris, ist den umgekehrten Weg gegangen. Nach jahrelanger Forschungstätigkeit als Bioinformatiker in New York ist er inzwischen als Leiter des Instituts für Systembiologie am Berliner Max-Delbrück-Centrum (MDC) nach Deutschland gewechselt und gilt ebenfalls als absolutes Ass seines Fachs.

88 Klaus Rajewsky (*1936)

89 Wilhelm Doerr (1914–1996)

Dr. Hedda und Prof. Dr. Ernst Wollheim

61

Kiel

Im darauffolgenden Sommersemester 1959 habe ich in Kiel zwar brav das komplette Programm der angebotenen Vorlesungen gehört, u. a. auch die bereits morgens um 7:15 Uhr gelesene „Spezielle Pathologie" bei Professor Wilhelm Doerr[89], der damals gerade seine bei Springer erschienene „Spezielle pathologische Anatomie" veröffentlicht hatte. Daneben wollte ich aber auch ein erholsames Segel- und Badesemester an der Ostsee verbringen. Das war damals noch möglich. Und natürlich traf ich auch wieder auf Familie Lullies und den wenige Jahre zuvor von Homburg nach Kiel berufenen Mikrobiologen und Hygieniker Professor Gärtner.

Für die Pfingstferien war eine Reise nach Lund geplant. Dazu gab es zwei Anknüpfungspunkte, die sich jetzt günstig verbinden ließen. Der eine war die Beziehung zu Familie Wollheim, die mich in der Vergangenheit schon mehrfach eingeladen hatte, bei

Gelegenheit ein paar Tage bei ihnen zu verbringen, und der andere war Dr. Jutzlers[90] Hospitation bei Professor Nils Alwall[91], dem Dialyse-Papst, bei dem er die Technik der Hämodialyse erlernen sollte, um sie in der Homburger Klinik einzuführen.

Bei Wollheims hatte ich mich für den Pfingstsonntag angesagt. Professor Ernst Wollheim[92] und seine Frau Hedda hatte ich bei mehreren medizinischen Tagungen kennengelernt, die ich als Chauffeur meines Vaters und interessierter Kongressteilnehmer besucht hatte. Mein Vater kannte den Würzburger Ordinarius schon seit Ende der zwanziger Jahre aus gemeinsamen Berliner Zeiten. Wollheims waren beide Juden und hatten Deutschland nach Hitlers Machtergreifung verlassen müssen. Auf diese Weise hatten sie in Schweden eine neue Heimat gefunden. In Lund war nicht nur das jüngste der drei Kinder geboren worden, sie hatten dort auch ein Haus gebaut, das seither für die gesamte Familie das eigentliche Zuhause blieb, obwohl Professor Wollheim nach dem Krieg wieder nach Deutschland zurückgekommen war und mit Frau und dem jüngsten Sohn Claes in Würzburg lebte. Dort hat er 1948 den Lehrstuhl für Innere Medizin und die Leitung der Medizinischen Universitätsklinik übernommen, nachdem man ihm in Berlin vergebens die Nachfolge seines alten Chefs Gustav von Bergmann[93] angeboten hatte. Sein Forschungsschwerpunkt war der Bluthochdruck.

---

90 Gustav Adolf Jutzler (1925–2008)

91 Nils Alwall (1904–1986)

92 Ernst Wollheim (1900–1981)

93 Gustav von Bergmann (1878–1955)

94 Claes B. Wollheim (*1944)

Während der zwar in Libau/Lettland als Sohn deutscher Eltern geborene, aber schon als Kind nach Berlin übergesiedelte Professor Ernst Wollheim ein typischer Berliner geworden war, mit entsprechend beißendem Witz, stammte seine Frau, selbst promovierte Kinderärztin, aus dem badischen Rastatt. Sie war die Tochter eines jüdischen Kaufmanns, dessen Familie ursprünglich aus der Nähe von Landau in der Pfalz kam. Auf Anraten ihres Vaters Bernhard Kuhn, der als deutscher Patriot im Ersten Weltkrieg fast sein gesamtes, in Kriegsanleihen angelegtes Vermögen verloren hatte, war seine Tochter Hedda aus ökonomischen Gründen zum Medizinstudium umgeschwenkt, obwohl sie sich eigentlich viel mehr für Geisteswissenschaften und Literatur interessiert hatte. Im Rahmen ihres Münchener Studiums war sie mit dem ebenfalls Medizin studierenden Augsburger Bert(old) Brecht eng befreundet gewesen, und beide hatten kurz vor Ende des Ersten Weltkriegs für den Bürgerschreck Frank Wedekind ('Lulu', 'Frühlings Erwachen') geschwärmt, der ja damals die Münchener Szene aufgemischt hatte, bevor er 1918 an den Folgen einer Appendizitis verstarb. Dieser Erfahrung aus einem rebellischen Umfeld verdankte die sehr selbstbewusst auftretende, aber dennoch herzensgute Frau Dr. Wollheim wohl ihren manchmal etwas sarkastischen Umgangston, der dann nicht minder rau war als der ihres Ehemannes mit seiner „Berliner Schnauze". Die beiden waren ein sehr liebenswürdiges Paar, auf das ich mich immer wieder freute, wenn ich mit meinem Vater zu einer Tagung fuhr. Den damals noch halbwüchsigen Sohn Claes[94], der sich inzwischen als einer der weltweit führenden Diabetologen einen Namen gemacht hat, kannte ich bereits, doch gespannt war ich auf die beiden älteren Kinder Annette und Frank, die sich bei der Rückkehr der Eltern nach Deutschland schon in der Berufsausbildung befunden hatten und deshalb in Schweden geblieben waren.

Bei meinem Eintreffen schien das Haus noch in einem friedlichen Dornröschenschlaf zu ruhen, doch das änderte sich rasch. Während Mutter und Tochter auf der Terrasse einen wunderschönen sonntäglichen Frühstückstisch deckten, erschienen nach und nach die beiden Söhne und wenig später auch Professor Wollheim selbst, der mich sehr herzlich begrüßte und sich darüber freute, dass „es jetzt endlich einmal mit dem Besuch geklappt" hatte. Das anschließende Frühstück zog sich über fast zwei Stunden hin, so dass das Mittagessen ausfiel.

Nachmittags sind wir dann nach Perstorp aufgebrochen. Frank, inzwischen ein bedeutender Rheumatologe, und Annette waren von einem Freund und seinen Eltern eingeladen worden, die beiden Pfingsttage in ihrem Haus an einem See in der Nähe von Perstorp zu verbringen. Der Besuch war wohl schon vor längerer Zeit vereinbart worden, zumindest früher als mein Besuch in Lund. Das hinderte sie aber nicht, mich einfach zu den Leuten mitzunehmen.

Nils Alwall

Nach der Rückkehr von diesem turbulenten Pfingstwochenende hätte ich beinahe mein zweites Ziel, nämlich die Hospitation in der Alwall'schen Klinik verfehlt. Da ich für 7:30 Uhr mit Herrn Jutzler zur Visite verabredet war, traf ich nach kurzem Schlaf etwas überstürzt dort ein. Das Frühstück hatte ich in der Eile sausen lassen. Glücklicherweise waren die Universitätskliniken nicht weit von meinem Wohnheim entfernt, so dass ich nach kaum einer Viertelstunde noch rechtzeitig eintraf, um den für mich vorbereiteten Kittel und das Stethoskop zu übernehmen. Zu meiner Überraschung war der Kittel aus tiefdunkelblauem Leinen gefertigt, der wie unsere damals noch weißen OP-Kittel im Nacken geschlossen und mit zwei langen, um den Bauch geschlungenen Bändern befestigt wurde.

Die Visite war eigentlich nur ein Schnelldurchgang vor der für 8 Uhr angesetzten Ärztekonferenz unter der Leitung von Professor Alwall, der sich zwei Stunden später zur Chefvisite auf unserer Abteilung angesagt hatte. Die Konferenz lief ähnlich ab wie die ärztliche Morgenbesprechung in Deutschland. Auffällig war allerdings die streng gegliederte Hierarchie, die sich sowohl in der Kleider- als auch in der Sitzordnung äußerte, und die Tatsache, dass sich die Referenten für die Dauer ihres Berichts von den Stühlen erhoben. Die im Gegensatz zum akademischen Fußvolk weiße Kittel tragenden Oberärzte waren wohl alle habilitiert, denn sie wurden ehrfurchtsvoll mit „Docent“ angesprochen, was sich wie „Dusch-énn-d“ anhörte.

Da sich unmittelbar an den Rapport auch noch eine Röntgen-Konferenz anschloss, verging die Zeit wie im Fluge, so dass nach

Prof. Dr. Nils Alwall

62

unserer Rückkehr auf die Station auch schon bald der Chef eintraf und ohne langes Geplänkel mit seiner Visite beginnen wollte.
Für ein Frühstück auf Station oder in der Cafeteria blieb da keine Zeit. So zog ich mit immer lauter knurrendem Magen als Jüngster und als Schlusslicht des gar nicht so arg großen Pulks weiß und blau bekittelter Teilnehmer in die Schlacht. Und schon gleich im ersten Zimmer wurde mir klar, dass die schon etwas ältere Stationsleiterin eine absolute Autorität und gleich hinter dem Chef einzuordnen war, in der Rangordnung zumindest den Dozenten gleichkam.
Von Herrn Jutzler erfuhr ich später, dass die leitenden Pflegekräfte in Schweden eigentlich gar keine Pflegekräfte im herkömmlichen Sinne, sondern akademisch gebildete Mediziner sind, die alle Abitur haben und eine ähnliche Ausbildung wie die Ärzte durchlaufen. Der Lehrplan enthält fast ebenso viel Anatomie und Physiologie wie der der Mediziner, und auch die Arzneimittellehre ist ähnlich umfangreich wie der Pharmakologie-Unterricht der Ärzte. Die praktisch-klinische Ausbildung konzentriert sich dann aller-

dings wirklich auf den praktischen Umgang mit kranken Menschen und wird durch Kenntnisse in der Ernährungslehre und in wirtschaftlichem Denken und Handeln sowie um spezielle Verwaltungsaufgaben erweitert. Wegen ihrer ausgezeichneten Kenntnisse gerade auch im physiologisch-pharmakologischen Bereich sind sie berechtigt, Medikamente aus eigener Indikation zu verabreichen, auch parenteral.

Dass ein akutes Nierenversagen gleich welcher Genese ein hochdramatisches Krankheitsbild mit unsicherer Prognose ist, hatte ich schon anlässlich einer früheren Famulatur erlebt, doch dass auch das Überleben junger Menschen mit unfallbedingter Crush-Niere trotz Hämodialyse nicht garantiert ist, wurde mir bereits im ersten Zimmer bewusst, als eine 25jährige Frau trotz sofort eingeleiteter Intubation und Druckbeatmung mit Engström-Respirator vor unseren Augen im akuten Lungenödem verstarb.

Die nächsten beiden Tage vergingen wie im Fluge. Mit Herrn Jutzler zusammen habe ich den gesamten Ablauf einer Hämodialyse von der Anlage der Kanülen bis zur abschließenden Blutanalyse miterlebt. Auch die Technik der Peritonealdialyse, die man damals noch als kostengünstigere und vor allem apparativ wenig aufwendige Alternative zur Hämodialyse bei Patienten mit chronischem Nierenversagen einsetzte, wurde mir gezeigt. In diesen ersten Jahren wurde die Indikation zur Hämodialyse noch sehr streng gestellt, denn es gab einfach zu wenig Behandlungsplätze, und man musste befürchten, dass man eine Kostenlawine ins Rollen brächte, wenn man begänne, das Heer der chronisch Niereninsuffizienten zu hämodialysieren. Hinzu kam die Sorge, dass ein junger Mensch mit akutem Nierenversagen, das – wie bei der 25jährigen Frau – gegebenenfalls nur zeitlich begrenzt dialysebedürftig war, auf eine erfolgversprechende Behandlung verzichten müsse und stürbe, weil ein mittelfristig ohnehin todgeweihter Langzeitpatient seinen Therapieplatz blockiert. Die Möglichkeit zur Nierentransplantation gab es damals noch nicht, und die Diagnose „chronische Niereninsuffizienz“ war mittelfristig einem Todesurteil gleichzusetzen.

Prof. Dr. Gustav Adolf Jutzler

63

Zur Rückfahrt nach Kiel hatten mich Wollheims eingeladen, sie in ihrem eigentlich nur für zwei Personen konzipierten amerikanischen Straßenkreuzer zu begleiten, einem Cabriolet, dessen Verdeck während der gesamten Fahrt durch das südschwedische Skåne und durch Dänemark zurückgeklappt war, weshalb ich, hinter den beiden in dem zugigen Notsitz hockend und deshalb wegen unangemessener Bekleidung halb erfroren, nach der Ankunft in Kiel zunächst einmal mit einer fieberhaften Erkältung für mehrere Tage das Bett hüten musste.

Ein Ereignis von überregionaler Bedeutung, das während dieses Sommers von Kiel seinen Ausgang nahm, kam eigentlich nicht überraschend und schlug dennoch wie eine Bombe ein, nämlich die offizielle Enttarnung des berüchtigten Obergutachters der Aktion T4, Professor Werner Heyde[95], der – ursprünglich Lehrstuhlinhaber für Nervenheilkunde und Psychiatrie in Würzburg – im Rahmen der NS-Euthanasie für die Ermordung von ca. 70.000 kranken Menschen verantwortlich gemacht und weltweit mit Haftbefehl gesucht worden war. Tatsächlich aber hatte er nach Kriegsende fast 10 Jahre lang unter dem Pseudonym Dr. Fritz Sawade als Gutachter beim Landessozialgericht in Schleswig gewirkt, was in Medizinerkreisen und auch bei der Justiz des Landes ein offenes Geheimnis gewesen und augenzwinkernd geduldet worden war. Ins Rollen gebracht wurde die Enttarnung angeblich durch den damaligen Kieler Internisten und namhaften Endokrinologen Prof. Helmuth Reinwein, der – mit der schleswig-holsteinischen Justizverwaltung im Clinch liegend – gedroht haben soll, das Netzwerk sich gegenseitig schützender ehemaliger NS-Eliten und das skandalöse Zögern der Justiz zu veröffentlichen. Daraufhin hatte man den „Dr. Sawade" aufgefordert, seine Approbation vorzulegen, die er zumindest auf diesen Namen nicht besaß. Nach seiner Flucht hat er sich Monate später selbst gestellt und kurz vor der Gerichtsverhandlung 1964 das Leben genommen.

Über Kiel zu schreiben und dabei die „Kieler Woche" unerwähnt zu lassen, wäre ein Affront für jeden Kieler. Dieses Sommerfest der Segler aller Klassen ist natürlich *die* Veranstaltung schlechthin, auf die alle Kieler stolz sind, auch wenn viele sich eine Teilnahme gar nicht leisten können. Sie dauert wohl immer eine gute Woche, von Sonntag bis Sonntag, und ist vom ersten bis zum letzten Tag mit sportlichen und kulturellen Attraktionen aller Art ausgefüllt. 1959 fand sie vom 21. bis zum 28. Juni statt, u. a. mit einem begeisternden Yehudi Menuhin-Konzert vor mehreren tausend Besuchern in der Ostseehalle. Eröffnet wurde die Kieler Woche am Abend vor dem eigentlichen Beginn mit einer Ansprache des scheidenden Bundespräsidenten Theodor Heuss[96], den man dazu aus dem fernen Bonn herangefahren hatte. Das Publikum stand dichtgedrängt auf dem etwa 60 x 100 m messenden Rathausplatz und wartete gespannt auf den 75jährigen „Papa Heuss", der kurz vor dem Abschluss seines letzten Amtsjahres – von insgesamt zehn! – seine Abschiedsrede halten sollte. Als er nun so gebeugt und schmal

---

[95] Werner Heyde (1902–1964)

[96] Theodor Heuss (1884–1963)

Theodor Heuss bei seinem Besuch im Januar 1957 in Saarbrücken, li. Prof. Schmoll gen. Eisenwerth, rechts Rektor Prof. Dr. Heinz Hübner und hinter ihm (mit dunkler Brille) Dr. Hubert Ney, der damalige Ministerpräsident des Saarlandes. 64

auf dem Balkon des Rathauses stand, wirkte er auf mich wesentlich klappriger als zwei Jahre zuvor bei seinem Besuch in Saarbrücken anlässlich der Rückkehr des Saarlandes „heim ins Reich", wie man in jenen Jahren nach dem Krieg noch sagte. Ich hatte ihn damals bei seiner Rede in der Universitätsbibliothek erlebt. Da hätte man ihn noch vergleichsweise korpulent nennen können.

Den Abschluss dieses Kieler Sommersemesters 1959 bildete ein wunderschöner Urlaub mit Eltern und Geschwistern in der Nähe von Grenaa im dänischen Djursland an einem fast unberührten, menschenleeren Sandstrand. Von dort aus habe ich gemeinsam mit meinem Vater noch einmal einen Tagesausflug nach Lund gemacht, wo wir uns mit Prof. Alwall und Dr. Jutzler trafen.

Freiburg II

Zum Wintersemester 1959/60 bin ich wieder nach Freiburg zurückgekehrt. So angenehm das Leben im Winter 1958/59 in Frankfurt gewesen war und ganz besonders der wunderschöne Sommer in Kiel mit dem anschließenden Familienurlaub in Dänemark, so war ich mir doch jederzeit im Klaren geblieben, dass ich meine Zelte in Freiburg nie richtig abgebrochen hatte und mein Studium dort nicht nur wieder aufnehmen, sondern auch abschließen wollte.

Meine Unterkunft aus der Vorklinikzeit war natürlich längst anderweitig vergeben, so dass ich bei meiner Suche nach einer neuen Bleibe schließlich bei einer ehemaligen „Frontschauspielerin" landete, die in Gedanken immer noch durch das von deutschen Truppen besetzte Frankreich tingelte und den häufigen Besuch einer „von drüben", d. h. aus Hinterpommern stammenden, nach dem Krieg in Freiburg hängengebliebenen Kollegin empfing, die sich ebenso wenig aus ihren alten Erinnerungen lösen konnte.
Diese Zimmerwirtin war als gebürtige Freiburgerin, die das fünfstöckige Haus ihrer Eltern geerbt und fast komplett an Studenten vermietet hatte, eine überzeugte Südbadenerin, die sich nicht damit abfinden konnte, dass ihr altes Großherzogtum Baden im Zuge der erst wenige Jahre zurückliegenden Zwangsehe mit den Württembergern seine Selbständigkeit eingebüßt hatte. Dieser Südweststaat Baden-Württemberg war aus ihrer Sicht und auch nach Ansicht der alten Freiburger von Anfang an eine „Missgeburt, aus der nie etwas werden" konnte.

Im Vergleich zu Frankfurt und Kiel, wo uns mit Boris Rajewsky und Wilhelm Doerr jeweils nur *eine* wirklich herausragende Persönlichkeit begegnet war, bot Freiburg mit dem glänzenden Dreigestirn

Franz Büchner[97], Ludwig Heilmeyer[98] und Hermann Krauß[99] für uns nach Vorbildern suchenden angehenden Klinikern etwas ganz Besonderes, das mit zahlreichen ausgezeichneten Dozenten aus der zweiten Reihe angereichert war. Hans Sarre[100], dessen berühmtes Standardwerk „Nierenkrankheiten" erstmals 1958 erschienen war und der das Spitzentrio eigentlich zu einem Quartett hätte erweitern können, war damals als Dozent ein Totalausfall. Wie schon der Frankfurter Gänsslen hat er uns im Wintersemester 1959/60 gerade ein einziges Mal mit seiner „Medizinischen Poliklinik" beehrt und wirkte auch da merkwürdig blass. Abgesehen von diesem einen Mal ließ er sich durchgehend von seinem völlig überlasteten Oberarzt Sartorius vertreten, der grundsätzlich mit zehnminütiger Verspätung antrat und uns seinen Unmut mehr als deutlich spüren ließ. Ganz anders verhielt es sich mit Professor Werner Creutzfeld in der Heilmeyer'schen Klinik, der eine begeisternde zweistündige „Innere Differentialdiagnose" las, die ich durchgehend vom 8. bis zum 11. Semester besucht habe. Und nicht weniger eindrucksvoll war die Vorlesung von Professor Klaus Betke in der Pädiatrie, der schon seit Jahren seinen schwer herzkranken Chef Walter Keller vertreten hatte und der mein Doktorvater wurde. Creutzfeld erhielt später einen Ruf nach Göttingen, während Betke noch während unseres Staatsexamens im Sommer/Herbst 1961 einem Ruf nach Tübingen folgte. 1967 ist er an die Münchener Ludwig-Maximilians-Universität berufen worden, wo er direkter Nachfolger Alfred Wiskotts wurde, des Koautoren des berühmten „Lehrbuch der Kinderheilkunde", das dieser gemeinsam mit Betkes Freiburger Chef Walter Keller herausgegeben hatte.

---

[97] Franz Büchner (1895–1991)

[98] Ludwig Heilmeyer (1899–1969)

[99] Hermann Krauß (1899–1971)

[100] Hans Sarre (1906–1996)

Dass die von uns so verehrten klinischen Lehrer Büchner, Heilmeyer und Krauß als damals schon nicht mehr ganz junge Ärzte alle mehr oder weniger große braune Flecken auf ihren Kitteln trugen, war uns nicht bekannt. Wir haben aber auch nicht danach gesucht. Natürlich war uns unterschwellig bewusst, dass sie bereits während der Nazi-Zeit in verantwortlicher Position tätig gewesen sein mussten und damit zwangsläufig in das System involviert waren. Doch an der Wende der fünfziger zu den sechziger Jahren war die Zeit einfach noch nicht reif für die intensiven Nachforschungen und vor allem für die ernüchternden Ergebnisse, die uns heute vorliegen. Die schonungslose Aufarbeitung der Nazi-Zeit begann erst knapp zehn Jahre später mit der 68er Revolte.

Aus unserer damaligen Sicht waren diese drei vermeintlich über alle Zweifel erhabenen Männer großartige Kliniker, die für den einen oder anderen vielleicht ein wenig zu selbstbewusst und mit etwas zu großem Heiligenschein auftraten, und die – wie Heilmeyer als alle anderen noch einmal überstrahlender Fixstern – dieses Image auch noch tüchtig pflegten. Doch sie wurden nicht nur von uns verehrt, sondern erfreuten sich – wie viele ihrer Kollegen an anderen Universitäten – auch der uneingeschränkten Wertschätzung von Öffentlichkeit und Politik. Äußeres Zeichen dieser Anerkennung ihrer Leistung war für alle drei, und nicht nur für sie, die Verleihung des Großen Verdienstkreuzes der Bundesrepublik Deutschland.

Wer diese Verhältnisse heute zu Recht kritisiert, muss sich mit der politischen Lage in der Bundesrepublik zu Anfang der 60er Jahre befassen, als die Aufarbeitung der Nazizeit noch kcin Thema war. Die innerdeutsche Grenze („der Eiserne Vorhang“) war ein mit Selbstschussanlagen gesicherter Grenzwall, und die Westmächte fühlten sich vom Warschauer Pakt militärisch bedroht.

DDR-Bürger waren bis Mitte 1961 in Massen über Ost- nach Westberlin geflüchtet, und Nikita Chruschtschow hatte mit seinen Ostberliner Satrapen soeben die Berliner Mauer hochgezogen.

Da lösten die schon seit den frühen 1950er Jahren immer wieder gestreuten DDR-„Pöbeleien" über westdeutsche Nazis eher Trotzreaktionen aus. Albert Nordens offiziell belächeltes Braunbuch[101], das 1965 zwar mit großem propagandistischem Tamtam erschienen, inhaltlich aber weitestgehend zutreffend war und das die braune Vergangenheit der bundesdeutschen Polit- und Wirtschaftsprominenz penibel aufgezählt hatte, glaubte man über Jahre durch stoische Nichtbeachtung abstrafen zu können. Das kommunistische Störfeuer aus der ungeliebten „Zone" empfand man in der Öffentlichkeit im Vergleich zu den „verjährten" Aktivitäten inzwischen „geläuterter" Alt-Nazis im eigenen Land als lästig und völlig überzogen. Schon damals hätte man nach Ansicht der Kriegsgeneration „diese alten Sachen längst begraben sollen". Konrad Adenauer (*„Ich meine, wir sollten mit der Naziriecherei jetzt Schluß machen"*[102]) hatte zehn Jahre lang an seinem Kanzleramtschef Hans Josef Maria Globke festgehalten, der bis 1945 als Ministerialrat im Reichsinnenministerium tätig und maßgeblich an der antijüdischen Rassengesetzgebung der Nazis beteiligt war, und Baden-Württembergs Ministerpräsident Kurt-Georg Kiesinger, NSDAP-Mitglied seit 1933, hatte seit 1940 als Jurist in Ribbentrops Auswärtigem Amt „gedient", um der Einberufung zur Wehrmacht zu entgehen. Mit seiner Wahl zum Bundeskanzler einer Großen Koalition war er 1966 in Baden-Württemberg (BW) von Hans Filbinger abgelöst worden, Rolf Hochhuths „furchtbarem Juristen", der als ehemaliger Marinerichter noch kurz vor Kriegsende Todesurteile gegen fahnenflüchtige Wehrmachtsangehörige verhängt hatte (*„Was damals rechtens war, kann heute nicht Unrecht sein"*). Er blieb bis 1978 sowohl CDU-Landesvorsitzender als auch BW-Ministerpräsident.

Und in anderen Bundesländern – nicht zuletzt auch im Saarland – sah es nicht viel anders aus. Sowohl der auf den NPD-Sympathisanten Dr. Hubert Ney folgende Ministerpräsident Dr. Egon Reinert als auch dessen Nachfolger Dr. Franz-Josef Röder (alle drei CDU) waren seit 1933 NSDAP-Genossen gewesen, wobei zumindest der Letztgenannte dem Regime nicht ganz so ablehnend gegenüber gestanden hatte wie man das später darzustellen versuchte. Die braune Vergangenheit der beiden Landesväter wurde auch nach 1968 noch kritiklos hingenommen und hat – abgesehen von einigen Linken, die man ohnehin nicht ernst nahm – niemanden wirklich gestört. Reinert und Röder sowie den im Oktober 1955 unmittelbar nach Johannes Hoffmanns Rücktritt als Ministerpräsidenten einer Übergangsregierung eingesetzten, parteilosen Verwaltungsjuristen Dr. Heinrich Welsch, der Mitte der 1930er Jahre Chef der Trierer Gestapo und förderndes SS-Mitglied gewesen war, hat man in der Öffentlichkeit noch bis weit in die 1990er Jahre, z. T. noch darüber hinaus, als lupenreine und über jeden Zweifel erhabene Demokraten gefeiert.

---

[101] Braunbuch – Kriegs- und Naziverbrecher in der Bundesrepublik, Staatsverlag der DDR, Berlin 1965

[102] Am 22. Oktober 1952 in der 234. Sitzung des Deutschen Bundestages, in der es um Hans Globke und um die Wiederbeschäftigung alter NSDAP-Mitglieder im Auswärtigen Amt der BRD ging. Tagesordnungspunkt 1 dieser Sitzung war übrigens die Beratung einer Großen Anfrage der SPD-Fraktion zu Landtagswahlen im Saargebiet und zu undemokratischen Verhältnissen an der Saar.

Prof. Dr. Heinz Kähler

65

Rom und sein Imperium

Da ich meine Doktorarbeit nach dem Wintersemester 1960/61 abgeschlossen hatte und glaubte, mich schon im Verlauf der letzten Semester kontinuierlich und gut auf das sich damals noch über Monate hinziehende Staatsexamen vorbereitet zu haben, nahm ich das verlockende Angebot des Saarbrücker Archäologen Professor Heinz Kähler gerne an, ihn im Frühjahr 1961 als Fotograf auf einer mehrwöchigen Studienreise durch Italien zu begleiten.
Er hatte von dem Baden-Badener Holle-Verlag den Auftrag erhalten, in der Reihe KUNST DER WELT den Band über ROM UND SEIN IMPERIUM zu verfassen. Der Verlag hatte die Übernahme sämtlicher Kosten einschließlich des Filmmaterials zugesagt, so dass von dieser Seite keine Probleme auf uns zukamen. Da Professor Kähler mich als leidenschaftlichen Hobby-Fotografen kannte und nicht zuletzt von der perfekten Linhof-Ausrüstung meines Vaters wusste, hatte

er mich gebeten, auf dieser archäologischen Italienreise den Part des „Lichtbildners“ zu übernehmen.

Professor Heinz Kähler, der aus München gekommen war und 1953 den ersten Lehrstuhl für klassische Archäologie in Saarbrücken übernommen hatte, war – ebenso wie seine Frau – hochgebildet und der Typ des klassischen „Gelehrten“ mit all den Klischees, die man diesem Genre zubilligt. Im Rahmen seiner Ausbildung hatte er natürlich nicht nur die klassische Archäologie, sondern auch Alte Geschichte, Altphilologie und Kunstgeschichte studiert. In München hatte er auch seine Frau kennengelernt, die bis zur Geburt ihrer drei Töchter selbst eine anerkannte Kunsthistorikerin mit zahlreichen Veröffentlichungen zur Kunst des Hochmittelalters gewesen war. Obwohl er im direkten Gespräch ein sehr angenehmer, freundlicher Mensch war, spielte Professor Kähler nicht nur in seinem Vierfrauenhaushalt, sondern auch im Institut den Part des absolutistischen Herrschers, was bedeutete, dass wirklich alles nach seiner Pfeife tanzen musste. Widerspruch hat er nicht geduldet, und wenn er doch einmal auf Granit biss, dann lag das an seiner hartnäckigen Frau Lieselotte, die – zumindest beim Thema Kunstgeschichte – einfach besser belesen war und gründlichere Kenntnisse besaß als er.

Zu den Kählers gab es Kontakte über mehrere Schienen. Ich hatte zum einen während meiner beiden ersten Semester in Saarbrücken neben der Kunstgeschichte bei Professor Schmoll gen. Eisenwerth auch Professor Kählers Archäologie-Vorlesungen besucht und zum andern seine älteste Tochter Regina bereits im Sommersemester 1956 als Kommilitonin im ersten Semester des Medizinstudiums kennen gelernt. Außerdem hatten mein Vater und Prof. Kähler auf dienstlicher Ebene als Mitglieder von Kommissionen und sonstigen Organen der universitären Selbstverwaltung häufig miteinander zu tun, und schließlich suchte Professor Kähler gelegentlich den ärztlichen Rat meines Vaters. Die Verbindungen waren also vielfältig. So war ich unter anderem in meiner Saarbrücker Zeit einige Male von Kählers zum Essen eingeladen worden, und umgekehrt hatte es sich eingespielt, dass Regina mit noch einigen anderen Kommilitonen regelmäßig zum Essen zu uns nach Hause kam, wenn wir im zweiten Semester freitags zum ganztägigen Anatomie-Unterricht nach Homburg fuhren. Während sich unsere Wege jedoch sehr bald wieder trennten – Regina hatte ihr Interesse mehr der Psychologie zugewandt, und ich war nach dem PCB ja nach Freiburg gegangen – waren die Beziehungen zwischen den Familien immer enger geworden, was sich vor allem in der Teilnahme meiner Eltern an mehreren archäologischen Exkursionen in den Mittelmeerraum niederschlug. Auch mein jüngster Bruder Detlef war bereits mit Prof. Kählers Ausgrabungsteam in Südfrankreich gewesen.

Geradezu legendär sind die Histörchen mit seinem Faktotum Leo Jungmann, einem seiner Moniteure, die es am längsten bei ihm ausgehalten haben. Moniteure waren damals aus dem französischen Universitätssystem übernommene, geringbezahlte studentische Hilfskräfte, die den Vorteil boten, fachlich gut gerüstet, als mehr oder weniger idealistisch eingestellte, sich für die Zeit nach dem Examen eine feste Anstellung am Institut erhoffende Mitarbeiter, aber genüg- und duldsam genug waren, die schlechtdotierte Position und vor allem die Launen ihrer Chefs widerspruchslos hinzunehmen. Und für diese Funktion als unermüdlich schuftender Helfer und Prügelknabe schien der Leo Jungmann wie geschaffen. An dem hünenhaften, stets unter der Last seines erheblichen Übergewichts stöhnenden, dunkelhaarigen Saarlouiser mit dunkler Hornbrille und einer an der schweißnassen Stirn klebenden Schmachtlocke, der mit einem ‘dicken Fell’ ausgestattet war und als „Mädchen für alles“ herhalten musste, prallte komplett ab, was an Wünschen und Bitten, Aufträgen und Anweisungen, an Drohungen und Beschimpfungen, Verwünschungen und Beleidigungen seitens seines Chefs auf ihn herniederprasselte. Die zahlreichen Teilnehmer an archäologischen Exkursionen, die Professor Kähler gerne und häufig durchführte (aber von Jungmann organisieren ließ), haben schaudernd dieses zu Herzen gehende Hass-Liebe-Verhältnis der beiden erlebt, haben beim ersten: „Jungmann, Sie sind entlassen!“ vor Schreck den Atem angehalten, bis sie gemerkt haben, dass diese Formel zum gewöhnlichen Umgangston zwischen den beiden gehörte und mindestens einmal täglich ausgesprochen wurde.

Bei den Studenten trug Leo Jungmann den Spitznamen ‘Capo’, den ihm italienische Eseltreiber verliehen hatten, als er sich während eines mehrwöchigen Ausgrabungsprojekts am Südhang des Vesuv von Torre Annunziata, wo die Gruppe wohnte, als einziger täglich mit dem Esel in das rund 100 m höher gelegene Boscotrecase tragen ließ, während die übrigen Teilnehmer einschließlich des Professors den mühsamen Anstieg im Schweiße ihres Angesichts zu Fuß bewältigten.

Während einer anderen Exkursion, diesmal im Süden Frankreichs, besuchte die Gruppe einen Stierkampf im Amphitheater von Nîmes. Man hatte in dem riesigen Rund Plätze ganz oben, noch über den Arkaden belegt und harrte der Dinge, die da kommen sollten. Das Publikum vertrieb sich die Zeit mit gemeinsam eingeübten Anfeuerungsrufen, unter denen der spanische Schlachtruf „Oooo - lé“ eindeutig dominierte. Die Saarbrücker hatten zwar keinen eigenen Schlachtruf, dafür warteten sie sehnsüchtig auf ihren Leo Jungmann, der sich wie üblich ein wenig verspätet hatte. Als dieser dann kurz vor Beginn des ersten Kampfes ganz tief unten am Rande der Arena erschien, schrie das kleine Grüppchen wie aus einer Kehle „Le-o!“, um den mit suchendem Blick die Ränge musternden Leo Jungmann auf sich aufmerksam zu machen, worauf die ca. 10.000 versammelten Zuschauer begeistert in den neuen Ruf einstimmten und von allen Seiten ein donnerndes „Lé - oooo!!!“ erscholl.

Die Reise nach Rom, mit all ihren kleinen und großen Katastrophen, mit ihren wunderschönen Erlebnissen und Kontakten zu netten Menschen, und vor allem mit ihrem unermesslichen Reichtum an Informationen zur Kunst und Geschichte des Römischen Reichs zu beschreiben, würde zu weit führen. Sie bildet ein eigenes Kapitel in meinen Erinnerungen und soll hier nur erwähnt werden.

So schön diese Studienreise auch gewesen war und so sehr sie meinen Bildungshorizont erweitert hatte, so hart hat sie mich auch wieder auf dem Boden der Tatsachen landen lassen. Als ich den 1962 erschienenen Band ROM UND SEIN IMPERIUM zum ersten Mal in Händen hielt, habe ich erstaunt festgestellt, dass der Verfasser es unterlassen hatte, meinen Beitrag zum Gelingen seines Werkes zu dokumentieren. Im Quellenverzeichnis der Farbabbildungen stand auf Seite 246 einfach nur „Sämtliche übrigen Farbtafeln wurden nach Originalaufnahmen des Verfassers angefertigt“, nachdem zuvor – wie üblich – die Fremdquellen genannt worden waren.

Nach meinem eigenen Namen habe ich vergebens gesucht. Im ersten Moment fiel es mir schwer, mich mit dieser Brüskierung abzufinden, doch dann wurde mir klar: Der ziemlich egozentrische Autor war ja nicht nur der klassische *Gelehrte* mit all seinen kuriosen Eigenarten, sondern auch ein ganz gewöhnlicher *Professor,* und einem solchen musste man natürlich seine sprichwörtliche Zerstreutheit zubilligen. Diese Lesart ließ mir die Möglichkeit zu hoffen, dass er einfach nur vergessen hatte, mich zu erwähnen, dass also keine böse Absicht vorlag.

Nach dem im November 1961 abgeschlossenen Staatsexamen ging ich als Medizinalassistent an die Kinderklinik in Tübingen, um meinem Doktorvater Betke „auf den Füßen zu stehen“. Der hatte ja dort den Lehrstuhl für Pädiatrie übernommen und damit in Freiburg eine ca. zwanzigköpfige Gemeinschaft ungeduldig auf seinen Segen wartender Doktoranden hinterlassen, zu denen auch ich zählte.

Mit dem Eintritt ins Berufsleben fand mein unbekümmertes Dasein als jugendlicher Beobachter der Homburger Szene definitiv ein Ende, und damit auch die Frühgeschichte der Universität des Saarlandes aus der ganz persönlichen Sicht eines Zeitzeugen, der dank seiner unmittelbaren Nähe zum Geschehen zwar einiges, aber natürlich nicht alles mitgekriegt hat. Wenn also an dieser Stelle nicht alle Professoren der frühen Jahre genannt wurden, so liegt das – abgesehen von negativen Assoziationen – auch daran, dass ich sie nicht mehr näher kennengelernt habe, nachdem ich mein behütetes Elternhaus nach dem Abitur verlassen hatte.

Nachwort

Bei der Aufzeichnung meiner Kindheits- und Jugenderinnerungen ging es mir nicht nur um meine eigene kleine Welt innerhalb des sich nach und nach zum Universitäts-Campus entwickelnden LKH mit seinen bisweilen etwas skurrilen „Halbgöttern in Weiß", die oft sehr menschliche Züge trugen, sondern auch darum, ein Bild der politischen Lage jener Zeit zu zeichnen, in der die Universität ihre Anfänge nahm, und schließlich auch um die Stimmung im Lande sowie die Beziehung zu unseren Nachbarn im Westen, die sich damals im Rest der Republik noch längst nicht so unkompliziert darstellte, wie das heute der Fall ist.

Mir ist natürlich bewusst, und ich rechne fest damit, dass insbesondere die den Zweiten Weltkrieg und die Zeit der Nazi-Diktatur betreffenden Abschnitte meiner Kindheitserinnerungen nicht auf ungeteilten Beifall stoßen werden. Das nehme ich niemandem übel. Dass diese Zeit kein „Vogelschiss" unserer glorreichen Geschichte gewesen ist, sondern die allerschlimmste, in der im Namen des deutschen Volkes und von ganz gewöhnlichen Deutschen abscheuliche Verbrechen minutiös geplant und mit einer aus unserer heutigen Sicht unglaublichen Selbstverständlichkeit begangen worden sind, weiß ich natürlich ebenso gut wie die professionellen Geschichtsschreiber, deren Erkenntnisse auf der Basis sorgfältigen Aktenstudiums beruhen und keine Zweifel zulassen.

Insofern trifft mich der mögliche Vorwurf, irgendetwas beschönigen zu wollen, überhaupt nicht. Doch ich nehme für mich in Anspruch, ein Zeitzeuge zu sein, der die damals Handelnden als ganz gewöhnliche Menschen erlebt hat, mit ihren aus Sicht eines Kindes guten und schlechten Eigenschaften, mit all ihren Eigentümlichkeiten, wie wir sie auch bei unseren heutigen Zeitgenossen mehr oder weniger beiläufig zur Kenntnis nehmen. An der Zuverlässigkeit und Aussagekraft der Erinnerungen von Zeitzeugen darf man natürlich zweifeln. Nach Ansicht mancher Historiker irrt und beschönigt der Zeitzeuge ja grundsätzlich, was ich vehement bestreite. Allerdings kann ich nicht ausschließen, dass mich mein Erinnerungsvermögen im einen oder anderen Fall im Stich gelassen hat. Doch was den Wahrheitsgehalt dieses Berichts angeht, habe ich mich bemüht, das subjektiv Erlebte „nach bestem Wissen und Gewissen" so genau wiederzugeben, wie es sich tatsächlich abgespielt hat. Und selbstverständlich habe ich zuverlässige Quellen genutzt, um das Erlebte – wenn möglich – objektiv abzusichern. Insofern wage ich zu behaupten, dass meine Aussagen näher an der Realität liegen als die von Erich Kästner, der einmal meinte, „wahr sei eine Geschichte dann, wenn sie genauso, wie sie berichtet wird, wirklich hätte passieren können".

Gerade weil mir die Erwachsenen meiner Kindheit als völlig normale Mitmenschen begegnet sind, zweifle ich nicht daran, dass ein erheblicher Teil der heutigen deutschen Bevölkerung, die wir als nicht minder normale Zeitgenossen erleben, sich ebenso rücksichtslos und sadistisch verhalten würde, wenn es denn nur erlaubt wäre bzw. im Interesse der Staatsführung läge. Die in den sozialen Medien veröffentlichten Vorschläge zum Umgang mit Migranten sowie Andersgläubigen und Andersdenkenden legen beredtes Zeugnis davon ab. Und dass es nicht immer nur bei Ankündigungen bleibt, wissen wir ja spätestens seit den entsetzlichen Aktivitäten des Nationalsozialistischen Untergrunds (NSU), seit Halle und Hanau, ganz zu schweigen von den sich deutschlandweit fast täglich abspielenden ausländerfeindlichen Anschlägen.

Im Gegensatz zu den heutigen Tätern glaubten die damaligen ja sogar, sich auf Recht und Gesetz berufen zu können, oder gar zu müssen. In ihrer Selbsteinschätzung waren sie „gute Deutsche“, die sich streng an die geltenden Vorschriften gehalten haben.
Der 2007 im Alter von 94 Jahren verstorbene furchtbare Jurist Hans Filbinger hat seine Einstellung ausdrücklich damit gerechtfertigt. Dennoch darf man unterstellen, dass die meisten der Täter sich des Unrechten ihres Handelns bewusst gewesen sind. Das gilt nicht zuletzt auch für die übergroße Mehrheit derer, die dem geschehenen Unrecht tatenlos zugesehen haben und aus Angst vor persönlichen Nachteilen nicht den Mut fanden, sich den Zumutungen der damaligen Machthaber zu verweigern.

Im Vergleich zu den beschriebenen Kindheits- und Jugendtagen leben wir heute glücklicherweise in einer anderen Zeit.
Auch wenn uns nicht alles gefällt, was die große Politik treibt, so können wir sicher sein, dass dies weitgehend nach Recht und Gesetz geschieht und dass Grundgesetz und Strafgesetzbuch genügend Möglichkeiten vorsehen, um Machtmissbrauch durch Amtsträger zu verhüten. Allerdings haben die Deutschen sich in den letzten achtzig Jahren ja nicht grundsätzlich geändert. Wir sind ganz sicher keine besseren Menschen als unsere Eltern, und auch nicht mutiger. Wer sich gegenwärtig um eine gehobene Stellung bewirbt, es muss gar nicht einmal im öffentlichen Dienst sein, überlegt es sich dreimal, ob er dabei vom Mainstream abweichende Gedanken äußern kann, weil er befürchten muss, umgehend als Querdenker oder radikaler Linker bzw. Rechter kategorisiert zu werden. Also lässt er es bleiben; es erscheint ihm inopportun, sein gem. Art 5 GG garantiertes Recht auf freie Meinungsäußerung zu nutzen, weil ihm daraus ein beruflicher Nachteil zu entstehen droht. Heutzutage nennt man ein solches Verhalten einfach nur „clever“.

Ich bin davon überzeugt, dass die überwältigende Mehrheit der Bundesbürger sich unter vergleichbarer Belastung ganz genau so verhalten würde wie die Deutschen der 30er und 40er Jahre, auch wenn wir heute nicht mehr ganz so obrigkeitsgläubig sind und der Respekt vor staatlichen Institutionen zu bröckeln beginnt.

Deshalb warne ich davor, den gegenwärtigen gesellschaftlichen Trend, alles und jeden zu kritisieren, mit basisdemokratischen Tugenden wie Zivilcourage, Bekennermut oder gar mit der Bereitschaft zur Verteidigung von Menschenrechten zu verwechseln.
Im Ernstfall zieht als erster den Schwanz ein, wer am lautesten bellt.

Danksagung

Mein ganz besonderer Dank gilt Herrn Universitäts-Archivoberrat Dr. Wolfgang Müller für seinen Ansporn einerseits, aber auch für seine nie ermüdende Unterstützung in organisatorischen Angelegenheiten, insbesondere auch bei der Auswahl der Abbildungen. Ebenso bedanke ich mich sehr herzlich bei Herrn Professor Dr. Michael Menger, Dekan der Medizinischen Fakultät, sowie Herrn Professor Dr. Veit Flockerzi, Vizepräsident für Forschung der Universität des Saarlandes, die mir als Vertreter der Medizinischen Fakultät die Möglichkeit geboten haben, meine Erinnerungen in der vorliegenden Form zu veröffentlichen.
Darüber hinaus möchte ich Frau Dr. Petra Roscheck für ihr akribisches Lektorat danken, und ebenso herzlich all' jenen, die mich durch ihre Mithilfe bei der Beschaffung archivierter Daten unterstützt haben.

Bedanken möchte ich mich auch bei den Inhabern der Bildrechte, die es mir ermöglichten, Porträts der genannten Personen aus den frühen Jahren der Universität bzw. jener Jahre wiederzugeben, in denen ich sie selbst erlebt habe, insbesondere bei Frau Dr. Corinna Botzenhardt für das Foto ihres Vaters Adolf Miehlke, Herrn Professor Dr. Frank Wollheim für das Bild seiner Eltern Ernst und Hedda Wollheim, Herrn Jérôme van Wijland von der Bibliothèque de l'Académie nationale de médecine in Paris für das Portrait von Jean-Claude Roucayrol, Herrn Prof. Dr. Pascal Hector, Botschafter der Bundesrepublik Deutschland in Kopenhagen für die freundliche Bereitschaft zur Beschaffung der Unterlagen seines Onkels Arnaud Hector sowie beim Springer Medizin Verlag für die im Jahr 1957 in einer Beilage „Lehrer der Heilkunde" zur Münchener Medizinischen Wochenschrift (MMW) erschienen Porträts der damaligen Homburger Ordinarien.

Und schließlich bedanke ich mich ganz herzlich bei meiner Frau Otti für ihre Rücksichtnahme und ihr Verständnis, wenn ich mich allzu oft zur Niederschrift meiner „Memoiren" zurückgezogen habe und sie ihren undankbaren hausfraulichen Pflichten überließ.

Anhang I

Redaktionelle Notiz

Um den Text übersichtlich zu gestalten, bietet der folgende biografische Anhang bewusst nur Grundinformationen zu den erwähnten Personen. Dennoch ermöglicht er durch analoge oder digitale Literaturangaben auch weiterführende Recherchen. Gerade die durch die zeitgeschichtlichen Umbrüche des 20. Jahrhunderts und die Herausforderungen der nationalsozialsozialistischen Diktatur geprägten Biografien der erwähnten Mediziner stellen ein wichtiges wissenschaftsgeschichtliches Forschungsfeld dar. Sie erfordern eine angemessene Erinnerungspolitik. Neben den Lexika des Frankfurter Theologen und Sozialpädagogen Ernst Klee, dessen Publikationen wir die ungeschminkte Bloßstellung der mit dem Naziregime verflochtenen geistigen Eliten Deutschlands verdanken, wird für das regionale Umfeld auf die Heidelberger medizinhistorische Dissertation der sächsischen Diplom-Stomatologin Dr. Gisela Tascher verwiesen. Die folgende Übersicht konzentriert sich deshalb auf die einschlägigen Einträge in der Internet-Präsentation „Saarland Biografien“ und aktuelle Detailstudien, verzichtet aus arbeitsökonomischen Gründen zwar auf eine detaillierte Auswertung der im Archiv der Universität des Saarlandes bzw. anderen Universitätsarchiven überlieferten Personalakten oder andernorts verwahrter Unterlagen, weist aber damit auch auf noch bestehenden Forschungsbedarf hin.

| **Adenauer,** Konrad (*05.01.1876, †19.04.1967) 64
agierte von 1949 bis 1963 als erster Bundeskanzler der Bundesrepublik Deutschland. Die von ihm betriebene Politik der Westintegration ebnete letztlich den Weg zur Lösung der Saarfrage und mit dem Elysée-Vertrag von 1963 zur Aussöhnung der langjährigen „Erbfeinde" Deutschland und Frankreich.

| **Alwall,** Nils (*07.10.1904, †02.02.1986) 91
Prof. Dr., schwedischer Nephrologe und ein Pionier der Hämodialyse. Offiziell gilt der Holländer *Willem Johan Kolff* als „Erfinder" der Hämodialyse, der 1945 als erster mit einem selbst entworfenen Dialysegerät einem Menschen das Leben gerettet hat. Nils Alwall dagegen gelang es ein Jahr später dank seines unabhängig von Kolffs Konstruktion zur Ultrafiltration entwickelten Geräts nicht nur, die harnpflichtigen Substanzen sondern auch das überschüssige Wasser aus dem Blutplasma zu entfernen. Nach dem Prinzip der Elimination von harnpflichtigen Substanzen und Wasser sowie gleichzeitiger Substitution ausgeschiedener Elektrolyte arbeitet heutzutage die weltweit etablierte „künstliche Niere". Seit 1957 bekleidete Alwall den für ihn neu geschaffenen Lehrstuhl für Nephrologie an der Universität Lund.

| **Ammon,** Robert (*13.08.1902, †06.12.1997) 46
Professor Dr. phil. Dr. med.. Als promovierter Chemiker und Mediziner war er erster Ordinarius für Physiologische Chemie an der Universität des Saarlandes. 1964-1965 Dekan der Medizinischen Fakultät. Nach Stationen in Berlin, Mannheim, Breslau und Königsberg, folgte er zum 1.1.1950 dem Ruf auf den Homburger Lehrstuhl, den er bis zu seiner Emeritierung im Jahr 1971 innehatte. Überregionale Bedeutung erlangte er u. a. durch sein gemeinsam mit Wilhelm Dirscherl herausgegebenes Standardwerk über Fermente, Vitamine und Hormone sowie als langjähriger Präsident der Deutschen Gesellschaft für Gastroenterologie, Verdauungs- und Stoffwechselkrankheiten (DGVS), deren 25. Jahrestagung er 1969 in Homburg organisiert hat. Wie die meisten Dozenten seiner Generation war er seit 1937 Mitglied der NSDAP.

| **Angelloz,** Joseph-François (*07.10.1893, †29.03.1978) 53
Professeur Docteur ès lettres, Dr. phil. h.c., französischer Germanist und Hochschullehrer. 1950-1956 Rektor der Universität des Saarlandes als Nachfolger Jean Barriols[54]. Bei seinem Amtsantritt proklamierte er: „Wir bekennen uns als europäische Universität" und begründete ...

das Europa-Institut als „Krone und Symbol" der Universität. Der bedeutende Goethe- und Rilke-Forscher, dem 1960 die Goethe-Medaille der Stadt Frankfurt verliehen wurde, hat auch die „Études Germaniques" begründet und war nach seiner Saarbrücker Zeit Rektor der Académie Montpellier und später der Académie Strasbourg.
Die Universität des Saarlandes zeichnete ihn durch die Ernennung zum Ehrensenator und zum Ehrendoktor der Philosophischen Fakultät aus.

| **Badoglio,** Pietro (*28.09.1871, †01.11.1956) 15
Maresciallo d'Italia, Mitglied des Partito Nazionale Fascista, war ein italienischer General während der Herrschaft Mussolinis und nach dessen Sturz im Jahre 1943 erster postfaschistischer Ministerpräsident Italiens. Badoglio vollzog den Wechsel auf die Seite der Alliierten und erklärte im Oktober 1943 dem ehemals verbündeten Deutschland den Krieg. Die von den Deutschen gefangen genommenen italienischen Truppen wurden nach ihrem „ungetreuen" Feldherrn geringschätzig „Badoglios" genannt.

| **Barriol,** Jean (*02.01.1909, †03.12.1989) 54
französischer Chemiker, von 1947 bis 1974 Lehrstuhlinhaber für Physikalische Chemie an der Universität Nancy. 1948–1950 Gründungsrektor der Universität des Saarlandes. Seit 1978 korrespondierendes, seit 1981 ordentliches Mitglied der Académie des sciences, der er 1982–1983 als Sekretär vorstand. Sein wissenschaftliches Interesse galt der Theoretischen Chemie, mit Überschneidungen hin zur Theoretischen Physik, wovon zahlreiche bedeutende Publikationen zeugen, die seinen prägenden Einfluss auf die Theoretische Chemie in Frankreich und Europa belegen (z. B. *Traité de mécanique quantique, 1952*).

| **Becher,** Johannes R(obert). (*22.05.1891, †11.10.1958) 49
deutscher expressionistischer Dichter und Schriftsteller, der als SED-Politiker Minister für Kultur und Präsident des Kulturbundes der DDR war. Von ihm stammt der Text der Nationalhymne der DDR. 1923 hatte Becher zur KPD gefunden, in der er sich als Vorsitzender des „Bundes proletarisch-revolutionärer Schriftsteller" und als Parteidichter profilierte. 1933 floh er über die Tschechoslowakei in die Sowjetunion, wo er von der Komintern zur Organisation einer „Literarischen Einheitsfront" exilierter Schriftsteller beauftragt wurde. Dass er in den späten 30ern dem Stalinschen Säuberungsterror nicht zum Opfer fiel, verdankte er

offenbar seiner totalen Hingabe an Stalin, den er „liebte und verehrte", was nicht zuletzt 1953 nach dessen Tod in seiner schaurig-schönen *Danksagung* zum Ausdruck kommt.

| **Bergmann,** Gustav von, (*24.12.1878, †16.09.1955) 93

Prof. Dr. med., war ein deutscher Internist, der als einer der Begründer der Psychosomatik in Deutschland gilt (Stichwort „Funktionelle Pathologie"). 1916 wurde er Ordinarius in Marburg, 1920 in Frankfurt (Main) und 1927 an der Charité in Berlin, wo er nach Hitlers Machtübernahme als Prodekan „in der Fakultät durchsetzte, dass alle Juden entlassen wurden", u. a. auch sein damaliger Assistent *Ernst Wollheim*[92]. 1942 wurde er von Adolf Hitler zum Mitglied des Wissenschaftlichen Senats des Heeressanitätswesens ernannt und 1944 Beirat von Karl Brandt, dem Koordinator der medizinischen Forschung und Leiter des NS-Gesundheitswesens. Nach dem Zweiten Weltkrieg lehrte er von 1946 bis zu seiner Emeritierung 1953 in München. Seit 1932 war er Mitglied der Deutschen Akademie der Naturforscher Leopoldina in Halle. 1953 erhielt er das große Verdienstkreuz der Bundesrepublik Deutschland.

| **Boros,** Josef von (*26.01.1890, †26.01.1961) 134

Prof. Dr. med., ungarischer Internist (Hämatologe) und Hochschullehrer, der bis 1944 Ordinarius für Innere Medizin und Direktor der II. Med. Klinik der Universität Budapest gewesen ist. Nach dem Zweiten Weltkrieg kam er über Breslau, Halle und Göttingen an das Städt. Krankenhaus Saarlouis (s. Chefarzt Dr. Drehsen[145]), wo man ihm nicht die seinen Fähigkeiten angemessene Beschäftigung bieten konnte. Nach Hans Dietlens[4] Eintritt in den Ruhestand übernahm er 1950 die Leitung der Inneren Abteilung des Bürgerhospitals am Saarbrücker Reppersberg (Vorgängerkrankenhaus der heutigen Winterberg-Kliniken). Als ehem. Ordinarius der Universität Budapest war er 1951 zum „ordentlichen Professor mit vollem Lehrauftrag" ernannt worden (Professeur ordinaire chargé d'enseignement) und damit Angehöriger der Medizinischen Fakultät der Universität des Saarlandes.

| **Büchner,** Franz (*20.01.1895, †19.03.1991) 97

Prof. Dr. med., war ein deutscher Pathologe und Hochschullehrer, der von 1936 bis zu seiner Emeritierung im Jahr 1963 den Lehrstuhl für Pathologie an der Albert-Ludwigs-Universität in Freiburg innehatte und damit Nachfolger seines Lehrers Ludwig Aschoff wurde, bei dem …

er sich habilitiert hatte. Zwischenzeitlich war er am Pathologischen Institut des Berliner Horst-Wessel-Krankenhauses tätig gewesen.
Sein Interesse galt hauptsächlich der Erforschung der Koronarinsuffizienz und des Herzinfarkts. Als strenggläubiger Katholik („der heilige Franz") war er während der Zeit der Nazi-Herrschaft zwar Mitglied mehrerer nationalsozialistischer Organisationen gewesen, aber nicht der NSDAP selbst.

| **Claudius,** Matthias (*15.08.1740, †21.01.1815) 6

Deutscher Dichter und Journalist, den sein Weg über Kopenhagen, Hamburg und das damals noch selbständige dänische Wandsbeck nach Darmstadt und nach kurzer Zeit wieder zurück nach Wandsbeck führte, das inzwischen als Hamburger Stadtteil bekannte Wandsbek. Sein Name ist untrennbar mit der viermal wöchentlich erscheinenden Zeitung *Der Wandsbecker Bothe* verbunden, in der er seine ersten Gedichte veröffentlicht hat (z. B. *Abendlied, Der Tod und das Mädchen* u. v. m.). Er war mit Anna Rebekka Behn verheiratet, mit der er 12 Kinder hatte. Seine Tochter Caroline Ilsabe war die Frau des Thüringer Buchhändlers und Verlegers *Friedrich Christoph Perthes*, des Urgroßvaters von *Aletta Doenecke* (vgl. S. 16).

| **Conrad,** Klaus (*19.06.1905, †05.05.1961) 36

Prof. Dr. med., war von 1948 bis 1958 erster Lehrstuhlinhaber für Neurologie und Psychiatrie an der Universität des Saarlandes und 1953/54 Prodekan der Medizinischen Fakultät. 1958 folgte er einem Ruf nach Göttingen. 1961 ist er vor dem geplanten Wechsel an das Münchener Max-Planck-Institut für Psychiatrie nach kurzem schwerem Leiden verstorben. Sein wissenschaftliches Interesse galt überwiegend der Psychiatrie, speziell der Schizophrenie, über die er zahlreiche Artikel publiziert hat. Seine nach 1933 an der Deutschen Forschungsanstalt für Psychiatrie in München durchgeführten Untersuchungen zur Erblichkeit der Epilepsie waren geeignet, die später im Rahmen des „Gesetzes zur Verhütung erbkranken Nachwuchses" angeordneten Zwangssterilisationen zu begründen.
Seit 1940 war auch er Mitglied der NSDAP. Klaus Conrads Nachfolger auf dem Lehrstuhl für Neurologie und Psychiatrie in Homburg wurde der aus Heidelberg gekommene gebürtige Königsberger Hans-Hermann Meyer („Seelen-Meyer").

| **Conrad,** Kurt (*19.10.1911, †16.07.1982) 68
war bereits als 15jähriger Vorsitzender der sozialistischen Arbeiterjugend in Homburg und (während der 1. Saargebietszeit) bis 1935 Mitglied der SPD. Nach Rückkehr aus engl. Kriegsgefangenschaft war er seit 1946 Beigeordneter in Homburg, Parteisekretär und Landtagsabgeordneter für die Sozialdemokratische Partei des Saarlandes (SPS), bevor er 1952 den damals illegalen Landesverband der SPD als Deutsche Sozialdemokratische Partei (DSP) mitbegründete. Vor der Abstimmung zum sog. Saarstatut vom 23.10.1955, dessen unerwartete Ablehnung zur Eingliederung des Saarlandes in die Bundesrepublik Deutschland führte, hatte er sich mit der erst seit 1955 neu zugelassenen CDU und der Demokratischen Partei Saar (DPS) zum sog. „Heimatbund" zusammengeschlossen, der die Abstimmung gewann.

| **Coudenhove-Kalergi,** Richard Nikolaus (*16.11.1894, †27.07.1972) 71
Dr. phil., österreichisch-japanischer Schriftsteller und Politiker, der 1924 unter dem Eindruck der Katastrophe des Ersten Weltkriegs, eines „Bürgerkriegs der Europäer", die „Paneuropa-Union" gegründet hat, mit dem Ziel, ein geeintes Europa zu schaffen. 1950 wurde er als Erster mit dem internationalen Karlspreis der Stadt Aachen ausgezeichnet. Sein Bild von Europa entsprach weniger einer Gemeinschaft der Völker als vielmehr dem eines christlichen, wenn nicht sogar katholischen Ständestaats nach Art der Österreichisch-Ungarischen Doppelmonarchie und den Ideen des Austrofaschisten Dollfuß.

| **Custor,** Joseph (*22.06.1892, †10.09.1969) 11
Protestantischer Geistlicher, der 1924 als Direktor der nach Auflösung der Pfälzischen Heil- und Pflegeanstalt Homburg neu geschaffenen Evangelischen Handwerkerbildungsanstalt Homburg eingestellt worden war. 1935 Ernennung zum protestantischen Anstaltspfarrer am Landeskrankenhaus Homburg. 1952 Oberpfarrer. 1957 Eintritt in den Ruhestand.

| **Dehler,** Thomas (*14.12.1897, †21.06.1967) 69
Promovierter Jurist, der während der Nazi-Herrschaft sowohl Juden als auch Regimegegner vertrat und deshalb als „echter Judengenosse" verunglimpft wurde. 1945 bis 1947 Generalstaatsanwalt in Bamberg und Mitglied des „Parlamentarischen Rates", der das Grundgesetz erarbeitet hat. Als Mitbegründer der FDP in Bayern, für die er von 1946 bis 1949 in den Bayerischen Landtag gewählt wurde, ...

war er auch von 1949 bis zu seinem Tod Mitglied des Deutschen Bundestags. Im ersten Kabinett Adenauer war er Justizminister. 1954-1957 Bundesvorsitzender der FDP. Dehler gehörte der Gruppe der „entschiedenen Liberalen" an, die sich ausdrücklich von einigen „nationalliberalen", d. h. den Kurs der „Nationalen Sammlung" vertretenden FDP-Landesverbänden mit Rechtstendenz absetzten.

| **Dietlen,** Hans (*13.02.1879, †13.01.1955) 4
Prof. Dr. med., deutscher Internist und „Röntgenologe", der nach seiner Habilitation 1909 in Straßburg und der Ernennung zum apl. Professor 1915 von 1922 bis 1936 Chefarzt der Inneren Abteilung des Landeskrankenhauses Homburg war. Als Lungenfacharzt und Tbc-Fürsorgearzt hatte er sich schon früh der Röntgenologie gewidmet, was ihn nach seinem Wechsel an das Bürgerhospital Saarbrücken (1936-1949) in die Lage versetzte, als einer der wenigen Internisten im Rahmen des „Gesetzes zur Verhütung erbkranken Nachwuchses" eine „Strahlenbehandlung zur Durchführung von Unfruchtbarmachungen" einzusetzen, was nichts anderes war als die unter Oscar Orths Verantwortung in Homburg vorgenommenen operativen Zwangssterilisationen. 1938 war auch er der NSDAP beigetreten.

| **Doenecke,** Friedrich (*20.08.1901, †26.09.1979) 2
Prof. Dr. med., Internist, war von 1948 bis zu seiner Emeritierung 1969 erster Ordinarius für Innere Medizin und Direktor der Medizinischen Klinik der Universität des Saarlandes. Als Prodekan (1948-1951) und Dekan der Medizinischen Fakultät (1951-1955) sowie Prorektor der Universität (1957-1958) hat er wesentliche Aufbauarbeit geleistet. Schwerpunkte seiner wissenschaftlichen Tätigkeit waren Bluthochdruck und Nierenkrankheiten. In die Spätphase seines Dienstes fiel der Neubau der Med. Klinik und die Gründung der Medizinischen Poliklinik mit der Berufung von H. P. Wolff. Im Zuge seiner Habilitation in Frankfurt (Main) bei Franz Volhard und seiner Verbeamtung war er 1934 der SA und 1937 der NSDAP beigetreten.

| **Doerr,** Wilhelm (*25.08.1914, †21.05.1996) 89
Prof. Dr. med., Dr. med. h.c. mult., deutscher Pathologe und Hochschullehrer, der nach seiner 1942 erfolgten Habilitation zunächst bis Kriegsende im Sanitätsdienst der Wehrmacht tätig war, bevor er 1953 als 39jähriger auf den Lehrstuhl für Allgemeine Pathologie und Pathologische Anatomie der Freien Universität Berlin berufen wurde. Nach einem Wechsel an die Christian-Albrechts-Universität Kiel

(1956) kehrte er 1963 nach Heidelberg zurück. Rufe nach Marburg, Freiburg, Ulm und Wien hat er abgelehnt. Wilhelm Doerr hat zahlreiche Lehrbücher auf seinem Fachgebiet verfasst und gemeinsam mit Gerhard Seifert und Erwin Uehlinger ein 20bändiges Handbuch der Speziellen Pathologischen Anatomie herausgegeben. Er war Initiator der Gründung des Deutschen Krebsforschungszentrums in Heidelberg und von 1972 bis 1974 Präsident der Heidelberger Akademie der Wissenschaften. 1983 wurde er emeritiert.

| **Domenjoz,** Robert (*23.12.1908, †07.03.1998) 37

Prof. Dr. med., war von 1950 bis 1957 erster Lehrstuhlinhaber für Pharmakologie und Toxikologie an der Universität des Saarlandes, bevor er 1958 einem Ruf an die Rheinische Friedrich-Wilhelms-Universität in Bonn folgte. Dort wurde er 1979 emeritiert. Forschungsschwerpunkte des Schweizer Staatsbürgers, zuvor Chef-Pharmakologe der Basler Geigy AG, waren Untersuchungen zum Wirkungsmechanismus entzündungshemmender Medikamente. Im Rahmen seiner Tätigkeit bei Geigy war er nicht nur an der Entwicklung von Antiphlogistika und Antirheumatika sowie der ersten trizyklischen Antidepressiva, z. B. Imipramin (Tofranil) beteiligt, sondern auch von DDT, für das sich damals besonders die Schweizer Armee interessiert hatte und das auch 1944 von den Amerikanern bei der Landung in Italien eingesetzt wurde.

| **Drehsen,** Hans (*20.11.1895, †10.11.1966) 145

Dr. med., seit 1929 (lt. anderer Quelle seit 1926) an der Inneren Abteilung des Städtischen Krankenhauses Saarlouis (heute Krankenhaus Saarlouis vom DRK) tätiger Internist und Radiologe, der lt. Aussage des Saarlouiser Landrats Dr. Schmitt 1940, „nach der Wiederbesiedelung" (gemeint ist die Rückkehr nach der 1939 erfolgten Evakuierung), als Chefarzt „das Krankenhaus völlig leer vorgefunden und unter großen Opfern wieder hergestellt" habe. 1945 war Drehsen von der amerikanischen Besatzungsmacht für 2 Jahre als Landrat des Kreises Saarlouis eingesetzt worden, was den Schluss zulässt, dass er politisch unbelastet war. 1952 schreibt Walter Bloch, ehem. Bürgermeister der Stadt Saarlouis: »Es bedurfte 1945 einer ganz persönlichen Initiative des Herrn Dr. Drehsen, um das „Trümmergrundstück" Städtisches Krankenhaus in seiner heutigen Form wieder erstehen zu lassen.«

| **Dubois,** Jacques-Émile (* 13.04.1920, †02.04.2005) 33
Professor Dr. Dr. h. c. (Universität Regensburg), war von 1949 bis 1958 erster Lehrstuhlinhaber für Physikalische Chemie an der Universität des Saarlandes. Von Grenoble, wo er studiert hatte und 1947 promoviert worden war, kam er über einen zweijährigen Londoner Studienaufenthalt bei Ch. K. Ingold ins Saarland, wo er das Institut für Physikalische Chemie aufbaute und von 1953 bis 1957 als Dekan der Naturwissenschaftlichen Fakultät agierte. 1957 wechselte er zunächst an die Sorbonne in Paris, bevor er in der Wissenschaftsadministration in verschiedenen Ministerien tätig war und sich vorwiegend mit der Entwicklung informationstechnologischer Systeme befasste. Das System DARC (Documentation and Automated Research Correlations) ist untrennbar mit seinem Namen verbunden.

| **Falk,** Paul (*22.01.1906, †06.09.1984) 43
Prof. Dr. med., Oto-Rhino-Laryngologe, war von 1950–1973 erster Ordinarius für Hals-, Nasen- und Ohrenheilkunde an der Universität des Saarlandes und Direktor der Universitäts-HNO-Klinik. Dekan der Medizinischen Fakultät von 1955–1957 Schwerpunkt seiner wissenschaftlichen Tätigkeit war die Erforschung der Entwicklung und Behandlung von Erkrankungen der Nasen-Nebenhöhlen sowie die Operation der Parotis unter Schonung des N. facialis. In die Zeit seiner Homburger Tätigkeit fällt auch die Präsidentschaft der Deutschen Gesellschaft für HNO-Ärzte und deren Jahrestagung 1966 in Saarbrücken. 1967 Bezug des gemeinsam mit der Urologie errichteten neuen Gebäudes der HNO-Klinik (Kombi-Klinik, „Nasen-Blasen-Bau").

| **Fleckenstein,** Albrecht (*03.05.1917, †04.04.1992) 82
Prof. Dr. med., deutscher Pharmakologe, 1956 bis zu seiner Emeritierung 1985 Ordinarius für Physiologie an der Albrecht-Ludwigs-Universität in Freiburg/Br. Nach einer bereits während des Studiums in Würzburg publizierten Arbeit zur Muskelkontraktion wurde er 1942 mit einer Dissertation zum Diabetes mellitus promoviert. 1947 habilitierte er sich in Heidelberg für Pharmakologie und Toxikologie mit einer Arbeit „Zum Mechanismus der peripheren Schmerzauslösung", bevor er wieder zur Muskelphysiologie zurückkehrte, die ihn ein ganzes Forscherleben lang beschäftigt hat. In einer 1967 erschienen Publikation „Zum Wirkungsmechanismus neuartiger Koronardilatatoren ..." gebrauchte er zum ersten Mal den Begriff „Calciumantagonisten", der heute aus der medikamentösen Herz-Kreislauf-Therapie nicht mehr wegzudenken ist.

| **Fontaine,** René (*05.06.1899, †23.11.1979) 55
Prof. Dr. en médecine, französischer Chirurg, der von 1941 als unmittelbarer Nachfolger seines Lehrers René Leriche („Leriche-Syndrom", „Sudeck-Leriche-Syndrom") bis zu seiner Emeritierung 1969 den Lehrstuhl für klinische Chirurgie und Gefäßchirurgie an der Universität Straßburg innehatte. Schwerpunkt seiner wissenschaftlichen Tätigkeit war die Angiologie. Allerdings hat er auch wichtige Beiträge zur Chirurgie der Wirbelsäule sowie zur Erforschung der Magenschleimhaut und zur Ulcus-Genese geleistet. Nach dem am Oberlauf der Saar (Bischtroff-sur-Sarre) geborenen Elsässer Fontaine ist die weltweit übliche Stadien-Einteilung der peripheren Arteriellen Verschlusskrankheit (pAVK, Stadien I-IV) benannt.

| **Gärtner,** Horst (*15.05.1911, †29.10.2001) 45
Prof. Dr. med., deutscher Mikrobiologe und Hygieniker, der von 1951 bis 1957 zweiter Ordinarius seines Fachs an der Universität des Saarlandes war. Er hatte in Göttingen, Marburg, Münster und Berlin studiert, bevor er wieder nach Münster zurückkehrte, wo er 1936 zum Dr. med. promoviert wurde. 1941 in Münster habilitiert, wurde er bereits 1942 zum a. o. Professor ernannt. 1957 folgte er einem Ruf nach Kiel, wo er 1979 emeritiert wurde. Als Hygieniker hatte er sich wissenschaftlich besonders mit der Silikose befasst. Öffentliche Aufmerksamkeit erfuhr Professor Gärtner im Herbst 1969, als ihm und drei weiteren Professoren von der Hamburger Zeitschrift *konkret* im Rahmen der damaligen „Notstandsgesetzgebung" aufgrund einer Stasi-Intrige vorgeworfen wurde, im Auftrag der Bundeswehr an der Entwicklung von B+C-Waffen zu arbeiten, was sich rasch als frei erfunden erwies („Horst Gärtner-Affäre"). Horst Gärtner war ein leidenschaftlicher Orchideensammler, der jede freie Minute seinem Hobby gewidmet hat.

| **Goerttler,** Kurt (*17.05.1898, †16.04.1983) 81
Prof. Dr. med., deutscher Anatom, der von 1948 bis zu seiner Emeritierung 1965 Ordinarius für Anatomie an der Albrecht-Ludwigs-Universität in Freiburg (Br.) gewesen ist. Dieselbe Position hatte er zuvor bereits in Hamburg und Heidelberg eingenommen. 1964 wurde er wegen seiner wissenschaftlichen Verdienste in die Leopoldina gewählt. Kurt Goerttler, der ein exzellenter Hochschullehrer war und neben anderen Monographien gemeinsam mit Alfred Benninghoff und Helmut Ferner das *Lehrbuch der Anatomie des Menschen* herausgegeben hatte, war allerdings bereits 1933 der NSDAP beigetreten •••

und nach dem Krieg von der amerikanischen Militäradministration von 1945 bis 1947 vom Hochschuldienst suspendiert worden.

| **Golsong,** Edmund (*03.06.1895, †16.07.1960) 12
Dr. phil., katholischer Geistlicher, der 1928 die Leitung der Katholischen Handwerkerbildungsanstalt Homburg als Direktor übernommen hatte. 1935 Krankenhauspfarrer am Landeskrankenhaus Homburg. 1946 „in Anerkennung seines Wirkens und zum Ausgleich für persönliche Zurücksetzung im Dritten Reiche" zum Oberpfarrer ernannt. Pensionierung krankheitsbedingt auf eigenen Wunsch zum 01.01.1960.

| **Grandval,** Gilbert (*12.02.1904, †29.11.1981) 56
Eigentlich *Yves Gilbert Edmond Hirsch-Ollendorff*, von 1945 bis 1948 französischer Militärgouverneur, von 1948 bis 1952 Hoher Kommissar und von 1952 bis 1955 französischer Botschafter im Saarland. Der in Paris geborene, aus einer Straßburger Buchhändlerfamilie stammende Hirsch-Ollendorff bekleidete schon als junger Mann leitende Funktionen in der Industrie, bevor er während des Zweiten Weltkriegs nach der Kapitulation Frankreichs der Résistance beitrat und es dort unter dem Decknamen „Grandval" bis zum Chef der französischen Widerstandskräfte in den acht östlichen Départements brachte. Seine Truppen erreichten Nancy noch vor den Amerikanern und befreiten die Stadt schon im September 1944. Während seiner 10jährigen Tätigkeit im Saarland hatte er als der eigentliche Herrscher über das Land entscheidenden Anteil am Wiederaufbau der Kohle- und Stahlindustrie, die er konsequent im Interesse Frankreichs für Reparationsleistungen nutzte. Auch die Gründung der Universität des Saarlandes ist letztlich seiner Initiative zu verdanken.

| **Guinet,** Louis (*21.01.1909, †10.03.1988) 25
war ein französischer Germanist an der Universität Dijon, der von Mai 1947 bis 1948 im Auftrag der Universität Nancy als „Directeur adjoint de l'Institut Sarrois d'Études supérieures de Hombourg" die Verwaltung des Hochschulinstituts übernommen hatte und 1949 an die Faculté des Lettres der Universität Caën wechselte. Sein Forschungsgebiet war die Sprache der germanischen Sachsen, insbesondere deren Verbreitung in der Normandie im frühen Mittelalter. Speziell interessierte er sich auch für den Zeitpunkt des erstmaligen Auftretens und die Verbreitung germanischer Familiennamen an der französischen Kanalküste sowie die Herkunft von Städtenamen (z. B. Cherbourg). Seine Forschungen führten ihn häufig nach Deutschland, wo

er diesbezüglich zahlreiche Konferenzen abhielt. Lt. Recherchen des Archivs der Universität des Saarlandes soll er sich auch mit Fragen der Freimaurerei befasst haben. 1978 trat Prof. Guinet in den Ruhestand.

| **Hector,** Joseph Arnaud (Arno) Edouard Maria (*27.11.1906, †05.11.1997) 39
Professeur de pathologie chirurgicale, zum Franzosen naturalisierter Saarländer, der von 1950 bis 1953 erster Ordinarius für allgemeine Chirurgie an der Universität des Saarlandes in Homburg war.
Der in Saarlouis geborene Sohn deutscher Eltern studierte zunächst Theologie in Paris, bevor er zur Medizin wechselte. Seine klinische Ausbildung erhielt er in den 1930er Jahren als „Interne des Hôpitaux de Paris". Nach der Saarabstimmung von 1955 verließ er das Saarland und zog mit seiner Familie nach Rouen, wo er bis zu seiner Pensionierung als Professor für Chirurgie (professeur de pathologie chirurgicale) wirkte. Nachfolger in Homburg wurde der Elsässer *Adolphe Michel Jung*[40], ein Schüler der Straßburger Gefäßchirurgen *René Leriche* und *René Fontaine*[24].

| **Heene,** Hanns Heinrich (*11.08.1896, †13.04.1948), Dr. med., 8
deutscher Neurologe und Psychiater, der von 1929 bis 1948 Chefarzt der Nervenabteilung und seit 1936 auch stellvertretender Ärztlicher Direktor des Landeskrankenhauses Homburg (LKH) war. Nach dem Studium in München und Freiburg (Br.) wirkte der als „hochbegabt geltende Psychiater" an der Heil- und Pflegeanstalt in Frankenthal (Pfalz) seit 1923 als Assistenzarzt und seit 1926 als Primararzt. 1933 trat er der NSDAP und 1935 der SS bei. Von September bis Dezember 1940 war er als Gutachter der Aktion T4 beauftragt.
Während des Zweiten Weltkriegs ist er als Sanitätsoffizier im Rang eines Oberstabsarztes auch ärztlicher Leiter des Homburger Gefangenenlazaretts gewesen. 1946 war er mit Einführung der Homburger Hochschulkurse Dozent für Psychiatrie. Hanns Heinrich Heene hat als talentierter Maler während seiner Münchener Zeit den bekannten, 1933-1945 von den Nazis mit einem Ausstellungsverbot belegten Landschaftsmaler *Arnold Balwé* kennen gelernt, mit dem er bis zuletzt eng befreundet war.

| **Heilmeyer,** Ludwig (*06.03.1899, †06.09.1969) 98
Prof. Dr. med., Dr. mult. h.c., deutscher Internist und Hochschullehrer, der von 1946 bis zu seiner Emeritierung im Jahr 1967 Ordinarius für Innere Medizin an der Albert-Ludwigs-Universität in Freiburg und anschließend als Gründungsrektor der neu geschaffenen Universität Ulm tätig gewesen ist. Sein wissenschaftlicher Rang als Hämatologe und seine Verdienste um Aufbau und Entwicklung der Nuklearmedizin sind unbestritten, wovon auch seine Mitgliedschaft in der Deutschen Akademie der Naturforscher „Leopoldina" in Halle (Saale) zeugt.
Seine menschlichen Qualitäten waren jedoch höchst fragwürdig. Heilmeyer war zeitlebens eine schillernde Persönlichkeit, die sich stets in den Vordergrund zu rücken und im besten Licht darzustellen verstand, sich tatsächlich aber während der NS-Zeit (u. a. im besetzten Polen und in der Ukraine) schwerer Vergehen schuldig gemacht hat. Dennoch war es ihm nach Kriegsende gelungen, in der Öffentlichkeit stets als der strahlende Saubermann aufzutreten, der er nie gewesen ist.

| **Herrmann,** Aloys (*27.11.1898, †16.10.1953) 30
Prof. Dr. phil., war ein deutscher Mathematiker, der von 1949 bis zu seinem frühen Tod 1953 erster Ordinarius für Mathematik an der Universität des Saarlandes war und den Lehrstuhl für Differential- und Integralrechnen innehatte. 1951/52 war er auch Prodekan der Naturwissenschaftlichen Fakultät. Nach Studium und Promotion in Marburg (1924) war er am Polytechnikum in Köthen als Assistent, ab 1929 dort Dozent sowie als Mitarbeiter bei Junkers in Dessau tätig. 1941 Ernennung zum Professor. Nach 1945 Tätigkeit im Bereich Luftfahrtforschung in Frankreich. Mitglied der NSDAP seit 1933 mit zahlreichen Ämtern in NS-Organisationen.

| **Hertz,** Friedrich (*12.05.1907, †17.02.1948) 29
Dr. med., Internist und Lungenfacharzt, von 1936–1948 Oberarzt der Inneren Abteilung des Landeskrankenhauses Homburg. Mitglied der NSDAP und des NSDÄB. 1939–1945 Teilnahme am Zweiten Weltkrieg als Truppenarzt an der Ostfront, wo er ein Wehrmachtskrankenhaus für Tuberkulosekranke in Warschau leitete, das seit 1944 schrittweise über Görlitz und Bautzen nach Dittersbach (Reichsprotektorat Böhmen und Mähren) und schließlich nach Vogelsgrün (Voigtland) zurückverlegt wurde. Seine zum Jahresbeginn 1946 wieder aufgenommene ärztliche Tätigkeit in Homburg musste er nach kurzer Zeit wegen einer letztlich tödlich verlaufenden Lungen-Tbc

wieder einstellen. An den im Jahr 1946 durchgeführten Homburger Hochschulkursen, für die er als Dozent nominiert worden war, nahm er bereits nicht mehr teil.

| **Heuss,** Theodor (*31.01.1884, †12.12.1963) 96
Prof. Dr. rer. pol., war von 1949 bis 1959 erster Bundespräsident der Bundesrepublik Deutschland. Anlässlich der Eingliederung des Saarlandes in die Bundesrepublik Deutschland besuchte Heuss im Januar 1957 auch die Universität des Saarlandes und hielt in deren Bibliothek eine Rede.

| **Heyde,** Werner (*25.04.1902, †13.02.1964) 95
Prof. Dr. med., von 1939 bis 1945 Ordinarius für Neurologie und Psychiatrie an der Julius-Maximilians-Universität in Würzburg und Direktor der Univ.-Nervenklinik, war seit 1933 Mitglied der NSDAP, von 1934 bis 1936 Mitarbeiter des Rassenpolitischen Amtes Würzburg und Beisitzer des dortigen Erbgesundheitsgerichts, seit 1. Mai 1936 Hauptsturmführer der SS und „Leiter der Psychiatrischen Abteilung beim Führer der SS-Totenkopfverbände/Konzentrationslager". Ab Juli 1939 war Heyde führend an der Vorbereitung der von Hitler selbst angeordneten Aktion zur Tötung Geisteskranker und Behinderter beteiligt, die erst nach dem Krieg in Anlehnung an die Adresse der Zentraldienststelle in der Berliner Tiergartenstraße Nr. 4 die Bezeichnung „Aktion T4" erhalten hatte. Obergutachter dieser Aktion war Werner Heyde. Nach Kriegsende arbeitete der mit weltweitem Haftbefehl gesuchte Heyde unter dem Pseudonym *Dr. Fritz Sawade* als medizinischer Sachverständiger am Landessozialgericht in Schleswig und wurde erst 1959 enttarnt. 1964 hat er sich vor Beginn seines Prozesses das Leben genommen.

| **Hoffmann,** Johannes (*23.12.1890, †21.09.1967) 20
Saarländischer Journalist und Politiker, 1946 Gründungsmitglied und erster Vorsitzender der Christlichen Volkspartei (CVP), 1947 Vorsitzender der Verfassungskommission und der Gesetzgebenden Versammlung. Seit 1947 MdL sowie Ministerpräsident des Saarlandes (bis 24. Oktober 1955). Ziel seiner Politik, die er autoritär und mit Nachdruck vertrat, war die „Entspannung der deutsch-französischen Beziehungen", die er durch die mit Hilfe Frankreichs vollzogene wirtschaftliche und politische Trennung des Saarlandes von Deutschland glaubte, erreichen zu können. Das in den Pariser Verträgen eingebundene „Saarstatut" sollte diese Lösung vertraglich besiegeln. ...

Nach der Ablehnung des Saarstatuts durch die saarländische Bevölkerung am 23.10.1955 zog er sich aus der Politik zurück.

| **Holzer,** Helmut (*14.06.1921, †22.08.1997) 83

Prof. Dr. med., war von 1957 bis 1989 Inhaber des Lehrstuhls für Biochemie und Molekularbiologie an der Albert-Ludwigs-Universität in Freiburg (Br.). Holzer, der in München zunächst ein Studium der Chemie als Diplomchemiker abgeschlossen hat, wurde 1948 bei Feodor Lynen promoviert und hat sich dort 1953 auch habilitiert, bevor er über Hamburg nach Freiburg wechselte. Zwischenzeitlich hatte er 1956 bei Otto Warburg hospitiert. Helmut Holzer war ein Pionier der Erforschung der Enzymregulierung. Speziell befasste er sich mit Vitamin B1-katalysierten Prozessen und dem Stoffwechsel von Tumorzellen.

| **Husson,** Roger Eugène Philippe (*31.03.1911, †30.09.1993) 26

Professor für Zoologie an der Universität Nancy, war von 1948 bis 1957 erster Ordinarius für Zoologie an der Universität des Saarlandes. Schon als Student und Konservator am Musée zoologique de Nancy unter der Leitung von Lucien Cuénot hat sich Roger Husson in den Jahren 1933 bis 1937 mit der in Höhlen und Bergwerken im Osten Frankreichs lebenden Fauna befasst und deren Lebensbedingen beschrieben. Auch während seiner Saarbrücker Zeit hat er dazu zahlreiche Artikel publiziert. Nach der Rückkehr nach Frankreich hat er sich durch sein vielgenutztes,1970 bei Gauthier-Villars in Paris erschienenes *Glossaire de Biologie Animale* einen Namen gemacht. 1974 war er Präsident der Société zoologique de France.

| **Jung,** Adolphe Michel (*17.12.1902, †01.07.1992) 60

Prof. Dr. med., Chirurg. 1956–1957 Prorektor der Universität des Saarlandes. Der aus Straßburg kommende exzellente Chirurg Jung hat zum 1. Januar 1954 den unglücklichen Prof. Dr. *Arnaud Hector*[30] als Direktor der Chirurgischen Universitätsklinik und ordentlichen Professor an der Universität des Saarlandes abgelöst. Nach erfolgreicher Reorganisation der Klinik ist er zum 1. Oktober 1957 auf eigenen Wunsch wieder nach Straßburg zurückgekehrt, wo er bis zum Eintritt in den Ruhestand 1974 als Chirurgien-Chef tätig war. Adolphe Jung war sowohl Schüler des bekannten Gefäßchirurgen René Fontaine als auch von René Leriche, bei dem er promoviert wurde. Nach der Niederlage Frankreichs war er von 1941 bis 1945 als Elsässer nach Deutschland zwangsverpflichtet worden und hatte das Kriegsende als Mitarbeiter Sauerbruchs in Berlin erlebt. Schwerpunkt seiner wissenschaftlichen Tätigkeit war die Chirurgie des sympathischen Nervensystems sowie die Gefäßchirurgie im Bereich der Wirbelsäule.

| Jutzler, Gustav Adolf (*21.01.1925, †21.04.2008) 90
Dr. med., Univ.-Prof., war von 1969 bis 1990 Direktor der Klinik für Nephrologie und Dialyse an der Medizinischen Univ.-Klinik des Saarlandes in Homburg. Dekan der Medizinischen Fakultät des Saarlandes 1973-1975. G. A. Jutzler war zum Jahresbeginn 1957 als Assistenzarzt in die Medizinische Klinik I eingetreten, hatte 1958 die erste Peritonealdialyse in Homburg vorgenommen und 1960 nach dem von Nils Alwall[2] entwickelten Verfahren die erste Hämodialyse im Saarland und damit eine der ersten in Deutschland überhaupt durchgeführt. 1966 hat er sich habilitiert. G. A. Jutzler war einer der Pioniere der Nephrologie in Deutschland. Wissenschaftlich befasste er sich ganz überwiegend mit Fragen der Anwendung der Hämodialyse und deren Grundlagen sowie mit Diagnostik und Therapie der arteriellen Hypertonie. Auf seine Initiative geht auch die Gründung der Arbeitsgemeinschaft Heimdialyse Saar e.V. zurück.

| Kähler, Heinz (*21.01.1905, †09.01.1974) 79
Prof. Dr. phil., deutscher Archäologe, war von 1953 bis 1960 erster Ordinarius für Archäologie an der Universität des Saarlandes.
Nach Studium und Promotion in Freiburg und zahlreichen Forschungsreisen im gesamten Mittelmeerraum war der aus Nordfriesland stammende Sohn eines Pfarrers 1936/37 als „wissenschaftlicher Hilfsarbeiter" im Pergamon-Museum in Berlin tätig, wo er auch 1937 in die NSDAP eintrat. Seit 1937 in München lebend hat er sich 1942 habilitiert, war seit 1951 apl. Professor und wurde 1953 nach Saarbrücken berufen. 1961 folgte er einem Ruf nach Köln, wo er 1973 emeritiert wurde. 1958 bis 1970 war er Mitglied der Zentraldirektion des Deutschen Archäologischen Instituts. Sein Hauptinteresse galt der Architektur und Bauplastik der Provinzen des Römischen Reiches, später von der archaischen Zeit Griechenlands bis zur römischen und byzantinischen Spätantike. Während seiner Saarbrücker und Kölner Jahre beschäftigte er sich mit Untersuchungen zu den Kirchen in Aquileia, mit der Hagia Sophia sowie der Maxentius-Villa.

| **Kirn,** Richard (*23.10.1902, †04.04.1988) 42
seit 1946 Vorsitzender der Sozialdemokratischen Partei des Saarlandes (SPS). 1946 Direktor für Arbeit und Soziales in der Verwaltungskommission des Saarlandes (bis Dezember 1947). 1947 Vizepräsident der Verfassungskommission. Seit Oktober 1947 MdL und Vorsitzender der SPS-Fraktion (bis 19. Dezember 1947).
Seit 20. Dezember 1947 Minister für Arbeit und Wohlfahrt sowie stellvertretender Ministerpräsident im 1. und 2. Kabinett Hoffmann. Nach der Ablehnung des Saarstatuts vom 23.10.1955 ging er ins Exil nach Frankreich, wohin er schon zwanzig Jahre früher nach der 1. Saarabstimmung geflohen war. Der gelernte Bergarbeiter Richard Kirn war seit 1920 Mitglied einer Gewerkschaft und seit 1923 der SPD. 1934 Hauptorganisator einer antifaschistischen Massenkundgebung. Flucht nach Frankreich nach der Saarabstimmung vom 13. Januar 1935. 1937 Entzug der deutschen Staatsbürgerschaft. 1941 Verhaftung in Südfrankreich und Auslieferung an die NS-Behörden. 1943 Verurteilung zu 8 Jahren Zuchthaus durch den Volksgerichtshof. Am 27. April 1945 Befreiung aus dem Zuchthaus Brandenburg-Görden durch die Rote Armee.

| **Krauß,** Hermann (*20.03.1899, †27.06.1971) 99
Prof. Dr. med., war ein deutscher Chirurg, der sich als Assistent und später Oberarzt bei Ferdinand Sauerbruch an der Charité in Berlin 1934 habilitiert hat. Auf Sauerbruchs Anweisung hat er auch *Paul von Hindenburg* in dessen letzten Lebensstunden betreut. Mitglied der SS seit 1933 und der NSDAP seit 1937. Im Zweiten Weltkrieg Beratender Chirurg des Heeressanitätsinspektors. 1945 bis 1947 ärztliche Tätigkeit in amerikanischer Gefangenschaft im Internierten-Krankenhaus in Garmisch. 1948 bis 1952 Chefarzt der Chirurgischen Abteilung des Bezirkskrankenhauses Göppingen. Von 1952 bis 1967 Ordinarius für Chirurgie und Direktor an der Chirurgischen Klinik der Albrecht-Ludwigs-Universität in Freiburg. Schwerpunkt seines wissenschaftlichen Interesses war die Thoraxchirurgie.

| **Kreibig,** Wilhelm (*10.12.1900, †25.06.1976) 77
Prof. Dr. med., Ophthalmologe, war von 1955 bis zu seiner Emeritierung 1969 erster Ordinarius für Augenheilkunde an der Universität des Saarlandes. Er hat die Ophthalmologie in Homburg aus dem Nichts aufgebaut und die Grundlagen für die heutige Klinik der Maximalversorgung geschaffen. Unter seiner Führung und nach seinen Vorstellungen wurde die Augenklinik des UKS erbaut.

Sein Nachfolger wurde Hans-Joachim Schlegel, der sich unter seiner Ägide habilitiert hatte. Als gebürtiger Österreicher war Wilhelm Kreibig ein begeisterter Bergsteiger, der nahezu alle höheren Alpengipfel erklommen hat, einschließlich den des Mont Blanc.

| **Lullies,** Hans Friedrich Selmar (*31.08.1898, †05.08.1982) 19
Prof. Dr. med., deutscher Physiologe, erster Ordinarius für Physiologie an der Universität des Saarlandes und von 1948 bis 1951 auch erster Dekan der Medizinischen Fakultät. Er war 1948 aus Marburg nach Homburg gekommen und folgte Ende 1953 einem Ruf an die Christian-Albrechts-Universität Kiel, wo er 1966 emeritiert wurde. Sein wissenschaftliches Interesse galt in erster Linie der Muskel- und Nervenphysiologie. Seit 1935 ist er Ordinarius für Physiologie an der Universität Köln gewesen und 1941 an die „Reichsuniversität Straßburg" gewechselt, wo er auch Dekan der Medizinischen Fakultät war.
Hans Lullies war seit 1937 Mitglied der NSDAP und hatte auch der SA sowie dem NS-Lehrerbund angehört.

| **Madelung,** Erwin Rudolf (*18.05.1881, † 01.08.1972) 84
Prof. Dr. phil., deutscher Physiker. Der in Bonn geborene Urur-Enkel des Dichters Matthias Claudius besuchte das berühmte Protestantische Gymnasium in Straßburg, wo sein Vater Otto Wilhelm Madelung (1846–1926) Ordinarius für Chirurgie an der Universität war. Nach dem Physik-Studium in Kiel, Zürich und Straßburg wurde er 1905 in Göttingen promoviert. In Göttingen, wo er sich 1912 auch habilitiert hat, beschäftigte sich Madelung mit der Kristallstruktur von Festkörpern. Nach ihm ist die Madelung-Konstante α benannt, die angibt, um welchen Faktor ein Ionengitter stabiler ist als ein einzelnes Ionenpaar der gleichen Ionensorte. 1921 folgte er Max Born auf dem Frankfurter Lehrstuhl für Theoretische Physik, den er bis zu seiner Emeritierung 1949 innehielt. In die Frankfurter Zeit, in der er sich mit Atomphysik und Quantenmechanik befasst hat, fällt auch die Entwicklung der Madelung-Gleichungen zur Quantenhydrodynamik.
1922 erschien bei Springer die erste Auflage seines berühmten Bandes „Die mathematischen Hilfsmittel des Physikers", der bis in die 60er Jahre noch mehrere weitere folgen sollten, darunter neben englisch-amerikanischen auch Raubkopien in fremden Sprachen. 1931/32 war er Rektor der Johann Wolfgang Goethe-Universität Frankfurt und 1945/46 erster Dekan der mathematisch-naturwissenschaftlichen Fakultät nach dem Zweiten Weltkrieg, nachdem er schon in den 20er Jahren mehrfach Dekan gewesen war.

•••

| **Maihofer,** Werner (*20.10.1918, †06.10.2009) 80
Dr. jur., war von 1955 bis 1969 ordentlicher Professor für Rechts- und Sozialphilosophie, Strafrecht und Strafprozessrecht an der Universität des Saarlandes. 1956–1957 Dekan der Rechts- und Wirtschaftswissenschaftlichen Fakultät. 1967–1969 Rektor der Universität des Saarlandes, 1969–1970 Prorektor. 1970 folgte er einem Ruf an die neu gegründete Universität Bielefeld, an der er mit Unterbrechung bis 1982 lehrte. 1969 Eintritt in die F.D.P., für die er von 1972 bis 1974 dem Kabinett Brandt II als Bundesminister für besondere Aufgaben und von 1974 bis 1978 als Bundesinnenminister den Kabinetten Schmidt I und II angehörte. In die Zeit seiner politischen Verantwortung als Innenminister fiel auch der „Deutsche Herbst 1977" mit der Ermordung von Generalbundesanwalt Buback und des Arbeitgeberpräsidenten Hanns Martin Schleyer durch die Rote-Armee-Fraktion. Seinen Abschied nahm er nach der „Lausch-Affäre Traube" wegen illegaler Abhörpraktiken des Verfassungsschutzes, die er im Rahmen der Fahndung nach den Buback-Mördern gebilligt hatte.

| **Mayer,** Johann Baptist (*05.12.1907, †13.09.1981) 48
Prof. Dr. med., deutscher Pädiater und Hochschullehrer, der von 1952 bis zu seiner Emeritierung 1976 erster Ordinarius für Pädiatrie an der Universität des Saarlandes gewesen ist. 1957–1958 Dekan der Medizinischen Fakultät der Universität des Saarlandes. Nach dem Studium in München, Innsbruck, Wien und Hamburg wurde er 1935 promoviert. 1944 habilitierte er sich in Hamburg mit einem „Beitrag zum Problem der Säuglingsmilchnahrungen", die zeitlebens sein besonderes Interesse fanden. In der Zeit seiner Homburger Tätigkeit wurde der Begriff „Lactobacillus bifidus" automatisch mit J. B. Mayer assoziiert. In Personalunion hat er nicht nur die Homburger Universitäts-Kinderklinik, sondern auch die Landeskinderklinik in Neunkirchen-Kohlhof als deren Chefarzt zu einem bedeutenden Zentrum der Pädiatrie ausgebaut und weiterentwickelt.

| **Mendès France,** Pierre (*11.01.1907, †18.10.1982) 65
Französischer Sozialist (PRS) portugiesischer Abstammung, war 1954/55 französischer Ministerpräsident und Außenminister, der einen entscheidenden Beitrag zum Abschluss der „Pariser Verträge" geleistet hat, die am 05.05.1955 in der Bundesrepublik Deutschland den Besatzungsstatus beendeten und ihr die Souveränität sowie die Aufnahme in die NATO brachten. Teil dieser Verträge war auch die Lösung der Saarfrage, über die am 23.10.1955 mit einer Volksab-

stimmung entschieden werden sollte. Pierre Mendès France (PMF), promovierter Jurist, war 1928 nicht nur jüngster Rechtsanwalt Frankreichs gewesen, sondern 1932 für die Parti Radical auch als jüngster Abgeordneter in die Assemblée Nationale gewählt worden.

| **Miehlke,** Adolf (*16.09.1917, †24.01.2001) 44
Prof. Dr. med., Dr. med. h.c. (Homburg), Oto-Rhino-Laryngologe, der 1950 mit Paul Falk[22] als 1. Oberarzt nach Homburg kam und mit diesem gemeinsam die dortige Klinik für Hals-, Nasen- und Ohrenheilkunde der Universität des Saarlandes aufgebaut hat. Miehlke, der von 1945 bis 1950 in Göppingen eine gründliche chirurgische Ausbildung bei *Hermann Krauß*[42] erfahren hatte, habilitierte sich 1953 mit einer Arbeit „Über die Ursachen des peripheren Lagenystagmus". Sein eigentlicher Forschungsschwerpunkt waren aber die Erkrankungen der Gesichtsnerven, speziell die des Nervus facialis, über die er 1960 ein Standardwerk verfasste, das ihm in seiner englischsprachigen Ausgabe auch international den Ruf einer absoluten Autorität verlieh. 1964 folgte er einem Ruf an die Georg-August-Universität Göttingen, deren HNO-Klinik in der Folge dank seiner unermüdlichen Schaffenskraft als *die* deutsche Einrichtung zur Erforschung und Behandlung der Gesichtsnerven schlechthin galt. Seit 1964 war er auch Mitglied der Deutschen Akademie der Naturforscher Leopoldina in Halle.

| **Mollet,** Guy (*31.12.1905, †03.10.1975) 76
französischer Gewerkschafter (CGT), seit Januar 1956 Nachfolger von Edgar Faure, der im Februar 1955 PMF als Ministerpräsident Frankreichs abgelöst hatte. Mollet war von 1946 bis 1969 Parteichef der französischen Sozialisten. In seine Verantwortung als Regierungschef fiel der „Vertrag zwischen der Bundesrepublik Deutschland und der französischen Republik zur Regelung der Saarfrage [Saarvertrag], 27. Oktober 1956", der zur „kleinen Wiedervereinigung" des Saarlandes mit der Bundesrepublik Deutschland führte und wegen der Bereitschaft beider Länder, „die Saarfrage als Gegenstand zukünftiger Meinungsverschiedenheiten der beiden Staaten auszuschließen" als wesentliches Element der deutsch-französischen Verständigung gilt. Mollet stürzte schließlich über seinen vergeblichen Versuch, den seit 1954 tobenden Algerienkrieg durch Erhöhung der Militärausgaben zu beenden, nachdem die benachbarten ehemaligen französischen Kolonien Marokko und Tunesien schon unter Mendès France und Edgar Faure unabhängig geworden waren.

| **Muth,** Hermann (*03.02.1915, †24.01.1994) 87
Prof. Dr. phil., war von 1959 bis zu seiner Emeritierung im Jahr 1980 erster Ordinarius für Biophysik und Physikalische Grundlagen der Medizin an der Universität des Saarlandes. Unter seiner Anleitung wurde das nach seinem ehemaligen Chef benannte „Boris-Rajewsky-Institut" erbaut. Forschungsschwerpunkt des Instituts waren Untersuchungen zur Wirkung radioaktiver Substanzen auf den menschlichen Organismus, die letztlich Grundlage der heute gültigen und international anerkannten Grenzwerte für Mitarbeiter in strahlenbelasteten Einrichtungen und auch für die Gesamtbevölkerung wurden. 1966–1967 Dekan der Medizinischen Fakultät.

| **Naumann,** Werner (*16.06.1909, †25.10.1982) 70
Mitglied der Freien Demokratischen Partei (FDP), war ein Nationalsozialist, SS-Brigadeführer, letzter Staatssekretär im Reichsministerium für Volksaufklärung und Propaganda und zuvor persönlicher Referent von Joseph Goebbels. Außerdem gehörte er zum sog. „Freundeskreis Reichsführer SS". Naumann war 1953 gemeinsam mit Parteifreund Ernst Achenbach (Deportation französischer Juden) Initiator einer Aktion ehemaliger NS-Funktionäre, die versuchten, den nordrhein-westfälischen Landesverband der FDP zu unterwandern („Nationalsozialistisches Netzwerk der FDP").

| **Ney,** Hubert (*12.10.1892, †03.02.1984) 75
Dr. jur., war ein in Saarlouis geborener deutscher Politiker, der nach dem Ersten Weltkrieg dem Zentrum und nach dem Zweiten Weltkrieg nacheinander der Christlichen Volkspartei des Saarlandes (CVP), der Christlich-Demokratischen Union (CDU) und schließlich der von ihm selbst gegründeten Christlich-Nationalen Gemeinschaft (CNG) angehört hatte, und, als er mit dieser scheiterte, zur Wahl der rechtsextremen Nationaldemokratischen Partei Deutschlands (NPD) aufrief. Als zweiter Ministerpräsident des Saarlandes nach der Volksabstimmung vom 23.10.1955 führte Hubert Ney seit Januar 1956 eine aus CDU, SPD und DPS gebildete sog. „Heimatbund-Koalition", die er jedoch nach Streitigkeiten sowohl innerhalb der Koalition selbst als auch mit der Bundes-CDU schon im Juni 1957 wieder aufkündigte. 1959 verließ er auch die CDU.

| **Obé,** Max (*04.06.1888, †04.12.1969) 59

Dr. med., saarländischer Mediziner, 1950 bis 1962 Präsident der Ärztekammer des Saarlandes mit Lehrauftrag für ärztliche Standeskunde und Sozialversicherung an der Medizinischen Fakultät der Universität des Saarlandes, dessentwegen er 1964 mit der Ehrenbürgerschaft der Universität geehrt wurde. Bis 1966 stellvertretendes Mitglied des Verwaltungsrats der Universität des Saarlandes.

In Anerkennung seiner Verdienste um den Aufbau der ärztlichen Standesorganisationen Verleihung des Bundesverdienstkreuzes 1. Klasse und der Paracelsus-Medaille der Deutschen Ärzteschaft. Obé war bereits seit 1923 Beamter für Volkswohlfahrt und Gesundheitswesen bei der Regierungskommission des Saargebiets gewesen, seit 1935 Mitglied der NSDAP und des NSDÄB, seit 1936 höchster Medizinalbeamter für das Reichskommissariat des Saarlandes, seit 1941 für die gesamte Westmark. In dieser Funktion trug er Verantwortung für die Euthanasiemaßnahmen und die Zwangssterilisationen im Bereich der Westmark. Aufgrund seiner Verfehlungen während der Zeit des Nazi-Regimes wurden ihm posthum im Mai 2021die Ehrenpräsidentschaft der Ärztekammer sowie im Juli 2022 die Ehrenbürgerschaft der Universität des Saarlandes entzogen.

| **Orth,** Oscar (*15.06.1876, †10.08.1958) 5

Prof. Dr. med., Chirurg, Chefarzt der Chirurgischen Abteilung des Landeskrankenhauses Homburg und von 1922 bis 1947 dessen ärztlicher Direktor. Sein Verdienst war in den 20er Jahren die Einrichtung und Organisation der Homburger Fortbildungskurse für Ärzte sowie des Saarbrücker Ärztevereins. 1929 wurde dem nicht habilitierten Facharzt für Chirurgie in Anerkennung seines berufspolitischen Engagements seitens der Regierungskommission für das Saarland der Professorentitel verliehen. Seit 1936 war er Mitglied der NSDAP und des Nationalsozialistischen Deutschen Ärztebundes (NSDÄB). Unter seiner ärztlichen Verantwortung sind an der Homburger Chirurgischen Abteilung zwischen 1935 und 1939 über 1400 vom Erbgesundheitsgericht Saarbrücken verhängte Zwangssterilisationen durchgeführt worden. Die ihm später verliehenen Ehrungen (Straßenbenennungen, Ehrenbürgerrechte, Medizinpreis) wurden nach Bekanntwerden seiner Verfehlungen komplett zurückgenommen.

| **Pallot,** Gilberte Henriette (*17.10.1899, †17.05.1991) 31
Prof. Dr. en médecine, von 1948 bis 1957 erste Ordinaria auf dem Lehrstuhl für Histologie an der Universität des Saarlandes. Frau Professor Pallot hat sich in dieser Zeit dank ihres enormen Engagements und ihrer Fähigkeit, ihr außergewöhnliches Wissen andern zu vermitteln, um die ärztliche Ausbildung im Saarland in hohem Maße verdient gemacht. 1957 hat sie auf eigenen Wunsch Homburg verlassen, um an die École supérieure de Médecine et de Pharmacie in Dijon zu wechseln. Auf dem Lehrstuhl für Histologie folgte ihr Helmut Ferner.

| **Rajewsky,** Boris (*19.07.1893, † 22.11.1974) 86
Prof. Dr. phil. nat., Dr. mult. h.c., war ein in der Ukraine geborener deutscher Biophysiker russischer Abstammung, der in Kiew Mathematik und Physik studiert hatte und 1918 dort promoviert wurde.
Seit 1934 Leiter des 1921 von *Friedrich Dessauer* gegründeten Instituts für Physikalische Grundlagen der Medizin in Frankfurt, das kurze Zeit später zu einem Kaiser-Wilhelm-Institut (KWI) für Biophysik umgewandelt und nach dem Zweiten Weltkrieg in ein Max-Planck-Institut umbenannt wurde. Rajewsky, der inzwischen deutscher Staatsbürger und zum ordentlichen Professor an der naturwissenschaftlichen Fakultät der Johann Wolfgang Goethe-Universität Frankfurt ernannt worden war, trat 1933 der SA und 1937 der NSDAP bei.
1949/50 war er Rektor der Universität. Sein wissenschaftliches Interesse konzentrierte sich auf die Erforschung der Wirkung radioaktiver Stoffe auf biologische Systeme. Dementsprechend befasste sich das Institut unter seiner Leitung nicht nur im Auftrag der Wehrmacht, sondern auch nach dem Krieg als Berater der Atomkommission mit Fragen der Strahlenwirkung auf den Menschen. Boris Rajewsky gilt als „Erfinder" des Begriffs *Biophysik* und war bis in die 60er Jahre des letzten Jahrhunderts der „Papst" seines Fachs.

| **Rajewsky,** Klaus (*12.11.1936) 88
Prof. Dr. med., Dr. med. h.c., Sohn von Boris R. und dessen Ehefrau Olga geb. Kromm, ist ein deutscher Immunologe, der von 1964 bis 1970 wissenschaftlicher Mitarbeiter und seit 1970 Leiter des Instituts für Genetik der Universität Köln und Professor für Molekulargenetik bis 2001 war. Seit 1995 ist er Mitglied der Deutschen Akademie der Naturforscher Leopoldina in Halle (Saale). Sein Hauptinteresse gilt der T-Zell-B-Zell-Wechselwirkung und der Genetik der Antikörperbildung. Klaus Rajewsky gilt als einer der einflussreichsten Forscher

auf dem Gebiet des „Gene-Targeting". Berühmt wurde er wegen der „konditionierten Knock-Out-Maus". Nach seiner Tätigkeit an der Harvard Medical School von 2001 bis 2011 arbeitet er jetzt am Institut für Systembiologie des Max-Delbrück-Centrums für Molekulare Medizin (MDC) in Berlin-Buch, das von seinem 1968 geborenen Sohn *Nikolaus Rajewsky*, einem Theoretischen Physiker, geleitet wird.

| **Ristenpart,** Karl (*26.01.1900, †24.12.1967) 62
war ein deutscher Dirigent, dessen Entschluss, Musiker zu werden, durch das Erlebnis von Gustav Mahlers 5. Sinfonie entscheidend beeinflusst wurde. Er gründete insgesamt drei Kammerorchester: das erste 1932 unter dem Namen Kammerorchester Karl Ristenpart, das zweite 1946 als Kammerorchester des RIAS Berlin und schließlich 1953 das Saarländische Kammerorchester, das seit 1957 als Kammerorchester des Saarländischen Rundfunks auftrat und nach Ristenparts plötzlichem Herztod noch kurze Zeit von dem italienischen Cellisten Antonio Janigro weitergeführt wurde, bevor es im Sinfonie-Orchester des Saarländischen Rundfunks aufging. Ristenpart hat sich besonders als Bach- und Mozart-Interpret einen Namen gemacht und spielte während seiner Saarbrücker Jahre mit verschiedenen französischen Labels zahlreiche Langspielplatten ein, die später auf CD übertragen wurden.

| **Rolshoven,** Ernst (*01.08.1906, †01.12.1967) 35
Prof. Dr. med., deutscher Anatom, der von 1948 bis zu seinem Tod 1967 erster Ordinarius seines Fachs an der Universität des Saarlandes gewesen ist. Nach dem Studium der Medizin in Köln, wo er 1931 promoviert wurde, war er 1932/33 Volontärassistent an der Universität Halle (Saale), bevor er 1936 über Gießen nach Marburg kam. Dort hat er sich 1938 unter Hellmut Becher habilitiert.
1941 wurde er definitiv als Dozent und Oberassistent nach Münster versetzt, nachdem er dort bereits seit 1940 mit der Vertretung des Fachs betraut worden war. In Münster, wo inzwischen sein Chef H. Becher den Lehrstuhl für Anatomie übernommen hatte, blieb er bis zu seiner Berufung 1948 nach Homburg. Sein wissenschaftliches Interesse galt insbesondere den feingeweblichen Strukturen der männlichen Keimdrüse.

| **Rotter,** Werner (*24.08.1897, †26.11.1977) 17
Prof. Dr. med., deutscher Pathologe, der von 1949 bis zu seiner Emeritierung im Jahr 1965 erster Lehrstuhlinhaber für Pathologie an der neu gegründeten Universität des Saarlandes war. 1960–1961 Prorektor der Universität des Saarlandes. Von 1930 bis 1938 leitete er das Pathologische Institut am Hospital San Juan de Dios in San José (Costa Rica), wo er sich vorwiegend mit der Erforschung von Tropenkrankheiten befasst hat. Nach der Rückkehr nach Deutschland übernahm er die Leitung des Pathologischen Instituts am Staatl. Institut für Hygiene und Infektionskrankheiten in Saarbrücken. Wie alle damals im Staatsdienst tätigen Ärzte war auch er Mitglied der NSDAP und während des Kriegs als Sanitätsoffizier eingesetzt. Das Kriegsende erlebte er im LKH Homburg, wohin das Saarbrücker Institut wegen Bombenschadens ausgelagert war. Sein wissenschaftliches Interesse galt seit der Rückkehr aus Mittelamerika der Erforschung von Lungenkrankheiten.

| **Roucayrol,** Jean-Claude Marie Joseph (*12.06.1920, †17.06.2005) 32
Docteur en médecine, Professeur de Physique médicale, leitete vom 01.01.1952 bis zum 31.12.1957 das Institut für Physikalische Medizin an der Universität des Saarlandes. Nach Abschluss seines Studiums der Medizin und der Physik in Grenoble war er dort 1945/46 noch als wissenschaftlicher Assistent tätig, bevor er von 1946 bis 1953 an die Medizinische Fakultät der Sorbonne wechselte. Von dort wurde er im Auftrag der französischen Regierung als apl. Professor für seine Homburger Forschungs- und Lehrtätigkeit abgestellt. Dank zweier Fulbright- und Rockefeller-Stipendien konnte er sich anschließend für mehrere Jahre in den USA (Harvard und Berkeley) weiterbilden, um schließlich einem Ruf an die Universität Reims zu folgen. Seit 1964 am Universitäts-Krankenhaus Cochin in Paris tätig, hat sich Jean-Claude Roucayrol vorwiegend bei der Entwicklung bildgebender Verfahren in der Nuklearmedizin einen Namen gemacht, für die er mehrere Patente erwarb. Als langjähriger Präsident der Société française de Biophysique wurde er schließlich zum Offizier der Ehrenlegion ernannt.

| **Rufin,** Louis (*13.02.1912, †29.10.2003) 28
Mitglied der Résistance, 1945 „Controlleur d'Éducation publique" im Rang eines Capitaine bei der französischen Militärregierung in Trier, 1948 „Lecteur de français" in Homburg, unterrichtete später in Saarbrücken am Romanistischen Institut, am Dolmetscher-Institut und zeitweise an der Naturwissenschaftlichen Fakultät der Universität des Saarlandes. Rufin hatte sich schon in den 30er Jahren dem Pazifismus zugewandt. Er war Mitglied des „Mouvement pour le désarmement, la paix et la liberté".

| **Sarre,** Hans-Joachim (*25.03.1906, †31.05.1996) 100
Prof. Dr. med., Dr. h. c., deutscher Nephrologe, der seit 1934 als Oberarzt bei *Franz Volhard* in Frankfurt (Main) tätig war und sich dort 1939 unter dessen Nachfolger *Wilhelm Nonnenbruch*[103] habilitiert hat. Nach dem Krieg war er wegen politischer Belastung zunächst suspendiert (vgl. Volhard, S. 334). Zu Mitgliedschaften in NS-Organisationen, die Anlass zu seiner Suspendierung hätten geben können, gibt es keine Belege. 1948 - 1975ordentlicher Professor für Innere Medizin an der Universität Freiburg (Br.) und Leiter der Medizinischen Poliklinik, die er zu einem Zentrum für Nephrologie ausgebaut hat. 1958 erschien erstmalig bei Thieme sein Standardwerk „Nierenkrankheiten", das insgesamt vier Auflagen erlebte.

| **Schneider,** Heinrich (*22.02.1907, †12.01.1974) 72
Dr. jur., war ein FDP/DPS-Politiker, der bei der Abstimmung zum sog. „Saarstatut" am 23. Oktober 1955 entscheidenden Anteil an der Niederlage der Befürworter und letztlich an der Eingliederung des Saarlandes in die Bundesrepublik Deutschland hatte. Nach der Wahl zum Landtag im Dezember 1955 wurde er zum Landtagspräsidenten gewählt. Heinrich Schneider war seit 1931 Mitglied der NSDAP, 1933 Leiter der Saar-Abteilung der NSDAP sowie Regierungsassessor im Saarreferat im Reichsinnenministerium und 1941 bis 1945 schließlich „Hilfsarbeiter" in Ribbentrops Auswärtigem Amt. 1950 Mitglied der Demokratischen Partei Saar (DPS) und nach deren Verbot und Wiedergründung 1955 ihr 1. Vorsitzender. 1957 bis 1965 Mitglied des Deutschen Bundestages für die DPS/FDP.

| **Schumacher,** Kurt (*13.10.1895, †20.08.1952) 66
Dr. jur., deutscher Politiker (SPD), der seit 1945 die SPD in den drei westlichen Besatzungszonen Nachkriegsdeutschlands wieder aufgebaut hat und bis zu seinem Tod im Jahr 1952 deren 1. Vorsitzender war.

| **Stämpfli,** Robert (*09.06.1914, †17.05.2002) 18
Schweizer Physiologe, Prof. Dr. med., Dr. h.c. mult., von 1954 bis zu seiner Emeritierung 1980 nach *Hans Lullies*[45] zweiter Ordinarius für Physiologie an der Universität des Saarlandes. 1960–1961 Dekan der Medizinischen Fakultät. 1947/48 war ihm gemeinsam mit dem späteren Nobelpreisträger *Sir Andrew Fielding Huxley* die Erstbeschreibung der saltatorischen Erregungsfortpflanzung an myelinisierten Nervenfasern gelungen. In Homburg hat er nicht nur sein eigenes Institut zu einem weltweit führenden Zentrum der Elektrophysiologie entwickelt, sondern war auch entscheidend an der Gründung und Einrichtung eines zweiten Lehrstuhl seines Fachs beteiligt. Auf seine Initiative geht die 1968 erfolgte Gründung des Sonderforschungsbereichs „Membranforschung" der DFG zurück, dessen erster Leiter er war. Seit 1963 war Professor Stämpfli Mitglied der Deutschen Akademie der Naturforscher und Ärzte Leopoldina in Halle. 1988 Ehrensenator der Universität des Saarlandes.

| **Straus,** Emil (*07.09.1899, †04.07.1985) 21
Dr. phil., seit 1946 Mitglied der CVP, war von 1946 bis 1947 Direktor für das Unterrichtswesen in der Verwaltungskommission für das Saarland, von 1947 bis 1951 saarländischer Kultusminister im ersten Kabinett Hoffmann und von 1952 bis 1955 Gesandter des Saarlandes in Paris. Nach der Saarabstimmung von 1955 wurde er in den Ruhestand versetzt.

| **Strempel,** Rudolf (*09.07.1891, †12.04.1981) 38
Prof. Dr. med., saarländischer Dermatologe, der von 1950 bis zu seiner Emeritierung 1959 erster Ordinarius für Dermatologie und Venerologie an der Universität des Saarlandes war. Seit 1946 ist er bereits Chefarzt der Abteilung für Haut- und Geschlechtskrankheiten am Landeskrankenhaus Homburg gewesen. Habilitation 1925 an der Rheinischen Friedrich-Wilhelms-Universität in Bonn, 1930 Oberarzt, 1933 Beteiligung am Aufruf „Für Adolf Hitler". Ebenfalls seit 1933 Mitglied der NSDAP und des NSDÄB. Seit 1934 Leiter der Abteilung für Haut- und Geschlechtskrankheiten des Wehrmachtskranken-

hauses in Berlin-Tempelhof und während des Zweiten Weltkriegs Divisionsarzt an der West- und Ostfront. Wie bereits während seiner Tätigkeit bei der Wehrmacht hat er sich auch später fast ausschließlich mit der Erforschung und Behandlung sexuell übertragbarer Infektionskrankheiten befasst.

| **Strouvelle,** Karl (*08.09.1904, †08.05.1989) 41
Dr. med., 1930 approbierter Arzt und seit 1934 Oberarzt der Chirurgischen Abteilung des Landeskrankenhauses Homburg unter der Leitung von Prof. Dr. *Oscar Orth*[57], war 1939 unter der Betreuung des Gynäkologen Prof. Hans Runge in Heidelberg zum Dr. med. promoviert worden. Der Titel seiner Doktorarbeit lautete: *Erfahrungen bei der Sterilisation weiblicher Erbkranker auf Grund von 630 Fällen des Landeskrankenhauses Homburg/Saar* und bezog sich damit auf die zwischen 1935 und 1937 von ihm selbst nach dem „Gesetz zur Verhütung erbkranken Nachwuchses" (GzVeN) vom 14. Juli 1934 vorgenommenen Zwangssterilisationen, die letztlich auch Oscar Orths Renommee zerstört haben. Dr. Strouvelles Doktorarbeit war zu seinen Lebzeiten kein Thema, weder in der Öffentlichkeit noch hinter vorgehaltener Hand. Der strenggläubige, von den Ordensschwestern vom Heiligen Geist fast wie ein Heiliger verehrte Katholik und Junggeselle war auch nach seiner Niederlassung in Homburg ein hoch angesehener, beliebter Arzt, der bis zu seinem Tod als absolut integer galt.

| **Ungeheuer,** Edgar (*06.01.1920, †16.10.1992) 85
Prof. Dr. med., ehem. Ltd. Oberarzt an der Chirurg. Univ.-Klinik Frankfurt (M) und seit 1963 Chefarzt der Chirurgischen Klinik am Krankenhaus Nordwest der Stadt Frankfurt (M). Professor Ungeheuer war einer der ersten Chirurgen in Deutschland, die Operationen am offenen Herzen durchgeführt haben. Einer breiteren Öffentlichkeit wurde er 1970 durch die Affäre *Mausbach* bekannt, als er einen seiner Assistenzärzte entließ, der im Fernsehen die autoritären Strukturen in deutschen Kliniken angeprangert und damit sowohl bei Chefärzten und Klinikbetreibern als auch bei Assistenzärzten eine bundesweite Welle von Solidaritätskundgebungen für die jeweils eigenen Interessen ausgelöst hatte.

| **Volhard,** Franz (* 02.05.1872, †24.05.1950) 3
Prof. Dr. med., Dr. h. c. mult., war ein deutscher Internist und Hochschullehrer, der Ordinarius für Innere Medizin in Halle (Saale) und anschließend in Frankfurt (M.) gewesen ist. Nach dem Medizinstudium in Bonn, Straßburg und Halle wurde er 1897 promoviert. 1905 hat er sich in Gießen habilitiert. Nach leitenden Positionen in Halle, Dortmund und Mannheim sowie sanitätsdienstlicher Tätigkeit während des Ersten Weltkriegs folgte er 1918 einem Ruf an die Universität Halle und 1927 schließlich an die erst 1914 gegründete Universität Frankfurt. Sein wissenschaftliches Hauptinteresse galt den Nierenkrankheiten und dem Bluthochdruck. Lange Zeit galt er als „der deutsche Nephrologe schlechthin". Seine zunächst ablehnende Haltung gegenüber der Hämodialyse hat er nach dem Krieg revidiert. Er stand mit Nils Alwall[91] in Kontakt, doch zu einer konkreten Zusammenarbeit ist es infolge seines Unfalltodes im Mai 1950 nicht mehr gekommen. Seit 1933 hatte er mehreren NS-Organisationen angehört, doch der Eintritt in die NSDAP selbst war ihm als Freimaurer verwehrt worden. Sein Verhalten gegenüber den Machthabern war widersprüchlich, sein Verhalten als Dekan der Medizinischen Fakultät im Jahr 1933 bei der Vertreibung jüdischer Fakultätsmitglieder zumindest fragwürdig. Als „Regimegegner" wurde er 1938 während einer Südamerika-Vortragsreise gegen seinen Willen vorzeitig emeritiert, 1945 jedoch von den Amerikanern wieder in seine Position eingesetzt.

| **Welsch,** Heinrich (* 13.10.1888, †23.11.1976) 58
Dr. jur., saarländischer Jurist, der von 1948 bis 1957 Präsident des Landesversicherungsamtes (der späteren Landesversicherungsanstalt [LVA]) und des Landesversorgungsgerichts war. Während der NS-Zeit war er 1934/35 Leiter der Gestapo-Stelle Trier, förderndes Mitglied der SS, Generalstaatsanwalt am OLG Zweibrücken, Sonderbeauftragter bei der Behörde des Reichskommissars für die Wiedervereinigung Österreichs mit dem Deutschen Reich und zuletzt Leiter der deutschen Justizverwaltung in Lothringen. 1947 im Rahmen seines Entnazifizierungsverfahrens durch ein Spruchkammerurteil als „unbelastet" eingestuft, bekleidete er nach der Saarabstimmung vom 23.10.1955 und dem Rücktritt der Regierung Hoffmann das Amt des Ministerpräsidenten und zugleich das des Ministers für Justiz und das des Ministers für Arbeit und Wohlfahrt, bevor die aus der Landtagswahl vom 18.12.1955 hervorgegangene sog. „Heimatbundkoalition" vereidigt wurde. Von 1957 bis 1974 war W. Präsident des Univer-

sitätsrates der Universität des Saarlandes. Die ihm 1961 verliehene Ehrensenatorwürde der Universität wurde ihm im Juli 2018 „aufgrund seiner aktiven Beteiligung an der NS-Diktatur" entzogen.

| **Wilhelm,** Rudolf (*02.08.1893, †31.05.1959) 22
Prof. Dr. med., war von 1952 bis 1959 erster Lehrstuhlinhaber für Orthopädie an der Universität des Saarlandes und Direktor der Orthopädischen Universitätsklinik in Homburg. Nach der Habilitation für das Fach Orthopädie 1927 in Freiburg/Br. und Ernennung zum a. o. Professor 1932 war er wegen politischer Unzuverlässigkeit nicht verbeamtet worden. Nach Kriegsteilnahme und britischer Gefangenschaft 1945 Rückkehr ins Saarland, wo er im LKH Homburg die Orthopädische Abteilung aufgebaut hat. Auch der Neubau des Saarländischen Körperbehindertenheims geht auf seine Initiative zurück. 1947 folgte er Oscar Orth als Ärztlicher Direktor des LKH.

| **Winterfeld,** Robert von (*27.11.1879, †08.01.1952) 13
war als 1933 aus politischen Gründen aus dem Militärdienst verabschiedeter Generalmajor im Rahmen der Mobilmachung vom 26. August 1939 reaktiviert, zum „Kommandanten der Befestigungen in der Saarpfalz und Eifel" ernannt und 1942 zum Generalleutnant befördert worden. Kurz nach Beginn des Ersten Weltkriegs war er als Hauptmann eines preußischen Pionierbataillons an der Ostfront schwer verwundet worden, weshalb er in der Folge als Nachrichtenoffizier im Stab des Oberkommandierenden Ost Dienst tat. Von 1919 bis 1933 war er bei der Reichswehr eingesetzt, zuletzt als Kommandant von Glogau/Niederschlesien im Rang eines Generalmajors. Verheiratet war er mit Leopoldine von Hartmann.

| **Wobido,** Hansherbert (*31.08.1920, †16.06.1981) 73
Dr. jur., war von 1948 bis 1975 Verwaltungsdirektor des Saarländischen Landtags in Saarbrücken. Zuvor ist er Mitarbeiter des Landeswahlkommissars und der Verfassungsgebenden Versammlung des Saarlandes gewesen. Nachdem er den Systemwechsel von 1955/56 schadlos überstanden hatte, ist Hansherbert Wobido schließlich nach einem geplatzten Prozess (Korruptionsvorwurf Oskar Lafontaines gegen CDU/FDP-Koalition), bei dem er als im Urlaub befindlicher, nicht erreichbarer Zeuge benannt worden war, 1975 aus gesundheitlichen Gründen in den vorzeitigen Ruhestand getreten.

| **Wollheim,** Claes (*1944 in Lund, Schweden) 94
jüngster Sohn von Ernst und Hedda Wollheim (s. u.), Dr. med., emeritierter Professor an der Universität Genf, der sich in der präklinischen Diabetes-Forschung einen hervorragenden Namen gemacht hat, wobei er sich auf die Hormon-Sekretion der Langerhansschen Inseln fokussierte und dabei einen Wechsel in der ursächlichen Einschätzung des Typ-2-Diabetes von der Insulin-Resistenz hin zu einer Beta-Zell-Dysfunktion einleitete. Er erhielt zahlreiche wissenschaftliche Auszeichnungen einschließlich des Claude-Bernard-Preises der European Association for the Study of Diabetes (EASD).

| **Wollheim,** Ernst (*24.03.1900, †02.08.1981) 92
Prof. Dr. med., Ordinarius für Innere Medizin und von 1948 bis 1968 Direktor der Medizinischen Klinik der Universität Würzburg (Luitpold-Krankenhaus). 1964 – 1965 Rektor der Julius-Maximilians-Universität Würzburg. Inhaber der Franz-Volhard-Medaille in Gold 1977.
Ernst Wollheim hat sich schwerpunktmäßig mit der Erforschung von Nierenkrankheiten und des Bluthochdrucks befasst. Als Jude hat er 1934 auf Betreiben seines damaligen Berliner Chefs *Gustav von Bergmann*[93] Deutschland verlassen müssen und in Lund (Schweden) eine neue Heimat gefunden. Als einziger von den Nazis vertriebener namhafter Internist hat er nach dem Krieg in der Bundesrepublik Deutschland wieder einen Lehrstuhl übernommen. Während seines Rektorats im Sommersemester 1964 *„blieb er einem Kommers aller Studenten-Verbindungen zum 382. Stiftungsfest der Universität fern, nachdem die Burschenschaften ihn vor die Wahl gestellt hatten, entweder das Absingen der ersten Strophe des Deutschlandliedes zu akzeptieren oder vor Beginn der Veranstaltung erklären zu lassen, der Hymnengesang unterbleibe auf seinen Wunsch"* (DER SPIEGEL 22/1964).

Anhang II

Briefwechsel zu zeittypischen Problemen der Nachkriegsjahre, zur Gründung der Universität, zur Erstellung von Berufungslisten und zu politischer Einflussnahme auf dieselben.

Brief Volhard > Doenecke

Prof. Dr. med. Dr. h.c. F. Volhard
z.Zt. Ffm., Städt. Krankenhaus, den 20.6.1945

Lieber Fritze,
Eben ist Deine Schwägerin hier eingetroffen und sitzt bei Ernst, den ich mit Frau u. 3 Kindern in der Privatklinik aufgenommen habe. Ehe sie weggeht, möchte ich Dir nur rasch für Deinen lb. Brief danken und Dir von Herzen gratulieren, dass Du solchen Dusel gehabt hast und wieder friedlich in H. am Krankenhause sitzt.
Mir macht es natürlich riesig Spass wieder die Klinik zu leiten. Aber es fragt sich nur, wie lange wird das Vergnügen dauern. Nonnenbruch[103] rechnet bestimmt darauf, rehabilitiert zu werden, und dass ich mich dann „gross" gegen ihn benehme und ihm seinen Platz wieder abtrete.
Zu schade, dass die Universität jetzt schläft und voraussichtlich noch lange nicht wieder ins Leben treten wird. Sonst hätte ich die augenblickliche Situation benutzt und Dich sofort zum Professor eingegeben.
Dass Du den Titel eines Tages bekommst, zweifle ich nicht, aber wer weiss, wie lange das noch dauern wird. Hier herrscht augenblicklich ein wilder Terror gegen die Pgs. An meiner Klinik sind bereits definitiv entlassen: Gutermuth[104], der seit Wochen im Gefängnis sitzt, Strnad u. Hellriegel, die auch beide gefangen gesetzt worden sind und in absentia

Coester. Suspendiert ist Guthmann[105], der es aber vermutlich, wie ich glaube, durch jüdische Beziehungen, fertig bringen wird in seinem Amt zu bleiben. Das wäre freilich der reine Hohn. Nur ein Beispiel: er hat meiner Schwiegertochter, als sie ihn in der Schwangerschaft darüber zur Rede stellte, warum er sich gegen Familie Volhard so schlecht benähme und ihren Mann, meinen Sohn Ewald, nicht zur Dozentur zugelassen habe, nachdem er in Berlin mit seiner ausgezeichneten Arbeit den Dr. habil. gemacht hatte, geraten, „Gehen Sie in eine andere Stadt und legen Sie wohlmöglich den Namen ab, dann kann aus Ihrem Mann noch etwas werden". Gestern hat man auch noch meine beste Schwester, die Ida von der Aufnahme, entlassen, weil sie Pg. war. Und so geht es mit vielen Schwestern. Auch den Kleist[106] haben sie suspendiert, als Muss-Pg., obwohl er immer anti eingestellt war, und Guthmann seinen Assistenten immer Vorwürfe gemacht hat, weil sie nichts für die Partei täten.

...

---

103 Wilhelm Nonnenbruch (1887–1955), Prof. Dr. med., 1928–1939 Ordinarius für Innere Medizin an der Karls-Universität in Prag. SS-Sturmbannführer und NSDAP-Mitglied seit 1939. 1939–1945 als Nachfolger des 1938 während einer Südamerika-Vortragsreise zwangsemeritierten Franz Volhard an der Johann Wolfgang Goethe-Universität in Frankfurt. 1945 amtsenthoben. Als Nephrologe war Wilhelm Nonnenbruch eine herausragende, wissenschaftliche Persönlichkeit mit internationalem Ruf („Nonnenbruch-Syndrom", heute „Extrarenalsyndrom"). Seit 1940 Mitglied der Akademie der Naturforscher und Ärzte Leopoldina in Halle (Saale).

104 Wilhelm („Willi") Gutermuth (1905–1982), Dr. med., seit 1933 Mitglied der NSDAP und der SS, wurde G. 1939 mit Amtsantritt des Volhard-Nachfolgers Nonnenbruch zum Oberarzt und Chefarztstellvertreter ernannt, ohne promoviert, geschweige denn habilitiert zu sein. Promoviert wurde er erst 1940. 1942 wurde G. vom Generalkommissar für das Sanitäts- und Gesundheitswesen Karl Brandt als „Bevollmächtigter für ärztliche Sonderaufgaben in der Rüstungsindustrie" damit beauftragt, den Krankenstand in allen kriegswichtigen Betrieben zu senken. G. wurde im April 1945 verhaftet und bis 1948 in Darmstadt interniert.

105 Heinrich Guthmann (1893–1968), Prof. Dr. med., 1938–1945 Ordinarius für Gynäkologie in Frankfurt/Main. 1940–1944 Gaudozentenführer in Hessen-Nassau. 1945 Entlassung aus dem Staatsdienst und Internierung in Darmstadt bis 1947.

106 Karl Kleist (1879–1962), Prof. Dr. med., 1920–1950 Ordinarius für Neurologie und Psychiatrie an der Johann Wolfgang Goethe-Universität in Frankfurt/Main, zuvor in Halle, Erlangen und Rostock. Hauptpublikation: Gehirnpatholgie (1934) mit Hirnkarten zur Lokalisation von Funktionen auf der Hirnrinde. Seit 1940 Mitglied der NSDAP. Gutachter beim Erbgesundheitsgericht.

Suspendiert ist ferner Gännßlen[107], Schubert[108]. Hildebrand[109] ist noch nicht zurück, hat aber als SA Mann wohl auch nichts Gutes zu erwarten. Von meinen Söhnen ist Ewald offiziell als vermisst gemeldet. Jakob, Rolf u. Dieter unbekannt wo in Gefangenschaft. Heidi sitzt mit ihren 7 Kindern aus Landsberg geflohen in Nauheim, und vor einigen Tagen ist auch Klingmüller zu ihr gestossen. Ich habe jetzt für nicht weniger als 20 Enkel, deren Eltern nichts verdienen, zu sorgen. Ich bin sehr gespannt, ob Ihr französisch werdet, das wäre ein ziemlicher Leim, denn dann würde man sich überhaupt nicht mehr sehen können. Die einzelnen Besatzungsgebiete sind vorläufig noch hermetisch gegeneinander abgeschlossen. Meine sämtlichen Kinder und Enkel, die in Masserberg waren, habe ich hierher geholt, der herannahenden Russen wegen, und was man über die russische Besetzung hört, ist sehr übel. Hoffentlich findest Du bald einmal den Weg hierher.

Mit sehr herzlichem Gruss
Dein alter getreuer
F. Volhard

Handschriftlicher Zusatz: Grote[110] ist unterwegs n. Frankfurt

---

107 Max Gänsslen (1895–1969), Prof. Dr. med., 1935–1945 Leiter der Medizinischen Poliklinik der Johann Wolfgang Goethe-Universität Frankfurt/Main, 1950–1960 ebenda Direktor der neu gegründeten 2. Medizinischen Universitätsklinik. 1937 Mitglied der NSDAP, 1945 vorübergehend dienstenthoben.

108 Martin Schubert (1896–1964), Prof. Dr. med., 1934–1945 Ordinarius für Haut- und Geschlechtskrankheiten an der Johann Wolfgang Goethe-Universität in Frankfurt. Seit 1932 Mitglied der NSDAP, war er deren Vertrauensmann an der Medizinischen Fakultät und bis 1939 stellvertretender Dozentenbundführer. 1945 Entlassung aus dem Hochschuldienst.

109 Karl-Heinz („Charly") Hildebrand, Prof. Dr. med., Internist, Oberarzt an der Medizinischen Universitätsklinik Frankfurt/Main unter Franz Volhard. In den 50er und 60er Jahren Chefarzt der Medizinischen Klinik der Städt. Krankenanstalten Fulda.

[110] Louis R. Grote (1886–1960), Prof. Dr. med., 1922 nicht beamteter außerordentlicher Professor für Innere Medizin an der Universität Halle/Saale. 1924 Chefarzt des Sanatoriums „Weißer Hirsch“ in Dresden. 1934 Klinikdirektor in Zwickau, im selben Jahr ltd. Arzt am Rudolf-Heß-Krankenhaus (heute Universitätsklinikum Carl-Gustav-Carus) in Dresden. 1934 in Zwickau kurzzeitig auch Beisitzer am Erbgesundheitsgericht, aber kein Hinweis auf NSDAP-Mitgliedschaft. Im März 1945 wegen „defätistischer Reden“ dienstenthoben. 1946 Chefarzt in Wetzlar. 1952–1959 Direktor der Reha-Klinik Glotterbad. Am 4. Juni 1957 Verleihung des Verdienstkreuzes erster Klasse des Verdienstordens der Bundesrepublik Deutschland.

Prof. Dr. med. Dr. h.c. F. Volhard
Ffm. Städt. Krankenhaus, 4.6.46

Lieber Fritze,
Hab schönen Dank für Deinen Brief vom 17.5. und die nachträglichen Glückwünsche. Dass Euch das Schicksal des Saarlandes große Sorgen bereitet, kann ich mir denken. Eure Fortbildungskurse solltet Ihr beibehalten. Obwohl Mainz eröffnet worden ist, – ach so, die med. Fakultät noch nicht –, sind hier 1500 Studenten in Ffm., und zwar Mediziner, von 2600, die sich gemeldet haben, nicht angenommen worden und müssen zurückgewiesen werden. Mein Kolleg ist immer noch so voll, dass eine ganze Anzahl stehen müssen, wenn es auch nicht mehr so entsetzlich erdrückend und einengend ist wie voriges Semester.
Über die Besetzung der Med. Fakultät in Mainz weiss ich nichts. Ich habe nur gehört, dass Deusch wahrscheinlich nicht den Lehrauftrag bekommen soll. Heilmeyer ist bereits seit 1. Mai in Freiburg, hat bei dem Umzug dahin mit Familie hier übernachtet.Genügenden Ersatz hat man in Ffm. noch nicht bekommen. Man wartet jetzt noch das Resultat der Denazifizierung ab, das bei den notwendigen Ordinarien beschleunigt werden soll. Wie man etwas gegen die „Wiedergeburt des deutschen Geistes" einwenden kann, ist mir unerfindlich, denn dass damit der Nazi-Geist gemeint sein könnte, auf den Gedanken kann doch niemand Vernünftiges kommen.
Ottchen Guttentag[111] hat uns hier 2 x besucht, und das Wiedersehen war sehr herzlich. Auf Dich war er nicht gerade besonders gut zu sprechen, weil Du nach seiner Entfernung aus rassischen Gründen garnichts mehr von Dir hast hören lassen. Er ist leider schon wieder nach USA zurückgekehrt, da alle Ärzte über 45 Jahre aus der amerikan. Armee entlassen wurden. Charlie ist hier u. wartet auch auf seine Denazifizierung, die hoffentlich gelingt, denn ich brauche ihn sehr notwendig an der Klinik, da Sarre keine Oberarztfunktionen ausüben darf und nur zu Stundenlohn angestellt ist. Sonst ist der älteste Dr. Höpker, den Du vielleicht garnicht mehr

kennst, – er war zur Zeit meiner Emeritierung auf der Privatabteilung – und er ist ein ziemlicher Windhund. Dafür habe ich 30 Hospitanten an der Klinik, für deren Unterweisung mir Charlie unentbehrlich wäre.
Ernst[112] hat Ludwigshafen abgelehnt, weil es zu trostlos zerstört war. Es war auch gar keine Aussicht, dass der Wiederaufbau in Gang käme. Jetzt hat er die Inn. Abt. d. Städt. Krankenhauses in Karlsruhe vorläufig bekommen, der definitive Bescheid steht noch aus. Er war zwar nicht in der Partei, war aber gezwungen, in die Reiter-SA einzutreten, weil man ihm sonst in Danzig mit der Entlassung gedroht hätte.
Ich hätte große Lust Euch wieder einmal in Homburg zu besuchen, wenn man heute nicht mir und allen anderen Dozenten den Pass entzogen und verboten hätte, Ffm. ohne ausdrückliche Erlaubnis zu verlassen.

Mit herzlichem Gruss auch an Deine Frau und Ellen
Dein F. Volhard

---

111 Otto („Ottchen") Guttentag (1900–1992), Dr. med., deutsch-amerikanischer Arzt, 1918–1927 Assistent bei Franz Volhard in Halle und 1927–1933 in Frankfurt (Main), der sich überwiegend mit Homöopathieforschung befasst hat und 1933 als konvertierter Jude auf Veranlassung des Gesundheitsamts „aus Kostenersparnisgründen" vom Personaldezernat der Stadt Frankfurt gekündigt wurde. Als amerikanischer Staatsbürger war er während des Zweiten Weltkriegs Sanitätsoffizier in der US-Army und 1945/46 als solcher in Frankfurt (Main) stationiert.
112 Ernst Volhard, Dr. med., zweitältester Sohn von Franz Volhard und Privatdozent für Innere Medizin, seit 1946 Chefarzt in Karlsruhe.

Prof. Dr. med. Dr. h.c. F. Volhard
Ffm. Städt. Krankenhaus, 30.7.46

Lieber Fritze,
ist es wahr, dass Ihr eine Akademie werden sollt?
Ich frage, um Dir nahe zu legen, den bekannten Prager Professor Rihl[113] weiland Ordinarius für experimentelle Pathologie zu engagieren. Er hat in Prag die pathol. Physiologie gelesen und ist einer der ersten Kenner des Ekgs. Er ist völlig mittellos geflohen, wir haben schon in der Fakultät für ihn gesammelt. Er befindet sich z.Zt. in Herborn noch im Krankenhaus, ist 68 Jahre und war allerdings 40 in die Partei eingetreten, mehr nolens als volens. Aber Weber[114] in Nauheim hat ihm ein Zeugnis geschrieben, dass jeder der ihn kennt und der ihn sieht und hört absolut überzeugt sein wird, dass er nie ein Nazi gewesen ist.
Bitte überleg Dir das in Deinem zottigen Herzen.

Mit herzlichem Gruß in fliegender Eile.
Dein F. Volhard

[113] Julius Rihl (1879–1961), Prof. Dr. med., Kardiologe. Direktor der Propädeutischen Klinik in Prag, deren Elektrokardiographie-Station ab 1935 Arnold Huttmann geleitet hat.
[114] Arthur Weber (1879–1975), Prof. Dr. med., deutscher Kardiologe und Balneologe. Ordentlicher Professor für Innere Medizin in Gießen und von 1914 bis 1955 Leiter des Balneologischen Instituts in Bad Nauheim. Mitbegründer der Deutschen Gesellschaft für Kreislaufforschung. Weber war wesentlich an der Entwicklung des EKG und anderer technisch-diagnostischer Verfahren in der Kardiologie beteiligt.

29.12.1947

Sehr geehrter Herr Professor!
Bevor das alte Jahr zu Ende geht, möchte ich Ihnen für das neue von Herzen alles Gute wünschen. Der Wunsch, dass die Vernunft wieder auf der Erde ihren Einzug halten möge, wird wohl überall der größte sein, erscheint mir aber von seiner Erfüllung noch weit entfernt zu sein.

Meine Frau war inzwischen öfters in Frankfurt, die Zeit war aber immer so kurz, dass es nur zum Besuch in Eschersheim reichte. Jetzt habe ich selbst einen Passierschein bekommen und werde vom 3. bis 6. Januar in Frankfurt sein, d.h. kommenden Samstag/Sonntag. Wenn Sie an einem dieser Tage eine Stunde Zeit für mich hätten, würde ich Sie gerne aufsuchen.

Ich habe öfters einen Anlauf genommen, um Ihnen auf den Brief zu antworten, den Sie mir Ende Oktober schrieben und der mich ziemlich stark erschüttert hat. Ich glaube, die deutschen Binnenländer machen es sich im Augenblick etwas zu leicht, wenn sie Steine auf die Saarländer werfen und sie als Menschen betrachten, die sich nur von ihrem knurrenden Magen leiten lassen. Das Problem liegt wesentlich tiefer. Man sollte erstmal die Frage prüfen, wie es zu dieser Situation im Oktober 1947 gekommen ist, und soll auch in der empört gewölbten Brust nachsehen, ob darin alles frei von Schuld und Fehl ist. Und wenn ich auch als erst 1936 Zugezogener nicht wahlberechtigt war, was mich veranlassen könnte, meine Hände in Unschuld zu waschen, so haben mich doch gerade die Jahre seit 1936 so viel mit den Saarländern erleben lassen, als daß ich die Augen vor den tieferen Gründen verschließen könnte.

...

Wenn das Saargebiet auch klein ist, so spiegelt sich doch in seinem Schicksal das ganze europäische Problem. Warum hat man seit 1945 so viel getan, um dem Saarländer das Gefühl zu geben, daß er in Deutschland unerwünscht ist? Ich werde nie vergessen, wie 1945 die von den deutschen Universitäten weggeschickten Studenten traurig und verbittert hier ankamen.
Warum schrieben uns Fabriken: „Ins Saargebiet wird nichts geliefert."? Das hat man mit offener Brutalität getan, obwohl die Möglichkeit der Lieferung bestand und das Bedürfnis bei uns offensichtlich war, weil die Wehrmacht zweimal alles mitgenommen hatte, was nicht niet- und nagelfest war? Warum in aller Welt hat man diese Dinge, die nicht zu leugnen sind und von denen ich eine unendliche Reihe weiter aufzählen könnte, getan, wenn man heute so bereitwillig Steine wirft? Und wenn man vom Wirtschaftlichen, was heute allen am meisten auf den Nägeln brennt, einmal absieht, was hat man getan, um dem Saarländer das Gefühl einer geistigen und kulturellen Geborgenheit zu geben? Nicht nur jetzt oder von 1935 bis 1945, oder vor 1918. Hitler hat ein Theater in Saarbrücken bauen lassen, im übrigen hat er die Gegend verbunkert, bis 1918 war die Gegend nur strategisch interessant. Wo blieben die Universitäten als Zentren, die geistige Kräfte ausstrahlen sollten? Frankfurt hatte sogar einmal den konkreten Auftrag hierzu. Es hat nichts getan, man hat darüber Witze gemacht und sich nicht einmal geographisch so weit interessiert, daß man gewußt hätte, daß Idar-Oberstein nicht mehr im Saargebiet liegt. Warum hat man uns mit keinem Wort mitgeteilt, daß in Karlsruhe ein Internistenkongreß stattfinden sollte oder stattgefunden hat?

Und das alles zu einer Zeit, wo deutsche Wissenschaftler aller Kategorien gerne und ohne Gewissensbisse nach Amerika gehen, stolz darauf sind und darum beneidet werden!

Vielleicht weiß man schon in Frankfurt zu wenig von allen diesen Dingen; ich habe manchmal den Eindruck, als ob der Mangel an Einsicht im Quadrat der Entfernung zunähme. Denn Siebeck[115] schrieb mir aus dem näher gelegenen Heidelberg gerade in den Tagen, als ich Ihren Brief erhielt, besonders nett und die Töne aus Berlin dürften nach diesem Gesetz wesentlich härter sein, was ja auch den Tatsachen entspricht.

Nun habe ich doch mehr von dem geschrieben, was mir am Herzen liegt, was ich eigentlich garnicht wollte. Aber vielleicht tragen meine Worte doch etwas dazu bei, daß Sie etwas anders von den Saarländern denken. Und ich glaube, es ist heute nötiger denn je, eine Kluft zu schließen, als neue aufzureißen.

Vielleicht kann ich Sie Ende der Woche persönlich sprechen, vorausgesetzt, daß die Folgen des fürchterlichen Regenwetters[116] bis dahin beseitigt sind und die Züge wieder fahren. Hoffentlich beeinträchtigt das Mittelstück nicht die Herzlichkeit meiner Glückwünsche zum neuen Jahre. Ich möchte sie daher mit der seit Jahren unveränderten Intensität wiederholen.

Mit herzlichen Grüßen
Ihr

---

115 Richard Siebeck (1883–1965), Prof. Dr. med., deutscher Internist. 1924–1931 Ordinarius in Bonn, 1931–1934 und 1941–1952 in Heidelberg, und zwischenzeitlich von 1934–1941 an der Charité in Berlin. 1938 Mitglied der NSDAP und der Leopoldina in Halle. Berühmt wegen seines sozialen Engagements („Medizin in Bewegung", „Heidelberger Schule", geprägt durch die Theologie Karl Barths).

116 Jahrhunderthochwasser" zur Jahreswende 1947/48 über Wochen mit einem maximalen Pegelstand der Saar von 10,62 m in Saarbrücken (Höchststand seit 1784) und Überflutung des St. Johanner Markts mit den angrenzenden Straßen.

28. II. 1948

Lieber Herr Professor!
Ich habe den offiziellen Auftrag von Prof. Donzelot[117], der gleichzeitig Rektor in Nancy und hier ist, so bald als möglich nach Frankfurt zu reisen und mich von Ihnen bezüglich eines Anatomen und eines Physiologen beraten zu lassen. Ich werde wahrscheinlich im Laufe nächster Woche kommen (d.h. der Woche vom 1. bis 7. März) und wollte Sie bitten, sich die damit zusammenhängenden Fragen schon durch den Kopf gehen zu lassen und evtl. mit Bethe[118] und Ihrem Anatomen, den ich noch gar nicht kenne, zu besprechen. Thauer habe ich schon genannt. Da die Sache aber sehr eilig und Thauer[119] in Amerika ist, wird der Vorschlag nicht ernsthaft diskutiert. Am geeignetsten dürften jüngere Männer sein, die neben dem fachlichen Können in der Lage sind, den Besonderheiten im Saargebiet Rechnung zu tragen. In Betracht kämen auch Dozenten, die zunächst von ihrer Fakultät beurlaubt würden, um die Vorlesungen hier zu übernehmen. Ich möchte Sie bitten, die Angelegenheit um der Sache willen vertraulich zu behandeln. Wenn irgend möglich, sollen für jedes der beiden Fächer mehrere Namen genannt werden, die Rektor und Verwaltungsrat vorgelegt werden.
Also auf Wiedersehen nächste Woche.

Mit besten Grüßen
Ihr

117 Pierre Donzelot (1901–1960). Recteur de l'université de Nancy, Directeur général de l'enseignement supérieur au ministère de l'Éducation nationale, Paris.

118 Albrecht Julius Theodor Bethe (1872–1954), Prof. Dr. med., 1914–1937 Ordentlicher Professor für Physiologie und Direktor des Instituts für Animalische Physiologie im Theodor-Stern-Haus an der Universität Frankfurt am Main und 1945–1947 dessen kommissarischer Leiter. Vater von Hans Bethe (Physik-Nobelpreisträger 1967).

119 Rudolf Thauer d. Ä. (1906–1986), Prof. Dr. med., 1943–1945 Ordentlicher Professor für Physiologie an der TH Danzig (> Luftfahrtmedizin), 1946/47 Lehrauftrag für Physiologie an der Christian-Albrechts-Universität Kiel. 1947-1951 im Rahmen der „Operation Paperclip" wissenschaftliche Tätigkeit beim Department of the Navy und beim Bureau of Aeronautics in Washington D.C. (USA). 1951–1974 Professor für Physiologie an der Justus-Liebig-Universität Gießen und in Personalunion Direktor des Max-Planck-Instituts für Herz- und Lungenforschung in Bad Nauheim.

28.8.1948

Lieber Herr Professor!
Es ist lange her, seitdem wir uns gesprochen haben. Die Gesprächsstunde mit Ihnen im April ist mir in Erinnerung geblieben, weil sie mich nach langen Jahren Alleinseins – nicht immer erfreulicher Art – wieder zu den Wurzeln geführt hat. Mit dem Reisen ist es nun vorläufig wieder einmal aus. Aber vielleicht tritt auch darin bald wieder einmal eine Erleichterung ein. Mein Schwiegervater war im Juli 3 Wochen hier, hat sich wohl gefühlt und auch mit unserem französischen Physiker Bonjean[120] guten Kontakt gehabt.

Als Physiologe ist im Anschluß an meine Reise Lullies berufen worden. Er hat angenommen und baut bereits sein Institut aus. Ich glaube, daß wir uns freuen können (ihn) hier zu haben. Er gilt als einer der besten Elektrophysiologen, hat viel über Chronaxie gearbeitet. – Mit dem Anatomen sind wir noch nicht ganz klar. Goertteler, der in erster Linie in Betracht kam, hat inzwischen einen Ruf nach Freiburg angenommen, was auch durchaus begreiflich ist. In Betracht kommen z.Zt. von Herrath[121], Gießen, der einen Ruf nach Argentinien oder Brasilien hatte, aber nicht hingeht, dann Tonutti[122], früher Freiburg i. Schweiz. Heute erhielt ich nun einen Brief von Prof. Spanner[123], früher Danzig, der jetzt auf einem Dorf in Schleswig-Holstein bei Husum sitzt. Der ist von Bargmann[124]-Kiel auf Homburg aufmerksam gemacht worden. Ist er Ihnen ein Begriff und können Sie mir irgendetwas über ihn sagen oder jemanden nennen, den ich als zuverlässige Auskunftsstelle beim Verwaltungsrat nennen kann? Neben den genannten Kandidaten ist es nicht ausgeschlossen, daß Donzelot, der inzwischen Referent für das französische Hochschulwesen im Pariser Kultusministerium geworden ist, einen französischen Anatomen in Betracht zieht. Immerhin wäre mir eine Auskunft über Spanner wichtig.

Als Nachfolger von Heene, der im April an einer Ventrikelblutung während eines Gesprächs mit mir im Laufe weniger Minuten gestorben ist, ist Conrad aus Marburg, Oberarzt der dortigen psychiatrischen Klinik, Schüler von Kretschmer[125], berufen worden. An zweiter Stelle nach ihm hatten wir Stockert[126], eigentlich aequo loco; für Conrad fiel neben der gleichguten sachlichen Qualifikation eine längere Assistentenzeit an der Salpétrière in Paris ins Gewicht. Für die Bakteriologie rechnen wir mit einem Herrn vom Pasteur-Institut in Paris.

• • •

---

81 Kurt Goerttler, S. 259

120 Georges Bonjean. Physiker. «Professeur de l'enseignement du 2nd degré» in Nancy, 1947/48 in Homburg.

121 Ernst von Herrath, Prof. Dr. med., Anatom an der Justus-Liebig-Universität in Gießen.

122 Emil Tonutti (1909–1987), Prof. Dr. med., Professor für Anatomie in Fribourg/Schweiz, später in Gießen, Tübingen, Bonn und Ulm („Hoden-Emil").

123 Rudolf Maria Spanner (1895–1960), Prof. Dr. med., 1939–1945 Ordinarius für Anatomie in Danzig. Spanner entwickelte angeblich auf eigene Initiative ein Verfahren zur Herstellung von Seife aus menschlichem Körperfett. Nach Zeugenaussagen bei den Nürnberger Prozessen geschah dies von Leichen aus dem Konzentrationslager Stutthof.

124 Wolfgang Bargmann (1906–1978), Prof. Dr. med., Ordinarius für Anatomie an der Christian-Albrechts-Universität in Kiel.

125 Ernst Kretschmer (1888–1964), Prof. Dr. med., Ordinarius für Neurologie und Psychiatrie in Marburg/Lahn, 1946–1959 in Tübingen. Förderndes Mitglied der SS und 1933 Unterzeichner des Bekenntnis der deutschen Professoren zu Adolf Hitler. Richter am Erbgesundheitsgericht Marburg und am Erbgesundheitsgericht Kassel. K. befürwortete 1934 die Sterilisation „Schwachsinniger".

126 Franz Günther Ritter von Stockert (1899–1967), Prof. Dr. med., österreichischer, seit 1928 deutscher Psychiater. Mitbegründer der deutschen Kinder- und Jugendpsychiatrie.
1935 Professor in Halle/Saale, 1939–1945 in Frankfurt/Main und 1954–1957 in Rostock.
1958 Verurteilung zu einer einjährigen Haftstrafe wegen „Staats-Verleumdung" sowie einer zweijährigen Bewährungsstrafe wegen „Propaganda und Hetze". 1964–1967 außerordentlicher Professor für Kinderpsychiatrie in Frankfurt/Main.

In Saarbrücken wird eine Kaserne z. Zt. für Jura und Philologie ausgebaut. Medizin und vorläufig auch Naturwissenschaften bleiben in Homburg. Die Neuordnung hat natürlich für uns in Homburg zunächst viel Durcheinander gebracht, aber allmählich regulieren sich auch die räumlichen Verhältnisse. Ich habe dabei für meine Abteilung ein sehr schönes Laboratorium, völlig neu ausgebaut, gewonnen. Für den Beginn des neuen Studienjahres soll nun auch die übrige Fakultät konstituiert werden.
Ich nehme an, daß sich das Kultusministerium (Dr. Straus, Referent Dr. Groh) bei Ihnen über mich erkundigen wird. Für diesen Fall darf ich Ihnen vielleicht als Stichwort sagen, daß meine Eiweißarbeiten wohl wirkliches Interesse, besonders in der Schweiz (Wunderly[127] – Zürich, der mir ausführlich geschrieben hat, Genfer und Grenobler Klinik) und merkwürdigerweise in der Türkei, erregt haben. – Auch die Erwähnung der Tatsache, daß Sie mich 1940 zum a.o. Professor eingereicht haben und die Ernennung nur am Widerstand von Guthmann und Nonnenbruch trotz des Wohlwollens der übrigen Fakultät scheiterte, könnte wesentlich sein; ich darf Sie daran erinnern, daß Sie mir damals wiederholt geschrieben haben, daß Sie die Nichternennung auch als eine persönliche Kränkung für Sie selbst aufgefaßt haben, besonders auch in Anbetracht der trotz allem erfolgten Ernennung von Niessen. Die Politik spielt bei dieser Anfrage keine Rolle mehr, da ich epuriert bin, wohl aber neben dem Sachlichen auch das Persönliche...

... Meiner Familie geht es gut. Unsre Brigitte war 4 Wochen in Belfort bei einer Familie, deren Oberhaupt während des Krieges als angeblicher Résistancemann erschossen wurde, der aber in seinem Abschiedsbrief seine Familie beschworen hat, nach dem Kriege alles für eine Verständigung zwischen Deutschland und Frankreich zu tun. Wir haben dafür jetzt eine gleichaltrige Tochter der Familie bei uns. Ein sachlicher Vorteil ist, daß nicht nur Brigitte, sondern auch unsere Söhne dabei spielend französisch sprechen lernen.

---

127 Charles Wunderly. Klinischer Chemiker in Zürich (Eiweiß-Elektrophorese).

Von Ellen hörten wir, daß es in Frankfurt jetzt auch in vielem besser mit der Ernährung ist. Wenn aber eins Ihrer Enkel oder -innen es besonders nötig hätte, würden meine Frau und ich es gerne bei uns aufnehmen. Die Einreiseschwierigkeiten würden sich schon beseitigen lassen.

Mit herzlichen Grüßen an Ihre ganze Familie, und besonders an Sie
Ihr

Prof. Dr. med. Dr. h.c. F. Volhard
Frankfurt am Main-Süd 10, 10.9.48

Lieber Fritze!
Deinen Brief vom 28.8. fand ich gestern bei der Rückkehr aus der Schweiz und aus Salzburg vor. Was zunächst Deine Anfrage betr. Anatomie betrifft, so ist Spanner ein ausgezeichneter Mann, wissenschaftlich erster Klasse und menschlich sehr angenehm. Soviel ich höre, hat er anfangs auch etwas nach der braunen Richtung geneigt, sich aber wieder ganz davon zurückgezogen, so dass er politisch als einwandfrei gelten kann. Er wird bereits von den Engländern stark diskutiert, sodass ich Dir raten möchte, ihn wenn irgend möglich schleunigst für Homburg zu sichern.
Es wird Dir nicht entgangen sein, dass er ganz ausgezeichnete Arbeiten über arteriovenöse Anastomosen gemacht hat, die ihm einen großen Namen verschafft haben.
Dass Du ein schönes Laboratorium bekommen hast, ist ja famos. Bitte veranlass, dass man sich bei mir über Dich erkundigt. Ich werde alles tun, um Dir in den Sattel zu verhelfen.

... Dass Du einen meiner Enkel aufnehmen willst, finde ich reizend von Euch. Sehr nötig hätte es die jüngste Tochter von Ernst, die der Keuchhusten sehr mitgenommen hat. Was wäre zu tun, um ihr die Einreiseerlaubnis zu verschaffen?

Ich war zum Abschluss meiner Schweizer Reise auf dem oesterreichischen Ärztetag in Salzburg und wurde da richtig gefeiert. Bei der Eröffnung hat mich der Vorsitzende Prof. Denk[128] namentlich begrüsst, was stürmischen Beifall der Versammlung auslöste, und der französische Prof. Fontaine aus Strassburg unterbrach seinen Vortrag, begrüsste mich öffentlich, mein Name sei jedem französ. Studenten bekannt und die französ.

Wissenschaftler hätten mich nicht vergessen etc., worauf das Publikum tosend applaudierte. Ich musste auf das Podium gehen und dem Manne die Hand drücken. Bei der Gelegenheit habe ich auch meine neue Theorie über den essentiellen Hochdruck vom Stapel gelassen.

Warum schreibst Du: mit dem Reisen ist es aus? Kannst Du nicht nach Ffm fahren, wann Du Lust hast?

Mit herzl. Gruss an Dich u.d. Deinen
Dein F. Volhard

---

[128] Wolfgang Denk (1882–1970), Prof. Dr. med., österreichischer Chirurg. 1928–1931 Ordinarius für Chirurgie in Graz, anschließend in Wien, wo er 1948/49 Rektor der Universität war. 1957 bewarb er sich um die Wahl zum österreichischen Bundespräsidenten, unterlag aber als Kandidat von ÖVP und FPÖ dem Sozialisten Adolf Scherf.

Prof. Dr. med. Dr. h.c. F. Volhard
Frankfurt am Main-Süd 10, 7.10.48

Lieber Fritze,
aus Homburg ist die Fakultät über die Qualifikation verschiedener dortiger Dozenten befragt worden. Unter diesen befindest auch Du Dich. Bitte schicke mir umgehend ein Verzeichnis Deiner Arbeiten vor der Habilitation und lass mich wissen, ob von den Arbeiten nach der Habilitation Nr. 8 „Über zentralnervös bedingte Störungen der Herztätigkeit bei Syringobulbie" inzwischen im Druck erschienen ist. Falls Du seitdem noch weiteres veröffentlicht hast, bitte ich schleunigst um Titel u. Inhaltsangabe. Auch von der Syringobulbie-Arbeit bitte ich um eine kurze Inhaltsangabe.

Mit herzlichem Gruss in fliegender Eile.
Dein Volhard

12. Oktober 1948

Lieber Herr Professor!
Vielen Dank für Ihren Brief vom 7.10., den ich heute erhalten habe und sofort beantworten möchte.
Zunächst die Arbeiten vor der Habilitation: ... (Publikationen aus den Jahren 1925-1932).
... die Arbeit über „Zentralnervös bedingte Störungen der Herztätigkeit bei Syringobulbie" ist erschienen und zwar in der Zeitschrift für klinische Medizin Bd. 138, S. 405, 1940. Den Ausgangspunkt bildet die jahrelange Beobachtung einer Frau mit Syringomyelie und Syringobulbie ...
... Erschienen ist ferner die Arbeit „Zur Frage des vollständigen Arterienverschlusses bei der Blutdruckmessung nach Riva-Rocci" (Zschr. f. klin. Med. 1940, Bd. 137, S. 624-638). Sie beschäftigt sich mit den Einwänden v. Koranyi's[129] und seiner Schule, nach denen die Arterie nicht verschlossen ist. Der Beweis, daß die Arterie entgegen diesen Behauptungen verschlossen ist, wird auf dreierlei Weise erbracht ...
... Schließlich ist noch im Deutschen Archiv für Klinische Medizin Bd. 189, 1942, S. 82-103 meine umfangreiche Arbeit über „Beiträge zum hypalbuminämischen Syndrom bei Nierenerkrankungen" erschienen, die ich Ihnen zum 70. Geburtstag gewidmet habe. Ich habe darin meine chemischen Blutbefunde (Plasmaeiweiß) mit den klinischen Verlaufsformen der Nephritiden in Beziehung gesetzt ...

...

129 Sandor von Korányi (1866–1944), Prof. Dr. med., ungarischer Nephrologe in Budapest, der u. a. auch Mitglied der Deutschen Akademie der Naturforscher Leopoldina in Halle (Saale) war.

Vielleicht ist es mir doch wieder einmal möglich, nach Frankfurt zu kommen. Ich würde mich dann gerne mit Ihnen über meine Vorstellungen unterhalten, die ich in diesem Briefe doch nicht hinreichend erörtern kann. Leider gibt es zur Zeit keine Pässe, ich hoffe aber, daß sich dieser Zustand bald ändert. Vorläufig gibt es auch keine Möglichkeit zur Einreise bei uns, sodaß ich nicht weiß, wie wir Ihre kleine Enkelin aus Karlsruhe hierher bekommen könnten. Sobald ich in dieser Beziehung eine Möglichkeit sehe, gebe ich Ihnen Nachricht. Alle bisherigen Versuche hatten keinen Erfolg. Mein Schwiegervater bekam im Juni noch die Einreiseerlaubnis von den Amerikanern, weil unser Physiker ihn zu einem Vortrag aufgefordert hatte. Seit 1. Juli ist aber auch in solchen Fällen eine große Erschwerung eingetreten.

Als Anatom ist inzwischen Rolshofen aus Münster, ein Schüler von Becher[130], berufen worden. Er wie auch Konrad aus Marburg (Neurologe und Psychiater) sowie Lullies (Physiologe) und der Bakteriologe Le-Blois vom Pasteur-Institut in Paris sind schon hier und bauen ihre Institute auf, was auch bei uns nicht einfach ist.

Ich werde Ihnen nochmal 3 Sonderdrucke von den letzten Arbeiten zuschicken, aber getrennt, weil ich annehme, daß der Brief Sie ohne die Sonderdrucke schneller erreicht.

Mit herzlichen Grüßen

Ihr

130 Hellmut Becher (1896–1976), Prof. Dr. med., deutscher Anatom, 1933–1936 Ordinarius für Anatomie in Gießen, 1937–1940 in Marburg und 1941–1965 in Münster (mit vierjähriger Unterbrechung von 1945 bis 1949 wegen Amtsenthebung seitens der britischen Militärregierung). Becher war seit 1933 Mitglied mehrerer NS-Organisationen, seit 1937 auch der NSDAP sowie 1941–1945 Gaudozentenführer Westfalen-Nord und Mitglied im Wissenschaftlichen Beirat des NS-Bevollmächtigten für das Gesundheitswesen Karl Brandt.

Prof. Dr. med. Dr. h.c. F. Volhard
Frankfurt am Main-Süd 10, 7.1.49

Lieber Fritze!
Hab schönen Dank für Deinen Brief vom 29.12. und Deine guten Wünsche, die ich herzlich erwidere. Inzwischen wird Dich die Nachricht erreicht haben, dass meine liebe Frau am 1. Januar von uns gegangen ist. Vielleicht wusstest Du auch, dass sie schon seit 2 Jahren pflegebedürftig war, und dass sie in den letzten Monaten nicht mehr ansprechbar gewesen ist. Ein grausames Schicksal für eine so hervorragende gescheite, tatkräftige und energische Frau. Du weisst, dass sie nur für die Familie gelebt hat, und nur die Tatsache, dass wir sie schon seit 2 Jahren vermissen mussten, konnte den Schmerz über ihren Verlust etwas mildern.
Dass Du glücklich den Lehrstuhl bekommen hast, – man hatte mich auch um ein Gutachten gebeten – freut mich sehr... Was Deine Fakultät betrifft, so habe ich von dem Anatomen Rolihoven (?) noch nie etwas gehört, und der Pathologe Rotter ist mir auch nicht geläufig. Ganz erstaunlich ist der Reichtum an Physikern, das ist ja ungeheuerlich. Am schönsten finde ich Euren numerus clausus. Von dem Psychiater Konrad habe ich gehört, dass er ein sehr fixer Bursche sei. Dagegen ist mir entgangen, dass sein Assistent Dr. Witter[131] bei der Grenzstrangdurchtrennung dabei war.

...

131 Hermann Witter (1916–1991), Prof. Dr. med., 1950–1958 Oberarzt sowie zeitweise Leiter der Psychiatrischen Abteilung am Landeskrankenhauses Homburg, 1959 apl. Professor, ab 1960 Tätigkeit als Gutachter in Entschädigungsprozessen von NS-Opfern. 1965–1983 Ordinarius für Forensische Psychiatrie am Universitätsklinikum des Saarlandes. W. war seit 1936 Mitglied der NSDAP und des NSDÄB sowie Sturmmann im Nationalsozialistischen NS-Kraftfahrerkorps (NSKK).

Ich bin auch ungeheuer gespannt, was dabei herauskommt. Inzwischen hast Du vielleicht die Schweizer Medizinische in die Hand bekommen und meinen Züricher Vortrag in den letzten Heften zu Gesicht. Dann wirst Du den Sinn der Sympathicusdurchtrennung sofort verstehen, und es wird mich interessieren zu hören, was Du über den Inhalt dieses Vortrages denkst.

Das Deutsche Archiv für Klin. Med. wird von Prof. Schoen[132] in Göttingen herausgegeben. Vom Kongresszentralblatt sind bis jetzt erst 3 Nummern, die letzte im August erschienen. Schreib doch schleunigst an Prof. Schwiegk[133] in Heidelberg, Neuenheimerlandstr. 345, und nenne das Gebiet oder die Gebiete, aus denen Du referieren möchtest.

Ich habe die bestimmte Absicht in diesem Jahre und zwar etwa im Sommer einmal wieder im Saargebiet zu erscheinen, entweder in Völklingen oder in Homburg. Nur nicht vor dem 1. Mai, weil ich die Osterferien dazu benutzen muss, ein Referat für die Tagung der deutschen Gesellschaft für Kreislaufforschung in Bad Nauheim zu machen, die in den letzten Tagen des April steigt und zwar am Ende der letzten Woche, in deren Anfang der deutsche Kongress für innere Medizin dieses Mal wieder in Wiesbaden fällt. Ich nehme an, darüber bist Du im Bilde. Nun noch eine Bitte. Sieh doch zu, dass Du dem ausgezeichneten Prof. Boros[134] früher der erste Kliniker von Budapest, der jetzt in Saarlouis am Stadtkrankenhaus tätig ist, einen Lehrauftrag verschaffst. Es ist jedes Mal ein Genuss, sich mit ihm zu unterhalten und Du wirst sicher manche Anregung von ihm erhalten.

Mit herzlichem Gruss auch an die Gattin
Dein F. Volhard

132 Rudolf Schoen (1892–1979), Prof. Dr. med., 1939–1961 Ordinarius für Innere Medizin an der Universität Göttingen. 1961 Mitglied des Gründungsausschusses der Medizinischen Hochschule Hannover (MHH) und 1965 deren erster Rektor.

133 Herbert Schwiegk (1906–1988), Prof. Dr. med., 1946–1951 Oberarzt, seit 1948 apl. Professor an der Medizinischen Poliklinik der Universität Heidelberg. 1951–1956 Ordinarius für Innere Medizin an der Universität Marburg/Lahn und 1956–1974 an der Universität München. Schwiegk war seit 1933 Mitglied der SA, seit 1937 Mitglied der NSDAP sowie der NSV und des NS-Dozentenbundes. Er war Herausgeber der Klinischen Wochenschrift und des Kongresszentralblatts für die gesamte Innere Medizin.

134 Josef von Boros (1890–1961), Prof. Dr. med., ungarischer Internist (Hämatologe), der bis 1944 Ordinarius für Innere Medizin und Direktor der II. Med. Klinik der Universität Budapest gewesen ist. Nach dem Zweiten Weltkrieg kam er über Breslau, Halle und Göttingen an das Städt. Krankenhaus Saarlouis, wo man ihm nicht die seinen Fähigkeiten angemessene Beschäftigung bieten konnte. Nach Hans Dietlens[4] Eintritt in den Ruhestand übernahm er 1950 die Leitung der Inneren Abteilung des Bürgerhospitals am Saarbrücker Reppersberg (Vorgängerkrankenhaus der heutigen Winterberg-Kliniken). Als ehem. Ordinarius der Universität Budapest war er 1951 zum „ordentlichen Professor mit vollem Lehrauftrag" ernannt worden (Professeur ordinaire chargé d'enseignement) und damit Angehöriger der Medizinischen Fakultät (s. auch Abb. 44).

Prof. Dr. med. Dr. h.c. F. Volhard
Frankfurt am Main-Süd 10, 28.7.49

Lieber Fritze!

Schönen Dank für Deinen Brief vom 24.7. Orth hatte mich allerdings eingeladen, aber es zerreisst mir meine ganzen Feriendispositionen, und deshalb habe ich ihm schon geschrieben, dass ich dieses Mal, zumal nicht zu einem Vortrag aufgefordert, lieber verzichte.

Natürlich hätte mich ganz besonders interessiert von Dir Details zu hören, und es hätte mir auch Spass gemacht, die tüchtige Ellen bei der Gelegenheit wiederzusehen, aber man kann sich nicht alles leisten, zumal nicht vor einer großen Ferienreise. Schweren Herzens habe ich auch darauf verzichtet, morgen in Göttingen die nordwestdeutsche Internistentagung mitzumachen, die mich sehr interessiert hätte.

Ich bin noch schrecklich im Rückstand mit der Literatur, die sich in den Osterferien angesammelt hat, und jetzt wächst dieser Berg während meines Urlaubes wieder so an, dass ich nicht weiss, wie ich jemals da durchkommen soll.

Zum Pharmakologen: Bei uns lautete (vertraulich) die Liste:

1. Honoris causa und nicht ernst gemeint Prof. Riesser[135] (sehr taub),
2. Labes und der Dir sicher noch gut bekannte Schaumann[136] früher Höchst jetzt Innsbruck,
3. Eichler[137]und Holtz[138] (Rostock), der mich besonders interessierende Arbeiten über Adrenalin und Arterenol und den humoralen Hochdruck geschrieben hat. Er ist schon nach Berlin berufen, sodass ich nicht glaube, dass er für Euch noch infrage kommt.

Aber ich kann Dich auf einen Schüler Heubners[139] aufmerksam machen, das ist Prof. Druckrey[140], der über den Schädigungsstoffwechsel des Gewebes gute Arbeiten gemacht hat. Er hat ein Laboratorium in der chir-

urgischen Klinik in Freiburg/Br., und ich stehe mit ihm in brieflicher Verbindung, weil ich seine Warburgmethoden und Probleme hier in Angriff nehmen lassen will. Pulewka[141] hat vor 8 T. in der medizinischen Gesellschaft einen Vortrag gehalten und war den Abend mit seiner Frau, dem anderen Festredner Prof. Tönnis[142], mit Thiel und Prof. Naujocks[143], dem Gynäkologen bei mir zum Nachtessen.
Letzterer kannte Pulewka von Königsberg, das P's aus rassischen Gründen verlassen mussten. Er hat ganz interessant über seine Tätigkeit im Gesundheitswesen von Ankara bzw. der Türkei erzählt und macht keinen schlechten Eindruck.
Ein sehr guter Mann ist der auch Dir bekannte Schaumann, der das biologische experimentelle Labor in Höchst s. Z. leitete und der dem Kliniker in puncto Methodik helfen kann.
Dass Boros in Saarlouis Schwierigkeiten hat, habe ich auch gehört, aber immer gehofft, die Leute würden ihren Krämerstandpunkt aufgeben. Es ist immer ein Vergnügen, sich mit ihm zu unterhalten.
Einen definitiven Bescheid über meine Emeritierung habe ich noch nicht, und ich glaube, mit meinem Nachfolger hat das Ministerium noch nicht verhandelt. Vielleicht bleibt mir noch die Galgenfrist eines Semesters.
Wenn der Sauerbruch[144] kommt, grüsse ihn schön von mir, ebenso Dietlen, Boros und Orth und natürlich Deine Frau und Ellen.

Mit herzlichem Gruss.
Dein F. Volhard

---

[135] Otto Riesser (1882–1949), Prof. Dr. med., 1921–1928 Professor für Pharmakologie und Institutsdirektor an der Preußischen Universität Greifswald, 1929–1934 an der Schlesischen Friedrich-Wilhelms-Universität in Breslau. 1934 Entlassung aus dem deutschen Staatsdienst wegen jüdischer Abstammung. 1936–1939 Tätigkeit am Schweizerischen Forschungsinstitut für Höhenklima und Medizin in Davos. 1939–1945 Anstellung am Pharmakotherapeutischen Institut der Universiteit van Amsterdam. 1945 Rückkehr nach Deutschland, Beteiligung am Wiederaufbau des Hochschulwesens in Hessen.

136 Otto Schaumann (1891–1977), Prof. Dr. med., österreichischer Pharmakologe, Entdecker des ersten vollsynthetischen Opioids Pethidin. 1925–1946 Leiter des Pharmakologischen Instituts der Farbwerke Hoechst. 1947–1962 ordentlicher Professor für Pharmakognosie an der Universität Innsbruck.

137 Oskar Eichler (1898–1988), Prof. Dr. med., 1934–1945 Ordinarius für Pharmakologie an der Friedrich-Wilhelms-Universität in Breslau und damit Nachfolger Otto Riessers[135]. Eichler war bereits seit 1930 NS-Dozentenführer, seit 1931 förderndes und 1933 Vollmitglied der SS sowie der NSDAP und seit 1937 SS-Untersturmbannführer. Im Februar 1945 Ausschluss aus der SS wegen „negativer politischer Einstellung". Nach der Flucht vor der Roten Armee in den Westen mehrmonatige amerikanische Gefangenschaft mit zweijähriger Internierungshaft bis Ende 1947. 1948–1955 Labortätigkeit in der Chirurg. Klinik der Universität Heidelberg unter K. H. Bauer (ehem. Breslau). 1955–1968 Pharmakologe in Heidelberg.

138 Peter Holtz (1902–1970). 1938–1952 zunächst Professor für Physiologische Chemie, nach dem Zweiten Weltkrieg für Pharmakologie an der Universität Rostock. 1953–1970 Ordinarius für Pharmakologie an der Johann Wolfgang Goethe-Universität Frankfurt/Main. Hoch angesehener Wissenschaftler, der sich bleibende Verdienste um die Erforschung der Katecholamine erworben hat. Umstritten ist seine Beziehung zu August Hirt und dessen Menschenversuchen an Häftlingen des KZ Struthof mit Senfgas.

139 Wolfgang Heubner (1877–1957), Prof. Dr. med., 1908–1928 ordentlicher Professor für Pharmakologie an der Georg-August-Universität in Göttingen, wo er 1927/28 Rektor war. 1929 Leiter des Pharmakologischen Instituts der Medizinischen Akademie Düsseldorf. 1930 Pharmakologe an der Ruprecht-Karls-Universität Heidelberg. 1932–1945 Leitung des Deutschen Pharmakologischen Instituts in Berlin, an dem sowohl der kommunistische Widerstandskämpfer Robert Havemann als auch „der glühende Nazi und sehr gute Wissenschaftler" (Robert N. Proctor: The Nazi-War on Cancer, Princeton 1999) Hermann Druckrey[140] tätig waren. Wolfgang Heubners politische Würdigung für die Zeit der Nazi-Diktatur erscheint widersprüchlich: In seinen Tagebüchern stellt er sich als überzeugter Demokrat dar, der gegenüber dem Reichsministerium für Wissenschaft, Erziehung und Volksbildung schriftlich „auf einem Pazifismus bestand, der es ihm nicht erlaube, sich an Kriegsvorbereitungen zu beteiligen", während er gleichzeitig als Experte auf dem Spezialgebiet der militärischen Giftgase galt und sein Pharmakologisches Institut seit Machtantritt der Nazis im Auftrag des Heereswaffenamtes an der Entwicklung chemischer Kampfstoffe arbeitete. Nach Kriegsende war er zunächst Ordinarius für Pharmakologie an der Humboldt-Universität. 1949 wechselte er an die Freie Universität in West-Berlin.

140 Hermann Druckrey (1904–1994), Prof. Dr. med., deutscher Pharmakologe,Toxikologe und Onkologe, der sich nach Stationen in Prag und Göttingen (bei Butenandt und Windaus) 1936 unter Wolfgang Heubner[139] in Berlin habilitiert hat und dort 1942 zum ausserordentlichen Professor ernannt wurde. Der begeisterte Corps-Student (u.a. Leiter des Hauptamtes für Grenz- und Ausland des KSCV in Prag) war seit 1931 Mitglied der NSDAP (Goldenes Parteiabzeichen der NSDAP), SA-Oberführer und seit 1936 Mitglied des Nationalsozialistischen Deutschen Dozentenbundes. 1943/44 Stabsarzt in einem SS-Polizeiregiment an der Ostfront, anschließend bis 1945 Direktor des Pharmakologischen Instituts des Polizeikrankenhauses Wien VII. 1945–1947 Internierungshaft in einem amerikanischen Gefangenenlager in Hammelburg/ Unterfranken. 1948–1964 Leiter des Labors der Chirurgischen Universitätsklinik in Freiburg/Br. 1964–1973 Leiter des DFG-Instituts für Präventiv-Medizin in Freiburg/Br. Druckrey hat sich in dieser Zeit einen bedeutenden Namen als Krebsforscher gemacht (Stichworte Nitrosamine, Prinzip der Summationswirkung krebserregender Substanzen).

141 Paul Pulewka (1896–1989), Prof. Dr. med., 1928 kommissarische Leitung des Pharmakologischen Instituts an der Universität Königsberg. 1933 apl. Professor für Toxikologie von Gasen und Stäuben, Kampfstoffen und Gewerbegiften. Wegen seiner jüdischen Ehefrau galt er als politisch unzuverlässig und emigrierte 1935 in die Türkei, wo er im Gesundheitsministerium mit der Prüfung von Arzneimitteln betraut war. 1946, nach Gründung der Universität Ankara, Direktor des Instituts für Pharmakologie. Nach Unstimmigkeiten mit dem Erziehungsminister 1953 Entlassung aus dem Staatsdienst. 1954 Rückkehr nach Deutschland, zunächst Gastprofessor, 1957 ordentlicher Professor für Toxikologie in Tübingen.

142 Wilhelm Tönnis (1898–1978), Prof. Dr. med., deutscher Neurochirurg. 1934 „Leiter der ersten unabhängigen, auf Neurochirurgie spezialisierten Abteilung Deutschlands in Würzburg".
1937 Extraordinarius (unter Sauerbruch) in Berlin und Direktor der neu eingerichteten Abteilung für Tumorforschung und Gehirnpathologie am Kaiser-Wilhelm-Institut. Im Zweiten Weltkrieg Generalarzt der Luftwaffe, 1944 Verleihung des „Ritterkreuzes zum Kriegsverdienstkreuz mit Schwertern" wegen Organisation von Lufttransporten hirnverletzter Soldaten von der Front. 1946 Direktor des Neurochirurgischen Zentrums an der Knappschaftsklinik Bochum-Langendreer. 1949–1968 Inhaber des ersten deutschen Lehrstuhls für Neurochirurgie an der Universität Köln (dort u. a. Lehrer Friedrich Loews, des ersten Ordinarius für Neurochirurgie in Homburg).

143 Hans Christian Naujocks (1892–1959), Prof. Dr. med., 1929 apl. Professor für Gynäkologie an der Universität Marburg/Lahn, 1934 ordentlicher Professor für Gynäkologie und Geburtshilfe an der Universität Köln, 1945 an der Universität Marburg und 1947–1959 an der Johann Wolfgang Goethe-Universität Frankfurt/Main. 1933 Mitglied der NSDAP und der SA sowie des NS-Dozentenbundes (NSDDB), des Nationalsozialistischen Deutschen Ärztebundes (NSDÄB), des Nationalsozialistischen Lehrerbundes (NSLB) sowie der Nationalsozialistischen Volkswohlfahrt (NSV). Mitarbeit im Rassenpolitischen Amt. Im November 1933 Mitunterzeichner des Bekenntnisses der deutschen Professoren zu Adolf Hitler. Naujocks sah die Gynäkologie „als Hüter und Förderer der Volksgesundheit..., die Überschwemmung mit kranken Erbanlagen zu verhindern" und war an Zwangssterilisationen beteiligt.

[144] Ferdinand Sauerbruch (1875–1951), Prof. Dr. med., deutsche Chirurgen-Legende und schillernde Persönlichkeit zugleich. Er hat als erster Chirurg dank einer 1904 erstmals vorgestellten Unterdruckkammer Menschen am offenen Brustkorb operiert. Im Ersten Weltkrieg entwickelte er eine bewegbare Arm-Hand-Prothese (Sauerbruch-Arm). Nach Etappen in Breslau, Greifswald, Marburg, Zürich und München wurde Sauerbruch 1928 an die Charité in Berlin berufen, wo er neben August Bier Ordinarius für Chirurgie und Direktor der Chirurgischen Universitätsklinik war. An der Charité blieb er bis zu seiner Emeritierung Ende 1949. Sein Verhalten während der Zeit der NS-Diktatur war verwirrend: 1933 beteiligte er sich mit einem eigenen Brief am 'Bekenntnis der Professoren an den deutschen Universitäten und Hochschulen zu Adolf Hitler und dem nationalsozialistischen Staat', für den er auch später in öffentlichen Reden eintrat. Als Generalarzt inspizierte er das Sanitätswesen der Wehrmacht in Frankreich, Benelux und an der Ostfront. Andererseits hat er jüdische Kollegen und Freunde unterstützt, gegen das nationalsozialistische „Euthanasie"-Programm protestiert und sich aktiv an der regimegegnerischen „Mittwochsgesellschaft" beteiligt.

Brief Volhard > Doenecke

(HANDSCHRIFTLICH)

Cologny bei Genf,15/8 49.

Lieber Fritze!
Von Boros bekam ich vom 31/7 einen sehr langen u. sehr unglücklichen Brief. Dr. Drehsen[145] hat ihn anscheinend in eine sehr schiefe Position gebracht, scheint aber gegen d. Widerstand der saarländ. Ärztekammer nicht aufzukommen.
Kannst Du für den Mann nichts tun u. Dich energisch für ihn einsetzen? Du bist doch nun in gesicherter Position als Ordinarius an der saarl. Universität u. was Du für ihn tust, tust Du für mich.
Hast Du keinen Einfluß bei der saarl. Regierung? Und wer ist da der maßgebende Mann? Du müßtest erreichen, daß B. an Dietlens Stelle kommt. Ich kenne nur Pottel u. Brochowski aus Halle (Anm. d. Autors: *früher berühmtes Delikatessengeschäft in der Leipziger Straße in Halle an der Saale*); aus der mediz. Lit. kenne ich Br. nicht, während Boros international bekannt u. angesehen ist. Bitte überlege, was Du für B. tun kannst u. schreibe mir, ob ich etwas tun kann.
Ich sitze hier bei Brocherin am Genfer See, von wo ich einen wunderschönen Blick habe, u. arbeite an einer Erweiterung m. Nauheimer Vortrages. Ich finde es zu lächerlich, dass heute 4½ Jahre nach Kriegsschluss vor dem Saargebiet ein ebenso dichter eiserner Vorhang hängt, wie vor der Ostzone; z. B. saarl. Studentinnen, die in Mainz studieren, bekommen nicht die Erlaubnis, in den Ferien nach Hause zu fahren! Wie schwer mag es da für Nicht-Saarländer sein, einen Pass zu bekommen. Und da redet man immer von einem Zusammenschluss von Europa.

...

145 Hans Drehsen (1895–1966), Dr. med., Internist und Radiologe in Saarlouis (s. S. 305).

Auf ein Visum nach Österreich – ich wollte im Auto über d. Arlberg nach Innsbruck u. Salzburg fahren, warte ich schon über 5 Wochen.
Da sind es wieder die Amis, die die Schwierigkeiten machen. Ebenso bei der Schweiz, die selbst das Visum sofort erteilt. Wie war die Tagung am 28/7? War Sauerbruch da? Wenn ich gewusst hätte, das B. solche Schwierigkeiten hat, hätte ich doch d. Versuch gemacht zu kommen. Also bitte schreib nach hierher. Ich bin immer noch 8 T. hier.

Mit herzl. Grüssen an Dich, Deine Gattin und Schwägerin.
Dein alter F. Volhard

Prof. Dr. med. Dr. h.c. F. Volhard
Frankfurt am Main-Süd 10, 22.9.49

Lieber Fritze!
Hab schönen Dank für Deinen Brief vom 3. bzw. 15.9. Ja, ich war nicht in Karlsruhe, da mir diese Veranstaltung des „grössten Organisators aller Zeiten" zu reklamös aufgezogen war.
Dankbar wäre ich Dir, wenn Du mir detaillierter mitteilen würdest, was v. B. für Fehler macht (abgesehen von der törichten Bemerkung seines Alters) und was für Dinge Dir grössere Kopfschmerzen gemacht haben. Es wäre doch gut, wenn ich das wüsste, um ihn unauffällg zu beraten.
Der Arbeit Albrecht und Brochowsky[146] erinnere ich mich, die ist auch in meinem Buche erwähnt, aber sonst kenne ich nichts von ihm, und wissenschaftlich kann er sich weiss Gott doch nicht mit v. B. messen. Komisch, seinen Schwiegervater Manasse[147] habe ich sehr gut gekannt.
Eure Tagung über Chemotherapie findet nach Deinem handschriftlichen Brief am 11./12.20 statt. Soll das 11. Dezember 50 oder 11./12.10. heissen? Ob ich kommen kann, weiss ich noch nicht. Ich stecke fürchterlich in der Arbeit, und zwar musste ich mich plötzlich in die amerikanische Literatur über lower nephron nephrosis einarbeiten, und das führte vom

...

146 Albert von Brochowski (1901–1959), Dr. med., Facharzt für Röntgen und Innere Medizin. Bis 1935 Leiter der Röntgen-Abteilung des Landeskrankenhaus Homburg. Wegen seiner jüdischen Ehefrau aus dem Staatsdienst entlassen. 1945–1950 Vorsitzender der „Ärztekammer Saar". 1948 Gründer des Saarländischen Ärztesyndikats. Die von ihm geplante Neuordnung der ärztlichen Berufsausübung mit freier Arztwahl und Niederlassungsfreiheit wurde nach 1950 wieder zurückgenommen.
147 Paul Manasse (1866–1927), Prof. Dr. med., deutscher Laryngologe an der Universität Würzburg.

100sten ins 1000ste, alles um auf dem Urologenkongress, (handschriftliche Ergänzung: *in München am 28/9*), wie gewünscht, in der Diskussion zur Behandlung der Niereninsuffizienz zu sprechen. Aber es ist ein sehr interessantes Problem, nur hat es mich mitten aus meiner grossen Arbeit herausgerissen, an der ich die ganzen Ferien in der Schweiz gearbeitet habe, einer Broschüre über die Pathogenese des Hochdrucks. Ich habe auch an Dietlen geschrieben, er schreibt mir, seine Stelle würde ausgeschrieben, er sei beurlaubt und leider auch krank, er würde auf alle Fälle für B. eintreten, aber die Wahl würde nach Vorschlägen und Empfehlungen einer kleinen Kommission zu der er auch gehören werde, vom Vorstand der städt. Krankenhausverwaltung getätigt werden. In diesem Gremium spielten nicht nur sachliche sondern alle möglichen anderen auch politischen Gesichtspunkte eine wichtige Rolle. B. habe einen sehr starken Konkurrenten in der Person des Leiters der Ärztekammer, dieser strebe wohl selbst die Stelle an, sei aber davon abgesehen Herrn v. B. sehr abhold aus Gründen, die er nicht alle aufführen könne. Einer von beiden würde wohl das Rennen machen. Rein sachlich gesehen sei v. B. dem anderen weit überlegen, aber er würde unter allen Umständen der Ärztekammer gegenüber und auch dem Ärztesyndikat eine schwere Stellung haben, was z.T. mit seiner Bindung an seinen Gönner Dr. Dreesen in Saarlouis, der ihn überhaupt ins Saarland gebracht hat, zusammenhänge. An ihm, Dietlen, würde es auf keinen Fall liegen, wenn er nicht zum Ziele kommen sollte.
Ist Dreesen denn so unbeliebt? Er hat schliesslich v. B. auch sitzen lassen. Lieber Fritze, tue was Du kannst, lass Dich bald in Ffm sehen und sei mit Deiner Frau herzlich gegrüsst von Deinem alten Lehrer und Freunde
F. Volhard

Handschriftlicher Zusatz: Daß Bock[148] Marburg v. Bohn[149] Gießen bekommen hat, weißt Du wohl schon

[148] Hans Erhard Bock (1903–2004), Prof. Dr. med., deutscher Internist. Schüler Franz Volhards, bei dem er sich 1936 habilitiert hat. 1949–1961 Ordinarius in Marburg und 1962–1972 in Tübingen. Bock war seit 1937 Mitglied der NSDAP und seit 1939 des NSDÄB.

[149] Bohn, Prof. Dr. med., deutscher Internist. Bis 1965 Ordinarius an der Justus-Liebig-Universität in Gießen.

Brief Dekan Doenecke > LVA-Präsident Welsch

12.10.1953

Herrn
Präsidenten Welsch
Saarbrücken
Landesversicherungsamt des Saarlandes

Entsprechend der an mich gerichteten Aufforderung lege ich meine am 7.10.1953 in der Angelegenheit des Herrn Prof. Hector gemachten mündlichen Äußerungen folgendermaßen schriftlich nieder:

Wenn ich die Stellung des Herrn Prof. Hector in der Fakultät und die Beziehungen zwischen ihm und den anderen Fakultätsmitgliedern charakterisieren soll, muss ich auf die Verhältnisse eingehen, unter denen Herr H. in die Medizinische Fakultät eingetreten ist. Es ergibt sich dabei folgendes:

Der Lehrstuhl der Chirurgie wurde bei der Gründung der Universität 1948 nicht besetzt, weil der 1947 als Nachfolger von Prof. Orth eingesetzte Leiter der Chirurgischen Klinik im Landeskrankenhaus Homburg, Herr Dr. Backhaus[150], nicht über die für einen Lehrstuhl erforderliche Qualifikation (Habilitation) verfügte. Er erhielt einen Lehrauftrag und führte den Unterricht in Chirurgie bis 1949 durch.

Am 1.1.1950 wurde Herr Prof. Hector als ordentlicher Professor für Chirurgie eingesetzt. Die Medizinische Fakultät hatte keine Möglichkeit, sich vor der Ernennung des Herrn Prof. H. ein Bild von seinem chirurgischen und wissenschaftlichen Werdegang zu machen. Ich beziehe mich hier auf die Äußerungen des damaligen Dekans, Herrn Prof. Lullies. Er erklärte mir gegenüber folgendes: Er habe bei der ersten Einführung des Herrn Hector durch den damaligen Rektor Prof. Barriol diesem gegenüber sofort den Einwand erhoben, dass Herr Hector nach seinem Werdegang kaum die nach dem Maßstab einer Universität notwendige Vorbildung für einen ordentlichen Professor der Chirurgie haben könne. Dieser Einwand sei von dem Herrn Rektor mit dem Hinweis auf die französische Agrégation, die Herr Hector habe, beantwortet und abgetan worden. Bei einer Unterredung mit Herrn Minister Dr. Straus kurze Zeit später, bei der die gleichen Bedenken zur Sprache kamen, habe dieser ausdrücklich erklärt, dass er für die Berufung des Herrn Hector nicht verantwortlich sei.

Es konnte nicht ausbleiben, dass hierdurch der größte Teil der Fakultätsmitglieder befremdet war und Herr Prof. H. zunächst mit Skepsis und Zurückhaltung angesehen wurde. Das hatte seinen Grund im Wesentlichen darin, dass die Fakultät nicht in der Lage war, sich für eines ihrer wichtigsten Mitglieder mitverantwortlich zu fühlen. Von dieser Verantwortung für ihre Mitglieder kann aber eine Medizinische Fakultät niemals befreit werden, insbesondere nicht bei den klinischen Lehrstühlen; denn hier tritt die Universität nicht nur unterrichtend mit den Studenten, sondern ärztlich handelnd mit der gesamten Bevölkerung des Landes in Beziehung.
Es ist ohne weiteres klar, dass bei dem Lehrstuhl der Chirurgie mit ihren vielfältigen dramatischen Ereignissen diese spezifische Note einer Medizinischen Fakultät besondere Bedeutung besitzt. Sie äußert sich nicht nur bei der täglichen Zusammenarbeit der übrigen Kliniker mit dem Chirurgen, die an der ärztlichen Mitverantwortung für dessen Wirken nicht vorüber gehen können, sondern wird auch von entscheidender Bedeutung für das Ansehen der Universität bei der Bevölkerung des Landes.

Trotz dieser Anfangsbelastung der Situation des Herrn Hector kann ich mit Bestimmtheit sagen, dass sich alle Fakultätsmitglieder bemühten, die Skepsis zu überwinden und in ein gutes persönliches und kollegiales Verhältnis mit Herrn H. zu kommen.

* * *

---

150 Werner Backhaus (1908–1953), Dr. med., deutscher Chirurg. 1947–1949 Leiter der Chirurgischen Universitätsklinik Homburg, der bis zur Besetzung des Lehrstuhls durch Arnaud Hector einen Lehrauftrag für Chirurgie innehatte (siehe auch Abb. 36, S. 165)

Zunächst traten keine besonderen Probleme auf, weil Herr H. lediglich seine Vorlesungen hielt und tierexperimentell arbeitete, aber keine praktisch-klinische Tätigkeit ausübte. Er führte in dieser Zeit meines Wissens nur eine gefäßchirurgische Operation am Menschen durch, bei der Herr Prof. Wilhelm zugegen war und die von diesem als gut bezeichnet wurde. Gegen seine Vorlesungen sind mir keine Einwände bekannt geworden; von einer Reihe von Studenten wurden sie bei gelegentlichen Gesprächen nach Übernahme des Dekanats im Herbst 1951 durch mich als systematisch und anregend bezeichnet.

Herr H. bemühte sich seit seiner Einsetzung als Ordinarius für Chirurgie ständig darum, eine Möglichkeit zu praktisch-klinischer Tätigkeit zu bekommen. Dieses Bestreben wurde von den Fakultätsmitgliedern als selbstverständlich angesehen, wobei man von der Voraussetzung ausging, dass Herr H. die für den Leiter einer Chirurgischen Universitätsklinik erforderliche gründliche Ausbildung auf allen Gebieten der Chirurgie besäße.

Die Verhandlungen über die Übertragung einer klinischen Tätigkeit an Herrn H. durch die zuständigen Stellen des Ministeriums für Arbeit und Wohlfahrt zogen sich über längere Zeit hin und gewannen im Laufe des Jahres 1952 greifbare Gestalt. Ich habe es, obwohl ich nicht unmittelbar bei der Übertragung der Krankenhausfunktionen mitzuwirken hatte, als meine Pflicht als Dekan angesehen, Herrn H. während dieser Zeit zweimal – das erste Mal im Juni, das zweite Mal Ende Oktober 1952 – darauf hinzuweisen, dass er in Anbetracht der besonderen Sachlage alle seine Kräfte daran setzen müsse, um sich das Vertrauen der Bevölkerung zu erwerben. Als er bei der Unterredung im Oktober 1952 seinen Unwillen über die Verzögerung der Übertragung der Klinik äußerte, habe ich ihm geantwortet, dass er verstehen müsse, wenn die verantwortlichen Stellen des Ministeriums für Arbeit und Wohlfahrt sich fragten, ob er die operative Technik genügend beherrsche. Er antworte mir darauf, dass die von ihm erworbene Agrégation eine ausreichende Qualifikation darstelle und den verantwortlichen Stellen genügen müsse.

Bezüglich der Agrégation des Herrn H. erhielt ich später, am 10.11.52 die Kopie eines Schreibens des Herrn Rektors an Herrn H., aus der ich entnehmen musste, dass die von Herrn H. erworbene Agrégation nicht der für einen Lehrstuhl an einer Universität in Frankreich erforderlichen Agrégation entspräche. Auch aus Äußerungen von Prof. Fontaine, der der Jury angehörte, musste ich eine Bestätigung dieser Auffassung erblicken, ebenso in einer Auskunft von Herrn Prof. Roucayrol, den ich in dieser Angelegenheit befragte. Wie mir der Herr Rektor kürzlich in einer Unterredung mitteilte, beruhte meine Auffassung auf einem Irrtum. Ich möchte aber in diesem Zusammenhang betonen, dass die Frage, welcher Art die von Herrn H. erworbene Agrégation ist, von untergeordneter Bedeutung geblieben wäre, wenn sein chirurgisches Können außerhalb der Diskussion geblieben wäre.

Ich habe Herrn H. in dem Gespräch Ende Oktober 1952, welches also kurz vor seiner Einsetzung als Leiter der Klinik geführt wurde, gebeten, sich um ein gutes Einvernehmen mit Herrn Dr. Backhaus, der ja seinetwegen die selbständige Leitung der Klinik aufgeben musste, zu bemühen. Ich habe vor allem zu einer guten Zusammenarbeit mit Dr. Strouvelle geraten, der an Lebensalter und chirurgischer Erfahrung älter sei als er selbst und wegen seiner ärztlichen und menschlichen Eigenschaften, die auch mir seit 1936 ohne irgendeine Enttäuschung bekannt seien, ein ungewöhnliches Vertrauen der saarländischen Bevölkerung genieße.
Im gleichen Zeitraum habe ich Dr. Backhaus und Dr. Strouvelle um gute Zusammenarbeit mit Prof. Hector und Unterstützung bei der Durchführung des chirurgischen Unterrichtes gebeten, woran mir als Dekan besonders gelegen sein musste. Beide Herren zeigten Verständnis für die Situation. Dr. Strouvelle äußerte in dem mit ihm geführten Gespräch, dass er die höhere akademische Qualifikation des Herrn H. anerkenne und hoffe, dass er sich bald wieder in die Operationstechnik eingearbeitet haben würde.

...

Ich möchte ferner betonen, dass zu diesem Zeitpunkt bei allen Fakultätsmitgliedern, mit denen ich mich unterhalten habe, der gute Wille zur Zusammenarbeit und Unterstützung des Herrn H. vorhanden war.

Herr H. übernahm die Chirurgische Klinik in den ersten Tagen des November 1952. Naturgemäß war diese Tatsache für mich als Internisten in Anbetracht der notwendigen Zusammenarbeit zwischen Innerer Medizin und Chirurgie von großer Bedeutung. Zunächst traten keine ungewöhnlichen Schwierigkeiten auf. Es war allerdings für mich deprimierend, dass mir bereits Ende November ein über jeden Verdacht antifranzösischer Haltung erhabener Arzt bei der Überweisung eines französischen Staatsangehörigen als seinen eigenen und des Kranken Wunsch mitteilte, dass – falls eine Operation notwendig werden sollte – diese keinesfalls in Homburg vorgenommen werden dürfe. Immerhin glaubte ich, solche Ereignisse, die sich bald öfters wiederholten, als vorübergehende Anfangsschwierigkeiten deuten zu können. Schwerwiegender wirkte sich aber ein Vorkommnis aus, welches durch das Verhalten von Herrn H. selbst ausgelöst wurde.

In meiner Klinik war eine Dame mit Gallensteinen zur stationären Beobachtung aufgenommen worden. Ich erklärte die Operation für notwendig und schlug Prof. Hector als Operateur vor. Sie willigte ein, nachdem ich ihr in Aussicht stellen konnte, dass Dr. Strouvelle assistieren würde.
Einige Tage nach der Operation suchten die Angehörigen der Dame meinen Oberarzt Dr. Kossmann[151] auf, um ihm mitzuteilen, dass die Patientin sehr deprimiert sei, weil ihr Prof. H. gesagt habe, er wisse nicht, ob er nicht einen Gallenstein im Gallenausführungsgang gelassen habe und deshalb noch einmal operieren müsse; es wäre besser gewesen, wenn die Kranke erst ein halbes oder ganzes Jahr später zu ihm gekommen wäre, weil er dann wieder sicherer im Operieren gewesen wäre. Die Angehörigen ließen ihre Unzufriedenheit sehr deutlich durchblicken. Es ist mit Sicherheit anzunehmen, dass sie auch außerhalb des Krankenhauses nicht geschwiegen haben. Wie mir Herr Dr. Strouvelle, den ich bei dieser Sachlage befragen musste, mitteilte, handelte es sich nicht um

einen Stein, sondern um eine Lymphdrüse außerhalb des Gallengangs, die erfahrungsgemäß bei Gallenblasenprozessen häufig geschwollen sei.

Am 3.2.53 starb plötzlich Herr Dr. Backhaus. Dieses Ereignis hat in der Bevölkerung zweifellos die Stimmung gegen Herrn Prof. H. nachteilig beeinflusst. Eine Diskussion um die Ursache gehört nicht hierher und ist meines Erachtens überhaupt nicht möglich. Ich habe damals Herrn Prof. H. gegenüber die Hoffnung zum Ausdruck gebracht, dass die Wogen der Erregung wieder abklingen würden; er müsse Geduld haben. Er erwähnte in dem kurzen Gespräch, dass gerade in den letzten Tagen vor dem Tode des Herrn Dr. Backhaus das gegenseitige Verhältnis gut gewesen sei.
Bei Herrn Dr. Strouvelle, den ich in der Todesnacht des Herrn Dr. Backhaus kurz sprach, konnte ich auch damals noch keine Missstimmung gegen Herrn Prof. H. feststellen.

Auch die Bereitschaft zur Zusammenarbeit zwischen der Chirurgischen Klinik und meiner Klinik blieb zunächst unbeeinflusst. Sie wurde nur erschwert durch die immer mehr zunehmende Zahl der Patienten, die sich weigerten, sich in die Chirurgische Klinik verlegen zu lassen.

...

---

[151] Felix Koßmann (1920–2016), Dr. med., Internist. Ehem. Chefarzt der Inneren Abteilung und ärztlicher Direktor des Heilig-Geist-Krankenhauses Saarbrücken. 1946–1958 Leitender Oberarzt und Chefarztvertreter an der Inneren Abteilung des LKH und der späteren Med. Univ.-Klinik Homburg. Sein Vater war Bartholomäus Koßmann (1883–1952), ein saarländisches Politik-„Urgestein“. Der gelernte Bergarbeiter und Gewerkschafter war seit 1912 als Zentrums-Abgeordneter jüngstes Reichstagsmitglied, später Zentrums-Abgeordneter in der Weimarer Nationalversammlung, bevor er 1924 Mitglied der Regierungskommission im Saarland und damit Nachfolger von Dr. Jakob Hector wurde. Während der Nazi-Diktatur stand er dem Widerstand um Carl Friedrich Goerdeler nah, wurde nach dem Hitler-Attentat verhaftet, ins KZ Ravensbrück eingeliefert und schließlich im Januar 1945 vor dem Volksgerichtshof freigesprochen, aber bis Kriegsende von der Gestapo überwacht. Nach dem Zweiten Weltkrieg war er einer der Gründer der Christlichen Volkspartei (CVP) im Saarland.

Anfang März 1953 ereignete sich ein Vorfall, der weitgehende Folgen nach sich zog und mich bezüglich der Zusammenarbeit mit Herrn H. aufs Tiefste deprimiert hat. In meiner stationären Behandlung befand sich eine Dame aus Paris, die mich am 3.2.1953 wegen einer ungewöhnlich schweren Schilddrüsen-Erkrankung aufgesucht hatte. Es war gelungen, den lebensbedrohlichen Zustand bis zum 4.3.1953 so weit zu bessern, dass der Kranken die unbedingt notwendige Operation zugemutet werden konnte. Herr Prof. H., den ich zu diesem Zwecke konsultieren wollte, erklärte, dass er keine Schilddrüsenoperationen durchführe. Er schlug vor, die Patientin nach Paris zurück zu schicken. Dieser Vorschlag wurde von der Patientin und ihrem Ehemann abgelehnt. Herr Prof. H. bestand trotzdem darauf, die Patientin nach Paris zurück zu schicken. Er erklärte der Kranken und ihrem Gatten, dass er sich nicht für Schilddrüsenoperationen interessiere und sie noch niemals durchgeführt habe. Er lehnte auch die Bitte des Ehepaares ab, die Operation von einem Assistenten durchführen zu lassen, weil sie zu gefahrvoll sei. Die Kranke geriet daraufhin in eine schwerste Erregung, die gerade bei ihrem Krankheitszustand äußerst bedenklich war. Der Ehemann bat mich weinend, einen anderen Chirurgen zuzuziehen und fragte mich nach Herrn Dr. Eisenbach[152], von dem er im Laufe seiner Geschäftsbeziehungen zur Régie des Mines gehört hatte. Ich musste daher Herrn Dr. Eisenbach konsultieren, der die unkomplizierte Operation mit gutem Erfolg durchführte.

Ich habe damals Herrn H. meine Ansicht deutlich mitgeteilt und ihm gesagt, dass ich so etwas nicht mehr mitmachen könne, weil wir uns nicht als Universitätsklinik bezeichnen könnten, wenn ich eine unkomplizierte Struma in ein anderes Krankenhaus verlegen müsse. Er antwortete mir daraufhin, dass er es dann wohl lernen müsse, Schilddrüsen zu operieren.

---

152 Adolf Eisenbach (1893–1955), Dr. med., ehemaliger Chefarzt der Chirurgischen Abteilung der Knappschafts-Klinik Quierschied („Fischbach-Krankenhaus"), der auch einen Lehrauftrag für Unfallchirurgie an der Medizinischen Fakultät der UdS innehatte.

Der Vorfall war in wenigen Tagen weithin bekannt, was mich und meine Mitarbeiter in erster Linie deprimierte. Etwa eine Woche später suchte mich eine Dame mit ihrer Tochter auf, die auch an einer Schilddrüsenvergrößerung litt. Als ich ihr mitteilte, dass die Erkrankung harmlos und eine Operation nicht notwendig sei, erklärte sie: „Na, Gott sei Dank, das kann man ja in Homburg nicht mehr machen lassen."

Auf meine verwunderte Frage hin erklärte sie, dass der Gatte der Pariser Dame mit ihrem Mann eine geschäftliche Begegnung gehabt und dabei voller Empörung von den Erlebnissen seiner Frau in der Homburger Universitätsklinik erzählt habe.
Ich habe diesen Vorgang deshalb so ausführlich geschildert, weil ich mit aller Entschiedenheit den in letzter Zeit geäußerten Vorwurf zurückweisen muss, dass vom Landeskrankenhaus aus eine Hetze gegen Herrn Prof. H. betrieben worden sei. Ich erkläre das nicht nur für mich, sondern bin auch überzeugt, dass keines der übrigen Fakultätsmitglieder mit einem derartigen Vorwurf belastet werden darf.
Für uns alle, besonders für mich als Internisten und Dekan, entwickelte sich jetzt eine schwer zu ertragende Situation. Wo immer ich hinkam, wurde ich völlig hemmungslos von Ärzten und Laien auf die Verhältnisse in der Homburger Chirurgie angesprochen, leider oft in höhnischem oder auch vorwurfsvollem Tonfall. Es war unmöglich, den jetzt gelegentlich auch unsachlich werdenden Bemerkungen entgegen zu treten, so dass ich nach Möglichkeit Begegnungen mit Kollegen bei wissenschaftlichen Abenden in Saarbrücken aus dem Weg ging.

Durch diese Atmosphäre wurde sowohl das Ansehen der Medizinischen Fakultät und damit der Universität, wie der ärztliche Ruf der Universitätskliniken im Landeskrankenhaus in schwerster Weise belastet. Wenn Herr H. den Patienten gegenüber selbst zugab, entweder nicht genügend chirurgisch geübt zu sein oder einzelne Gebiete der Chirurgie überhaupt nicht zu beherrschen, so musste sich früher oder später eine untragbare

...

Situation entwickeln. Nachdem mich auch der Leiter der Abteilung Gesundheitswesen im Ministerium für Arbeit und Wohlfahrt, Herr Obermedizinalrat Dr. Ripplinger[153], nach dem Vorfall der Schilddrüsenoperation befragte, der ihm durch die in Saarbrücken umlaufenden Gerüchte bereits bekannt war, und dabei an mich auch die Frage stellte, ob denn die Fakultät über das Können des Herrn Prof. H. orientiert sei, hielt ich es für meine Pflicht, den Herrn Rektor zu informieren.

Am 20.3.1953 habe ich den Herrn Rektor aufgesucht und ihm meine Sorgen bezüglich des Herrn H. in vollem Umfange mitgeteilt. Ich habe ihm meine Bedenken darüber zum Ausdruck gebracht, ob Herr H. wirklich in der Lage sei einer Klinik mit allen Aufgabengebieten der Chirurgie vorzustehen, wie es die Homburger oder jede andere saarländische größere chirurgische Abteilung nun einmal sei. Ich habe ferner die Befürchtung ausgesprochen, dass bei Fortbestehen der jetzigen Zustände die Angelegenheit zu einer politischen Hetze missbraucht werden könne, was die Medizinische Fakultät unter allen Umständen vermieden sehen wolle. Auch aus diesem Grunde habe ich den Herrn Rektor gerade als Franzosen gebeten, sich der Angelegenheit anzunehmen und gemeinsam mit dem für das Gesundheitswesen zuständigen Herrn Minister Kirn rechtzeitig einen Weg zur Lösung der Schwierigkeiten zu finden.
Bei dieser Unterredung habe ich auch darauf hingewiesen, dass meiner festen Überzeugung nach Herr Prof. H. auf die Dauer schon gesundheitlich nicht in der Lage sein würde, das große Gebiet der gesamten Chirurgie zu bewältigen.

Der Herr Rektor erklärte damals, er wolle sich so bald wie möglich mit Herrn Minister Kirn in Verbindung setzen. Um die gleiche Zeit herum habe ich Herrn Minister Kirn, der damals längere Zeit in Paris zu den französisch-saarländischen Verhandlungen weilte, während eines kurzen Zwischenaufenthaltes in Saarbrücken gebeten, sich seinerseits mit dem Herrn Rektor in Verbindung zu setzen. Über die Schwierigkeiten mit Prof. Hector war er durch einen dienstlichen Bericht Prof. Wilhelms als Direktor des Landeskrankenhauses informiert.

In den jetzt folgenden Monaten habe ich noch insgesamt vier Mal dem Herrn Rektor berichtet. Die Notwendigkeit hierzu ergab sich daraus, dass die Schwierigkeiten ständig zunahmen. Wir haben in meiner Klinik nach wie vor versucht, die Zusammenarbeit mit der Chirurgischen Klinik aufrecht zu erhalten, was bis auf einzelne Fälle an dem offenen Widerstand der Kranken scheiterte.

Gleichzeitig musste ich aus Mitteilungen meiner Mitarbeiter entnehmen, dass in der Chirurgischen Klinik zunehmende Spannungen auftraten.
Ich selbst habe es nach Möglichkeit vermieden, Unterhaltungen mit den Assistenten der Chirurgischen Klinik zu führen. Ich habe in dieser Zeit nur einmal mit Oberarzt Dr. Schäfer[154] wegen eines Vorfalles bei einer Operation am Zwerchfellnerven gesprochen, die wir am 20.5.1953 bei einem Tuberkulosekranken durchführen lassen mussten. Der auftragsgemäß bei dieser Operation anwesende Assistent meiner Klinik berichtete mir, dass Prof. H. dabei eine Halsvene verletzt hätte, sodass der Patient vorübergehend durch Lufteindringen ins Blut gefährdet war. Dr. Schäfer war der Ansicht, dass die Operation technisch nicht einwandfrei durchgeführt worden sei. Ich habe daraufhin angeordnet, dass vorläufig keine Kranken mehr zu derartigen an sich harmlosen und kurz dauernden Eingriffen überwiesen werden sollten.

Da die Gerüchte über technische Unzulänglichkeiten des Herrn H. immer mehr zunahmen, habe ich am 19.6. Herrn Oberarzt Dr. Strouvelle zu mir gebeten, um ihn zu fragen, wie weit diese Gerüchte gerechtfertigt seien. Er nannte mir einige Punkte.

...

---

153 Theo Ripplinger (1909–2002), Dr. med., Obermedizinalrat. 1945–1953 stellv. Leiter, ab 1953 Leiter der Gesundheitsabteilung im Ministerium für Arbeit und Wohlfahrt des Saarlandes, zuletzt Ministerialdirigent im Gesundheitsministerium.
154 Franz Schäfer (1917–2006), Dr. med., Chirurg. 1947–1950 Oberarzt an der Chirurgischen Abteilung des Landeskrankenhauses Homburg, anschließend an der Chirurgischen Universitätsklinik. 1956 Chefarzt der Chirurgischen Abteilung am Kreiskrankenhaus St. Ingbert.

Ich fragte ihn daraufhin, ob er zu seinen Aussagen stehen würde. Er antwortete mir, dass er für seine Äußerungen jederzeit einstehen könne und sie auch Herrn H. gegenüber wiederholen würde. Er empfahl mir, auch Herrn Dr. Schäfer und Herrn Dr. Schölzel[155] zu befragen, damit ich nicht einseitig orientiert sei. Ich habe diese Befragung nicht durchgeführt, weil ich als Internist für die Beurteilung chirurgisch-technischer Fragen nicht zuständig bin und weil ich jede unnötige Diskussion vermeiden wollte.

Am 20.6.1953 suchte mich Herr H. zu einer Besprechung zunächst über andere Angelegenheiten auf. Da er nicht selbst auf die derzeitigen Verhältnisse in seiner Klinik zu sprechen kam, habe ich ihm mitgeteilt, es würde der Verdacht geäußert, dass er nicht hinreichende Fähigkeiten besitze, um den Posten eines Leiters einer Chirurgischen Universitätsklinik zu bekleiden. Er gab mir darauf zur Antwort, dass er es unfair fände, wenn man von ihm verlange, dass er schon wieder sicher operieren könne. Ich musste ihm daraufhin sagen, dass ich diesen Standpunkt unmöglich fände, weil er gegenüber unseren Kranken nicht vertretbar sei. Ich sei als Nichtchirurg nicht in der Lage, die Berechtigung der Vorwürfe nachzuprüfen; er müsse aber nach meiner Ansicht früher oder später damit rechnen, dass die Aufsichtsbehörde gezwungen sein würde, sich mit der Angelegenheit zu beschäftigen, wenn die Gerüchte über seine Tätigkeit nicht verstummen würden.

Ich habe ihm anhand der mir bekannten Beispiele klar zu machen versucht, wie die Gerüchte sich verbreitet hätten, und dass er die Schuld dafür bei sich selbst und nicht bei anderen zu suchen hätte. Abschließend habe ich ihm mitgeteilt, dass es für mich als Dekan im Wesentlichen drei Gesichtspunkte zu beachten gäbe:

1. Seine Vorlesung, gegen die mir keine Einwände bekannt waren.

---

[155] Schölzel. Dr. med., Assistenzarzt an der Chirurgischen Universitätsklinik Homburg.

2. Die Frage, ob auf die Dauer die Belegung der Chirurgischen Klinik nach Art und Zahl ausreichend sei, um den Unterricht der Studenten zu gewährleisten. Hier sei ich im Zweifel, könne aber ohne nähere Unterlagen nicht urteilen.
3. Ich müsse mich als Dekan mit dem Gefühl vor die Fakultät hinstellen können, dass alles in Ordnung sei. Dieses Gefühl besäße ich aber nicht, solange Gerüchte der besprochenen Art über ihn im Umlauf seien.

Leider hatte diese Unterredung, die mir selbst außerordentlich nahe ging und von mir so schonend für Herrn H. wie möglich geführt wurde, nicht im mindesten Erfolg. Er gab mir zur Antwort, dass vor allem Herr Dr. Strouvelle von der Klinik wegmüsse, weil er nicht mit ihm zusammen arbeiten könne. Ich habe ihn daraufhin an unser Gespräch im Oktober 1952 erinnert, in welchem ich ihn um seiner selbst willen um eine gute Zusammenarbeit mit Herrn Dr. Strouvelle gebeten hatte.

Nach dieser erfolglosen Unterredung, von der ich auch den Herrn Rektor unterrichtet habe, war ich der Überzeugung, dass irgendwelche weiteren Hinweise von meiner Seite Herrn Prof. Hector gegenüber sinnlos bleiben mussten. Ich hatte vielmehr den Eindruck, dass er jetzt sein Misstrauen auch auf mich ausdehnte, so dass ich ihm vorhielt, es sei schließlich auch seine Angelegenheit gewesen, sich um unser Vertrauen zu bemühen.

Da das Gerede um Herrn H. weiter zunahm und ich mehr und mehr ein Abgleiten ins Politische befürchten musste, entschloss ich mich dazu, Herrn Prof. Fontaine in Straßburg, den ich als einen der bedeutendsten Chirurgen Frankreichs hoch schätze, um seine Unterstützung bei der Lösung der Schwierigkeiten zu bitten. Herr Prof. Fontaine schien mir auch deshalb zu einer objektiven und Herrn H. gerecht werdenden Beurteilung der Situation geeignet, weil Herr H. mir früher einmal gesagt hatte, dass er 1952 bei Prof. Fontaine gearbeitet habe.

•••

Ich fuhr am 2.7.1953 nach telefonischer Anmeldung nach Straßburg und gab Herrn Prof. Fontaine ein uneingeschränktes Bild von unseren Sorgen bezüglich des Herrn Hector. Ich hob hervor, dass ich als Nichtchirurg über die fachlichen Qualitäten des Herrn H. nicht urteilen könne, dass es mir aber als Dekan auf die Vermeidung eines Eklat ankommen müsse, zumal bei dem Umfang und der Streubreite der Gerüchte eine unsachliche Ausdehnung auf das politische Gebiet zu befürchten sei, was von uns allen aufs tiefste bedauert werden würde, weil wir das Gegenteil – nämlich eine immer besser werdende Beziehung zur französischen Wissenschaft – anstrebten.

Im Laufe der Unterhaltung mit Herrn Prof. Fontaine berührte ich die Frage, ob der Inhaber eines Lehrstuhls für Chirurgie soweit spezialisiert sein dürfe, dass er auf einzelnen grundlegenden Gebieten – wie z.B. der Schilddrüsenchirurgie – nicht ausgebildet sei. Für das Saarland könne ich mir dies nicht vorstellen, weil hier die Chirurgische Universitätsklinik auch die erste Ausbildungsstätte für den chirurgischen Nachwuchs bilde und somit ihr Leiter den Ansprüchen der saarländischen Facharztordnung entsprechen müsse. Herr Prof. Fontaine teilte meine Ansicht, indem er eine Spezialisierung ohne vorherige Grundausbildung auf allen Zweigen der Chirurgie ablehnte.

Er erklärte sich bereit uns zu helfen, soweit ihm dies möglich sei, und bat mich, den Herrn Rektor zu einer Besprechung mit ihm zu veranlassen. Wie er mir zum Abschluss sagte, zog er die Möglichkeit in Betracht, dass Herrn H. eine Sonderausbildung auf einem Spezialgebiet der Chirurgie verschafft werden könne, die er in diesem Falle ausnahmsweise für berechtigt hielt. Ich begrüßte dankbar diesen Vorschlag, weil ich glaubte, dass man damit auch der körperlichen Leistungsfähigkeit des Herrn H. am ehesten gerecht werden könne, überließ aber selbstverständlich die weitere Entwicklung des Problems der Besprechung zwischen dem Herrn Rektor und Herrn Prof. Fontaine.

Kurz vor meiner Reise nach Straßburg hatte mich auch der Konsul, Herr Gauthier von der Mission diplomatique, zu sich gebeten. Ich habe ihm ebenfalls berichtet und bei ihm besonders die Gefahr der Politisierung der Angelegenheit betont, die ich und mit mir alle Fakultätsmitglieder vermeiden wollten, nicht nur weil die Politik mit dem Problem an sich überhaupt nichts zu tun habe, sondern weil damit auch dem Sinn unserer Universität ein schwerer Schlag versetzt werden würde. Auch Herrn Botschafter Grandval, der mich am 14. Juli und später nochmals bei einem Empfang europäischer Studenten ins Gespräch zog, gab ich eine Schilderung unserer Sorgen und bat ihn um Unterstützung bei dem Bemühen um eine Lösung, durch die ein Eklat vermieden werden könne, die aber auch gleichzeitig für Herrn Hector tragbar sei.

Am 25.7.1953 begegnete ich bei der Beerdigung des Herrn Ministers Dr. Singer[156] dem Herrn Rektor zum letzten Mal vor seinem Urlaub. Er erzählte mir, dass er inzwischen in Straßburg bei Herrn Prof. Fontaine gewesen sei und das Problem mit ihm besprochen habe.
Am 1.8.1953 ging ich auf Urlaub. Bei meiner Rückkehr am 28.8. fand ich einen Brief des Arbeitsministeriums vor, in welchem mir im Auftrage des Herrn Ministers Kirn der Bericht des Herrn Dr. Strouvelle zur Kenntnisnahme übersandt wurde. Ich war über die inzwischen eingetretene Entwicklung sehr bestürzt, weil mein ganzes Bemühen darauf gerichtet gewesen war, eine Lösung ohne eine derartige Zuspitzung zu finden.

Dekan der Med. Fakultät

---

156 Franz Singer (1898–1953), Dr. phil., 1952/53 CVP-Minister für Kultus, Unterricht und Volksbildung im Saarland.

Anhang III

Versuch einer Rekonstruktion der anlässlich der Gründungsfeierlichkeiten des „Institut Sarrois d'Études supérieures de Hombourg" am 8. März 1947 vom französischen Minister für Hochschulangelegenheiten Marcel Edmond Naegelen enthüllten Inschrift, die an der Bühnenrampe des zur Aula umgewandelten Festsaals des LKH auf einer 7,5 x 0,85 m messenden Fläche mit Mettlacher Mosaik angeklebt worden war. Die Inschrift selbst war aus tausenden fingernagelgroßer rotbrauner Mosaiksteinchen zusammengesetzt, während der Hintergrund aus blassgelben Steinchen gleicher Größe bestand. Die Höhe der einzelnen Buchstaben betrug ca. 10 cm. Eine in der Jubiläumsschrift zum 25-jährigen Bestehen der Universität genannte Marmorplatte, auf der man diese Mosaikinschrift angebracht haben soll, hat es nie gegeben. Ihre Erwähnung beruht auf sorgfältig recherchierten aber unzutreffenden Informationen seitens der Autorin.

ANNO DOMINI MCMXLVII OCTAVO DIE MARTII MENSIS
PRAESENTIBUS MAGISTRO MILITUM KOENIG PROCONSULE GRANDVAL PRINCIPE SEPTEMVIRORUM REGIONI SARAVI
FLUMINIS ADMINISTRANDAE MUELLER VIRO MAGNIFICENTISSIMO DONZELOT RECTORE UNIVERSITATIS
NANCIACENSIS HOMINIBUS ILLUSTRISSIMIS ET GENTIS FRANCISCAE ET REGIONIS SARAVI FLUMINIS
VIR EXCELLENTISSIMUS MARCEL EDMOND NAEGELEN MAGISTER ARTIUM LITTERARUMQUE FRANCISCUS
INAUGURAVIT IN OPPIDO HOMBURG HANC AEDEM STUDIIS OMNIUM LITTERARUM DEDICTAM

ANNO DOMINI MCMXL VII OCTAVO DIE MARTII MENSIS
PRAESENTIBUS MAGISTRO MILITUM KOENIG PROCONSULE GRANDVAL PRINCIPE SEPTEMVIRORUM REGIONI SARAVI
FLUMINIS ADMINISTRANDAE MUELLER VIRO MAGNIFICENTISSIMO DONZELOT RECTORE UNIVERSITATIS
NANCIACENSIS HOMINIBUS ILLUSTRISSIMIS ET GENTIS FRANCISCAE ET REGIONIS SARAVI FLUMINIS
VIR EXCELLENTISSIMUS MARCEL EDMOND NAEGELEN MAGISTER ARTIUM LITTERARUMQUE FRANCISCUS
INAUGURAVIT IN OPPIDO HOMBURG HANC AEDEM STUDIIS OMNIUM LITTERARUM DEDICATAM.

Anhang IV

Bau (PHPA, LKH)	Gebäude-Nr. (PHPA, LKH)	Aktuelle Gebäude-Nr. UKS*
1	17	(35)**
2	18	60
3	21	44
4	22	46
5	19	43
6	20	47
7	23	(42)**
8	24	58
9	25	40.2
10	26	(48)**
11	27	38
12	28	(49)**
13 a + b	29	37
14 a + b	30	51***
15	31	18
16	32	69
17	35	9
18	36	71
19	37	9
20	38	73
21 a + b	33	33
22 a + b	34	74
23	39	23
24	40	ersatzlos abgerissen
25 a + b	42	24
26 a + b	41	56
Pförtnerwohnhaus (Feth/Backes)	10	ersatzlos abgerissen
Wohnhaus des Direktors („Orth'sche Villa")	11	17
Ärzte-Wohnhaus (Doenecke 2./Wilhelm)	12	12
Ärzte-Wohnhaus (Doenecke 1./Schwitzgebel)	13	68
Ärzte-Wohnhaus (Heene/Doenecke 3./Jochim)	14	2
Wohnhaus für Gärtner (Glaser)	15	80.2

UNIVERSITÄTSKLINIKUM DES SAARLANDES (UKS) UND MEDIZINISCHE FAKULTÄT DER UNIVERSITÄT DES SAARLANDES

Klinik/Institut/Verwaltung
Med. Bibliothek/Hörsaalgebäude
Humangenetik
Medizinische Biochemie
Pharmakologie und Toxikologie
SMU Mikrobiologie
SMU Virologie
Zentrum f. Innere Medizin
Biowissenschaften
Hochschulambulanzen
Zentrum f. Innere Medizin
Orthopädie
Zentrum f. Innere Medizin
Orthopädie
Katholisches Pfarramt
NN
Palliativmedizin
Frauenheilkunde/Geburtsmedizin
Zahn-, Mund- und Kieferheilkunde
Pädiatrie und Neonatologie
Zahnerhaltung/Parodontologie
Krankengymnastik
Hochschulsportzentrum
Ronald McDonald Haus
Parkplatz
NN
Kieferorthopädie
neue Straßenführung
Dezernat II - Finanzen
Dez. II Krankenhausbetrieb
Humangenetische Beratung
Tagesklinik Psychotherapie
Zentrum Allgemeinmedizin

Gebäude-Nummern der in den Jahren 1905 – 1909 erbauten Pfälzischen Heil- und Pflege-Anstalt (PHPA) Homburg und des aus ihr hervorgegangenen Landeskrankenhauses Homburg (LKH), bevor dieses nach Gründung der Universität des Saarlandes seine heutige Bezeichnung Universitätsklinikum des Saarlandes (UKS) erhalten hat.
Bereits 1909 trug jedes der zur Unterbringung von Kranken genutzten Gebäude auf einem ca. 40 cm im Durchmesser großen Emaille-Schild eine Nummer, die von der eigentlichen Gebäude-Nr. abwich (z. B. Gebäude Nr. 28 trug das Schild mit der Nr. 12 oder Gebäude Nr. 32 das Schild mit der Nr. 16). Im Krankenhaus-Jargon war also Gebäude Nr. 32 der „Bau 16" oder „Bau 3" das Gebäude Nr. 21. Wenn jemand „Bau 26" nannte, wusste jeder, dass es sich um die Chirurgie handelte.
Mit der Umbenennung zum UKS mussten sowohl die alten PHPA-Gebäude als auch die neu errichteten Kliniken und Institute mit einem neuen Nummernschlüssel versehen werden, wie er aus dem im Internet veröffentlichen Plan ersichtlich ist.

*2021_Klinikplan.pdf
**Wanderkarte Saarland Universitätskliniken im Grünen (Stand Juli 2003), inzwischen zugunsten der Neubauten der Medizinischen Klinik und des Zentralen Hörsaalgebäudes abgerissene Gebäude
***Geb. 51 (Kath. Pfarramt + Patientenbibliothek + Kapelle) trägt noch heute das Original-Schild „Bau" 14

Quellenangaben

Bibliographische Notiz

Der Weg von der Pfälzischen Heil- und Pflegeanstalt Homburg über das Landeskrankenhaus für das Saargebiet zum heutigen Universitätsklinikum und damit die historische Entwicklung des Homburger Campus ist zuletzt 2009 in der Festschrift zum 100-jährigen Jubiläum beschrieben worden. Die 2007 publizierte Dokumentation „Unter der Ägide der Universität Nancy" vermittelt „Streiflichter zur Gründung des Homburger Hochschulinstituts" 1947/48.
Inzwischen wurden zahlreiche Artikel zur Entwicklung verschiedener Bereiche der Theoretischen und Klinischen Medizin veröffentlicht, die in der Internet-Präsentation zur Universitätsgeschichte verzeichnet sind. Zum Universitätsjubiläum 2023 ist jetzt auch die von Thilo Offergeld unter Mitarbeit von Thomas Kees, Wolfgang Müller, Ute E. Flieger und Junes R. Arib herausgegebene Festschrift „75 Jahre Universität des Saarlandes Themen, Akteure, Orte ihrer Geschichte" erschienen. Außerdem vermitteln etliche aktuelle landesgeschichtliche Publikationen und Sammelbände vertiefte Einblicke in die Geschichte der Saar-Region nach dem Zweiten Weltkrieg.

Konrad Adenauer

> Die Saar 1945-1955 / La Sarre 1945-1955. Ein Problem der europäischen Geschichte /Un problème de l'histoire européenne. Hrsg. von Rainer Hudemann, Raymond Poidevin und Armin Heinen. Unter Mitarbeit von Thomas Kees. Berlin 3. Auflage 2022

Nils Alwall

> Lund University Faculty of Medicine, History of the Faculty, Nils Alwall http://www.medicine.lu.se/faculty-medicine-lund-university/history-faculty/nils-alwall
> Wolfgang Müller / Danilo Fliser / Hans Köhler, in: Saarländisches Ärzteblatt 75, Heft 3, März 2022, S. 30-39

Robert Ammon

> http://www.saarland-biografien.de/frontend/php/ergebnis_detail.php?id=3487
> Nachlass Universitätsarchiv Saarbrücken
> Wolfgang Müller: Prof. Ammon verstorben, in: campus, 28. Jahrgang, Ausgabe 1, Januar 1998, S. 34.

Joseph-François Angelloz

> T(hilo) O(ffergeld) / W(olfgang) M(üller): Joseph-François Angelloz (1893-1978), in: 75 Jahre Universität des Saarlandes, S. 63.
> Wolfgang Müller, Angelloz, Joseph-François, in: Nicole Colin / Corine Defrance / Ulrich Pfeil / Joachim Umlauf (Hrsg.): Lexikon der deutsch-französischen Kulturbeziehungen nach 1945, 2. erweiterte Auflage, Tübingen 2015, S. 98-99

Claude Arnal

> Marlene Rosinski: Der Botanische Garten der Universität des Saarlandes https://www.delattinia.de/sites/default/files/pdf/abhandlungen/Delattinia_Abh_28_2002_025-030_Rosinski.pdf
> Rüdiger Mues: Das Herbarium „Saar" der Universität des Saarlandes https://www.delattinia2016.delattinia.de/sites/default/files/pdf/abhandlungen/Delattinia_Abh_28_2002_021-024_Mues.pdf
> Liste des Membres de la Société botanique de France https://www.tandfonline.com/doi/pdf/10.1080/00378941.1959.10835210

...

Pietro Badoglio

https://de.wikipedia.org/wiki/Pietro_Badoglio

Jean Barriol

> W(olfgang) M(üller): Jean Barriol (1909–1989), in: 75 Jahre Universität des Saarlandes, S. 63
> Georges Guinier: Jean Barriol, in: Association Amicale de Secours des Anciens Élèves de l'École Normale Supérieure 83 (1991), S. 336-338

Johannes R. Becher | Stalinismus

> Alexander Behrens: Johannes R. Becher. Eine politische Biographie. Köln 2003.
> Jens-Fietje Dwars: Johannes R. Becher. Triumph und Verfall. Eine Biographie. Berlin 2003
> Steffen Mensching / Hans-Eckard Wenzel: Entwürfe einer anderen Welt. Ein Gespräch mit Frauke Meyer-Gosau, in: Text+Kritik, Zeitschrift für Literatur. Heft 108, Oktober 1990, S. 86–96
> https://ghdi.ghi-dc.org/sub_document.cfm?
> document_id=4489&language=german

Gustav von Bergmann

> Deutsche Gesellschaft für Innere Medizin: Gedenken und Erinnern https://www.dgim-history.de/biografie/Bergmann;Gustav%20von;1124
> https://de.wikipedia.org/wiki/Gustav_von_Bergmann

Franz Büchner

https://de.wikipedia.org/wiki/Franz_B%C3%BCchner_(Mediziner)
> Wulf Ruskamp: Der Streit um die Rolle des Freiburger Pathologen Franz Büchner in der NS-Zeit geht in die nächste Runde, in: Badische Zeitung vom 7.10.2018

Matthias Claudius

> Matthias Claudius, in: Kindlers Neues Literatur Lexikon, Bd. 4, S. 31-32, C.H.Beck, München 1991
https://de.wikipedia.org/wiki/Matthias_Claudius

Klaus Conrad

https://de.wikipedia.org/wiki/Klaus_Conrad_(Mediziner)

Kurt Conrad

http://www.saarland-biografien.de/frontend/php/ergebnis_detail.php?id=694
> Wilfried Busemann: Den eigenen Weg gehen: Die Selbstfindung der Sozialdemokratie an der Saar 1945 bis 1968 (Geschichte, Politik und Gesellschaft: Schriftenreihe der Stiftung Demokratie Saarland e.V.), St. Ingbert 2013

Richard Coudenhove-Kalergi

https://de.wikipedia.org/wiki/Richard_Nikolaus_Coudenhove-Kalergi
https://oe1.orf.at/artikel/293320/Umstrittener-Vordenker

Joseph Custor

> Paul Weber / Sigrun Peter / Sibylle Weber: Neues Pfälzer Pfarrerbuch, Speyer 1989 (Veröffentlichungen des Vereins für pfälzische Kirchengeschichte, Band 14), S. 33 [Nr. 101]

Thomas Dehler

https://de.wikipedia.org/wiki/Thomas_Dehler

Hans Dietlen

> Deutsche Gesellschaft für Innere Medizin: Gedenken und Erinnern https://www.dgim-history.de/biografie/Dietlen;Hans;1122
> Ralf Forsbach / Hans-Georg Hofer: Internisten in Diktatur und junger Demokratie. Die Deutsche Gesellschaft für Innere Medizin 1933–1970. Berlin 2018

Friedrich Doenecke

> W(olfgang) M(üller): Friedrich Doenecke (1901–1979), in: 75 Jahre Universität des Saarlandes, S. 62
> Hans J. Sarre: In memoriam Prof. Dr. Friedrich Doenecke, in: Saarländisches Ärzteblatt 33, Heft 6, Juni 1980, S. 284–288
> Wolfgang Müller / Danilo Fliser / Hans Köhler: 75 Jahre Nephrologie im Saarland, in: Saarländisches Ärzteblatt 75, Heft 3, März 2022. S. 30–39

Wilhelm Doerr

https://de.wikipedia.org/wiki/Wilhelm_Doerr

Robert Domenjoz

> Robert Domenjoz: Pharmakologisches Institut der Universität des Saarlandes 1950-1958, in: Saarländisches Ärzteblatt 46, Heft 12, Dezember 1993, S. 555-562

> Robert Domenjoz: From DDT to Imipramine, in: The Psychopharmacologists III, by David Healy, 1st Edition 2000, eBook published 15 October 2020, London https://doi.org/10.4324/9781003058892

> https://samizdathealth.org/wp-content/uploads/2020/11/Domenjoz.pdf

Paul Falk

http://www.saarland-biografien.de/frontend/php/ergebnis_detail.php?id=4927

Albrecht Fleckenstein

https://www.biologie-seite.de/Biologie/Albrecht_Fleckenstein

René Fontaine

http://www.whonamedit.com/doctor.cfm/1479.html
https://de.wikipedia.org/wiki/René_Fontaine

Horst Gärtner

> Horst Gärtner: Erinnerungen an die Tätigkeit an der Universität des Saarlandes 1951-1957, in: Saarländisches Ärzteblatt 45, Heft 8, August 1992, S. 408-416
https://de.wikipedia.org/wiki/Horst_Gärtner_(Mikrobiologe)

> Nele Dietrich: Wenn die Konkret dreimal klingelt
https://macau.uni-kiel.de › macau_mods_00000780

Gebäude-Nummern

> Denkschrift zur Errichtung der Pfälzischen Heil- und Pflegeanstalt Homburg, herausgegeben vom Kreise Pfalz. Speyer 1910. Verlag der Königlichen Regierung der Pfalz. Nachdruck durch die Universitätskliniken des Saarlandes 1989

Gefangenenlazarett

> 240. Freitagsbrief (vom Januar 2011, aus dem Russischen von Valerie Engler). Wladimir Pawlowitsch Chodarew, Russland, Kemerowo http://kontakte-kontakty.de/wp-content/uploads/2018/01/240.-Freitags-brief.pdf

Kurt Goerttler

https://dewiki.de/Lexikon/Kurt_Goerttler

Edmund Golsong

> Oberpfarrer i.R. Dr. Edmund Golsong †, in: Der Pilger, 110. Jahrgang Nr. 30 vom 24. 7.1960

Gilbert Grandval

> W(olfgang) M(üller): Gilbert Grandval (1904-1981), in: 75 Jahre Universität des Saarlandes, S. 34

> Bertrand Grandval: Gilbert Grandval, in: Die Saar 1945-1955 / La Sarre 1945-1955. Ein Problem der europäischen Geschichte / Un problème de l'histoire européenne. Hrsg. von Rainer Hudemann, Raymond Poidevin und Armin Heinen. Unter Mitarbeit von Thomas Kees. Berlin 3. Auflage 2022, S. 171-174

> Dieter Marc Schneider: Gilbert Grandval. Frankreichs Prokonsul an der Saar 1945-1955, in: Vom „Erbfeind" zum „Erneuerer". Aspekte und Motive der französischen Deutschlandpolitik nach dem Zweiten Weltkrieg. Hrsg. von Stefan Martens. Sigmaringen 1993 (Beihefte der Francia 27), S. 201-243

Gründung der Universität

> Ilse Spangenberg: Vom Institut d'Études Supérieures zur Universität des Saarlandes, in: Universität des Saarlandes 1948-1973. Hrsg. vom Präsidenten der Universität des Saarlandes. Saarbrücken [1973]. S. 5-49

> Unter der Ägide der Universität Nancy – Streiflichter zur Gründung des Homburger Hochschulinstituts vor 60 Jahren. Hrsg. von Wolfgang Müller. Saarbrücken 2007, Aktualisierter Nachdruck Saarbrücken 2009

> Thilo Offergeld (Hrsg.): 75 Jahre Universität des Saarlandes Themen, Akteure, Orte ihrer Geschichte. Saarbrücken 2023

Louis Guinet

> Nouvelle revue d'onomastique, n° 13 - 14, 1989. Onomastique et révolution : tradition et changement. Nom de rues, noms de lieux, prénoms. N° 13 - Onomastique et révolution : tradition et changement, pp. 3 - 156, Louis Guinet (1909 - 1988) [note biographique]

> https://www.persee.fr/doc/onoma_0755-7752_1989_num_13_1_1038

> Regina Paquet: Ab ovo - aus den Anfängen der Universität des Saarlandes. St. Ingbert 1996, S. 30

Arnaud Hector

> Professor Arnaud Hector: Kurzbiographie sowie Kopien standesamtlicher Dokumente, freundlicherweise zur Verfügung gestellt von seinem Neffen Prof. Dr. Pascal Hector, Deutscher Botschafter in Kopenhagen (2021)

Hanns Heene

> Christoph Brass: Zwangssterilisation und »Euthanasie« im Saarland 1935 - 1945. Paderborn 2004

> Claudia Flöter: Zwangssterilisation und Euthanasie an neurologisch-psychiatrischen Patienten sowie Umgang mit ausländischen Patienten und Zwangsarbeitern im Landeskrankenhaus Homburg/Saar. Diss. med. Saarbrücken 2016

> http://www.saarland-biografien.de/frontend/php/ergebnis_detail.php?id=3429

Ludwig Heilmeyer

https://de.wikipedia.org/wiki/Ludwig_Heilmeyer

Aloys Hermann

Wolfgang Müller: Von Köthen und Dessau über Wasserburg und Paris schließlich zurück in seine Vaterstadt Saarbrücken - Erinnerungen an den Gründungsprofessor für Mathematik Dr. Aloys Herrmann (1898 - 1953),
in: Peter Thorau / Sabine Penth / Rüdiger Fuchs (Hrsg.): Regionen Europas - Europa der Regionen. Festschrift für Kurt-Ulrich Jäschke zum 65. Geburtstag. Köln 2003, S. 265 - 285

Friedrich Hertz

Persönliche Angaben von Dipl. Ing. Peter Hertz, Vaterstetten

Theodor Heuss

https://de.wikipedia.org/wiki/Theodor_Heuss

Werner Heyde | Heyde-Sawade-Affäre

https://de.wikipedia.org/wiki/Werner_Heyde
https://geschichte-s-h.de/heyde-sawade-affaere/

Johannes Hoffmann

http://www.saarland-biografien.de/frontend/php/ergebnis_detail.php?id=819
> Heinrich Küppers: Johannes Hoffmann (1890–1967). Biographie eines Deutschen. Düsseldorf 2008. Forschungen und Quellen zur Zeitgeschichte Band 54

Helmut Holzer

https://www.kipnis.de/index.php/alexander/kurzbiografien/202-holzer-helmut-1921-1997-biochemiker

Homburg

> Karl Fischer: Geschichte Homburg, Kapitel 8: Vom Kleinstadtidyll zur Industriestadt, Stadtarchiv Homburg, Blätter zur Geschichte der Stadt Homburg-Saar, Jubiläumsjahr 1958, S. 114–132
> Reiner Ulmcke: Homburg. Vergangenheit und Gegenwart. Homburg/Saar, 3. Auflage 2018

Roger Husson

http://cussenot-fst-nancy.ahp-numerique.fr/cussenot2/alphabetique.php?recherche=HUSSON
https://mediatheques-niger.org/index.php?lvl=notice_display&id=113675

Adolphe Michel Jung

> W(olfgang) M(üller): Adolphe Michel Jung (1902–1992), in: 75 Jahre Universität des Saarlandes, S. 73

> Wolfgang Müller: Le Professeur Adolphe Michel Jung (1902–1992): La vie mouvementée d'un chirurgien strasbourgeois, in: Annuaire de la Société des Amis du Vieux Strasbourg 35, 2010, S. 137–147. Traduction de Petra Roscheck

> Wolfgang Müller: Adolphe Michel Jung – Ein Chirurgenleben in den Umbrüchen des 20. Jahrhunderts, in: Saarländisches Ärzteblatt 73, Heft 7, Juli 2020, S. 37–39

> Zwangsversetzt. Vom Elsass an die Berliner Charité. Susanne Michel, Thomas Beddies, Christian Bonah (Hrsg.): Die Aufzeichnungen des Chirurgen Adolphe Jung 1940–1945, Basel 2019, Buchbesprechung von Wolfgang Müller, in: Saarländisches Ärzteblatt 73, Heft 7, Juli 2020. S. 40–41

Gustav Adolf Jutzler

> Wolfgang Müller / Danilo Fliser / Hans Köhler: 75 Jahre Nephrologie im Saarland, in: Saarländisches Ärzteblatt 75, Heft 3, März 2022. S. 30–39

> Wolfgang Müller, Prof. Dr. Gustav Adolf Jutzler 80 Jahre, in: Saarländisches Ärzteblatt 58, Heft 2, Februar 2005, S. 37–38

> Hans Köhler/ Wolfgang Müller: In memoriam Prof. Dr. Gustav Adolf Jutzler, in: Saarländisches Ärzteblatt 61, Heft 8, August 2008, S. 45–46

Heinz Kähler

Christoph Schwingenstein: Kähler, Heinz in: Neue Deutsche Biographie 10 (1974), S. 723–724 [Online-Version]; URL: https://www.deutsche-biographie.de/pnd138468621.html#ndbconten
https://www.wikiwand.com/de/Heinz_Kähler

> Persönliche Angaben von Dr. Friedrich Claudius Doenecke, Illingen

Richard Kirn

http://www.saarland-biografien.de/frontend/php/ergebnis_detail.php?id=687

> Wilfried Busemann: Den eigenen Weg gehen: Die Selbstfindung der Sozialdemokratie an der Saar 1945 bis 1968 (Geschichte, Politik und Gesellschaft (Schriftenreihe der Stiftung Demokratie Saarland e.V.), St. Ingbert 2013

Hermann Krauß

https://de.wikipedia.org/wiki/Hermann_Krauß_(Mediziner)

Wilhelm Kreibig

> Vera Helmer-Cavelius: Die Geschichte der Augenheilkunde an der Universität des Saarlandes, Homburg 1994, 6.3.2. Prof. Dr. Wilhelm Kreibig, S. 67-90
> Wolfgang Müller: Die Geschichte der Augenheilkunde an der Universität des Saarlandes. Historischer Prolog: Von den Homburger Hochschulkursen über das "Institut d'Études Supérieures de l'Université de Nancy" zur Universität des Saarlandes und zur Universitäts-Augenklinik, in: Klaus Wilhelm Ruprecht / Konrad Hille (Hrsg.): 50 Jahre Augenheilkunde an der Universität des Saarlandes 1955-2005, Saarbrücken 2005, S. 1-22

Hans Lullies

http://www.saarland-biografien.de/frontend/php/ergebnis_detail.php?id=3573
> Sammlung Lullies Universitätsarchiv Saarbrücken

Werner Maihofer

> W(olfgang) M(üller): Werner Maihofer (1918-2011), in: 75 Jahre Universität des Saarlandes, S. 142
> Werner Maihofer: Vom Universitätsgesetz 1957 bis zur Verfassungsreform 1969. Persönliche Erinnerungen an eine bewegte Zeit der Universität des Saarlandes, in: Jahrbuch für westdeutsche Landesgeschichte 22, 1996, S. 373-403
> Eberhard Eichenhofer / Reinhold Kopp: Werner Maihofer – Leben zwischen Geist und Macht, Grimma 2022

Johann Baptist Mayer

> Wolfgang Müller: Zur Erinnerung an Professor Johann Baptist Mayer (1907-1981), in: Saarländisches Ärzteblatt 61, Heft 8, August 2008, S. 47
> Ursula Mayer: Bibliographie Prof. J. B. Mayer (1907-1981). 2007

Erich Mende

https://de.wikipedia.org/wiki/Erich_Mende

Pierre Mendès France

https://de.wikipedia.org/wiki/Pierre_Mend%C3%A8s_France

Adolf Miehlke

> Herman Diamant: Obituary Professor Adolf Miehlke 1917-2001, in: Acta otolaryngol Volume 121,Issue 4, 2001, S. 436
https://de.wikipedia.org/wiki/Adolf_Miehlke

Guy Mollet

https://de.wikipedia.org/wiki/Guy_Mollet

MRS

https://de.wikipedia.org/wiki/Mouvement_pour_le_Rattachement_de_la_Sarre_à_la_France

Hermann Muth

> Wolfgang Müller: Professor Dr. Hermann Muth †, in: campus 24. Jahrgang April 1994 2/94, S. 15

Werner Naumann

https://de.wikipedia.org/wiki/Werner_Naumann

Hubert Ney

https://dewiki.de/Lexikon/Hubert_Ney

Max Obé

http://www.saarland-biografien.de/frontend/php/ergebnis_detail.php?id=1681

Erich Ollenhauer

https://de.wikipedia.org/wiki/Erich_Ollenhauer

Oscar Orth

> W(olfgang) M(üller): Oscar Orth (1876–1958), in: 75 Jahre Universität des Saarlandes, S. 34

> Hans Leyser: Elmsfeuer. Kriegstagebücher und Briefe aus Rußland und Deutschland, Homburg-Saar 1994

> Werner Brill: Der öffentliche Umgang mit NS-Tätern. Das Beispiel des Mediziners Oscar Orth, in: „Euthanasie" in Großschweidnitz. Regionalisierter Krankenmord in Sachsen 1940–1945. Hrsg. von Dietmar Schulze und Maria Fiebrandt, Köln 2016 (Berichte des Arbeitskreises zur Erforschung der nationalsozialistischen „Euthanasie" und Zwangssterilisation; 11), S. 160–170

http://www.saarland-biografien.de/frontend/php/ergebnis_detail.php?id=353

Gilberte Pallot

> Titres et Travaux de Gilberte Pallot https://archive.org/details/BIUSante_132568x30x08

PHPA Rechtslage

> Wolfgang Müller: Die Pfälzische Heil- und Pflegeanstalt in Homburg 1909–1922, in: Saarpfalz, Blätter für Geschichte und Volkskunde 2009/4, S. 5–29

Boris Rajewsky

> Rainer Karlsch: Boris Rajewsky und das Kaiser-Wilhelm-Institut für Biophysik in der Zeit des Nationalsozialismus, in: Helmut Meier, Gemeinschaftsforschung, Bevollmächtigte und der Wissenstransfer – Die Rolle der Kaiser-Wilhelm-Gesellschaft im System kriegsrelevanter Forschung des Nationalsozialismus, Göttingen 2007, S. 395–452

> Dieter Wesp: Rajewsky, Boris, in: Frankfurter Personenlexikon (Onlineausgabe) Stand des Artikels: 27.2.2019, Erstmals erschienen in Monatslieferung: 10.2017

http://frankfurter-personenlexikon.de/node/822

Klaus Rajewsky

https://dewiki.de/Lexikon/Klaus_Rajewsky

Karl Ristenpart

https://de.wikipedia.org/wiki/Karl_Ristenpart

...

Ernst Rolshoven

https://www.lagis-hessen.de/de/subjects/rsrec/current/1/entry/rolshoven%252C%2Bernst/sn/bio/register/person
https://www.saar-nostalgie.de/Universitaet.htm

Werner Rotter

https://de.wikipedia.org/wiki/Werner_Rotter

Jean-Claude Roucayrol

> Wolfgang Müller: Jean-Claude Marie Roucayrol (12. Juni 1920 - 17. Juni 2005), in: Saarländisches Ärzteblatt 75, Heft 12, Dezember 2022, S. 28 - 31

Louis Rufin

> Wolfgang Müller: Die Universität trauert – Louis Rufin, in: campus 34. Jahrgang, Ausgabe 1, Januar 2004, S. 32.

Heinrich Schneider

http://www.saarland-biografien.de/frontend/php/ergebnis_detail.php?id=672

Kurt Schumacher

https://de.wikipedia.org/wiki/Kurt_Schumacher

Robert Stämpfli

> W(olfgang) M(üller): Robert Stämpfli (1914 - 2002), in: 75 Jahre Universität des Saarlandes, S. 102
> Wolfgang Müller: Stämpfli, Robert Physiologe, in: Neue Deutsche Biographie 25, 2013, S. 27 - 28
> HHans Meves: In memoriam Prof. Dr. Dr. h.c. mult. Robert Stämpfli, in: Saarländisches Ärzteblatt 55, Heft 7, Juli 2002, S. 39 - 40
> Wolfgang Müller: „Nur unter Beibehaltung des übernationalen Universitätscharakters". Eine Denkschrift über die Universität des Saarlandes 1956, in: Wolfgang Haubrichs/ Wolfgang Laufer / Reinhard Schneider (Hrsg.): Zwischen Saar und Mosel. Festschrift für Hans-Walter Herrmann, Saarbrücken 1995, S. 473 - 485
Der Nachlass befindet sich im Archiv der Universität des Saarlandes

Emil Straus

http://www.saarland-biografien.de/frontend/php/ergebnis_detail.php?id=1401

Rudolf Strempel

https://www.altmeyers.org/de/dermatologie/strempel-rudolf-12934
http://www.saarland-biografien.de/frontend/php/ergebnis_detail.php?id=3732
> Wolfgang Müller: Prof. Dr. Rudolf Strempel (1893-1981). Eine biographische Skizze, in: Saarländisches Ärzteblatt 51, Heft 7, Juli 1998, S. 20-21

Karl Strouvelle | Gesetz zur Verhütung erbkranken Nachwuchses

> Christoph Braß, Zwangssterilisation und »Euthanasie« im Saarland 1935-1945, Paderborn 2004
https://www.ensheim-saar.de/strouvel.htm
https://www.1000dokumente.de/index.html?c=dokument_de&dokument=0136_ebn&object=facsimile&pimage=1&v=100&nav=&l=de

Umbruchsituation 1955/56 | SS-Sturm 310

> Wolfgang Müller: Die Universität des Saarlandes in der politischen Umbruchsituation 1955/56, in: Rainer Hudemann / Burkhard Jellonek / Bernd Rauls (Hrsg.), Grenzfall: Das Saarland zwischen Frankreich und Deutschland 1945-1960 (Schriftenreihe Geschichte, Politik und Gesellschaft der Stiftung Demokratie Saarland Band 1), St. Ingbert 1997, S. 413-425
http://www.saarland-biografien.de/frontend/php/ergebnis_detail.php?id=1033

Edgar Ungeheuer

http://www.chirurgie-frankfurt.com/geschichte.html

Franz Volhard

https://de.wikipedia.org/wiki/Franz_Volhard
> Hans Erhard Bock, Karl-Heinz Hildebrand, Hans Joachim Sarre (Hrsg.): Franz Volhard - Erinnerungen. Schattauer Verlag, Stuttgart 1982

...

Heinrich Welsch

hhttp://www.saarland-biografien.de/frontend/php/ergebnis_detail.php?id=818

Rudolf Wilhelm

http://www.saarland-biografien.de/frontend/php/ergebnis_detail.php?id=3431
> Wolfgang Müller: Prof. Dr. Rudolf Wilhelm 1893 – 1959. Eine biographische Skizze, in: Saarländisches Ärzteblatt 49, Heft 8, August 1996, S. 9 – 13
> Günther Friedrich Finkbeiner / Heinrich Hess / Eduard Schmitt: Geschichte der Orthopädie im Saarland, Saarbrücken 2019

Robert von Winterfeld

https://www.lexikon-der-wehrmacht.de/Personenregister/W/Winterfeld-Robertvon.htm

Hansherbert Wobido

http://www.saarland-biografien.de/frontend/php/ergebnis_detail.php?id=289

Claes B. Wollheim

> Maechler, Pierre, Wollheim, Claes: Mitochondrial function in normal and diabetic beta-cells. Nature, 2001, vol. 414, no. 6865, p. 807-812http://p3.snf.ch/person-13139-Wollheim-Claes-B_#
https://www.orcam.com/de/blog/prof-claes-wollheim-74-ueber-seine-erfahrungen-mit-der-orcam-myeye/
http://p3.snf.ch/person-13139-Wollheim-Claes-B_#

Ernst Wollheim

https://www.dgim-history.de/biografie/Wollheim;Ernst;1015
> Frank Wollheim: Dr. Wedekind's son: a Frank story, in: Hektoen International Volume 5, Issue 1, Winter 2013, ISSN 2155-3017)

Bildnummerierung, > Bildquelle

1-5, 8, 9, 12, 13, 15, 17, 20, 25, 26, 49, 55, 58, 59
> Sammlung Doenecke, Illingen

6, 22-24, 27, 29, 31-33, 43, 44, 47, 48, 50-52, 57, 60, 64, 65
> Universitätsarchiv Saarbrücken

7, 16
> Denkschrift zur Errichtung der PHPA | (Neudruck 1989), UKS Homburg

10, 45, 46
> Sammlung Lothar Bender, Homburg

11 > Festschrift 2009, Von der PHPA zum UKS, UKS Homburg

14 > Bundesarchiv-Militärarchiv, Freiburg

18, 30, 34, 37, 39-41, 53, 54, 56
> MMW (Springer Medizin), München

19, 21
> Stadtarchiv Homburg

28 > Bibliothèque de l'Académie nationale de médecine, Paris

35 > Privatbesitz Prof. Pascal Hector, Kopenhagen

36 > Nachlass Prof. G. Feifel, Homburg

38 > Privatbesitz Dr. Corinna Botzenhardt, Bremen

42 > Sammlung Prof. Dr. Veit Flockerzi, Homburg

61 > Privatbesitz Prof. Frank Wollheim, Lund (Schweden)

62, 63
> Sammlung Jutzler, Homburg

INDEX

NAME | THEMATIK | (Fußnoten-Nr.) Seite

NAME | THEMATIK | (Fußnoten-Nr.) Seite